教师培训丛书·说课、备课、评课系列

丛书主编 祝智庭 闫寒冰

如何评课

顾志跃等 编著

华东师范大学出版社

上海

图书在版编目(CIP)数据

如何评课/顾志跃等编著. —上海:华东师范大学出版社,2009

(教师培训丛书·说课、备课、评课系列)

ISBN 978-7-5617-6978-2

Ⅰ.如… Ⅱ.顾… Ⅲ.课堂学习-教学评议-中小学 Ⅳ.G632.421

中国版本图书馆 CIP 数据核字(2009)第 038490 号

教师培训丛书·说课、备课、评课系列

如何评课

编　　著	顾志跃等
责任编辑	周志凤
审读编辑	夏蕙筠
责任校对	赖芳斌
装帧设计	黄惠敏
出版发行	华东师范大学出版社
社　　址	上海市中山北路3663号 邮编 200062
网　　址	www.ecnupress.com.cn
电　　话	021-60821666 行政传真 021-62572105
客服电话	021-62865537 门市(邮购)电话 021-62869887
地　　址	上海市中山北路3663号华东师范大学校内先锋路口
网　　店	http://hdsdcbs.tmall.com
印 刷 者	上海铁路印刷有限公司
开　　本	787×1092　16开
印　　张	15.5
字　　数	442千字
版　　次	2009年5月第1版
印　　次	2023年9月第23次
书　　号	ISBN 978-7-5617-6978-2/G·3905
定　　价	45.00元
出版人	王焰

(如发现本版图书有印订质量问题,请寄回本社客服中心调换或电话021-62865537联系)

目 录

总　序 …………………………………………………………………………………… 1
前　言 …………………………………………………………………………………… 1

评课总论

1. **关于评课** ……………………………………………………………………… 1
   1.1 评课的目的 ………………………………………………………………… 1
   1.2 评课的特点 ………………………………………………………………… 2
   1.3 评课的原则 ………………………………………………………………… 3
   1.4 评课的标准 ………………………………………………………………… 4
   1.5 评课的局限性 ……………………………………………………………… 6
   1.6 评课的组织实施 …………………………………………………………… 8
   1.7 研究课堂评价的意义和作用 ……………………………………………… 9
2. **评课内容** ……………………………………………………………………… 9
   2.1 评教学目标 ………………………………………………………………… 9
   2.2 评教材处理 ………………………………………………………………… 11
   2.3 评课堂结构 ………………………………………………………………… 13
   2.4 评教法运用 ………………………………………………………………… 14
   2.5 评学法指导 ………………………………………………………………… 15
   2.6 评教学过程 ………………………………………………………………… 16
   2.7 评教学思想 ………………………………………………………………… 18
   2.8 评教学基本功 ……………………………………………………………… 19
   2.9 评教学素养 ………………………………………………………………… 20
   2.10 评多媒体运用 …………………………………………………………… 22
   2.11 评学生参与度 …………………………………………………………… 23
   2.12 评教学实效性 …………………………………………………………… 24
3. **评课类型** ……………………………………………………………………… 25
   3.1 按组织类型分 ……………………………………………………………… 25
   3.2 按分析类型分 ……………………………………………………………… 29
4. **评课技巧** ……………………………………………………………………… 33
   4.1 要抓住评课着力点 ………………………………………………………… 33
   4.2 要采用恰当的方法 ………………………………………………………… 36
   4.3 要坚持激励原则 …………………………………………………………… 38
   4.4 要因人制宜、因课而异 …………………………………………………… 40
   4.5 要注重理性分析 …………………………………………………………… 40
   4.6 要抓住教学亮点 …………………………………………………………… 42

  4.7　要倾听教学意图 ··· 45
  4.8　要重视以学论教 ··· 46
  4.9　要有评课机制 ··· 46
 5. 观课评课与教师的教研和科研 ··· 48
  5.1　对以提高实践能力为主的教师教研活动来说,观课评课是最主要的形式之一 ······ 48
  5.2　教研活动是中国中小学校特有的教师教学研究和专业发展形式 ················ 50
  5.3　观课评课还与中小学教师开展教育科研活动有着十分密切的关系 ·············· 52
 6. 观课评课与教师的专业发展 ··· 54
  6.1　观课评课是教师提高课堂教学能力的重要途径 ····························· 57
  6.2　由于观课评课说到底是一种评价活动,所以必然会涉及价值取向 ··············· 58
  6.3　从组织方式的角度看,不同的观课评课形式会产生不同的功能,对教师专业发展
    能起到的作用也是不同的 ·· 60

学科评课分论

语文学科 ·· 62
 1. 语文学科特点 ··· 62
 2. 语文学科新课改理念 ··· 63
 3. 语文学科评课内容的案例分析 ··· 65
 4. 语文学科评课关注点 ··· 70
数学学科 ·· 71
 1. 数学学科特点 ··· 71
 2. 数学学科新课改理念 ··· 73
 3. 数学学科评课内容的案例分析 ··· 75
 4. 数学学科评课关注点 ··· 77
英语学科 ·· 79
 1. 英语学科特点 ··· 79
 2. 英语学科新课改理念 ··· 80
 3. 英语学科评课内容的案例分析 ··· 82
 4. 英语学科评课关注点 ··· 84
政治学科 ·· 86
 1. 政治学科特点 ··· 86
 2. 政治学科新课改理念 ··· 88
 3. 政治学科评课内容的案例分析 ··· 90
 4. 政治学科评课关注点 ··· 93
历史学科 ·· 95
 1. 历史学科特点 ··· 95
 2. 历史学科新课改理念 ··· 96
 3. 历史学科评课内容的案例分析 ··· 98
 4. 历史学科评课关注点 ·· 101
地理学科 ··· 102
 1. 地理学科特点 ·· 102
 2. 地理学科新课改理念 ·· 103

  3. 地理学科评课内容的案例分析 ·········· 104
  4. 地理学科评课关注点 ·········· 108
物理学科 ·········· 110
  1. 物理学科特点 ·········· 110
  2. 物理学科新课改理念 ·········· 111
  3. 物理学科评课内容的案例分析 ·········· 113
  4. 物理学科评课关注点 ·········· 116
化学学科 ·········· 118
  1. 化学学科特点 ·········· 118
  2. 化学学科新课改理念 ·········· 119
  3. 化学学科评课内容的案例分析 ·········· 121
  4. 化学学科评课关注点 ·········· 126
生命科学学科 ·········· 127
  1. 生命科学学科特点 ·········· 127
  2. 生命科学学科新课改理念 ·········· 129
  3. 生命科学学科评课内容的案例分析 ·········· 130
  4. 生命科学学科评课关注点 ·········· 134
信息科技学科 ·········· 135
  1. 信息科技学科特点 ·········· 135
  2. 信息科技学科新课改理念 ·········· 136
  3. 信息科技学科评课内容的案例分析 ·········· 139
  4. 信息科技学科评课关注点 ·········· 141
音乐学科 ·········· 143
  1. 音乐学科特点 ·········· 143
  2. 音乐学科新课改理念 ·········· 144
  3. 音乐学科评课内容的案例分析 ·········· 145
  4. 音乐学科评课关注点 ·········· 149
体育学科 ·········· 151
  1. 体育学科特点 ·········· 151
  2. 体育学科新课改理念 ·········· 152
  3. 体育学科评课内容的案例分析 ·········· 154
  4. 体育学科评课关注点 ·········· 158
美术学科 ·········· 159
  1. 美术学科特点 ·········· 159
  2. 美术学科新课改理念 ·········· 160
  3. 美术学科评课内容的案例分析 ·········· 161
  4. 美术学科评课关注点 ·········· 163
幼儿教育 ·········· 166
  1. 幼儿园课程特点 ·········· 166
  2. 幼儿园课程新课改理念 ·········· 167
  3. 幼儿园课程评课内容的案例分析 ·········· 168
  4. 幼儿园课程评课关注点 ·········· 170

评课案例

案例 1	中学语文《散步》评课	171
案例 2	中学语文《小丑》评课	173
案例 3	小学语文《棉花姑娘》评课	177
案例 4	中学数学《平面向量的分解定理》评课	183
案例 5	由例题设计谈有效教学——评"首届浦东教学展示周"数学教研员徐颖探索实践课	187
案例 6	落实"四基",提升课堂教学的有效性——从《平行四边形的认识》一课教学谈起	191
案例 7	中学英语评课案例	194
案例 8	小学英语评课案例	197
案例 9	中学政治《正确地看待自己》评课	201
案例 10	中学历史《三国鼎立局面的形成》评课	204
案例 11	中学地理《陆地水与水循环》评课	207
案例 12	中学地理《日本》、《寒潮》评课	210
案例 13	中学物理《滑动变阻器》评课	212
案例 14	中学化学《空气中氧气体积分数的测定》评课	215
案例 15	中学生物《神经系统中信息的传递和调节》评课	217
案例 16	中学信息科技《用数据分析上海人民生活变化》评课	219
案例 17	小学信息科技《中国文字》评课	221
案例 18	中学美术《中国民间美术》评课	223
案例 19	小学美术《动物面具》评课	225
案例 20	弹唱技能对于音乐教师的重要性	226
案例 21	口风琴教学案例	228
案例 22	奇妙的万花筒(大班)	232

后　记　236
参考文献　237

总　　序

　　教师在所有教育教学改革中的关键作用毋庸置疑。正因为如此,各种各样旨在提升教师素质的教育理论、教师教育培养(培训)项目不断地被摆到中小学教师面前,令人感到颇有"地毯式轰炸"之势。然而有许多事实证明,如此那般的努力往往收效甚微:不堪教学压力的一线教师,又多了一重"消化"理念、知识的压力。即使教师们有心学习、追求发展,但外在的知识、理念却总让他们感到无法亲近,付诸实践更显困难。终于,在反思这样一种尴尬状况的过程中,教师教育界逐渐意识到,教师教育的基本方向需要改变:从以传输新知识、新理念为主转为向着力培养教师的实践智慧倾斜。

　　对于一线中小学教师而言,这应该是一种福音。然而,难题又接踵而至:实践智慧如何培养?如果我们沿袭原来的教学习性,仅仅告诉教师实践智慧的重要性,实践智慧的概念、原则等一堆关于实践智慧的"理论",那么我们依然没有走出"知识传输"的怪圈,对教师成长的帮助也许还将收效甚微。更何况,当代教师已不习惯于"应该如此如此"的对话方式。因此,促进教师关于实践智慧的思考,而不是以"先知先觉"的姿态为他们提供一大堆应然性的理论,是帮助教师理解和发展实践智慧的关键所在。

　　教育理论研究者、教师教育研究者和实践者的作为空间究竟在哪里?可能需要重视这样两个层面:首先,丰富关注点,即在深化理论研究的同时,直面现实,深入教育实践,发现理论与实践的结合点;其次,推敲表达方式,以一线教师易于接受的话语系统,呈现理论与实践的关系方式,展示理论对实践的启发和实践对理论的印证效果。

　　作为以教师教育,尤其是在职中小学教师专业成长为重要服务领域的华东师范大学网络教育学院,在多年的实践中一直在鼓励这样一种取向,也见证了一些成功的尝试。为了进一步扶持这样一种努力和取向,让更多的一线教师获益,我们精心挑选了在远程教育实践中取得良好效果的课程,鼓励主讲教师将其进一步丰富成专门的教材。这些教师在主持网络课程时,收集了大量来自一线的案例与资源,这些课程生成性资源为这些书增添了生命力。我们希望这套"教师培训丛书"能实现如下两个基本功能:

　　一是呈现实践智慧。丛书作者均与中小学教学一线有着密切的联系:或者长期关注中小学教学实践,或者曾经从事中小学教学实践,或者目前依然耕耘于中小学教学一线。积极开展教育理论学习、研究的同时扎根于实践的信念和行为,使他们养成了对中小学教学实践的特别敏感性。一个"平常"的教学细节、场景有着怎样的丰富意义?关于某个教学策略、原则或理念,在实践层面该如何落实?对于这样一些一线教师喜闻乐见的问题,丛书作者通常都有着独到的见解和丰富的经验。可以说,丛书里展示的正是弥足珍贵的实践智慧。

　　二是引发实践智慧。实践智慧有着鲜明的个体性、情境性,呈现的实践智慧并不一定能在教学实践现场原封不动地再现。但在旁观和思考这些呈现出来的实践智慧的过程中,我们能感悟到实践智慧的意义,发现教育教学实践现场的丰富性和创造空间。领域不同、话题多样的丛书,看似"散乱",但这也正是我们的用意之一:以事实说明,实践智慧的施展空间无处不在。我们提供的只是部分思考点,更多的切入点有待一线教师去挖掘。

　　辅助教师将教育学和学科教学中的"理论知识"与从现实的教育活动中产生的"实践智慧"相结

合,使他们能够在教育现场发挥出最大的能量,这是我们的愿望和努力方向。但愿这套具有理论与实践"中介"性的丛书,能使一线教师获得真切的"实惠"。

在总结远程教师教育成功经验和推出相应精品资源之余,华东师范大学网络教育学院也致力于开辟教师培训新天地,譬如,教师远程研修基地的建立和发展,面对面体验式培训项目的开发……种种努力都是为了推动教师教育研究与实践领域的发展。欢迎各位读者经常访问我们的教师远程研修网:http://jsjy.dec.ecnu.edu.cn,我们期待着向您展示更多的课程,与您分享更多的经验与思考。

祝智庭

2007 年 11 月

前　言

　　评课是每位教师在职业生涯中都要做的事情之一。有的是评其他教师的课，有的是被其他教师评。对普通的中小学教师来说，观课的机会最多，被别人评自己课的机会也比较多，评别人课的机会相对要少些。

　　其实，观课主要是观摩，从观课中可以学到授课教师许多课堂教学中的好经验、好做法。被别人评课等于照镜子，通过评课可以知道自己教学中哪些方面是做得好的，哪些方面还存在问题，应该怎样改进。评别人的课更是对你课堂教学水平与能力的一次考验，看你是不是看得出、抓得住别人课堂教学中的问题与优点，做得出恰如其分的价值判断。所以，经常性地被别人评课或者评别人的课，对于加深教师对课堂教学的认识，增强课堂教学悟性，提升课堂教学能力是具有重要的促进作用的。

　　评课顾名思义是一种评价活动。既然是评价就离不开对观察课堂教学的角度与课堂教学价值观的讨论。评课涉及课堂教学的价值观，即什么样的课算一堂好课，什么样的课不是好课。这可是个公说公有理，婆说婆有理的复杂命题。不同教师从不同的角度出发，会提出各种各样的好课标准，很难统一。这与不同的教师具有不同的课堂教学价值观有关。

　　在没有完全弄清楚课堂教学的主流价值观之前，教师准备一堂课给别人听往往是盲目的。因为他不知道该怎样设计教学过程，才能上出一堂让别人满意的课。大多数教师的评课经验，或者说对好课的认识是在被别人评课，或者听别人评课当中获得体会并逐渐积累起来的，这就不可避免地会带有一定的偶然因素与片面性。比如，一位教师从来没有到其他学校听课评课的机会，他的主要教学生涯是在自己学校本学科的教研组中度过的，那么他的评课经验最多也就是教研组内各位教师经验的总和。这种局限性使得他对课堂教学的认识只能停留在一个有限的经验水平上，要么是部分的，要么是表象性的。再比如，一位青年教师接受一位老教师带教，老教师经常对他进行听课评课，他的课就会越来越接近老教师所认为的好课标准。这种好课标准可能是全面优秀的，也可能是片面特长性的。所以从自然成长的角度来看，一位教师的课堂教学能力，很大程度上取决于他所处的那个自然成长环境。

　　再从评课的观察角度来看，不同教师关注的重点也是不一样的。有的教师比较关注教师的教的行为，教师的一举一动是否对学生有教育意义，能否引起学生的关注，是他们评课的主要话题。而有的教师则更多地关心学生的学，评课主要看学生投入教学活动的程度，有没有兴趣参与，得到了哪些收获，对提高学习成绩有什么帮助。也有教师是专门从教与学的协调性、师生互动程度来评价课的好坏的。

　　针对上述事实，需要有人做件事，就是从经验到理性的思考与加工，进行在众多经验之上的概括与归纳，本书想要做的就是这样一件事。我们希望在众多的教师评课实践经验基础之上，梳理总结出关于怎样评课的全面又带有普适性的观点，以帮助教师从整体上认识评课究竟是怎么一回事以及应该怎样做好评课，希望对提高广大教师的评课能力有一点帮助与指导意义。所以我们从什么是评课、评课涉及的主要内容、评课类型、评课技巧、观课评课与教师的教研和科研、观课评课与教师的专业发展六个方面开展论述，提出了我们对这些问题的看法。

　　为进一步给出具体的操作性要点，我们还从语文、数学、英语、政治、历史、地理、物理、化学、生命科学、信息科技、音乐、体育、美术、幼儿教育等角度，结合各学科学段的教学特点，分别进行了各学科评课特点的论述，并提供了相应的评课方案和案例，供相关教师在实践中参考。相信仔细阅读本书，一定能使读者形成一个比较完整的关于怎样评课的认识，进而提高他们的评课能力。教师的评课能力提高了，他的课堂教学能力也就相应得到了提升。

当然，由于评课是一种以实践操作为主的教学活动，没有绝对最好的模式与做法可言，加上所能收集到的资料有限，所以本书所叙述的内容只能作为大家开展评课活动的一种参考，错误疏漏之处在所难免，论述中有不妥之处也纯属一家之言，敬请广大读者不吝赐教，万分感谢。

评 课 总 论

1. 关于评课

随着现代学校教育的发展和教育改革的不断深入,评课已成为学校教学活动的一个重要组成部分,也成为一项有很高的研究价值的课改课题,它对学校教学的推动作用日益显现出来,许许多多课堂教学模式和课堂教学改革模式就是通过评课发散开去,影响着更多教师的教学理念和课堂教学模式的选择,可以说评课是学校教育教学改革良好的助推剂,对它的研究也必将进一步推动课堂教学改革向新的、更好的方向发展。

《基础教育改革纲要(试行)》中明确指出:"建立促进教师不断提高的评价体系。强调教师对自己教学行为的分析与反思,建立以教师自评为主,校长、教师、学生、家长共同参与的评价制度,使教师从多种渠道获得信息,不断提高教学水平。"评课作为教师评价体系的一个组成部分,不仅要考量教师的课堂教学,还关系到教师在实施课堂教学过程中,有没有为学生创设良好的学习情境。因此评课不仅是对教师教学行为的成败作分析和评价,还要对学生在教师组织的课堂中,能否取得更好的学习效果、能否达到更好的学习境界作评价。这就需要评价者能用成熟的教育理论对教师的课堂教学作出科学的评价,需要评价者能用系统的思维对教师的课堂教学行为作出判断,而不是凭自己的主观感觉或凭着自己的经验作评判。

从教育改革的发展趋势来看,评课与学校其他教育活动一样,有其独立存在的价值,随着人们对它的认识和研究的不断深入,其内涵也会不断得到显现。

1.1 评课的目的

美国著名的教育评价学者斯皮尔伯格(Spielberg·Jil)就教育评价说过一句非常精辟的话:评价的目的不是为了证明,而是为了改进。评课作为教育评价的一个重要组成部分,同样不局限在证明教师的课堂教学行为能力和教学效果上,而是为了更好地改进教师的课堂教学,使之能更好地顺应学生的学习需要和教师的个人专业发展需要。

就一般的评课而言,评课的目的有这样三种情况:一是对课堂教学的优劣作出鉴定;二是对课堂教学成败的原因作出评析,总结经验教训,提高教学认识;三是对课堂教学亮点进行交流,相互学习,相互促进。

其实,评课的目的我们可以从三个角度进行界定:一是学校教学工作层面,我们可以通过听课,促进整个学校教育教学质量的提高。教师的教育教学质量是通过课堂体现出来的,评课作为对教师课堂教学质量的诊断和评价,在促进教师教育教学能力提高的同时,自然推动了学校教育教学质量的提高。二是从教师专业发展层面上来看,听课是最直接帮助教师提高专业水平的方式。通过评课,对教师的课堂教学活动进行诊断,可以明确了解教师的课堂教学理念、育人理念,并且通过研讨的方式还可以帮助教师厘清课堂教学观念中不正确的意识,发散优秀的课堂教学理念,从而推动教师的专业发展。三是从学生学习层面上来看,通过不断纠正和优化教师的课堂教学行为,能使学生在以后的学习中,在同等条件下,获得更佳的学习效果。

总的来说,评课可以优化教师教育思想和课堂教学理念,有利于激励教师加快知识更新、优化教学艺术;有利于教师深入研究学科课程,优化教学目标和教学内容;有利于教师创造性地吸收优秀的教学模式,优化教学方法和教学手段;有利于调动教师的教学积极性和主动性,优化教学过程、优化教学设计;有利于教师增强自我管理意识,帮助和指导教师不断地总结教学经验,提高教育教学水平,从而促使教师在教学过程中追求课堂教学的艺术境界,并逐渐形成自己独特的教学风格。

1.2 评课的特点

20世纪80年代,日本教育家桥本重治对现代教育评价的特点做了这样一些归纳:①评价离开了教育目标就不能成立。这意味着评价方法不是固定不变的,意味着要具体地分析教育目标并追求实现这种目标的过程。②评价是囊括性的。这意味着对儿童的纵向理解与横向理解,综合地把握整个人格。③评价是连续性的。要扶助时时刻刻发生着变化的儿童,单靠历来沿用的定期测量是不够的,要不断地采用一切可以利用的方法,持续地做出评价、诊断和指导。④评价不仅是由教师进行的,学生自身也要展开自我评价和相互评价,这是教育教学实践中不可缺少的。⑤评价法必须被提到科学的高度。在传统的教育测量中,主要是追求客观化、数量化的把握。但现代的评价要对人格的一切侧面获得综合的理解,因此未必限于客观化的测量,还得采用质的分析。在评价方法上也要致力于科学地提高评价技术的水平。①

评课是学校教育系统的一个重要组成部分,是评价教师专业发展和教学能力的一个重要手段。因此,学校对被听课的教师作出的判定应该是科学的,而且这个判定应尽可能是综合的、全面的。

依据教育评价本身具备的特点,我们可以看到,评课作为学校教育评价的一个重要环节,具备如下特点:

1.2.1 评课的目标必须明确

由于评课是对教师的课堂教学行为作诊断,因此评课的目标必须明确,并尽可能具有一定的前瞻性,这样才能为任课的教师今后的课堂教学改革提供更有价值的东西。

1.2.2 评课的方法不是固定不变的

可以根据不同任课教师(也可以是一个或多个任教群体)的授课需要适时调整评价的方法,使评课真正起到示范引领的作用。

1.2.3 在任课教师所在学校范围内开展的评课应该是连续性的

对教师的一堂课的评价只是对这一堂课的课堂教学内容和组织过程的评价,而不可能评价到任课者的能力和人格。如果要对教师的课堂教学行为进行诊断和评价,就必须有较长时间的跟踪研究,并考察这位教师在学校教育教学的各个环节所获得的评价,这样的听课评价才有可能是全面的、科学的。

1.2.4 评课的方法应该被提到科学的高度

不应该仅仅停留在客观化和数量化的表面,应尽可能对课堂教学细节作质的分析和界定,并尽

---

① 瞿葆奎主编:《教育评价》,人民教育出版社,P140—141。

可能使用更多的评价技术。

1.2.5　评课同样可以产生积极和消极两个方面的效应

评课者在评课前后应和被评价的教师有很好的沟通,尽可能强化评课产生的积极效应,抑制评课产生的消极效应。

评课产生的积极效应一般可以是这样几个方面:一是能强化成功经验,使课堂教学的成功经验在听课者和授课者的思想中都能得到认同。二是消退失败的经验,使听课者和授课者都能认识到哪些是不能带来课堂教学效益的因素,并在以后的教学中摒弃它们。三是促进听课者和授课者双方共同反思教授相同教学内容时采用的教学方法,为下一步的课堂教学改进奠定良好的基础。

当然在评课中也难免产生一些消极效果,如容易使教师产生不安全感,尤其在大多数实行聘任制的学校中,评课容易被量化为教师是否具备课堂教学能力的手段,使教师在被听课的过程中,不去思考自己课堂教学实施过程中值得肯定的经验和存在的不足,而是首先希望评课者能给更多的褒奖来保住自己的饭碗。再比如,教师在被评课之后,比较容易形成自我概念,产生较为固定的专业发展心态,或夸大自己的课堂教学能力,或总认为自己的课堂教学能力无法提高而止步于目前的专业水平。

1.3　评课的原则

"原则"一词可以解释为"说话或行事所依据的法则或标准",如原则性、原则问题、坚持原则、基本原则等。

1.3.1　好课的标准

从经验评价角度来看评课,我们首先可以定义好课的标准,只要一节课符合好课的标准,这节课就是成功的。这种听课模式,现在依然比较盛行,就对一节课的评价来看,它依然有其存在的价值。

从目前大家对好课的认定上来看,一般会关注这样一些方面,我们这里可以借用著名教育家叶澜教授对于一堂好课的基本要求所作的阐述:

一是有意义的课,即扎实的课。二是有效率的课,即充实的课。三是有生成性的课,即丰实的课。四是常态下的课,即平实的课。五是有待完善的课,即真实的课。

1.3.2　评课的原则

好课的标准得到认定后,在评价一节课时,我们要运用的原则自然可以包括这样几个方面:

(1) 实事求是原则

实事求是就是客观公正,也就是在评课过程中,要求评课者能用一把尺子、一个标准去评价教师的课堂教学过程,评价的对象定位在教师的课堂教学过程(事件本身)上面,而不是定位在授课者(人)上面。当然,实事求是的评课原则还要求评价者能以课堂的真实情况为基础,以科学的理论为依据,不带任何偏见,不夹杂感情因素。

(2) 坦率诚恳原则

坦率诚恳原则,就是要求评价者对课的长处一定要充分肯定,对教师授课过程中出现的问题要能明确地指出来。

当然,我们在具体评课时,还要考虑教师的心理承受能力,对心理承受力弱的教师应含蓄、客气一些,对心理承受力强的教师可坦率、直爽一些。

(3) 兼顾整体原则

一是评课者应树立整体意识,坚持在评课中,把点和面、局部和整体结合起来。

二是评课者在评价过程中,还要兼顾对教师教学能力的评价,既要看所听的课,还要看平时的课,也要看教学成绩,应综合一个教师的多种表现,而不能"一课定终身"。

(4) 激励性原则

激励性原则,可以从两个方面去实施,一是对被听课者的激励,二是对参与听课的其他教师的激励。

对被听课者的激励主要是要善于抓住教师课堂教学组织过程中的闪光点,发散甚至是放大教师课堂教学组织过程中成功的地方,使被听课者明确自己的课堂教学行为在哪个环节上是优秀的,以便于在以后的教学中能更好地保持。

对参与听课的其他教师,通过评课也要建立适当的激励机制,一般我们可以使用这样几种激励方法:目标激励,给教师提出一个教学研究的目标;榜样激励,为教师树立一个教学典型;信息激励,为教师提供教改信息。

(5) 差异性原则

一是看课型的差异。针对不同的课型,应采用不同的评价标准,不能用同一评价标准来评价不同课型的课。

二是要看教师的差异。对不同执教年龄的教师进行评课,要求自然不同,对不同职称的教师授课情况的评价,要求也应该有所不同,听不同学科的教师的课时,也要能根据学科特点设立不同的要求。

三是要看到学校和学生的差异。一般情况下,教师课堂教学内容和课堂教学形式的选择,是基于对学情的分析的,也就是说,他要依据他的教学对象去确立课堂教学内容和课堂教学形式,评价者应通过观摩学生在课堂上的表现和课堂教学效果去评价,而不是根据自己或他人的教学经验去评价。

(6) 讲究方法原则

评价要讲究一定的方式方法。一是要充分尊重授课者的劳动,先肯定成绩,再找出教师授课过程中需要改进的一些因素,不可以用简单的二元对立是非观去评价教师的授课情况;二是在对教师的授课情况进行评价的时候,褒奖与贬斥要有"度",放大优点或扩大缺点,都可能对被听课者造成伤害;三是评课要主次分明,在重点问题上要多加分析,道理讲透,一般问题可一带而过,对缺点问题要抓要害,不严重的缺点可轻描淡写,不能面面俱到,否则无论是对听课者还是授课者都起不到评课应有的效果。

(7) 导向性(方向性)原则

在确定了评课目的之后,依据评课标准,关注教师授课过程中那些体现现代教育需要的成功细节,发散并放大这些能体现时代教育教学特点的成功细节,从而使这些成功的细节能够起到很好的示范作用。

(8) 科学性原则

一是审视教师的课堂教学内容选择是不是符合科学性要求;二是审视教师的课堂教学方法是否具有科学性。评价者应运用先进的教育教学理论,解剖教师课堂教学的内容和课堂组织形式,并根据课程、教材、学生学习实际需要等内容,对教师的授课行为作评价。

从教师采用的课堂教学方式来看,自古就有教无定法之论,教师一节课的课堂教学行为,也只是这个教师整体课堂教学行为表现的一个组成部分,评价者应该从课堂的即时效果角度去评价教师的课堂教学组织形式,而不能依据经验或定论轻易判定教师的课堂教学组织形式的优劣。

1.4 评课的标准

自20世纪90年代开始,我国在全国范围内推行了新课程改革,并以课程标准替代了过去的课程计划,课程执行发生了很大的变化,课程评价也随之发生改变。新课程评价已经从过去以知识水平为中心的甄别性、利害性、封闭性、标准性、结果性评价，转化为以能力水平为中心的发展性、激励性、开放式、多样化、过程性评价。由于新课程评价内涵的改变，对教师的课堂教学行为的评价也随之发生了很大的变化。评价者在听课时，目光不是紧盯在授课者身上，而是整体考查教师的教的行为和效果，同时考查学生学的状态和学习效果，这样，课堂教学评价的标准，也随着评价者关注对象的变化而发生了变化。

《基础教育改革纲要（试行）》对教师的课堂教学行为作出了这样两个方面的界定：

一是"教师在教学过程中应与学生积极互动、共同发展，要处理好传授知识与培养能力的关系，注重培养学生的独立性和自主性，引导学生质疑、调查、探究，在实践中学习，促进学生在教师指导下主动地、富有个性地学习。教师应尊重学生的人格，关注个体差异，满足不同学生的学习需要，创设能引导学生主动参与的教育环境，激发学生的学习积极性，培养学生掌握和运用知识的态度和能力，使每个学生都能得到充分的发展"。

二是"大力推进信息技术在教学过程中的普遍应用，促进信息技术与学科课程的整合，逐步实现教学内容的呈现方式、学生的学习方式、教师的教学方式和师生互动方式的变革，充分发挥信息技术的优势，为学生的学习和发展提供丰富多彩的教育环境和有力的学习工具"。

这为课堂教学评价标准的制定，确定了很好的准则。下面我们不妨以上海市浦东新区学校课堂教学评价标准为例加以解读（表1.1）。

表 1.1　浦东新区中小学课堂教学评价表（试行稿）

姓名		学校		授课班级	
学科		时间		节　次	
课题					

	评 价 指 标	10—9	8—7	6—5	4以下
教学目标	目标明确、具体、适切，符合学科课程标准和学生学习实际。				
教学内容	内容正确充实，符合学生认知规律，突出重点，联系实际。				
	凸现学科内涵，能整合教学资源，力求恰当、有效。				
教学过程	激发学生兴趣，培养旺盛的求知欲。学生学习主动、积极、投入，敢于质疑，发表自己的看法。				
	关注全体，重视学法指导，注重启发性和针对性。教学方法灵活、生动，注意生成资源，发挥教学机智。				
	教学环境有序、互动、民主、和谐。				
教学效果	落实"双基"，增强体验，身心愉悦。				
教师素养	为人师表，教学基本功扎实，技术运用得当。				
	学科功底厚实，知识面广，有探求新知的热情。				
	努力形成教学特色，有创新意识。				
教学点评					
总分		等第		评议人	
备注	累计得分85分以上为优，75—84分为良，60—74分为中，60分以下为差。				

这张评价表从教学目标、教学内容、教学过程、教学效果和教师素养五个大的方面，对教师的课堂教学行为进行评价。

教学目标标准。评价要求："目标明确、具体、适切，符合学科课程标准和学生学习实际。"这就要求，教师在制定教学目标时，必须兼顾这三个方面：一是课堂教学目标要有可操作性，能符合本节课教学内容和教学形式的要求；二是教学目标要能符合课程标准，依据课程标准来确定每一节课的教学目标，改变了课堂教学内容和课堂教学形式选择的随意性；三是课堂教学目标要能符合学生的学习实际，也就是说，教师在制定课堂教学目标时，要很好地分析学生的学习实际，把握学情。

教学内容标准。评价从这样两个方面作了要求：一是"内容正确充实，符合学生认知规律，突出重点，联系实际"；二是"凸现学科内涵，能整合教学资源，力求恰当、有效"。应该说，这个评价标准，也是兼顾了学科教材内容（"内容正确充实"、"凸现学科内涵"）、施教对象特点（"符合学生认知规律"）和对教师在处理课堂教学内容方法上的要求（"突出重点"、"联系实际"、"整合教学资源"、"力求恰当、有效"）这三个方面。

教学过程标准。评价从三个大的方面作了要求：一是"激发学生兴趣，培养旺盛的求知欲。学生学习主动、积极、投入，敢于质疑，发表自己的看法"；二是"关注全体，重视学法指导，注重启发性和针对性。教学方法灵活、生动，注意生成资源，发挥教学机智"；三是"教学环境有序、互动、民主、和谐"。这三个方面实际上兼顾了教师的课堂教学组织的理念和组织形式，以及教师对学生在课堂上学习的调动。

教学效果标准。评价要求"落实'双基'、增强体验，身心愉悦"。也是从教师的教和学生的学习状态两个方面进行界定，教师的教要能"落实'双基'"，能为学生"增强体验"，并使学生在学习过程中"身心愉悦"。

教师的课堂教学素养标准。浦东新区在制定这个评价标准的时候，还从评价的整体性原则出发，在课堂评价中兼顾教师的课堂教学素养，并制定了教师的课堂教学素养标准：一是"为人师表，教学基本功扎实，技术运用得当"；二是"学科功底厚实，知识面广，有探求新知的热情"；三是"努力形成教学特色，有创新意识"。从教师的教育思想、教学的基本功和教学风格的形成三个方面进行界定，这就为具体评价教师的课堂教学行为，为改进教师的课堂教学行为，提升教师的教学素养，以及帮助教师形成教学风格，制定了一些可操作的内容，使评课从静态行为转变为动态行为和常态行为。

1.5 评课的局限性

就目前的评课实施情况来看，课堂教学评价主要有以下几个方面的局限：一是对课堂教学的评价，必然受到教育大环境的影响，评课不是从教师的专业发展需要和学生的学习需要去评价，而是过多看重这节课符合不符合新的教育教学理念，或者符合不符合既定的课堂教学评价标准。二是评课往往是评者者自己的教学经验的体现，因而评课过多停留在感性层面，而缺少在教育理论和新的课堂教学理念指导下的理性评课。三是评课过于看重教师的教而轻视学生的学，课堂教学评价重课堂教学组织形式而轻课堂教学效果。四是重总结性评价而轻形成过程的评价。

1.5.1 评课过多看重这节课符合不符合新的教育教学理念，或者符合不符合既定的课堂教学评价标准

一位年轻教师在他的博客里这样描述了现在一些专家评课的特点，他的描述很能代表今天教师对课堂教学评价的看法：

最近的专家评课有这样一些特点：
(1) 谈理论，特别是能举出很多的国内外教育专家的名字和理论思想。
(2) 谈理念，课改理念，课程标准，三个维度……
(3) 谈经验，国外的教育制度，外地的教学经验……
(4) 谈缺点，专家往往对研究课的优点一带而过，用新理念做镜子，对不足一针见血，谈得充分，一照了事。

总体感觉，专家谈高、精、深的东西比较多，一线教师觉得离实践比较远；谈缺点比较多，优点挖掘得比较少，教研员老师和授课教师付出了很多心血才搞出来的课，就这样被否定掉了。苦了执教者，糊涂了听课者。到底怎样才算可取呢？

以"权威"为中心的评课，过分看重了评课行为中评课者的作用，这样的评课，其效果很难得到显现。

1.5.2 评课过多停留在感性层面，而缺少在教育理论和新的课堂教学理念指导下的理性评课

这种现象的产生，往往是因为评课者以自己的（也可能是听课得来的）教学经验去考量教师的授课，这样的评课往往具有以下三个方面的特点：

(1) 过于看重"是否完成认知目标"，限制了教师对学生认知能力以外其他方面的发展的关注

认知性任务不是课堂教学的中心或唯一目的，教师不应只关注知识的有效传递，而不考虑学生的发展。学生的发展不仅包括认知的发展，也包括情感态度与价值观的发展，包括各种能力的发展以及个性的发展。

学生的想法中也许蕴涵着创造性的火花，学生也许对知识有更深刻的理解，但是教师在授课时，由于一直想着认知目标的达成，就不愿意在教学的灵活机智上面多动脑筋，忽视学生在课堂学习过程中生成的内容，久而久之，学生在课堂上表现出的创造性火花就会被掩盖掉。

(2) 看重"丝丝入扣"的教学设计的严谨性，而忽视教师在教学中的灵活性和变通性

传统的评课标准，往往强调教学进程要安排合理，教学环节井井有条。许多观摩课，教师不敢拿出原汁原味的课，就是怕评委们说自己设计的课"漏洞百出"，说自己水平低。教师期望的是学生按教案的设想作出回答，努力引导学生得出预定答案。整个教学过程努力做到"丝丝入扣"，结果往往是把一节课上成了表演课，失去了课的真实性。

(3) 看重"样样俱全"式的所谓优秀课，常常使教学忽略学生学习中的实际需要

在传统的课堂教学评价指标体系中指标可以说十分完备，而且每一项指标几乎都有固定的要求，诸如，"教学目标明确"、"教学进程安排合理"、"课堂提问精练"、"多媒体运用恰当"、"板书设计美观"、"教态自然"、"语言流畅"等等。结果我们会发现，许多观摩课中的不少环节就是为迎合评课标准而设计的，而不是围绕学生的学设计的，背离了课堂教学的宗旨。

不难看出，经验型评课，如果不能有相应的教育理论作指导，其缺点是不言而喻的。全国课程专业委员会副理事长、华东师范大学课程与教学研究所副所长、博士生导师崔允漷教授，就时下的评课发表过这样的看法：

在听评课中，最主要的问题可以归结为"用业余的思维或方法处理专业的事情"。具体表现为：缺乏听评课的专门知识与技能，也缺乏专门的训练或专业引领；同时缺乏专门的人才。如何从专业的角度思考"听评课"呢？我们建议：需要重视对"听评课"的研究，把它放在与"上课"同样重要的地位来研究，以建构更丰富的专门的知识基础；需要对教师进行专门的教育或培训，使得教师成为不仅是会上课的人，也是会听评课的人；需要明确听评课的主体应该是教师，特别是同行（学科）教师，而不是谁都可以充当听评课者，特别是自己不上课的人、教育教学研究者、行政领导人员或所谓的

专家不能越位而充当话语霸权者。

崔教授这番论述可谓精辟,如果评课者不去研究真正的评课,而一味凭自己的经验去评课,这样的评课危害要远远大于益处。

1.5.3 评课过于看重教师的教而轻视学生的学

这种现象往往是由评课者在课堂教学评价过程中只重课堂教学的组织形式而轻课堂教学效果造成的。

我们来看看这样一篇评课稿:

这节阅读课总体上的感觉:①教师教学理念新:体现了以人为本、以学生发展为本的理念,注重终身学习能力的培养;②教师能着力引导和谐的师生关系,让学生在平等互动中学习;③积极引导学生自主、合作、探究学习,体现了课改的趋势;④重视让学生在实践中学习语文。

需要探讨的问题:①教师既要注意语文教学内容活动化又要注意做到活动内容语文化;②师生互动不要停留在表层上,要通过互动,实现师生在知识、情感、心灵上的双赢,这是深层次的问题;③既要引导学生掌握书本的知识,又要引导学生建构新的知识,超越现有的知识,勇于创新。

应该说这位教师的评课思路清晰,有自己的见解,而且看问题比较深入,但是他评课的视角基本上局限在教师的角色意识里。这样的评课很显然是重表象轻实效的,忽略了教学目标的学科性、教学方法的针对性和教学效果的实效性。

1.5.4 重总结性评价,轻形成过程的评价,评课的实效性和导向性无法实现

这种现象的产生,多数是由于听课与评课脱节,夸大评课的诊断和管理功能。这样的评课显然不能起到促进教师改进今后教学的作用,也不能为教师的专业发展提供指向性的意见或建议。

1.6 评课的组织实施

全国课程专业委员会副理事长、华东师范大学课程与教学研究所副所长、博士生导师崔允漷教授,曾这样看待评课的组织实施:

听评课不是业余的"听而评之",我们愿意将听评课界定为:日常生活、专业学习与合作研究。听评课是教师专业的日常生活,听评课与上课具有同等重要的地位,不能把老师仅理解为"上课的人",还要将他们理解为"听评课的人"。听评课就是一种在职学习课程,一种重要的专业成长途径。通过参与听评课,教师可以加深对教育专业的理解和对学生学习的研究,从而促进自己的专业发展。听评课也是一种有效的合作研究方式。听评课为教师的专业合作提供了有效的机会和平台,教师借助于听评课共同体,开展自我反思和专业对话,探究具体的课程、教学、学习、管理上的问题,促使该合作体的每一位成员都得到应有的发展。

我们从崔教授的这段话中可以得出评课组织实施的两种方式:一是教师为了进一步提高自身的课堂教学水平、提高专业理解能力和专业素养、提高对学生学习的研究能力而去实施的一种自愿行为,这种自愿行为也是教师日常生活的一个组成部分;二是有组织的合作型评课,构建评课共同体,教师借助于评课共同体,开展自我反思和专业对话,探究具体的课程、教学、学习、管理上的问题,促使该合作体的每一位成员都得到应有的发展。

也就是说,评课——这个教师教育教学的基本行为,需要教师积极参与,仅仅站在个人课堂上去反思自己的课堂教学是不够的,反过来说,自己的课堂教学行为如果没有其他人的指点,那么水

平也不能更好地得到提高。教师不仅需要去听课,更需要评课,并尽可能有计划、有针对性地参与评课,通过评课去解决自身课堂教学中需要解决的问题。

评课应该是集体的行为,需要构建评课共同体。这个共同体可以是由上级教育主管部门创建的,也可以是以学校为单位构建的,可以是由学校学科教研组构建的,也可以是由在教学研究上志趣相同的一个群体构建的。共同体形成的关键因素有四个:有主体的意愿、可分解的任务、有共享的规则、有互惠的效益。可以说这样的评课才能收到评课应有的效果。

1.7 研究课堂评价的意义和作用

研究课堂评价的作用可以从宏观和微观两个层面来认识。宏观主要是局域性的教育管理层面(包括学校层面),微观是指教师个体发展层面。

1.7.1 从宏观角度来看,研究课堂评价有利于区域性教育管理的决策

一个区域的教育管理,需要有正确的决策,管理者在到各个学校检查督导教育工作的时候,一个重要的内容是对一所学校的部分教师进行听课和评课。如果我们评课目标明确,管理者就可以从评价教师的课堂教学行为目标达成度入手,来评价教师的课堂教学能力,并以此作为考量一所学校教育教学水平的标准之一,从而完成对学校管理的评价、对学校布局的调整、对教师教育资源的调配。也就是说,研究课堂教学评价,既有利于教育管理的决策,也有利于调控教育管理的过程,同时还有利于检验学校教育的发展水平。

1.7.2 从微观层面来看,课堂评价的作用如下:①评课可以优化教师教育思想和课堂教学理念,有利于激励教师加快知识更新、优化教学艺术;②有利于教师深化研究学科课程,优化教学目标和教学内容;③有利于教师创造性地吸收优秀的教学模式,优化教学方法和教学手段;④有利于调动教师的教学积极性和主动性,优化教学过程、优化教学设计;⑤使教师增强自我管理意识,帮助和指导教师不断总结教学经验,提高教育教学水平,促使教师在教学过程中追求课堂教学的艺术境界,并逐渐形成自己独特的教学风格。

研究课堂教学评价,应立足于教师的专业发展,真正做到通过课堂教学评价提高教师的专业素养和课堂教学素养。

2. 评课内容

2.1 评教学目标

教学目标是教学活动结束后,教学活动的主体——学生所要达到的预期效果标准。教学目标是选择教法的依据、引导学习的指南、实施检测的标准。教学目标是教学的出发点和归宿,它的制定和达成情况,是衡量一节课好坏的主要尺度。所以评课首先要评教学目标。

教学目标既要符合课标的要求,又要符合学生的具体实际,既要遵循教材的内容,又要适应社会的发展,既要有统一要求,又要能体现差别,进而使学生能以不同方式在不同程度上达到目标,使每个学生都能有所进步。

2.1.1 教学目标要三维一体

教学目标设计应该体现课程目标的要求,新课程的教学目标包含三个维度的内容:知识与技

能、过程与方法、情感态度与价值观。这就要求教师在设计教学目标时要改变过去只注重知识领域目标的倾向，要考虑到学生素质的全面发展，综合考虑三个维度的目标。

在三维目标中，知识与技能目标是实施另外两个目标的基础，它明确了"学什么"，提出了"学会"的要求。它既是课堂教学的出发点，又是课堂教学的归宿，是引导学生展开学习过程、体验相关的过程与方法、陶冶情感态度的材料载体，也是对学生的学习提出的最基本要求。

过程与方法目标是课堂教学的操作系统。它是引导学生研究材料、形成认识、领悟方法、习得能力、体验情感的活动载体，是实现获得知识、锻炼能力、培育情感的目标的主要过程，是教学活动的主体和关键环节。体现了获取"知识与技能"和建立正确"情感态度与价值观"的具体途径和方法，它明确了"怎样学"，追求实现"会学"的高目标。

情感态度与价值观目标是课堂教学的动力系统，是在知识与技能、过程与方法目标基础上对教学目标的深层次拓展，进行情感态度与价值观的教育活动，是执教者通过身体力行的示范活动来言传身教，并积极创造有利于学习主体尝试选择、参与和体验的机会，让他们在这种尝试的实践行动中形成个性化的情感态度与价值认知。它对前两个目标具有明显的调控作用，积极的情感与态度，能在探索知识与技能的过程中起到巨大的推动作用。当然，态度与价值观不是"教"出来的，而是在个人成长过程中通过模仿、尝试和实践体验而慢慢养成的，是在参与中的一种自我发展。

评课时，要看教师是否有全局性观念，是否能对教学目标的三个维度进行整体思考。当然，三维目标是课程目标体系，并不是说每堂课都需要确定三个维度的目标，具体每堂课需要达到什么样的目标，由课堂教学内容来决定，不同的教学内容和课型有不同的教学重点，能够落实的教学目标也会有所不同。同时，这三个维度的目标并不是孤立的，而是相互联系的。

2.1.2 教学目标要体现层次和差异

（1）内容要求的层次性

不同教学内容的学习要求不同，这是由教学内容在学科体系中的不同地位和作用决定的。课程标准对知识与技能的学习水平以"A"(知道/初步学会)、"B"(理解/学会)、"C"(掌握/设计)等级来表示；过程与方法类的学习水平则分为"A"(感受)、"B"(认识)、"C"(应用)；情感态度与价值观类的学习水平为"A"(体验)、"B"(感悟)、"C"(形成)。评课时要看教师对于授课内容是否有明确的理解，是否能将其转化为具体的可操作的教学目标。

对于学科重点和核心内容的教学，可能不是一节课或者一个单元的教学能够实现的，有时需要一个螺旋上升、逐步深入的过程，这就要求教师有一个系统的规划，循序渐进地落实相关目标，评课时可以考查教师对于这些教学内容的目标层次是否有系统规划的意识。

（2）学生的差异性

任何班级中的学生都存在个体差异，这是客观现实，特别是在小学和初中，由于就近入学和随班就读的政策导向，优等生和学困生同在一个教室的现象比比皆是。即使学生对某一问题的回答完全相同，理解的角度与深度也不一定相同。然而，在由几十名学生参与的课堂教学活动中，又必须有一个统一的教学目标来指导教学活动的正常进行。因此在评课时要考察教师是否关注到教学目标的层次性，看教师在教学活动中如何照顾学生的个体差异，对于不同水平的学生如何区别对待，在课堂提问、指导时是否有所侧重，看教师能否让不同层次的学生都能享受解决问题、获取知识的愉悦，获得学习成功的体验。

在关注层次和差异的基础上，也要看教师制定的教学目标是否具有适当的广度和难度，如果广度不够，就难以完成学科总体目标，如果难度不够，就不能达到开发智力、提高能力的发展性目标，合适的教学目标应该是课堂上大多数学生都能达到"掌握"水平。

2.1.3 教学目标要准确规范

(1) 目标定位的准确性

教学目标体系包括学科教学目标、单元教学目标和课时教学目标,它们之间是从概括到具体层层分化的关系。学科教学总目标分化为单元教学目标,单元教学目标再进一步具体化为一个个课时教学目标,课时教学目标为学科教学总目标服务。教师要学会区分和把握长期、中期、短期目标,分清什么是总体目标,什么是单元目标,什么是课堂教学目标,并对三者关系了如指掌,避免将长期目标混同为课堂教学目标。只有通过对课堂教学目标的准确定位、具体实施和长期积累,才能最终实现学科的长期目标。虽然教师在每一节课中能教给学生的只是学科中某一个知识点,但教师在设计之前必须对学科有一个全盘的思考,有一个整体的规划。所以在评课时要关注教师制定的教学目标是否明确具体,通过一节课的教学是否确实能够实现。

(2) 目标表述的规范性

教学目标的表述要明确具体。教学目标是对教学要求的具体化、过程化,明确具体的教学目标便于教师有效地组织教学,便于对教学效果作出适当的评价,同时有利于学生明确学习目标,激发学习热情。因此对课堂教学目标的评价要考虑其陈述是否明确、具体,是否可以观察和测量,教师要尽可能将对学生的知识与技能、过程与方法、情感态度与价值观等要求转化为可以直接观察、操作、检测的明确具体的行为指标。

在确定每课时的学习目标时,应把目标落实到与本课教学内容相关的具体要求或某项技能上来,要避免笼统地讲培养学生具备某种能力,如在一些公开课教案中教师所写的培养学生的合作精神、培养学生的观察能力。

教学目标的陈述要以学生为行为主体。在课堂教学中,教师是主导,学生是主体,教学目标陈述的是学生的学习结果,因此,陈述教学目标时要把学生作为主体,即陈述通过教学后学生会做什么或说什么。在写教学目标时,尽管有时行为主体"学生"二字不一定出现,但必须是隐含其中的。其次,在教学目标的陈述中,行为状况动词要求多样化,应尽可能是可理解、可观测的;行为条件要求情境化,要具体描述行为发生通过的媒体、限定的时间、提供的信息。

2.2 评教材处理

教材是课程家族中的基本单位,是课程的重要组成部分,是一部分课程内容的物化形态。教科书是根据课程标准编写的系统反映学科内容的教学用书,它是最具代表性的核心教材。从表现形式上看,教科书只是被教科书制度认可的、具有行政和专业权威的图书教材,与之并行的还有大量的教学辅导用书、视听教材、电子教材,以及由自然或生活事件转化来的现实教材等。

教材处理是教师把教材内容加工转化成教学实践的一种再创造的活动,是教师驾驭教材能力的集中表现。教材处理是教师备课过程中的一个基础性环节,合理地处理好教材及具体的教学内容是保证教学顺利进行、提高教学效果的必要条件。

评教师对教材的处理,要看教师对教材的理解、领会,看知识传授是否科学准确,也要看教师以什么样的思路去"改造"教材,看教师在教材处理和教学方法的选择上是否突出了重点,突破了难点,抓住了关键,还要看教师是否能根据学生实际、教学条件(实验设备、现代化教学手段)以及自身的教学经验来处理教材,对内容的增减是否有道理,各环节内容与时间的安排是否妥当。

2.2.1 教材处理要符合课程标准的要求

课程标准是国家对这门学科的基本要求,是教材编写的指南和评价依据。教材是对课程标准的一次再创造、再组织,是帮助教师达到教学要求的辅助材料。教材内容是课程标准的具体化,是完成教学任务、实现教学目标的主要载体。评教师对教材的处理,首先要看其是否能找准课标、教材和学生的连接点,依据课程标准,根据社会、学校、学生的实际情况对教材内容进行取舍和整合。

2.2.2 教材处理要以教学目标为依据

教学目标、重点及难点是一节课的灵魂和核心,是对教材进行处理的依据。课堂教学要目标明确、恰当,从而使师生双边活动始终围绕教学目标展开,做到教有方向,学有目标。课堂教学要突出重点,重点概念要使学生透彻理解,重点技能要让学生熟练掌握。要形成一个有主有次、前后有序、张弛有度的知识结构。在教学目标和重点难点的处理中,要特别注意教师的教材处理在关注知识的同时,是否关注了方法、应用、探究等方面的内容,这些内容的落实是否有合适的教学时间和教学策略的保证。

2.2.3 教材处理要符合学生的认知规律

评教材处理要看教师能否根据学生的认知水平、心理特征和学习规律对教材进行处理:能否从学生实际出发来处理教材,能否根据新旧知识的联系,从学生原有的知识基础出发处理教材,了解学生的学习初始能力,即现有的知识经验、能力水平、认知特点、兴趣爱好、学习期望及学习风格等。评课时,要看教师能否将新授知识转化为学生感兴趣的问题,激发学生主体参与的积极性和主动性,从而使每一个学生都对课堂教学产生很大的兴趣,积极主动地学习。

不同认知水平的学生,思维特点不同,教师对教材的处理也应该有所不同,对于一般学生,用由易到难步步推进或由表及里层层深入的方法,能收到较好的成效,但是对于思维水平较高的学生,直接将难点告诉学生,让学生小组之间进行充分讨论、修正,然后得出结论,采用这种方法学生思考的深度会更深,也更能调动他们的积极性。

2.2.4 教材处理要统观全书,通盘考虑

教师对教材进行处理首先要准确把握教材的编写意图,以及教学内容在教材中所处的地位与价值,准确把握教材知识体系;还要注意知识、技能、能力的相互联系和前后照应,并根据学习迁移的原理把新旧知识联系起来。一方面从旧知识引出新知识,促进新知识的学习;另一方面学习新知识时,还要注意为以后的学习作好铺垫,注意内容之间的衔接。教材处理在统观全书的同时,有时还要关注与其他学科的整合和综合。

一般来说,教材编写者注重其文字叙述的系统性和逻辑性,教师教学则注重学生的实际情况和教学的艺术性。因此教材的逻辑顺序和教师的教学思路有时不一定完全相同,评课时要看教师能否从教学的实际需要出发,依照课程标准的要求,根据学生的知识水平,对教材的内容进行精心设计、重新组织、恰当编排,并辅以必要的教学手段,以达到理想的教学效果。

在听课中,我们看到一种倾向:为追求一节公开课的教学效果而忽视了单元教学的整体设计,甚至使单元其他课时的教学内容变得支离破碎。这种倾向需要避免,一节课的教学设计必须建立在单元教学设计的基础之上。

2.2.5 教材处理要详略得当

在教学中教师若对教材内容平铺直叙,面面俱到地全部编排设计,学生不仅印象不深,而且不得要领,教师对教材进行处理时应以教学目标为依据,根据教学内容的轻、重程度对知识进行归纳分类、适当增减。因为任何一部分内容,都是由主干知识和说明主干知识的辅助知识构成的,所以

通常我们会说一节课有一条主线和一条副线。评课时要看教师在教材处理时能否合理规划主线和副线,能否做到有详有略、详略得当,收到以点带面的效果。

2.2.6 教材处理要贴近学生生活实际

课程既源于生活,又要回归生活。教师应从学生的生活经验出发处理教材,从社会生活和与学生生活密切相关的日常生活中寻找课程资源。在关注学科基础知识的同时,强调课程与现实生活、学生经验的联系,强调实际应用,尽可能地拉近教材与学生生活的距离,将有助于学生对知识的理解和接受,有利于激发学生的学习兴趣和求知欲望,能拓展学生的知识面,开阔他们的视野和思维。

因此在评课时要看教师是否能尽可能地拉近教材与最新生活的距离,选择的教学内容是否贴近生产、生活,贴近学生实际,是否能引起学生的兴趣,是否立足于学生现实的生活经验,着眼于学生的发展需求,把理论观点的阐述寓于社会生活的主题之中,是否有独特的创新处理等。

2.3 评课堂结构

课堂教学结构是教师在一定的教育思想指导下,为完成既定的教学目标,对构成教学的诸要素(教学内容、学生、教师、教学环境)所设计的比较固定的、简约化的组合方式及运作流程。课堂结构确定了一节课的教学过程和环节,以及各环节、各部分之间的联系、顺序和时间分配等。课堂教学结构是促进教材的知识结构向学生的认知结构转化的中介和动力,在教材和学生之间发挥了桥梁和纽带的作用。不同的课堂结构会产生不同的课堂效果,教师要力求使课堂结构、知识结构、板书结构、认知结构相匹配,这样才有利于使学生的知识层次由感知——理解——巩固——应用——创新步步升华。因此,评课要关注教师的课堂教学结构设计。

2.3.1 课堂结构主线清晰

(1) 课堂引入阶段

"好的开始是成功的一半",在课的引入阶段,要看教师能否设计引人入胜的导入环节(创设情境或引发认知冲突或以旧引新),以激起学生对本课学习的兴趣,这是学生能否主动参与探究新知识的关键。好的导入设计能激起学生对新知识的兴趣及主动探究的欲望,充分调动学生各方面的学习兴趣,使学生提前进入学习状态。

(2) 突出重点、突破难点阶段

教师用引入激发起学生的兴趣以后,接踵而来的可能就是教学的重点或难点部分,此时要看教师能否遵循注意、兴奋的延展律,趁着学生兴致正浓,进一步调动学生动脑、动手、动口的积极性,突出教学重点,化解教学难点,实现学生认知结构的同化和顺应,构建新的认知结构。

(3) 运用、巩固、评价阶段

当学生对新知识基本掌握后,就会进入"运用、巩固、评价"阶段。在该阶段,要看教师能否运用新的认知结构解决问题,促进知识的巩固和迁移,要看教师是否能创设巩固应用的情境,利用课堂练习、小组比赛等,让学生将所学的知识灵活运用到解决具体实际问题中去,达到巩固、应用和迁移的目的。

在二期课改"以学生发展为本"的理念指引下,在新课程改革过程中,很多新的教学模式,如探究教学、合作学习、自主学习、网络学习等纷纷进入中学课堂,课堂教学的环节和步骤也随教学模式的不同而有所不同。如探究教学一般遵循的教学环节和步骤包括提出学习任务,准备相关知识和材料,组织学生选题、合作或独立探究,探究结果汇报和评价等。此时,要看教师在完成上述活动过程中是否创设探究的情境、引导学生探究、为学生提供信息资源及其他条件的支持、引导学生提出假设并得出结论、组织学生汇报并研讨结果等。

2.3.2 合理分配教学时间

通常一节好课应该是结构严谨、环环相扣、过渡自然、时间分配合理、密度适中、效率高的。评课时根据授课者的教学时间设计,能较好地了解授课重点、结构安排。应计算教学环节的时间分配,看教学环节时间分配和衔接是否恰当,看有无前松后紧或前紧后松现象,看讲与练时间搭配是否合理等。要计算教师活动与学生活动时间的分配,看是否与教学目的和要求一致,有无教师占用时间过多,学生活动时间过少现象。要计算学生的个人活动时间与学生集体活动时间的分配,看学生个人自学、小组活动和全班活动时间分配是否合理,有无集体活动过多,学生个人自学、独立思考、独立完成作业时间太少等现象。要计算好、中、差学生的活动时间,看优等生、中等生、差等生活动时间分配是否合理,有无优等生占用时间过多,差等生占用时间过少的现象。要计算非教学时间,看教师在课堂上有无脱离教学内容,做与教学目标无关的事情。

2.3.3 能根据实际情况及时调整教学结构

在课堂里,教师的教和学生的学随时都处于发展变化之中,评课时应考察教师能否密切注意各种反馈信息,一旦发现学生的认知结构与课堂预设结构不协调,能否及时调整自己设计的教学结构,以符合学生的实际认知情况。教师在教学中应针对学生的实际学情,及时调整教学结构,或化抽象为具体,或化复杂为简单,或变生疏为熟悉,灵活设计合适的知识梯度,运用恰当的教学方法,突破难点,化解疑点。

2.4 评教法运用

"教无定法,贵在得法",实践证明,在正确的教学思想指导下,采用正确的途径、科学的教学方法,可以使学生学得生动活泼,身心得到全面发展,有利于学生成才。因此评价教师教学方法的选择和运用是评课的又一重要内容。

评教师运用的教法是否合适,要看教师能否灵活运用教学方法来驾驭课堂,学生能否随教师的引导全神投入,即要看教师使用的教学方法,是否能让教师的引导作用得到充分的发挥,让学生的主体地位得到充分的体现。

2.4.1 恰当选择教学方法

教学活动的复杂性决定了教学方法的多样性,所以评课既要看教师是否能够面向实际,恰当地选择教学方法,同时还要看教师能否在教学方法多样性上下一番工夫,是否善于使用讲授、讨论、练习、实验等各种教学方法,能否使各种教学方法有机结合,使课堂教学常教常新,富有艺术性。

不断变换和调整教学方法和手段,能使学生思维始终处于兴奋活跃状态,减轻学生疲劳,获得教与学双方的最佳配合,来提高课堂教学效率。

(1) 教学方法要能激发学生的学习兴趣

兴趣是最好的老师,学生对教学内容有兴趣,就能全神投入。能够激发学生学习兴趣的教学方法有很多,一般来说直观的教学方法比较有利于吸引学生的注意力,激发学习兴趣和学习热情,促进知识的理解和巩固,有利于培养学生的观察能力和发现能力,便于学生的思维从形象思维向逻辑思维过渡。在教学上,直观性的手段很多。例如各种教具的使用、现场参观、见习实习、实验等等,这些教学过程都是尽可能地向学生提供丰富的感知材料,给学生一个充分的直观认识过程。

当然,教学方法的直观性是针对过去片面追求教师讲述的倾向而言的,任何教学方法都有其优点和局限性,直观教学不利于学生抽象思维能力的培养,教师要防止从一个极端走向另一个极端。

(2) 教学方法要能启发学生主动思考

教学是为学生自我发展提供必要的外部条件。学生是学习的内因,教师的教学是学习的外因,外因是通过内因起作用的,这就需要教师通过启发来点燃学生思维活动的火花,促使学生主动思考。或用提问法,直接将问题摆在学生面前;或用激情法,间接激发学生探求问题的热情;或用启趣法,使学生好奇愉快地探究趣味事物的"所以然";或用演示法,让学生因惊叹结果的微妙而去究其原因。

要启发学生主动思考,教师必须在备课时周密地研究教材和了解学生实际,确定哪些问题应由教师讲清楚,哪些问题可以适当提出让学生思考,引导学生进行议论。学生能够自己完成的一定要让学生自己做;学生不能够完成的教师要设置台阶让学生自己做;对于学生较难理解的问题,要注意组织学生进行充分的讨论,通过讨论来加深他们对问题的理解。因此评课时,要看教师是否能有意识地设计一些具有启发性和有一定难度的问题,不断引导学生质疑释疑;对于学生正确的回答,教师能否及时地表扬和鼓励,使学生体验到成功的喜悦;当学生的回答反应出学生理解中的问题和障碍时,教师能否进行及时的点拨。

2.4.2 灵活运用教学方法

教学是一项复杂多变的系统工程,不可能有一种固定不变的万能方法。在课堂教学中,教学方法是为教学目标服务的,教学目标不同、学生不同,所需要的教学方法也不相同。一种好的教学方法总是相对而言的,它总是因课程、因学生、因教师自身特点而相应变化的。因此,不存在一个适合每一节课的最佳教学方法。关键是从教学内容和教学对象的实际出发,按照学生的认识规律和教学目标的要求,创造性地设计适合每节课的教学方法。也就是说教学方法的选择要量体裁衣,具有针对性。

(1) 因材施教

课堂教学所要传授的知识内容是多方面的,所要采用的教学方法也应该各不相同。如果一节课的教学重点是让学生获取新知识,是讲述有关事实、描述有关现象、解释或论证有关概念等内容,那么选择讲授法比较合适,讲授法可以在较短的时间内传授较多的内容,使学生获得比较系统的知识;如果一节课的教学任务是以培养学生基本技能为主的,那么选择观察、练习、实验和多媒体教学等教学方法,可以有效地验证和巩固学生对技能、技巧的掌握;如果一节课的教学任务是传授有关理论、揭示基本规律,那么运用比较、归纳、综合分析和研讨等教学方法,有助于学生感知、理解和记忆知识,有利于培养学生的分析能力和综合能力;如果教学任务是以培养学生思维能力、发展学生智力为主的,那么选择发现法、尝试法比较合适;若一节课要完成多项任务,这时就要看教师能否综合选用多种方法,或以一种方法为主、配合应用其他方法了。

(2) 因"才"施教

学生基础不同,适用的教学方法也会不同。对于基础较差,后进面较大的班级,需要增加知识的层次,小步子、多台阶,从易到难、循序渐进地进行教学。教学方法上要多一些慢讲、练习。对于基础较好的班级,可以充分创设情境,以问题解决的形式将问题直接交给学生,让学生在充分讨论的基础上自己得出结论。

2.5 评学法指导

"授人以鱼,不如授人以渔",教师的责任,不仅在于让学生获得知识,更重要的是要让学生学会学习,只有让学生掌握获取知识的方法,才能真正把他们培养成为符合现代社会发展需要的人才。学法指导是指在发挥教师主导作用的基础上,使学生积极、主动地学习,掌握科学的学习方法。学生只有掌握了科学的学习方法,才能提高学习的积极性和主动性,才能为以后的学习和发展打下良好的基础。因此,评课时要看教师能否根据教材内容和学生实际,适时进行学法指导,引导学生掌握科学的学习方法,并使之有序化、完善化,以提高学习的效率和质量。

2.5.1　要有渗透学法指导的意识

评课时,要评执教者在课堂教学中是否能有机渗透学法指导。要看教师在课堂上检查学生预习时,是否指导课前预习、课后复习的一般步骤和方法;在知识与技能的学习过程中,看教师能否设法引导学生按照认识规律,最大限度地自己去发现并掌握知识和技能,进一步获得掌握知识的规律;对于学生自学能看懂的内容,要看教师是否鼓励学生自学,培养学生的自学能力;对于学生能够讲出来的内容,要看教师是否给予学生表达的机会;对于学生能够自己动手做出来的实验或操作,要看教师是否允许学生动手尝试;对于记忆的内容,要看教师是否注意教给学生记忆的方法等等。

2.5.2　要将学法指导显性化

教师在设计教学过程时,要根据教材的重点、难点和学生的学习实际,来确定所要指导的学法内容。提出学习目标、任务时要指明学习方法;学习过程经历一定阶段时要反思学法,要指导学生在探求问题的正确答案的同时展示自己的学习过程,从中总结学法。

学习方法多种多样,因人而异,教师要让学生对各种学习方法进行消化改进,找出适合自己的方法,引导他们从被动接受知识转变为主动探索知识,把"学会"变成"会学",这样形成的学习方法才更有利于学生今后的发展。要能对学习方法进行整理、归纳,使学生获得的学习方法得以系统化,使学生对学习方法由感性认识上升为理性认识,帮助学生形成整体的学法结构。

2.5.3　要用多种方式指导学法

学法指导的方式很多,评课时要看教师能否从学生的学习实际出发,根据教学内容的特点,适时采用合适的方法来指导学生掌握学习方法。

具体来说,评课时应考察以下几点:在学生探究学习的过程中,教师是否注意适时引导,引导学生选择适宜于学习内容的学法,使学生的学习由表及里、由浅入深、由易到难;学生在学习中遇到疑难和障碍时,教师能否以学生学过的知识、运用过的学法对学生加以提示,来启发学生产生联想,对疑难和障碍产生新的认识,学生在学习过程中对某些问题把握不准或理解上遇到困难时,教师能否适时予以指点,提示思考分析的途径,打通知识或理解上的关卡,使学生的学习过程得以继续;在一节课或一个内容的学习结束后,教师能否指导学生归纳和概括所学知识和学习方法,使学生理解和掌握自己的学习过程并对学到的知识、方法进行系统归纳,从而巩固学法,形成能力。

2.6　评教学过程

教学过程是师生为实现教学目标,围绕教学内容,共同参与,通过对话、沟通和合作,产生交互作用,以动态生成的方式推进教学活动的过程。教学过程包括教师教的活动和学生学的活动,教与学是不可分割的整体,是同一个过程的两个方面。

2.6.1　学生维度

教学过程是学生在教师指导下的体验、认识和发展过程。因此教学过程必须符合学生的认知特点。

评课时应考察以下两点：首先看教学过程中，学生在课堂上主动学习的时间有多少。要考察除教师讲授和指向个别学生的一问一答所占用的时间以外，每节课是否有三分之一到三分之二的时间让学生主动学习。其次，要看学生在课堂上主动学习的空间有多大。要考察学生在课堂上是否有提问权，教师是否让学生在预习、独立思考的基础上提出自己想问的问题，学生在课堂上是否有评议权，有对自己和同学的学习进行评价的机会，有发表感受、提意见、表扬和建议的机会。

2.6.2 教师维度

要看教师能否采取区别教学和个别教学的态度面对不同类型的学生，使其有长足的长进；能否做到控制学生学习活动与引领学生自我控制的合理结合；能否随时调整和校正教学进程。

要看教师能否在课堂教学中给学生自由的空间，依据学生的志趣、才能、资质和特长开展教学，尊重学生个体的差异性、独特性、自主性和创造性，鼓励学生自由探索、大胆猜测、大胆质疑，使学生敢于发表不同意见。

教师引导作用发挥的关键在于精心设计教学内容、教学方法，以及教学过程中对教学艺术的把握，能适时地因势利导，引导和激发学生自主学习，把教转化为学，以调动学生主体参与的积极性。

要看课堂讲授的内容是否具有严密的科学性和高度的思想性，是否论证严谨，论据可靠，逻辑性强，注意理论联系实际。教学内容的讲授在服从于教学目标要求的同时，必须立足于学生的学习基础、学习需要、理解能力和理解程度。如果过分强调教师的讲授，学生的理解消化、巩固练习只能大量地延伸到课外进行，这就加重了学生的课外学业负担，影响了学生生动活泼的全面发展。

通过学生的课堂表现，看教师在课堂上是否提出了有价值的问题，是否通过创设悬念情境，引起了学生的学习兴趣，是否通过认知冲突、问题意识来调动学生参与学习的主动性和积极性，使学生在情感、态度上获得了新的感悟，能力得到了有效的提高。

要把教师在课堂上是否鼓励学生思考、探索、质疑等作为一个重要环节来评价。教师应鼓励学生提出不同的看法，给他们自由发展的空间，让他们的个性得到充分发展，教师在课堂上不能随意否定学生的看法。应引导他们去讨论、交流、合作，让他们在活动中提高自己的能力。

2.6.3 教学环境

教学环境是教学行动赖以开展的条件，包括硬环境和软环境。硬环境一般指教学媒体设施和班级设置等方面，而课堂教学理念、教师教学风格、班级学习氛围等是软环境的组成部分。

(1) 建立平等、合作的师生关系

教学是教与学的互动，是师生之间的对话、合作、沟通。在教学过程中，师生建立起平等、合作的新型关系。教师不仅是知识的"呈现者"、学习的"指导者"、学业的"评价者"、纪律的"管理者"，更是课堂教学的组织者和指导者，是学生获取知识的帮助者。学生不仅是教学的"对象"、"主体"，还是课堂教学的共同创造者，教师在课堂上要努力为每个学生的主动参与提供广泛的可能性。

(2) 实现师生多向互动

要实现师生之间积极、有效和高质量的多向互动，这种互动既包括教师与全体、部分或个别学生之间的不同性质的互动，也包括学生个体间、个体与小组或全班、小组与小组间多边式和不同性质的互动。在上课时，教师要学会倾听，要把注意力放在学生身上，要学会及时作出合适的应答(包括评价、追问、启发、判断、组织等)，通过多向交互作用，推进教学过程。

2.7 评教学思想

教学思想是教师在课堂教学中的行为、情感中透露出来的或隐含着的价值取向。思想是行动的指南,教师的教学思想是其教学行为的灵魂,教师的教学活动是在一定的教学思想的指导下开展的,一节课教学方案的制订、教学方法的选择、教学手段的运用和教学过程的实施,都是由教师的教学思想决定的。教学思想时时处处在教学活动中反映出来,具体体现在教学的各个环节和教学活动中。因此,评课者可以通过教学活动来观察执教者的教学思想。在课堂教学中,教师的教学观、学生观和评价观是影响其教学行为的三个核心方面。因此在评课时,我们可以从教师的教学观、学生观和评价观三个方面来观察和评价教师的教学思想。

2.7.1 教学观

教学观是指教师对教学过程的基本看法,有什么样的教学观,教师就会设计出什么样的教学设计,组织起什么样的教学过程。

新课改要求教师的角色由课堂的主宰者、知识传授者转换为学生学习的咨询者、引导者、帮助者和促进者。教师的教学任务不局限于教材中知识的传授,更重要的是对学生自主学习能力的培养,使学生既学到知识又学会获取知识的方法,成为真正的学习的主人。

评价教师的教学观首先要看教师的教学设计是以教师的教为中心还是以学生的学为中心。看教师能否从学生的实际出发,根据学生学习的实际起点来确定教学起点,展开教学过程;看教师是否了解学生的特点,善于发现学生存在的问题,注重解决学生心中存在的问题与疑惑;看教师能否引导学生进行自主学习、探究学习和合作学习,帮助学生形成终身学习的意识和能力。

其次要看教学内容是以"知识"为中心还是以"能力"为中心。看教师是否能帮助学生将知识作为探究的起点,让学生在课堂上充分地动起来,使学生在获得知识的同时获得方法,提升学生的学习能力、获取和处理信息的能力、创新的能力、生存和发展的能力,使课堂成为师生互动交流、积极探讨、共同发展的场所,使教育真正成为发展人的主体性的教育。

2.7.2 学生观

学生观是教师对待学生、处理师生关系的准则,任何一位教师在他实践的背后都有意无意地存在着一些想法,并由它们支配着教学行为。

新课程以学生的全面发展为目标,强调将人的个性发展与全面发展相统一,促进学生基本素质的全面发展和自由个性的形成。

教师是否具有比较先进的学生观,首先要看以学生为主体的思想在教学过程中体现是否充分。即,在教学过程中,教师是否充分相信学生,依靠学生,共同完成教学任务;学生能否充分发表自己的意见,学生从自己的角度和深度去思考问题时,教师能否尊重学生的不同见解,并对其有不同程度的表扬、肯定;师生之间能否互相补充、互相启发,是否有观点的相互碰撞;是否重视学生的道德观和求异思维与创新精神的培养。

其次要看教师是否能尊重每一位学生,平等对待所有学生,不因某个学生优秀而给予特别照顾,更不会因某些学生稍差而歧视他们;是否注意赏识和激励学生,有无通过语言、手势等方式肯定学生,与学生进行平等的对话与交流,课堂气氛是否民主、和谐、平等、友好。

2.7.3 评价观

新课程强调课堂评价要立足于学生综合素质的全面提高,立足于学生良好个性的培养。重视评价的改进、激励和教育功能。

（1）评价的激励和反馈功能

强化评价的诊断、激励与发展功能,通过科学、有效的教学评价促进学生的全面发展。评课时要看教师是否善于利用各种手段来发挥评价的激励功能。当学生遇到困难时,用亲近、微笑、点头予以表示,当学生回答正确时,给予积极的强化,如点头、重复学生的正确答案;当学生回答出现错误时,应该鼓励学生继续努力,可以对学生说:"不错"、"有进步,谁能再补充一下"等等。评价要从不同学生的实际情况出发,适时调整评价的项目、要求和方法等,使评价对不同的学生都有促进作用。

（2）评价的多样性

对学生的评价可以由教师给出,也可以由学生之间相互给出。还要重视学生个体的自我评价,以提高学生学习的主动性。对学生的评价要从知识与技能、过程与方法、情感态度与价值观三个维度全面展开。对学生的评价可以采用提问、测验、考试、撰写小论文或调查报告、实验操作、小制作、谈话等方法。对学生的学习过程要及时记录,结合终结性评价对学生作出综合的评价。

在评课过程中,我们可以通过教师的课堂评价来观察教师的评价观。看教师对学生的评价是注重结果评价还是注重过程评价;是否强化评价的诊断与发展功能,弱化评价的选拔与淘汰功能;是否强化评价的内在激励作用,弱化评价的外在诱因和压力作用;是否重视学生之间的互评和学生的自我评价。

2.8 评教学基本功

教学基本功是指教师完成教学工作所必需的技能和技巧。教学基本功是教师上好课的必要条件和保证。教学是科学,也是艺术,教师好的读、写、讲、示范、操作能引人入胜,富有感染力,甚至给人以美的享受,可以收到寓教于乐的效果。评价教师的教学基本功一般可以考虑以下几个方面的内容。

2.8.1 课堂语言

教师是通过言传身教来传授知识的,教学也是一种语言的艺术,教师的语言有时关系到一节课的成败,没有生动的语言表达,是难以取得良好的教学效果的。评教师的课堂语言,可以从以下几个方面来进行。

（1）课堂语言要准确

只有用词得当、推理严谨、逻辑缜密、观点明确、表达准确的课堂语言才能把有关专业知识和思想内容完整、系统、准确无误地传递给学生,才有助于学生对知识的正确理解。教师在教学过程中的设疑答难、讲述解释、分析推理、总结归纳用语,以及导入语、过渡语、讲述语、总结语等不同语体,必须力求准确。

（2）课堂语言要规范

课堂语言的规范性是通过对书面语言的活化运用和对日常语言的深度加工来实现的。课堂语言应该是严谨的书面语言和生动的口头语言的统一,具有高度的科学性、思想性、逻辑性和条理性。

（3）课堂语言要简洁

课堂教学必须在计划时间内完成规定的教学任务,并使学生当堂有效地消化吸收知识,这就要求教师在课堂讲授过程中,语言精当简练。理想的课堂教学的引发语要简短有力,具有强烈的吸引力;结束语要干脆而意味深长,能够留下思考的余地。评课时要看教师的课堂语言是否简洁明快、清晰生动,语气和语调能否给人以明显的轻重缓急和抑扬顿挫之感。

(4) 课堂语言要生动

幽默、趣味性的语言和高低适度的语调,强弱适中的音量,快慢适宜的语速,才具有动感,富有感染力,能够创造出丰富多彩的语言情境,形成生动活泼的课堂氛围。评课时要看教师是否善于用含蓄暗示和牵引点化、指点引导的语言,诱导学生随着自己的思路去考虑问题、分析问题和解决问题。

2.8.2 板书设计与书写

板书是教学内容的直观体现,又是强调和突出教学重点的手段和方法。好的板书,展现了教师的教学思路,凝聚了教材的精华,具有很强的直观性、逻辑性、概括性和启发性,能提高学生的注意力,有助于培养学生的抽象概括能力。教师精心设计的板书,在课堂上能起到画龙点睛、增强教学效果的作用,能较好地帮助学生理解所学知识,理清思路,启发思维,加深学生对教学内容的记忆。

(1) 板书设计

要能依纲扣本,反映出教学的重要内容,并体现出知识之间的内在联系;设计科学合理,有艺术性、启迪性、条理性;板书内容精当,提纲挈领,以简代繁;符合学生的认知规律。

(2) 板书书写

要字体大小适中,字迹工整美观,书写规范清晰;版面整洁,布局合理;板画娴熟、图文并茂。

2.8.3 教态

教态包括教师的行为举止、眼神表情、服饰衣着等几个方面。教态作为课堂教学的一种辅助手段,如果运用得法,可以产生"此时无声胜有声"的效果。丰富的表情和从容大度的身体姿态,能给学生一种亲切感和优美感,无形中可以增强讲授的感染力,教师优美的手势、和蔼可亲的面部表情和充满神韵的眼神,可以创造出良好的教学环境,产生积极的作用。

心理学研究表明:人的表达靠55%的面部表情 + 38%的声音 + 7%的言词。由此可见教师面部表情的重要性。上课时教师面带微笑,亲切自然,能使学生产生轻松愉快的学习心境。

教师的眼睛会说话。在教学过程中,教师用和蔼的目光表示赞许,就会给学生以精神鼓舞,使之体会到成功的愉快;当学生注意力不集中时,教师用暗示的目光表示批评,学生便会心领神会,立即改正。

一个穿着得体、落落大方、行为干练潇洒的教师,很容易使学生产生好感和信任感。因此教师要注重丰富自己的外在形象。服装应尽可能做到入时而不奇特,华丽而不失庄重。

教师在课堂上的教态应该是明朗活泼,富有感染力的。理想的教态是仪表端庄,举止从容,态度热情。不过,教态必须符合教学规律和审美标准,若过多地使用缺乏表现力的习惯动作,也会令人感到单调乏味。当然,教师的教态取决于教师的思想情操、师德修养和学识水平,教态的改善有赖于教师自身修养和文化素质的提高。

2.9 评教学素养

2.9.1 知识储备基础

(1) 学科专业知识扎实

学科专业知识包括学科具体的概念规则和原理及其相互之间联系的知识。学科专业知识决定了你教给学生什么。教师要精通自己所教学科,精心研究自己所教专业,对所教专业的历史、现状、发展趋向及与其他学科的纵横联系有一个全面的、系统的理解,并能经过加工,把自己所掌握的学科专业知识以学生能够理解的形式呈现出来,使之变成学生可接受的知识,这样才能调动学生对学科的兴趣。在评课中,通过教师举例是否丰富、恰当,相关知识是否能信手拈来等方面可以评价授课教师的专业知识是否系统而扎实。

(2) 文化知识广博

教师除了要有精深的专业知识外,还必须要有丰富而广博的文化知识素养。丰富而广博的文化知识背景,是为了满足激发学生求知欲望的需要。丰富而广博的文化知识背景,还是教师专业知识赖以植根、生长的沃土。在广博的科学文化知识基础上,教师专业知识的发展才能成为有源之水、有本之木,教师的专业性也才能更好地得以体现:既是杂家,又是专家。

(3) 实践知识丰富

实践性知识是在连续的实践过程中不断自我反思、不断自我总结、不断自我领悟而得来的。即教师的教学经验 + 教学反思 = 实践性知识。实践性知识包含很多内容,如组织教学的方法、驾驭课堂的能力和处理课堂突发事件的能力等,基本要求是沉着镇定、机动灵活、善于调动学生学习的积极性。

2.9.2 课堂教学管理能力

课堂管理是教师在教学活动中,通过协调课堂内各种人际关系,吸引学生积极参与课堂活动,使课堂环境达到最优化状态,从而实现预定教学目标的过程。课堂管理具有维持和促进两大功能。

情境化、多变性的课堂,教师与学生之间的多元互动,问题和目标的不断生成,都需要科学的组织和管理,课堂管理的核心是问题行为管理和时间管理。学生的问题行为能得到恰当、适时的处理,既可以保护学生参与的积极性,又是课堂教学秩序和效益的保证,而课堂时间的合理安排和有效利用更是高效教学活动的重要保障。

课堂管理能力强的教师,对于讲授、讨论、练习、反馈等教学程序都能有效地控制,能恰到好处地处理课堂上的突发事件,具有较强的总结能力、调控艺术、应变能力和教育智慧。

2.9.3 开发和利用课程资源的能力

新课程改革实行三级课程管理政策,校本课程的开发与实施客观上要求教师不仅要思考怎么教的教学问题,同时需要思考教什么的课程问题。

在我们身边有众多的课程资源,评课时要看教师能否有效地洞察、识别、发现和利用课程资源。合理开发和利用课程资源,要求教师必须掌握课程资源开发和利用的实践技能,即教师必须掌握课程资源的开发技能、课程资源的加工技能、课程资源的重组整合技能等。这些实践技能都是现代教师必备的基本功。

因此,在评课时,要看教师是否能够根据学习主体的学习需要、经验及差异,开发、选择或者重组各方面的课程资源。校本课程开发还需要教师不断地反思自己的教学效果,不断地根据反思的结果调整课程内容及教学方式。

2.9.4 教学态度

教师的课堂教学态度对课堂教学质量有着重要的影响。教师具备积极的教学态度,就能在教学中保持良好的心理状态,就能关心热爱本职工作,对工作充满热情。

教师在任何情况下所表现出来的深刻而高尚的道德情操,都对培养学生的道德品质有很大的作用。评课时要看教师是否对教育工作积极热情,对学生真心诚意。教师如果热爱学生,热爱事业,思想进步,品德高尚,知识渊博,专业造诣深,教育方法得当,富有启发性,要求严格而又平等待人,尊重学生人格,便会是学生心目中有威信的教师。

（1）严谨求实的工作作风

教育教学是塑造人才的工作，每一个环节、每一个程序，都必须严格遵循教育原则和教学规律，必须以严格、科学的态度来对待。教师为人师表，教书育人，必须"欲正人，先正己；欲立人，先立己"。教师首先要严格要求自己，再去要求学生。应做到治学严谨和诲人不倦，对事物抱有真诚、一分为二的态度。评课时要看教师对自己的知识水平和道德情操是否有较高要求，在教学中能否始终保持平易谦和、循循善诱、诲人不倦的态度。

（2）对学生的爱与尊重

在课堂教学中，学生是主体，学习主体只有在被爱与被尊重的情况下，其主体地位才能得到体现，其主体作用才能得以发挥。教师在课堂教学中，尊重学生的人格，尊重学生的课堂学习权利，有利于激发学生的学习积极性，也能够加强师生在课堂教学中的教学相长的合作关系。评课时要看教师能否对自己的学生采取信任和关爱的态度，并尊重其人格，热情关心学生的成长，做学生的良师益友；要看教师能否创设尊师爱生、互敬互重的教学气氛，为学生提供畅所欲言的条件，开辟独立思考的空间；要看教师能否以饱满的热情、真诚的微笑投入课堂教学；要看教师在课堂教学中是否注意对学生学习情绪的激励，采取积极的态度肯定学生，增强学生的自尊心，促使学生产生良好反应。

2.10 评多媒体运用

二期课改要求加强信息技术与学科教学的整合力度，以此促进教学方式的变革，为学生的多样化学习创造良好环境，培养其信息素养和自主学习的能力，提高教学的整体效益。

多媒体以图文并茂、声像俱佳、动静皆宜的表现形式，使学生的视觉、听觉等多种感官受到强烈的刺激，将抽象和陌生的知识直观化、形象化；能有效地激发学生的学习兴趣，提高学生主动学习、思考的积极性，从而将课堂教学引入全新的境界。因此，在评课时，教师多媒体的运用能力和效果也是评价的一个方面。

2.10.1 要突出学科特点

多媒体教学要注意学科的特点和教学内容的要求，要与教学内容紧密结合，不能因过于关注视频画面，而削减了学科本身所具有的审美教育、智力开发、想象力培养的作用。例如化学学科关于微观领域的学习内容是培养学生抽象思维能力的良好载体，对理解能力足够的学生就没有必要进行微观的动画模拟，同样的，实验录像就无法具有课堂演示实验的现场感和真实感，而作文写作等课程可能根本不需要使用媒体。

2.10.2 要选择恰当的媒体

多媒体教学要与其他常规媒体配合使用，才能更好地发挥作用。因为任何教学媒体都有自己的长处，也有自己的短处。数学、化学等理科课程中公式的推导过程和分步骤计算等教学内容，教师当堂板书便于师生交流，有助于学生理解教学思路。适当地用粉笔字来板书教学重点内容，有助于学生对一节课教学内容的整体把握。理科教学中的挂图、模型、实验器材等媒体都有自己独特的作用。

因此评课时要看教师能否恰当地选择多种媒体，是否适时、适当地运用投影仪、录音机、计算机、电视、电影等现代化教学手段，能否充分发挥各种媒体的长处，为教学所用，还要看教师运用这些媒体的熟练程度。

2.10.3 要合理使用多媒体

作为一种教学辅助手段，多媒体的优越性是无与伦比的，运用得当可以使教学如虎添翼、锦上添花,但是使用不当也会事与愿违,给教学带来负面影响。因此,评课时可以观察教师能否正确地认识多媒体在教学中所扮演的角色,是否做到合理运用,能否实现多媒体与课堂教学的最佳整合。

(1) 媒体设计要适度

适量的图、文、声、像的使用,可以充分调动学生的学习兴趣和学习积极性,画面的设计与展示要自然恰当,过分新奇、复杂的多媒体画面和动画效果以及过分夸张的声音会分散学生的注意力,导致学生过分注意无需掌握的部分,忽视了需要掌握的内容,影响了学生的听课与思考。

(2) 媒体使用要适量

将一些复杂的图形或总结性文字事先制成幻灯片或投影片,根据需要用电脑、投影仪放出来,可以节省课堂上绘图或板书的时间,加快学生的感知进程。但是若课堂容量过大,学生接受的信息过多,就会难以消化,以致没有思考问题的机会和时间。要根据学生的知识水平结构与接受能力,有计划地规划课堂内容的多少,让学生在抱着兴趣学习的同时还有时间记录和消化所学内容。要留给学生思考、讨论的时间,注意与学生的交流。

还要明确教师在教学中的主导作用。教师恰当精要的讲解,有条理且必要的板书,及时的操作示范,教师的自身教态、与学生的情感交流等都是计算机所不能完全替代的,不能用多媒体课件来代替教师的讲解。

(3) 课件质量要高

教师运用多媒体的一种形式是制作课件,多媒体课件的质量是教学质量的基础,对于课件的质量,可以有以下的评价标准:课件制作规范,界面布局合理,画面清晰,构图简洁,色彩明快,画面衔接自然,声效喧而不闹;图片、音频、视频、动画的运用切合教学主题,解说清晰,版面设置适合于学生阅读;课件运行可靠,性能稳定,界面友好,操作简单;课件中文字表达规范,符号、单位和公式符合学科标准。

2.11 评学生参与度

课堂教学是以教学内容为中介,由教师的教和学生的学共同组成的活动。教师的教是外因,学生的学是内因,外因要通过内因才能起作用。学生的学习不是单一的、被动的接受过程,学生的学习是一种积极主动的内化过程,教师及其所创设的教学情境是外在于学生的客观因素,只有当学生学习的主观能动性被充分调动起来,并与教师及教学情境产生积极互动时,知识技能才能内化为学生的智能结构,新的情感态度才能为学生所体验而养成。因此,学生是学习活动的主体,教学目标的实现取决于学生对教学活动的参与程度。评价课堂教学,不仅要看教师教的情况如何,更要看学生参与教学活动的情况如何。

在课堂教学中,学生主动参与学习是学生主体性的体现,只有学生成为学习的主体,才能产生学习兴趣,与教师共同构建富有生命活力的课堂。因此,学生主动参与学习的广度、深度是现代课堂教学评价的重要方面。

2.11.1 学生的参与面要广

学生的参与广度是指各种层次的学生都有参与教学活动的机会。评课时要看教师是否能在教学内容的基础上,充分考虑班级全体学生的实际情况,针对学生程度的不同,设计不同难度的问题,以激发学生的学习兴趣,让每个层次的学生都有机会表现自己,觉得自己学有所得,从而积极主动地参与教学活动。

2.11.2 学生的参与方式要多样

不同的教学内容,学生参与教学的方式不同。在新课和以使学生获得间接经验为主要目标的教学中,要充分发挥教师的主体作用,学生的参与方式较多表现为理解与体会教师所教的内容;而在以使学生获得直接经验为主要目标的教学中,就要充分发挥学生的主体作用,让学生勤思考、勤动手,积极主动地去探索新知,从而使学生的实践能力、创造思维能力得到培养。

学生参与课堂教学过程的形式可以有很多种,可以是师生、生生之间的提问与对话,生生间的合作学习、集体讨论,师生间的研讨、评价等互动过程,也可以是学生的独立学习、动手操作等。一堂课中学生的参与形式可以是独立学习,可以是小组学习,也可以是多种形式的混合。这样既可以形成良好的课堂氛围又可以促进学生多种能力的协调发展。因此评课时要看教师能否根据教学内容和学生的实际情况,让学生多途径、多角度地参与教学过程。

2.11.3 学生的参与品质要高

评课时要看学生在课堂上是否情绪饱满,学生是否保持良好的注意状态,学生的学习兴趣是否浓厚,学习热情是否高涨。要看课堂上是否有良好的合作氛围,学生能否很好地与他人沟通;学生是否善于倾听,能否理解他人的发言,并及时抓住要点。要看学生是否具有问题意识,是否敢于提出问题,发表见解;问题与见解是否有挑战性和独创性。还要看学生是否具有较强的动手能力等。

2.11.4 学生的参与效果要好

评课时要看教师在课堂上是否提出了有价值的问题来调动学生参与的积极性;是否通过创设悬念情境来引起学生的学习兴趣;是否通过认知冲突、问题意识来调动学生参与学习的主动性和积极性,使学生在主动获取知识的同时,在情感、态度上获得新的感悟,能力得到有效的提高。

要看课堂上是否有多边的、丰富多样的信息联系与信息反馈。要看学生是否有适度的紧张感和愉悦感;学生能否自我控制与调节学习情绪。要看学生是否都各尽所能,感到踏实和满足;学生是否对后继的学习更有信心,感到轻松。

2.12 评教学实效性

分析一节课,既要分析教学过程和教学方法方面,又要分析教学结果方面。课堂教学的实效性是评价一堂课好坏的重要依据。

教学实效性的评价内容从教师的角度来说主要看是否按时完成教学任务,实现教学目标的情况,教学设计和内容分量是否恰当等。从学生的角度来说:要看学生通过努力是否达到了教学目标,学习能力是否得到了发展,学习主动性是否增强。要看学生动脑、动口、动手的情况;学生的学习兴趣和思维活跃状态;学生在掌握知识和方法,养成行为习惯等方面所取得的进步。要看课堂教学效率的高低,看课堂教学对全班学生中的多少学生是有效的,好、中、差学生的学习分别有多少效率。

2.12.1 学生受益面要广

主要考察学生上一节课,进来以前和出去的时候是不是有所不同。要看学生在课堂上是否学到了知识,锻炼了能力;学生在教学过程中有没有良好的、积极的情感体验,学生能否主动地投入到学习中去,产生更进一步学习的强烈愿望;教师是否能面向全体学生,使所有学生都有不同程度、不同方面的收获,使不同程度的学生在原有基础上都有所进步。

有实效的课堂教学能有效利用45分钟,使学生学得轻松愉快,积极性高,问题当堂解决,学生负担合理。在这样的课堂里,学生思维活跃,气氛热烈,通过教学,学生都发生了一些变化,整个课堂是充实的,能量是大的。

2.12.2 教学目标的达成度要高

衡量教学实效的基本指标应该是教学目标的达成度。一节课的教学目标达成度高,这节课的教学效果就是好的,反之则是较差的。在目标达成方面,要看教学目标是不是明确地体现在每一个教学环节中,教学手段是否都紧密地围绕目标,为实现目标服务;要看教师在课堂上是否尽快地引出重点内容,重点内容的教学时间是否得到保障,重点知识和技能是否得到有效的巩固和强化。

知识与技能作为学生学习的间接经验,是生成性的培养目标,它们的形成过程一般伴随着教学的过程。一堂课上完了,这堂课应该让学生学会的知识与技能,学生就应该掌握,可以通过即效测验检查学生的实际掌握情况,从而反映这堂课的效果。

过程与方法对应的能力以及情感态度与价值观作为学生的直接经验,则是长周期的培养目标,需要在每堂课上都加以关注与渗透,让学生有所感知与体验,这些经验只有积累到一定程度才会使学生产生感悟,成为他们自己经验体系的一部分。因此,对过程与方法、情感态度与价值观方面的目标,只能观察教师在课堂里有没有渗透,有没有体现,而不能考查学生有没有收获与变化。

2.12.3 能正确处理预设与生成的关系

作为教学活动主要构成因素的教师与学生是具有自主性、独立性、创造性的生命个体,真实情境中的教学活动是一个非常复杂的生命过程,总是充满着各种变动因素,不可能完全按照预先安排好的计划去进行,需要在预先设想和安排的基础上根据具体发生的情况进行调整,以适应、处理和利用这些构成真实教学过程的变化因素。

因此评课时一方面要看教师在课前有无充分的预设,在充分研究教材、了解学生的基础上,预设学生会提出什么问题,喜欢什么样的学习方式,教师预设得越充分,就越能更好地捕捉利用生成的动态资源,生成新的教学内容和目标。另一方面要看教师能否根据具体教学进程中动态的课堂情境灵活处理生成资源,及时调整教学进程,使教学活动更贴近学生的成长和发展。

从教学的现状来看,一些教师在面临生成性的教学情境时,还不能及时把握和调整教学进程,有些甚至会生硬地将教学扭转到预设的教学过程上去。导致这种情况的,有教师教学观念方面的因素,也有教师临场应变能力方面的因素。评课时要看教师能否合理处理预设与生成的关系。

3. 评课类型

3.1 按组织类型分

3.1.1 教学研究型评课

教学研究课一般是在有一个确定的主题的前提下开设的课。在一定的范围内开设教学研究课并在确定主题的指导下进行评课活动,目的不是去判定课的好、中、差,而是通过研究型评课帮助教师改进教学实践。

教学研究课及其评课研讨就是为了引发教师对教育的深度思考,在组织者或专家的指引下用批判性思维看待教学研究课,并对研究的主题进行更进一步的思考。因此,教学研究型评课在评课之前需要做比较多的准备工作。

一般而言，教学研究型评课需要参加研讨的每个人都动起来，大胆发言，表达自己的所感、所想。研讨发言可以评价课本身，真实客观地评课，但更重要的是要指向教学研讨的主题。围绕研讨，关注未来。

教学研讨型评课对活动主持人的要求比较高，主持人由自己或请专家结合评课活动对研讨主题进行发言，要对研讨问题有一定的总结或给参加研讨活动的教师以一定的启发。

案例：评《平行四边形复习课》

案例背景：研讨的主题是"如何上好复习课"，以下是在参与活动的教师发言的基础上主持人进行总结性发言的提纲：

(1) 复习课要体现的几点作用
① 复习课帮助学生建立起知识体系
② 复习课要讲求知识再现的准确性
③ 复习课引导学生全面与连贯地思考问题
④ 复习课要拓展学生的思维

(2) 复习课中教师对于学生活动要着力进行设计
① 多样的活动形式
a. 学生回答问题
b. 学生说，教师板书
c. 学生之间互相提问
d. 独立完成练习，实物投影反馈
e. 学生的尝试——探究
② 体现出的优点
a. 教师对各种活动都进行了设计
b. 各种活动基本都有相对应的媒体支撑
c. 体现出了师生互动和生生互动

(3) 本节课所引发的思考
① 复习课的重点如何定位
② 教师语言、板书的规范性
③ 给予学生思考的时间要充分
④ 重视学生的自主小结
⑤ 几个问题设计上的探讨

3.1.2 等级评比型评课

等级评比型评课是对课堂教学的一般性评价，如教学目标是否达到，过程设计是否合理，教学基本功是否扎实等。最终要体现出不同课的评价等级排序结果。

等级评比型评课通过观察学生反应、授课者表现、课堂氛围和实效等因素，结合与执教者及学生交流，作出定性描述，如 A、B、C、D 或优、良、中、合格等。同时，还要量化结果，多量化少笼统，关注点在综合性。在填写评价表时，针对评价项目及相应级别要求，评价结果以分数形式出现，对课堂中有特色、有启发意义的做法可适当加分。

等级评比型评课是比较综合的评课，要关注到教学设计、教学实施、教师素养等方面。等级评比型评课也要体现出不同学科共有的特点，以便在不同的学科之间进行比较和排序。对于不同要求的等级评比型评课来说，统一的评价量规和权重设定是很重要的。

案例：评《西双版纳》

（学科：中国地理；执教：陆行中学北校　陈月华）

陆行中学北校陈月华老师在罗山中学七年级上了一堂中国地理《西双版纳》课，这是一堂可圈可点的好课：(1)师生关系和谐自然；(2)教学内容精心考虑；(3)教学过程一气呵成；(4)教学技术运用得当；(5)教学高潮引人入胜。

（评课：上海市浦东教育发展研究院教研员　李功爱；罗山中学教师　王亚东）

3.1.3　典型示范型评课

典型示范课及其评课是指在相关组织部门的指导下，通过一定的选拔或指定，确定上示范课的教师，通过试讲后，被选定教师在一定的范围内公开上示范课，并由组织部门组织进行相关的评课。

一线教师会把听的课作为一个样板或标准，会不加筛选地学习和模仿，尤其是示范课。因此在评课过程中，授课教师要说清教学的设计，说清这堂课在本学科、本单元中的教育价值等等。最后通过专家评讲，使听课教师明确这堂课好在哪里，哪里需要完善，引导听课教师关注闪光点，以介绍新思想、新思路为主，优点讲够，缺点讲透，引领教师从源头去认识、理解问题，以真正推动教师的专业发展。

案例：评《食物中主要营养成分的探究》

（学科：科学；执教：上海市浦东教育发展研究院　姚霞）

这是一节比较到位的科学课。(1)体现了科学课程的定位，注重过程，注重培养学生的科学素养和思维方式，训练学生的实验操作技能。(2)体现了科学探究的过程，简单地讲就是做、想、讲的结合，教师不仅要求学生探究实验，而且在探究前要求学生思考，设计探究方案，促进他们思维，在实验结束后，又组织学生汇报实验结果、分析原因。实现做、想、讲的结合需要教师下工夫。(3)学生的科学思维得到了发展。整节课的教学设计一环扣一环，各环节之间的内在逻辑性和层次性非常强。(4)教师本人的素质非常高，具有很强的亲和力，教师的语言、仪态和板书都非常漂亮。在讲授新课的过程中，教师非常注重规范实验操作，将试剂等高高举起，便于学生观察。而且，教师在本节课上抓住了颜色变化这个重点，引导学生根据颜色的变化来判断实验现象，训练学生对颜色进行准确描述。(5)学生思考积极，体现了小组合作的精神和作用。学生非常敢于表达自己的想法。(6)教案的设计非常规范，可以作为科学教案的设计模板。

几个细节值得研讨：(1)教师在演示单一成分的检验方法之后，要求学生对某种食物进行多种成分的检验，中间出现了一个思维的跳跃，建议教师多设计一个台阶，帮助学生理顺思路。(2)在新知识的演示过程中使用对照实验，应说明对照的原因并展示给学生。(3)实验完成时，建议教师留几分钟的时间让学生考虑如何汇报交流实验现象，会更人性化一些。(4)教案的目标可能定得高了一些。(5)盛放食物的小烧杯没有贴标签。

（评课：上海市教研室科学教研员　许萍）

3.1.4　组内随机型评课

任何教师随时随地可以去听其他任何教师的课，随后听课人与上课人之间自行安排评课，这就是组内随机型评课。组内随机型评课比较适用于学校教研组。

组内随机型评课的关注点应更多地放在教学设计、教学实施上。

组内随机型评课应该是激励性的，是能够促进教师发展的，由于上课教师与评课教师所处的环境比较一致，因此，听课要注意多观察分析，评课要多谈现象，关注原因并进行分析，在促进上课教师发展的同时也可以促进听课教师自己的发展。

3.1.5 群体展示型评课

群体展示型评课较多出现在各个学校的校庆或家长开放日,有一些教学研讨如"同课同构"或"同课异构"活动中也较多采用。

一般来说,群体展示型评课对听课教师意见的搜集较多是通过评价表的填写实现的。课前,将评价表和公开课简案分发到各名听课教师手中,请他们及时填写,课后上交。

群体展示型评课是比较自由、轻松的。参与的对象可以有学生、家长、同事、专家。

案例:"同课异构"的教学展示

针对中考前的数学几何复习课,两位教师进行了"同课异构"的教学展示。一些评课的发言如下:

课的设计角度不一样,解决的问题不一样。一位教师注重一题多变,对学生的全面复习是有帮助的,一位教师注重多题一解,以不变应万变,运用化归的思想解决问题。

开启了一道复习之门,把很复杂的综合题回归到通性、通法,为学生留下了美好的回忆。

帮助学生找解题思路,目标一致。

落实基础,给学生大量的时间,学生的参与度很高,对基本知识的归纳很细致、到位。

3.1.6 小组互助型评课

小组互助型评课的评课教师与授课教师之间应建立起一种民主的、建设性的、对话的伙伴关系。在评课、观课过程中,彼此交流,发表观点,大家都受到启发。评课教师站在授课教师的角度,剖析教学目标、重点难点、问题解决方法;研究授课教师的教法学法设计、教学环节;比较不同授课教师突发事件的处理能力、教学的组织能力,以此帮助自己寻找适切的教学方法,达到最佳的教学效果。

小组互助型评课先让授课教师自评、反思,然后由其他人谈感想,可以是换位思考的新课堂设计,也可以向授课教师提问,由授课教师来答疑、解释,让评课教师与授课教师在反思、争辩中达到相互启发、共同提高、共同发展的目的。

案例:反思与改进——上海市五三中学音体美组开展组内的集体听课、评课和磨课活动

以邱康玲老师的电脑美术课《美丽的花瓶》为例,教研活动采用了"教师个体教学全程跟踪教研式"的形式。这节课凝聚了全组成员的集体智慧,中间经历了个人备课、教研组讨论、个人反思、改进教案、开课、听课、评课等环节,三次磨课、评课,三次反思,做了三次教案改进,可分为课前、课中、课后三个流程。

第一流程:课前反思(在教学设计过程中的思考和探究)。在教师个体第一次备课的基础上就某些问题进行集体讨论,促使其反思,改进教案。教研组对邱老师的课进行全程跟踪教研,以她的课为例开展教研活动。在活动中邱老师首先交流了自己的教学设想和制作的课件,然后组内教师对邱老师设计的教学环节、教学手段、教学课件提出质疑、建议,商讨调整方案,如:教学目标的定位要考虑学情;运用 Photoshop 软件设计花瓶要考虑初二学生的接受能力;在学生设计过程中可否考虑互助合作的形式;课件制作的内容要去繁就简,抓住教学内容的重点和难点,要激发学生的学习兴趣等。邱老师在此基础上进行第一次反思和教案改进。

第二流程:课中反思(课堂教学过程中的调整和生成)。进行现场的首次听课和评课,通过同伴互助和专业引领,促使这位教师进行第二次反思来改进教学。组内教师对邱老师的《美丽的花瓶》的第一次听课,主要是针对邱老师在教学改进目标中所制定的两点:其一,整合不同版本的电脑美术教材,使课堂内容与学生生活经验、兴趣密切联系;其二,注重学生差异性,丰富教学活动,使学生展开互动合作的学习。先由邱老师介绍了课的设计并对本堂课进行反思,提出本次教学中的成功

之处和不足之处,而后其他教师也分别提出了自己对本堂课的看法和建议,举例如下:

成功之处有:这一教学内容采用 Photoshop 软件来设计花瓶,一改以往以绘画进行设计的形式,使学生有学习的新鲜感,而花瓶这一主题又贴近学生的生活,所以也能引发学生的学习兴趣。运用软件设计的好处还在于,学生在设计过程中若有不满意之处还可以方便修改。教师的教学环节清晰,分为欣赏与交流、讲解与演示、学生合作实践分组竞赛、交流与评价四个板块。尤其是演示这一环节显现了邱老师在信息技术方面的扎实功底,还有就是安排小组合作,展开组间竞赛,评价采用组间互评、学生评委打分的方式,还用小工艺品奖品激励学生,丰富了教学活动,促使学生生成积极参与的学习热情。

不足的地方是本堂课因为硬件设备和时间的原因,能进行实践操作的学生并不多,只有三四名学生,若能改在电脑房上课,让更多的学生能运用 Photoshop 软件设计美丽的花瓶,再将完成的作品上传到大屏幕,开展更多学生作品的展示和交流,那样效果就更好了。学生的互评交流时间若充分一些的话,可让学生的语言表达能力得到更好的发挥,同时也更能体现出学生的审美能力。

组内教师对邱老师这第一堂课的讨论与研究就在这样民主而平等的氛围中进行着,而参与讨论交流的老师也充分分享了他人的经验和思想。邱老师也由此感觉到组内教师的相互听、评课是促进自己专业发展的好机会,所以她马上提出在经过第二次反思,再次改进教案后请组内教师再听一次她的课,帮助她在教学上有进一步的改进。

第三流程:因为有了前两个流程作为课堂行动研究的基础,所以邱老师在浦东新区 2005 学年新教师教学基本功考评中的说课稿《美丽的花瓶》已是前一节课的修整版,在很多方面进行了有益的补充。所以参与考评的老师对这节课非常赞赏,作出了很高的评价,认为这节课的构思新颖合理,环节清晰,成功达到了教学目标。当然,邱老师也不仅仅满足于此。课后,我们组内教师又进行了一次对话和沟通,提出了一些问题。邱老师在这之后又进行了第三次反思并改进了教案。

有了这样的三步流程,邱老师在亲身实践中有了切身感受,学会了从理论的角度去思考指导教学实践,不断地作出反思,并逐渐形成一些经典的案例。通过这种教研活动方式,邱老师的专业素养得到了很大的提高。

3.2 按分析类型分

3.2.1 教学现象分析型评课

教学现象分析型评课主要从情境、事例、问题、活动、题目、形式、实验、教具、板书、课件、情绪、表达等各种教学现象的角度进行评价。

常用的评价指标有:

情境、问题设置对思维启发的程度,教学活动多样化程度,教学活动与教学目标的关联程度,教学活动针对课堂实际的程度,学生主动参与教学活动的程度。

学习训练的内容、数量、难度、形式,学习训练的针对性、实效性、选择性。

语言和板书的科学、规范化程度,条理、逻辑化程度,明晰、简练化程度,表达的熟练、流畅程度,书写的正确、工整程度,表述的生动、确切和吸引人程度。

仪器使用及整合信息技术的恰当、适时、有效程度,演示实验的熟练程度,指导学生实验的恰当程度,选用实验的创新程度。

应对问题、事件的灵活程度。

……

常用的描述性语言有:

和谐的教学情境氛围创设是否贯穿课堂教学的始终。

课堂活动设计是否合理,条理是否清晰;教师活动与学生活动时间分配是否与教学目的和要求一致,学生个人活动、小组活动和全班活动的时间分配是否合理;学生是否在教师的引导下积极参与到学习活动中来;学生是否乐于参与思考、讨论、争辩、动手操作;教师对学生的即时评价是否具有发展性和激励性。

课件制作与运用是否起到辅助教学的作用;是否适时、适当地用了投影仪、录音机、计算机、电视、电影等现代化教学手段。

在课堂上,教师对实验的演示时机、位置是否把握得当;运用教具,操作投影仪、录音机等是否熟练。

……

案例:评《一年级走跑交替》

(学科:小学体育;执教:上海市浦东教育发展研究院 季丽群)

(1) 创设情境、培养兴趣,享受体育乐趣

如何使小朋友喜欢耐久跑,自觉积极地参加耐久跑锻炼?季老师为小朋友创设了"赛跑能手奥运兔"的活动情境,通过"我们为奥运兔设计参赛服装"的活动,把单调、乏味的走跑交替变为主动、活泼的奔跑游戏,把机械、重复的运动,变为富有创意和挑战的竞争。让学生在享受从体育运动中获得的成功和欢乐时,更享受着体育运动的艰难及其带来的挑战。

(2) 师生互动、小组合作,学会健身方法

从教学过程分析,教师的设计由易到难,由简到繁,由封闭到开放。不仅使小朋友较好地学会了走跑交替的基本知识和方法,更使小朋友在学习健身方法的同时学会了学习、学会了合作。

(3) 关注过程、适时评价,激励学生发展

适时的激励性评价,有效地激励小朋友更积极、自觉、愉快地参与到各项活动中去,设计服装的过程,既是奔跑一定距离后体力上的调整,又是对这一段奔跑情况的适时评价,这种奔跑和调整的有机结合,活动和评价的无痕融合,折射出季老师教学设计的功力。

以学生为本的理念中渗透了尝试、感悟、体验的新思想,在教学方法的选择上更注重情境化、游戏化,在师生共同合作中又凸显出学生个性的发展性,在激发学生兴趣的过程中又整合了其他学科的有效因素,充分展现了健体、情感、智慧三位一体的独特风格。

(评课:小学《体育与健身》主编 薄全锋;盲童小学 吕唐华)

3.2.2 教学技术分析型评课

教学技术分析型评课主要从导入、授课、总结等各技术环节进行评价。

良好的导入可以为整堂课的教学奠定成功的基础。导入方法各有不同特点,但都要注意导入的科学性、针对性、启发性、简洁性和适应性。导入设计要为新课学习服务,应该是课堂教学中的一个有机环节,要直切教学内容,增加思维含量。

良好的授课包含的内容很多,在这里更关注的是课堂实现效率:能否很好地处理预设与生成之间的关系、传授与自主习得之间的关系,教学模式、教授行为策略等的选择与运用是否恰当。

良好的课堂总结,要能够激起学生的思维高潮;要新颖有趣、耐人寻味;要能够巩固知识,检验效果,强化兴趣;要能够激发学生的求知欲望,活跃思维,开拓思路。

案例:"激发学生学习积极性,提高劳技课堂教学有效性"——关于劳技课堂导入

陆行中学劳技教研组各位教师观看了所有"862"劳技课程的录像,并进行了分析研讨和交流,发现"课的导入"在教学环节中起着相当重要的作用。于是各位教师对每节课的导入进行了切片分析和归纳。

普陀区罗远老师执教的《救护结》一课，主要通过理论联系实际，运用现实生活中的"火灾"新闻片段作为事例导入。教师借用这个案例向学生提出问题——火灾中群众伤亡的主要原因是什么？学生们纷纷自告奋勇回答，最后教师总结，并引导学生认识到要有自救意识并想办法逃生，教师由此引出教学课程。教师从现实生活的实例入手，既贴近生活又有说服力。我们可以在课堂中多用一些生活中的例子，这些例子来源于生活、服务于生活，最能帮助学生调整到最佳的探究状态，为教学创造良好的气氛。

闸北区的殷林安老师执教的《制作水位报警器》是一节实验操作课，采用的是以旧带新的复习式导入，整个过程由学生组织自主进行数字电路提问复习。共设置了八个问题，每四个学生为一个小组，每个小组之间进行问答竞赛，课堂气氛很好，增加了学生的学习兴趣，还可以起到加深巩固所学知识的作用。通过展示学生身边的手机、数码相机、MP3等他们很熟悉的物品，使学生深感数字电路在生活中应用广泛。教师设置的这节课不管从参与还是学生的自由发挥角度来讲都跳出了原有的教法框架和教学模式，而教师作为一个组织者处于从属位置，充分体现了二期课改的精神。

奉贤区的张国芳老师执教的《香袋的缝制》是通过两个学生展示自己的香袋设计为导入方式的。第一个学生上台展示了自己设计的香袋，并说明了自己设计香袋的意图。之后由教师向学生提问：这位同学设计的香袋有没有问题？学生回答：这位同学设计的香袋是用绸布做的，因此容易抽丝。第二个学生上台演示的是一个黄色棉布的星型香袋，并加了珠片装饰。之后教师也进行了评价和引导：这位同学做的香袋很漂亮，但是有没有什么问题呢？学生回答：香袋的尖角比较多，容易走形。最后教师由以上两个实例引出了香袋缝制要注意的问题：我们学生不宜制作尖角多或凹形多的香袋。随即引入了香袋如何缝制的话题。听课教师认为授课教师若在开始的时候就注意了引导学生认识到不宜制作绸布的和复杂的香袋，这样就不会因为估计不足而导致学生不能完成进度，成功地控制了难易度和进度；另外，教师在这一环节不断地让其他学生找展示作品的学生的不足，赞扬和肯定较少，不利于学生发展。建议这节课既然教授了香袋的制作，是否可以多介绍一些香袋的起源，多添加一些爱国主义教育方面的内容，自然地在课堂中进行一些民族精神的教育。

陈凤至老师执教的《简易控制电路的故障分析》是通过提问复习上节课知识点的方式来引入的，并通过多媒体进行协助说明。初二学生学习光控电路显然是有一定难度的，尤其是对电路故障的分析，更是将难度提高到一个新的层次，因此课的引入就显得更为重要了。学生在动手实践中会有新的思维，也会碰到新的问题，应该多注重课的导入工作。建议这节课可以采用创建问题形式导入，把正确分析电路故障作为教学重点，可以通过设置一两个问题让学生判断分析流程，让他们检查扬声器可能出现的问题，教师在旁引导学生判断和思考，形成师生互动，这样处理的话，教学效果可能会更好。

静安区的石磊老师执教《绳结工艺》一课。石磊老师从绳子的用途角度来设置问题，让学生思考绳子的多种可能的用途，紧接着教师在大屏幕上演示绳结工艺的图片，讲述绳结的历史和起源，并通过服饰，尤其是唐装实例，来增加绳结的吸引力，同时，教师还出示了一个琵琶纽扣实物来引起学生兴趣。此后授课教师又加入了一些精美的绳结图片和音乐，引出了绳结所蕴含的中华文化因素，绳结有如意结、蝴蝶结等很多样式，并且每种都有着各自的含义，由此引出了中国绳结的意义。情境画面的导入很好，同时告诉了学生绳子历史与人类文化同样悠久，通过纽扣来说明它与人类的联系。授课教师在导入方面下了一番工夫，运用实物、图片展示，设置问题等多种手段营造活跃的氛围，让学生逐步进入绳结工艺的领域，一番鼓励的话语"这么漂亮的中国结，大家想不想做啊"，变"要我做"为"我要做"，教学效果大为增强。学生一旦喜欢就会很快融入角色，有了动力，他们就会不怕苦，不怕难，勇于创新了。因此石磊老师运用的图片、实物、音乐，设置的情境问题，以及把中国情怀融于教学中的做法，使学生的情感得到了升华，带来了意想不到的良好效果。有老师认为课堂导入的方法不一定是一种，像石磊老师这样用多种方法进行导入，效果就不错，本来听这节课的时候,发现这位老师一共用了20分钟左右的时间进行导入,课堂中还要让学生完成两个中国结的制作,怎么算时间也是来不及的,结果学生不仅完成了,作品的质量还很不错。由此可见,高效能的导入对学生学习和教师教学的影响真的很大。建议石老师可以买一些真正的中国结给学生看,让他们看到还能摸到,效果会更理想。

卢湾区高敏老师执教的《组合体三视图的识读》一课,在新课之前并没有做任何的导入。听课老师认为,对于有些学生很熟悉的知识可以不用再导入,单刀直入式的方法也是可以的,因此在不同的情况下,是否要用导入,用导入的话用何种导入方法,并不一定千篇一律。

课的导入虽然有很多种方式,但决不能滥用、瞎用。好的导入能够增加课的生动性和深刻性,起到承上启下的作用;不好的导入会喧宾夺主,甚至给人多余的感觉。不管用哪一种导入方式,都应该遵循和课题内容一致的原则,坚决从培养学生的兴趣出发,调整学生学习的状态。

在课的导入过程中我们要注意每节课导入的目的是什么:是激发学生的兴趣呢?还是为了营造良好的学习环境和氛围?对于问题形式的导入,教师要注意不能单纯地为了提问而提问,不要设置很简单的问题,应该设置有思考必要以及和课的内容有关的问题。

3.2.3 教学质量分析型评课

教学质量分析型评课主要从教学目标、教学内容、教学过程、教学结果等方面进行评价。

教学目标是教学的出发点和归宿,它的制定和达成情况,是衡量课好坏的主要依据。现在的教学目标体系是由"知识与技能、过程与方法、情感态度与价值观"这三个维度组成的,体现了新课程"以学生发展为本"的价值追求。从教学目标制定来看,要全面、具体、适宜,要有针对性、导向性。从教学目标达成来看,教学目标要明确地体现在每一教学环节中,教学手段要紧密地围绕目标,为实现目标服务,要尽快地接触重点内容,重点内容的教学时间得到保证,重点知识和技能才能得到巩固和强化。

教学内容要有科学性和教育性,关注教师是否善于用教材去教,能否依据课程标准,因时因地开发和利用课程资源,是否注重联系社会变革和学生的生活实际。

教学目标必须在教学过程中完成。教学过程的评价主要从教学思路、教学结构方面进行。通常一节好课是结构严谨、环环相扣、过渡自然、时间分配合理、密度适中、效率高的。

评教学结果或教学效果,要结合预定的教学目标,具体的教学内容,现实的教学设备、设施条件以及学生学力状况、班级性格等进行。有时可以借助于测试手段,即上完课后,评课者出题对学生的知识掌握情况当场加以测试,而后通过统计分析来对课堂效果做出评价。一般来说,没有明显的遗漏或遗憾,达到既定的教学目标,就可视为教学效果好。

案例:评《酸碱滴定》(第一课时)
(学科:高中化学;执教:川沙中学 汪陆浩)

滴定分析是科学实验和工农业生产中常用的化学检验方法。本节课经过精心的教学设计,发挥了教师的主导作用,步步引入,层层深入,环环相扣,通过巧妙自然的过渡,让学生积极主动参与整个教学过程,逐步理解酸碱中和滴定的原理、实质及过程,很好地解决了教学中的各难点,达到了教与学双边活动的整体优化,使教学目标得到了很好的落实。

在教学内容的安排上,由浅入深,循序渐进,符合学生实际的知识接受能力。对问题思维水平的设计由低层次向高层次发展,符合学生的思维过程。

在教学方法上,让学生共同参与实验设计,通过教师的演示和学生的动手相结合,利用学生已有知识进行迁移,使学生发现规律,从中感悟出探求和掌握知识的一般方法。而只有当学生参与了整个教学过程,才能达到培养学生获取知识、驾驭知识能力的目标,这种能力是学生终身发展所必需的。本节课实实在在地把提高这方面的能力落到了实处,是一次很好的尝试与实践。

如果在教学过程中,配合使用浦东新区新配置给学校的二期课改教学仪器——中和滴定传感器,把滴定过程中的pH变化曲线呈现给学生,这样就会更直观,便于学生更好地理解有关的化学知识,充分发挥现代化教学手段的优势,可能会收到更好的教学效果。

(评课:上海市浦东教育发展研究院教研员　陆震铭)

3.2.4　教学价值观分析型评课

教学价值观分析型评课主要从质量观、课程观、教学观、学生观等方面进行评价。

要评价教师是否准确地把握教材编者的意图,充分挖掘教材的内涵,并在教学过程中加以落实。评价教师是否正确地把握课程的基本理念和课程目标,课程的地位和作用是否得到了充分的展现。

要评价教师在课堂教学过程中,是否体现了全面发展的教育观、面向全体的学生观、面向未来的人才观和学生主体的发展观等素质教育观。

"以学论教"是现代课堂教学评价的指导思想。因此,在听评课时应从重点关注教师的教转向关注师生互动、关注学生的学情,以学生在课堂教学中呈现的几种状态作为评定课堂教学质量的重要依据。听评课时应重点关注学生的以下几种状态:情绪状态、参与状态、交往状态等。

案例:构建和谐教学氛围,激发学生探究意识

王海霞老师的课例"向量的应用",是参加浦东新区青年教师教学大奖赛的一节比赛课,其教学内容是上海市高级中学课本(上海教育出版社)《数学》二年级第一学期§8.4"向量的应用"(第一课时)。本节课较好地体现了上海市二期课程改革的理念,激发学生的探究意识,培养学生的探索能力。主要体现在:(1)巧设问题,激发学生探究意识;(2)通过数学运用,将问题解决过程还给学生;(3)师生平等交流,构建和谐教学氛围。

(评课:华东师大二附中数学教研组组长、上海市数学特级教师　陈双双)

4.　评课技巧

评课的过程是对课堂教学进行透彻的分析和总结的过程。通过评课,可以及时分析教师教学的优缺点,及时总结教师教学的得失,提出改进意见,明确努力方向,提高教学水平。

评课,除需要掌握一定的教育教学理论知识、具有较强的课堂教学功底和课堂评价能力外,在评课技巧上还需要注意以下几点。

4.1　要抓住评课着力点

评课者在听完一节课后可能思绪万千,有许多话要说。但是,评课绝不能尽诉其悟,面面俱到。应根据教学的目标和任务,抓住教学中的主要方面,把听课中获得的信息与思考进行归纳与分析,遴选出体现主要矛盾的问题作为评课的重点。如果这节课的目的是探讨如何在课堂教学中培养学生分析问题和解决问题的能力,评课时就应该把重点放在培养学生分析问题和解决问题能力的成功经验和存在的不足上,其他方面只作次要问题略提即可。如果本次教研活动的目的在于探讨小组合作学习的策略,评课时就以小组合作学习为话题,去评析执教者在组织、支持学生合作学习时的经验或问题,至于其他问题,只作次要问题略略提及即可,甚至干脆避而不谈。

4.1.1　看教师教学行为和学生学习方式

以"体现素质教育精神,转变教师教学行为和学生学习方式"为核心的新的教育理念,在基础教育的实践中已不断走向深入。在新课程学科教学中,听课、评课的着力点应该放在这一教育理念上。下面以青岛版小学数学四年级下册《百分数的认识》一课为例,来分析新课程中教师听课、评课的着力点。

(1) 听新课导入,评情境创设

案例

师:同学们,你们都经常看篮球赛吗?

生齐答:是。

师:那好!今天我给大家介绍有关球赛的一个故事,请大家注意听。某次球赛中有一方因队员受伤要换人,教练要从以下三位队员中选其一:甲罚球20次进18次,乙罚球10次进7次,丙罚球25次进21次。请同学们帮这个教练想一想,该选谁呢?

点评:从真实情境引出问题,让学生身临其境,这个方式好!从生活中提出问题,再回到生活中去探索与发现,数学问题源于生活又高于生活。打造生活课堂,是今日基础教育新课程的特征,也是新课改背景下听课、评课的着力点之一。

学生的有效学习取决于知识间的实质性联系、学生的生活背景知识和学习动机等三个方面的因素。因此在新课程听课、评课过程中,教师可以根据有效学习的条件来探讨问题情境创设的有效性:一是实质性,即情境的选取必须与本课所讲解的知识有实质性内在联系;二是生活性,即情境创设的真实性或生动性,生动的例子更贴近学生的生活;三是趣味性,即情境创设应对学生产生相当大的吸引力,激起他们的求知欲,引领他们去探索发现。

(2) 听师生交流,评学习方式

案例

教师将准备好的食品瓶、牛奶袋以及衣服的标贴一一展现给学生,并让学生解释:标贴上的百分数各代表什么意义?

学生解释完毕后,教师马上问:大家将以上的例子综合起来,看谁能解释一下"百分数"的含义?

生甲:是一个量与另一个量的比。

生乙:谁和谁的比。

师立即提示:将"量"改为"数"……

点评:将生活中的例子引入课堂后,不应该忽视学生探索问题与总结发现的过程。解释"百分数"的含义之前,没有让学生充分讨论和相互交流。

新一轮课程教学改革的核心是转变学生的学习方式,这是教师听课、评课的焦点和难点。在新课程听课、评课中教师需要针对学生的学习方式审察以下三个问题:一是审察学习任务的性质,即学习问题是否引起绝大多数学生的兴趣与关注,并促使他们积极配合教师的指导去行动;二是审察合作学习的形式,主要看教师适时指导下的生生之间的实质性交流(不限于小组讨论形式);三是审察探究活动的过程,即学生个体或小组积极探究、发现、交流的行动表现与过程。转变学生的学习方式,要体现"学生是学习的主人,教师是学习的组织者、引导者与合作者"的理念。只有这些问题都得到了关注,新课程下的自主、探究与合作的学习方式才不至于流于形式,才能真正体现学生的主体地位,才能在课堂上让学生真正"动起来"。

(3) 听学生答题,评教师设疑

案例

师:这里有一个带数字的成语"一分为二",看谁能用今天所学的知识来解释它?

被提问的学生基本上都按成语的汉语意义解释,而不能与"百分数"联系起来。教师及时更改提问:请大家用百分数来表示这个成语!

学生几乎都能按要求完成。

点评：两次提问，两次不同的回答，而后一种提问被证明更适合学生的发展。这种转变，其实质是教师在设疑方面自我角色的定位的改变，这标志着教师教学水平的提高。

转变教师角色，是听课、评课中颇具争议之处。转变教师的传统角色，才能改变学生的学习方式。新课程的实施要求教师成为学生学习的引导者、促进者、组织者，成为自我反思者和研究者，成为课程资源的建设者和开发者。就问题设疑而言，教师"提问的目的是为了引发学生的疑问"，充当学生学习的"研究者"和课程资源的"开发者"，这就需要教师准确把握以下几个原则：一是知识性与趣味性相统一，即教师不仅充当知识的传授者，还应激发学生的求知欲，成为学生学习的"引导者"；二是封闭性与开放性相统一，即教师不仅是"明确界定问题"的权威，还应留给学生充分思考与想象的空间，充当学生学习的"促进者"；三是层次性和适宜性相统一，即教师不仅要考虑到全班同学的水平差异，进行分层教学，充当一个"组织者"，更应该在教学过程中去研究问题对学生的适宜程度，成为一名"研究者"和"开发者"。如此，不仅能顺利促进教师角色的转变，提高教师应对新课改要求的能力，而且能培养教师的教学艺术水平。

4.1.2 不仅看"怎么教"，更要看"教什么"

评课的传统角度，往往是教学方法：着眼于教师，着眼于"怎么教"，着眼于教师的教学技巧、教学艺术、教学风采；讲究的是上课如何精致、如何精彩。这在公开课、观摩课、评比课中表现得尤为突出。教师的课堂教学研究，也被鼓励从教学方法上着力，讲究教学过程，探求各种各样的"教学模式"。怎样的一堂课才算好课，许多教师在考虑这个问题的时候，心中想的是"怎么教"的方法问题，先怎么教、再怎么教、后怎么教。随着新课程改革的推进，评课的角度上升到了"教学理念"层面，而理念的落实处，往往也被理解为教学方法：主张平等对话、体现探究学习等等。在许多教师和评课专家的心目中，一切似乎都仅仅是教学方法的改革。

教学方法是重要的，体现先进理念的教学方法应该被大力提倡。然而对教学方法的努力探索，是为了更有效地实现教学内容。教学内容与教学方法是两个侧面，观课评教既可以侧重于教学方法，也可以侧重于教学内容。在目前的情况下，对教学来说，我们认为教学内容更为重要、更为关键。一堂课，如果教学内容有问题，或者只针对考试而教，那么教师的教学方法再精致、再精彩，课堂的气氛再热烈、再活跃，价值也极为有限。

谈论教学方法，要注意"方法本身的合理与否"和"方法使用的合适与否"。合理与否、合适与否，主要就是从教学内容的角度来讲的。巴班斯基说得好："是教学目的和内容'选择'方法，而不是与其相反。"[①]

评课应首先关注"教什么"，以引导教学研究关注点的转移，这有助于教师减少备课的无效劳动。教师备课一心去"设计"有新意的"怎么教"，这往往造成教师大量的无效劳动。以语文学科为例，我国初中语文教师的日备课量多数在2—4小时，高中语文教师的日备课量多数在4—6小时[②]，备课负担十分沉重，至于公开课、观摩课、评比课之类，更是耗时费工，成本极为昂贵。

4.1.3 不仅看学生的活动，更要看学生的变化（是否"学到新东西"）

华东师范大学叶澜教授谈及好课的一些基本要求时说，在一节课中，学生的学习首先必须是有意义的。初步的意义是他学到了新的知识；进一步的意义是锻炼了他的能力；往前发展是在这个过程中有良好的、积极的情感体验，产生进一步学习的强烈要求；再发展一步，是他越来越主动地投入到学习中去。她说，这样学习，学生才会学到新东西。学生上课，和进来前相比，出去的时

---

① [苏]巴班斯基主编：《中学教学方法的选择》，教育科学出版社2001年版，第3页。
② 王荣生、许志先：《语文教师教学内容选择的现状调查及分析》，《语文学习》2005年第1期。

候是不是有了变化?如果没有变化就没有意义。如果课堂一切都很顺利,教师讲的东西学生都知道了,那你何必再上这节课呢?换句话说,有意义的课,它首先应该是一节扎实的课、充实的课,在整个过程中,大家都有事情干,通过教师的教学,学生都发生了一些变化,整个课堂的能量很大。

一节课不应该是完全预先设计好的,在课堂中应有教师和学生情感、智慧、思维和精力的投入,有互动的过程,气氛相当活跃。在这个过程中,既有资源的生成,又有过程状态的生成,这样的课可称为丰实的课。[①]

4.1.4 抓住教学中的主要优缺点

课堂教学是丰富多彩的,每一节课都是丰富复杂的综合体。在进行课堂教学评价时,我们必须从观察到、感受到的实际出发加以考量,才有可能切中肯綮,反之,只能是或乱贴标签,或隔靴搔痒。

评课时要依据新课标的精神,或抓住执教者教学中的主要优缺点,或紧密结合研究的重点,集中主要问题进行评析和研究,做到重点突出,条理清晰,不泛泛而谈。当然,在必要的时候,也可以依据执教者的教案,结合教学的主要特色,围绕一两个中心,对教学情况进行较为全面的评价,做到既有对某些教学环节或细节的评析,又有对教学总的评价看法,但仍然要有一个很明确的重点。

如果一堂课中的"新授"部分是这堂课的核心部分,那么看教师如何突出重点、分散难点,并进行学法指导常常是听课的关键。一堂课教学的闪光点往往就在这时出现。学生对重点的掌握情况如何,学生对难点的理解情况如何,在学习过程中学生的参与性如何,教师指导学生学习的方法如何等等,都是我们在听课中需要去注意的问题。这种"注意"是对整堂课整体教学效果的一个研究,这样的研究能让我们更好地去把握课堂教学的重中之重,更有效地整合课堂教学内容,更系统科学地组织课堂教学。

4.2 要采用恰当的方法

最常用的评课方法有四种:

(1) 综合法

综合法就是对一节课做评析,既有对某个细节、片段的评点,也有"居高临下"的全方位的分析、评价。用综合法评课有利于总结、宣传教学经验;有利于其他教师理解优秀教师的教学思想,提升自己的专业水平;有利于上级领导把握课改趋势,调整课改策略。在总结型、展摩型、检查型、鉴评型教研活动中常使用综合法评课。总结、评析某位名师、优秀教师的教学特色、教学风格,也大都采用这种评课法。

综合法应突出三个方面:其一,本节课的优点、经验或值得学习的地方;其二,本节课的特点或特色;其三,不足或值得探讨的问题以及改进教学的建设性意见。综合法要对听课时所获取的感性材料进行理性思考,来一番去粗取精、去伪存真、由此及彼、由表及里的思辨,使感性材料上升为理性的东西。

评课、听课时往往会有一些零零碎碎的想法,评课准备要对这些似乎各自独立的想法进行分析研究,发现它们的内在联系和本质所在。要将分析研究所得进行必要的梳理,形成有条理的、详略得当的、有观点有分析的发言。优秀的评课稿应是一篇精美的小论文。

---

① 摘自2005年12月16日《厦门晚报》教育版。

用综合法形成的评课稿多用"总—分—总"式结构。先总评授课者在教学实践上给自己的印象、感受,亮出对授课者总的评价语,再分别从几个方面去评价、论证,最后作总结、概括。

案例

哈尔滨市教育研究院义务教育研修部撰写的《识写结合,以写促识——哈市南市小学庞光辉识字教学风格》一文就是用综合法写的评课稿。文章开头写庞光辉的识字教学"在识中渗透写,在写中深化识,在识字教学中力求将教师的教学基本功转化为课堂教学的综合能力,将教师'教'的能力,转化为学生'学'的能力",简短的引言,确定了庞光辉教学风格的基调。接着,在文章主体部分,评课者从三个方面分别评析、论证:一是"识写结合,相辅相成";二是"识写训练,务实求精";三是"识字教学,探源求法"。文章最后写庞光辉的"识字教学过程融入无穷的乐趣,提高了识字教学的质与量",点明庞光辉识字教学的特点与意义。

(2) 片段法

片段法就是对典型的教学片段进行有针对性的评析。可以对教学过程中导入、讲授、巩固、拓展诸环节中某一环节进行评析,可以对教学过程中学生的自学、讨论、自主实践诸环节中的某一环节进行评析,可以就教学理念、师生关系、教学方法、教材处理、现代信息技术运用、课堂氛围营造等方面中的某一方面引证片段进行评析。片段法与综合法最大的区别在于前者是局部评析,后者是全方位评析;前者关注教学策略与技艺,后者看重理性思考;前者只评析"点",后者做"点"、"面"结合式评析;前者重在微观评析,后者重在宏观评析;前者是进入"情境"的细察,后者是居高临下的"鸟瞰"。使用片段法评课较容易操作,也节省时间,但容易犯只见树木不见森林的毛病。使用片段法最要紧的是对片段的遴选。所选的教学片段应该具有典型性。典型的教学片段应该是这样一种教学片段:它有鲜明的个性,又在一定程度上揭示教学本质,反映教学的某些必然规律,有较强的代表性。评析这样一个教学片段,能帮助其他教师找到问题解决的策略,看到将来创造优质课的前景,起到举一反三的作用。

(3) 评点法

"评点法"与后面的"表格法"都是从评课的技巧与方式上讲的。评点法是指针对授课者实施的教学活动次序情形,及时作分析、点化、评议。这种方法实际上是一种对现场行为主体的评点,是对典型教学活动的分解性讲析。由于它及时、实在、更贴近教学生活,所以,这种方法更适合教师培训,特别是新教师培训。

评点法是借鉴了传统语文教学中的评注法,再结合教研的特点改造而成的。评点分点评、段评、总评三种。点评是对教学过程中师生对话的某些话语或师生活动的某些行为发表的见解。口头评课时,可简要回顾话语或行为所处的环境;书面评课时,可在话语、行为出现的位置旁加评注。段评就是在某一教学片段结束时所作的评议,总评是在一节课结束时所作的评议,都是具有总结性质的评议,包括评价、要求与希望。段评和总评常用的方法有:①综合式。对一节课或一个教师全部的教学实践作综合概括,提出总体上的看法与指导,既指出优缺点,也勉励其扬长补短,指出方向,激其奋进。②举要式。只对执教者教学实践的某些重要方面或重要问题进行评议,使执教者能反思自己的教学实践,提高对某一方面或某几个方面的认识。③比较式。指出本课教学的优缺点之后,与相关的优秀课例或教学片段作比较,或与执教者以前的教学实践进行比较,加深执教者对教学的认识与理解。④警策式。根据教学研究的进展情况、新课程实施的倾向,评课者对执教者的教学问题只简单用几个词语去点化、警策。如,"此法慎用之"、"以学生为主体不等于教师不发挥作用"、"准确、规范、生动乃教学语言三大要义"等。

(4) 表格法

表格法就是根据评课的标准,制定一个比较科学、全面的课堂教学评价表,并根据这个评价表评估课的优劣。表格法简洁地体现了评课标准,不仅能科学、全面地评价一节课,而且使用方便,所以,评课常常使用表格法,尤其是鉴评型教研活动、竞赛型教研活动更钟情于表格法。

使用表格法评课,关键在于设计好评课表,评课表分主体与附属两部分。主体部分呈现评课的标准与操作要求,是评课者主要填写的内容,包括项目、评课标准、权重、得分、备注等栏目,这部分内容是评课细则的表格化。附属部分是呈现执教者的自然情况和对评课表所作的必要说明。

4.3 要坚持激励原则

评课要坚持求实,但是如果不善于变通和激励,往往会产生适得其反的效果。

我们要倡导、建立一种新的评课文化。"评课"这个词本身就容易给人一种潜在的影响:你是来评价我的,我是来接受你评价的。在这样一种文化当中,我们的教师是最缺乏作为教师的独立性的,也是最缺乏对教学的专业评价权利的。新课程呼唤的是每一个教师都能够成为教学的主人,我们需要一种新的评课文化来哺育、滋养教师,使得每一个教师都在教学中成长起来。这里就有一个评课者与被评者之间怎么建立起一种民主的、建设性的、对话的伙伴关系的问题。

4.3.1 以肯定、引领为主

评课的目的是促进教学。因此,评课应坚持少批评多鼓励的原则。对授课教师的独到之处要大加赞赏,对不足之处,要用发展的眼光期待教师的成功。

评课中的褒奖与指出缺点还应考虑环境和授课者的性格特点。对值得商榷的地方不要简单地肯定或否定,要鼓励教师勇于创新、潜心教改,做教书的能手、科研的内行。

凡提出的问题、建议,不仅要客观,还要考虑授课者的心理承受能力,决不能不顾场合,不计后果,挖苦讽刺,指这责那。任何人都渴求鼓励,肯定、鼓励留给授课者的是兴头、想头、劲头。

案例

9月份,我们听了一节公开课,讲的是文天祥的《过零丁洋》。课后,我们都觉得这位老师讲得还不错,可经教研员一分析,才知道问题还不少。教研员评课,采取的方式是微格评课,即按上课流程把课堂分成几个步骤,然后逐个步骤进行剖析,指出其优缺点,提出改正的措施。

第一个步骤是读,授课教师先让学生有感情地读,然后放录音。在评课中,教研员指出,应先讲解诗的背景和意思,在此基础上学生才能有"感情"地读,学生刚接触课文,还不了解意思,怎么会有感情呢?又指出,授课教师的普通话很好,完全不用放录音,发挥出教师自身的优势不是更好吗?这样还能给学生树立一个好的榜样。

第二个步骤是品。授课教师设计了一个环节,"找出诗中一个最有表现力的词,并由此扩展成一个片段,看哪个字'一字值千金'。如'叹':叹我孤苦零丁,叹境况危苦,叹形势险恶,叹国家危难……"这个环节教师让学生抓住一个词来品评整首诗,实际上是教学生去把握诗中的关键词,这样的设计得到了教研员的肯定。

第三个环节是说。授课教师设计了这样一个环节:"如果你是一个导演,如何把文天祥大义凛然的气节表现出来?"于是学生开始思考并讨论,然后谈自己的构思。教研员评价说,这样的设计固然能调动起学生的学习积极性,但课堂不是追求热闹的,而是追求实效的。因此,在课堂上应时时扣紧文本,处处不离文本。

教研员又指出,这堂课自始至终还存在着几个缺点:一是没有指导学生背诵,语文课上应该让学生学有所得,加强知识的积累,作为诗歌学习,更应该背诵;二是何为"汗青"应让学生知道;三是为什么说山河破碎如"风飘絮","絮"是什么?为什么把身世比作"雨打萍",什么是"萍"?作者为什么做这样的比喻?这些问题应向学生解释清楚。

最后,教研员提供了可参考的意见,即说一说(说诗歌写作的背景、作者的情况等),品一品(抓住诗中的关键词句进行品析),比一比(作者前后的思想感情有什么变化),背一背(加强知识积累)。

经教研员这样一分析,如拨云见日,那堂课的思路顿时清晰了起来,问题凸显了出来,优点呈现了出来,可以改进的措施亮了出来。

发挥评课的激励功能,评课时要以"优点谈足,缺点抓准"为原则。优点谈足,就是要能合情合理地满足人的受赞誉需要,从而使其产生良好的自我感觉,增强做好工作的自信心,同时也使其乐于接受评课人善意的指点;再加上缺点抓得准,自然让人心悦诚服,评与被评双方就会实现较为理想的沟通。当然,有时会遇到优点极少而缺点甚多的课,评价时可以将优点拆大为小分开评,连同表扬其认真的态度和做出的努力,总之,要先让授课者得到适当程度的认可。缺点多,可归类抓主要的说,或点出缺点的根源,或进行鼓励式的探讨,使授课者感觉到评在点子上,谈在情理中。一般来说,人们对胜任的工作会越做越感兴趣,越干越好,尤其是在工作中时常得到同行的赞誉、认可和鼓励,就会引发强烈的胜任内驱力,从而不断进取。

4.3.2 善于将批评的语言变通为建议或商榷

推敲评课语言即讲究评课艺术。评课活动要起到调动教师教学和研究的积极性的作用。评课者要掌握心理学理论,掌握谈话的策略,不以成败论英雄,对于成功的方面要懂得赞赏,对于不足之处要从探讨、帮助、促进的角度去考虑。

评课要本着客观公正、实事求是的精神,但实话实说也应讲究方法和策略,讲究谈话的艺术。评课时,既要注意解决必须解决的问题,又要注意说话的技巧、发言的分寸、评价的方向和火候,从帮助、教育、促进的角度去评议,千方百计地去鼓励、激励教师。评课者要站在执教者与帮助促进者的角度去分析考虑问题,给执教者一个中肯的指导意见,特别是要用一种十分诚恳的态度去评课。要多用这样的方式谈话:"如果……会更好","假如这样设计你看会怎样"等等。同样的意思用委婉、激励、启思的方式表达出来,效果会大不一样。

评课的最终目标在于帮助教师提高教学艺术,调动他们教书育人的积极性、创造性和主动性。评课者应以关心的态度、切磋交流的口吻来评析,切忌以行家高手的身份居高临下来指点评价他人。因此评课者应对教师的教学劳动充分肯定,要及时总结教学经验,充分发掘教学特色,增强评课者的亲和力。同时评课者还应充分考虑评课环境和被评者的性格特点,以辩证、全面、一分为二的观点看待授课者的成绩和不足。通过评课活动激励教师们勇于创新,潜心于教育事业。

案例

曾有一位校长,从一名普通的教师走上了领导岗位后,听课、评课成了他工作中的重要任务。刚担任校长时,他凭着对工作的满腔热忱,抱着对工作认真负责的态度,认为评课就应该毫无保留地指出被评课者的缺点,以帮助教师进步。于是,评课时他往往竹筒倒豆子,全部倒出,被评者面红耳赤,越来越窘。一次评课过后,一位年轻教师见到他如同路人,这件事引起了他的思考:为什么良好的愿望结出苦涩的果实?察其原因,自己的愿望虽好,是想找出差距,评出不足,让被评者吸取教训,积累经验,尽快成为教学能手,但是评课时,自己忽视了被评课者的心理感受,说话生硬,语言直白,刚参加工作的年轻人心里怎能接受?后来他改变了评课的方法:注入情感,微笑评课,语言婉转平缓,用欣赏的语气赞美讲课者的闪光之处,用商量的口吻指出其不足,用发展的眼光期待教师获得更大的成功。结果被评者心悦诚服,频频点头,好似遇到良师益友,气氛和谐融洽,收到了事半功倍的效果,有力地推动了学校教育教学工作的进行。

总之,评课活动应成为领导和教师真诚对话、心灵交流的平台以及教学探讨、科学研究的园地。只有这样,才能充分发挥评课活动的导向作用、教研作用和激励作用,不断开创教育教学工作的新天地。

4.4 要因人制宜、因课而异

裁缝师深知衣服只有使穿者穿得舒适、自然,才是裁缝之道。评课亦然。只有评课者的真知灼见能让授课者乐于接受,这个评课者才能算是一个好的评课者。因此,评课需"量体裁衣"。

对新教师的课,评课时要以热诚、商量、启发的语言为主,对不足、弱点、失误等情况视教师的承受能力,中肯、策略地指出,使其坚定进取信心。对进行教改实验的教师的课,评课时不应求全责备,能总结出一两条新鲜经验加以推广就好,要鼓励教师勇于探索、积极创新。对优秀教师的示范课、观摩课,评课时要按较高的标准要求,突出重点,集中研讨,让听课者畅谈听课收获,以便起到示范带动的作用。对比赛性优质课,要以较高的标准全面衡量,突出优点,指出不足,客观评价,好中选优。对集体备课的课前课,应各抒己见,互相切磋,从严要求,集思广益,充分发挥教师群体的聪明才智,尽量获得更上一层楼的效果。

上好一节课的决定因素在于教师的教学水平,教师的教学水平取决于教师的素养、能力。我们应对执教者的基本情况有所了解,只有这样才能根据教师的具体情况进行具体分析,对不同层次的教师的课作出有针对性的评价。如:对业务能力差的教师,用骨干教师评课标准去评议他,那他的课会毛病很多,这会挫伤了他的积极性和自尊心;对业务能力较强的教师,你用低水平的标准评议,对他的再提高就没有帮助。

案例

某校长评价一名刚上岗两个月的新教师的课:教学内容杂乱无章,"三维目标"顾此失彼,未能处理好语文学科的工具性与人文性的和谐统一,学生的个性化解读被教师"一票否决"……新教师听后,一头雾水,呆呆地愣在那里,不知校长所言为何物。笔者听后,不禁陷入沉思之中。按理说,校长的这一番"高谈阔论"颇具水平,新课标中的"专业术语"如连珠炮般涌出,"三维目标"、"人文性"、"个性化解读"等,而新教师的课也的确如此。这本无可厚非,但是仔细琢磨,这仅是"我"的角度而已。而这位新教师呢?他能否理解这些新名词、新理念呢?还有,从一名新教师的角度上说,校长的要求也未免有点高。这样的评课,对新教师能有多大的促进作用呢?

评课要因课的类型不同而采取不同的评课态度。对常规性教学检查中的听课、评课,应强调"求实",着眼于"引领",实事求是地评价,以引领教师把教学工作做出新水平;对课题研究中的听课、评课,应强调"研讨",着眼于"创新",认真展开研讨,鼓励参与者勇于开拓进取,大胆探索创新;对于评估或竞赛性听课、评课,应强调"规范",着眼于"互学",严格按评价规范评定,引导参与者互相学习,努力实现专业化。

总之,在评课时,评课者一定要量体裁衣,进行恰如其分的点评,这样的评课才真正有效。

4.5 要注重理性分析

评课本质上是一种价值判断。评课者将根据自身的教育理念、所掌握的教育理论对被听的课进行判断。在新课程改革的大环境下,每个评课者又会根据新课标的要求、素质教育的要求进行评判。这些判断、评价都将受评价者自身素质和所处环境的制约。因此,对同一堂课、同一种教学行为,不同的评价者会得出不同甚至相反的结论。

追逐时髦,脱离实际,只套些时尚的理论和时髦的评语,是没有多大的指导价值的。评课,是对教师和学生在课堂上的活动及其由此引起的变化进行价值判定。课堂不是舞台,学生不是道具,教材不是剧本,教学不是表演。课堂应该回归到本来的面目,教学是艺术,但艺术并不等同于表演。

评课必须以符合学科教学实际的"评价指标"来规范教学,以建立在学科教学实践基础上的理论来阐发思想和点拨教师,以帮助教师反思总结,改进教学。"正确的评价思想"和"对症下药的具体分析"是点评一堂课的总体要求。

4.5.1 以正确的评价思想作指导

(1) 要以理析课,突出指导性

评课要根据现代教育教学理论、素质教育的理论观点,突出前瞻指导性。对于一堂课的优缺点、成功经验与典型失误、有待解决的突出问题,要从理论上作深刻剖析,从理性上找到根源,从实践上指出解决的方法,做到以理析课、以理导课、以理服人。对于一堂课的教法与学法,要善于归纳总结、补充完善,以便提出改进建议,指导教学。

对于授课者的成功经验与典型失误,评课者要从理论上作深刻解剖,进而指出实践中解决的思路、方法,做到以理服人、以理说课。

(2) 要以效定性,突出科学性

任何教师都希望把课上好,在实施教学前都作过一定的准备,评课不能把执教者良好的愿望当作效果,更不能把不切实际的标新立异当作经验加以褒奖,亦不可把一时的失误当作话柄加以嘲笑,切忌把自己的主观偏见强加于人;而应该让事实说话,依效果作评判。

(3) 要突出重点,增强针对性

评课要根据不同的课型、不同的对象择其要领重点评述。从一般意义上讲,对初上讲台的教师,评课应重在教学设计的目标性、逻辑性,教学操作的规范性、技巧性等方面,以促使他们较好、较快地适应教学工作,达到"会教"的目标;对从教多年的骨干教师,则应加大用现代教育理论观点评析的力度,重在教学过程构建的创新性、开拓性,教学操作的艺术性和个性化,以促使他们进入教学改革的前沿阵地,形成自己独特的教学风格,成为学科教学的领路人。

4.5.2 对症下药的具体分析

理性地评价一节课,一般应从教学目标、活动设计、学习过程和教学效果几方面进行考察。

(1) 看教学目标

教学目标是教学的出发点和归宿,它的制定和达成情况,是衡量一堂课好坏的主要标准。所以,评课首先要看教学目标。一是看目标的表述是否准确、具体、科学合理、具有可测量性;二是看教学目标是不是明确地体现在每一教学环节中,教学手段是否都紧密地围绕目标,为实现目标服务。要看教师在课堂上是否尽快地引出重点内容,重点内容的教学时间是否得到保证。总之,教学目标应是可以观察、可以测量、最终可以达成的行为目标,它规定的是学生应该学什么、怎样学,而不是教师应该教什么。

(2) 看教学活动的设计

教学活动是教师上课的脉络和主线,它是根据教学内容和学生水平两个方面的实际情况设计出来的。它反映一系列教学措施怎样编排组合,怎样衔接过渡,怎样安排详略。教师课堂上的活动设计是多种多样的。为此,我们评课看教学活动设计时,一是要看教学活动的内容符合不符合学生的经验水平,活动的内容是否明确、具体,活动类型与活动内容是否相统一;二是要看教学活动是否体现教育的价值,能不能给学生以新鲜的感受;三是看教学活动之间是否紧密联系,具有逻辑性和层次性,活动的展开过程是否契合学生的思维过程;四是看教师在课堂上教学活动实际运作的效果。我们平时听课,有时看到有些老师课上不好,效率低,很大一个问题就是教学活动设计不合理,或教学思路不符合教学内容实际和学生实际。所以评课,必须注重对教学活动设计进行评价。

案例

有位教师在教授《生命在于运动》一课时就做到了上面所讲的"四看"要求。在整节课中共设计了三个活动,第一个活动,取粘纸游戏,让学生体会到人体关节与肌肉的特点及它们在人体运动中的作用。第二个活动,做一节室内操,让学生在做操的同时感受做这节操要用到哪些关节和肌肉。通过这个活动,学生会发现做一节室内操要用到很多关节和肌肉,从而意识到认真做操、上好体育课的重要性,体会到生命在于运动。最后一个活动是教师把平时学生不良的坐姿、写字姿势等拍摄下来放给学生看,通过观看、辨析,学生深切体会到平时要养成良好的行为习惯。三个活动的设计非常具体,符合教学内容,有层次、有深度。

(3) 看学习过程

教学的本意不仅仅是教学生"学会"什么,更重要的是让学生"会学",让学生乐学。从这个意义上看,评课要关注学生的学习过程,从学生参与学习的过程与态度来衡量教师的教学设计,以学生学习的效果来确定教师的教学效果。要评价学生是否主动参与以及学生的学习过程是否有效,可以从以下几方面来看:学生的学习心境、学生自主活动的时间和空间、学生的思维发展等。

以学生的学习心境为例,学生的学习心境应该是愉快的。学生在课堂上如果能够持久地保持良好的学习心境,那么他的学习效果一定会很理想。学生如何才能一直保持良好的学习心境呢?那就需要看教师组织的教学活动是否有新意,能不能调动学生的学习兴趣和学习积极性了。

(4) 看课堂教学效果

课堂教学效果是评价课堂教学的重要依据。课堂效果评析,包括以下几个方面:一是教学效率高,学生思维活跃,气氛热烈;二是学生受益面大,不同程度的学生在原有基础上都有进步,科学态度、科学知识、科学方法目标都能达成;三是有效,在有限的学习时间里学生学得轻松愉快,积极性高,问题当堂解决,学生负担合理。

当然,要想真正评好课,我们必须加强学习,学习新的教学理念,学习教育学、心理学、美学、演讲与口才,学习课的模式,掌握学科特点,熟悉各种课型,并在实践中学会推敲点评的语言,这样才能给优秀者锦上添花,给不足者雪中送炭,使点评别有一番风味。

4.6 要抓住教学亮点

评课人员要抱着学习的心态,善于发现教师教学过程中的闪光点,允许教师创建自己的教学模式,形成自己的教学风格。要鼓励和保护教师在课程实施过程中的创新意识和创新行为,鼓励教学追求鲜活适宜,切忌单一枯燥。

4.6.1 看教学方法的改革与创新

评析教师的教学方法既要评常规,还要看改革与创新,尤其是评析一些高素质的骨干教师的课,更要看课堂上的思维训练的设计,看创新能力的培养,看主体活动的发挥,看新的课堂教学模式的构建,看教学艺术风格的形成等。还要看新的教学方法与现代化教学手段的运用是否适时、适当。

以能力培养为例,评价教师在课堂教学中对学生能力的培养情况,可以看教师在教学过程中是否充分确立学生在课堂教学活动中的主体地位,为学生创设良好的问题情境,强化问题意识,激发学生的求知欲;是否注意挖掘学生内在的因素,并加以引导、鼓励;是否培养学生敢于独立思考、敢于探索、敢于质疑的习惯;是否培养学生善于观察的习惯和心理品质;是否培养学生良好的思维习惯和提高学生思维水平,教会学生从多方面思考问题,多角度解决问题;是否努力创设宽松、民主的课堂教学氛围等。

评课的立意应体现在"新"字上,即:关注新的教学思想、新的教改尝试、新的教学手段和方法、新颖的训练形式。只要授课者有一点点创新之处,就要给予充分的肯定。

案例

某老师执教美术课《动物面具》。这是一节以观察、表现、造型为主的美术课,教师利用儿童喜欢做游戏的特性,让学生戴上动物面具做游戏。结合语文、音乐、戏剧表演等综合手段,让学生在轻松、愉悦的氛围中进行美术创作、表演、赏析和展示,充分发挥学生的想象力和创造力,同时合理利用废旧材料,制作动物面具,表现出动物的面部特征,融入童心稚趣。

整堂课的结构分为如下几块:

(1) 创设情境,说一说:通过为动物王国选举国王这一情境导入,让学生说一说选谁做国王,并讲出理由。

(2) 观看图片,谈一谈:教师通过多媒体展示各类动物形象的面具,丰富学生的视觉感受,让学生谈一谈面具的起源、历史和作用。

(3) 欣赏范作,学一学:通过展示示范作品,让学生分析制作的材料和方法,主动探究出要掌握的知识和技能。

(4) 思考方法,做一做:以小组的形式先思考后制作,同学间互相帮助。

(5) 展示作品,评一评:让学生戴上已做好的动物面具来发表动物演讲,参加竞选,学生和教师对动物形象加以讲评。

在课堂上,执教者以他特有的教学风格为学生营造了一个民主、平等的课堂氛围,让人感到亲切、自然,应该说,这是一堂重主体、重合作、重过程、重生活、重创新的在新课程背景下洋溢着现代教育气息的美术课,让人感到耳目一新。

本节课的亮点具体表现在以下几个方面:

(1) 营造开放自由的课堂氛围

随着新课标的落实,教学由封闭走向开放已是一种必然。执教者打破了常规的课堂教学形式,以为动物做代言人这样的导入来激发学生活动的兴趣,营造了一个和谐、互动、探究、创新的良好学习环境和氛围,并做到静中有动、动而有序、活而不乱。通过多媒体图片的欣赏、老师的提问和引导,学生选择喜欢的材料制作喜爱的动物,并发表动物演讲参加竞选,在这样一个轻松、活泼的情境中,学生乐于尝试,在不知不觉中学到了美术的知识和技能,并获得了丰富的体验,品尝到了美术活动的乐趣,身心得到舒展,情感得到释放,同时,他们的个性化创意得到了体现和展示,尽管他们的作品还不够成熟,但是每件作品都蕴含着极其丰富的情感、理想和创造性。

(2) 采用"互助互动"的学习方式

"互助互动"的学习,可以增进学生之间的信息交流,培养学生之间的团结合作、互相帮助的精神,提高学生自主学习的积极性。在本节课的教学过程中,教师充分实施了这一方式。第一,根据课型"互助互动",本课《动物面具》是一节活动性很强的课,每一个环节都突出了互助互动。第二,根据重难点"互助互动",抓住制作中的难点(如老鼠头部的圆锥部分如何来制作)展开互助互动,由学生上前演示,解决了难点。第三,结合作业"互助互动",美术作业与其他作业不同,每个学生的想象力和表现能力不同,对同一题材的表现也不同,因此,作业的完成从封闭走向开放,由个体走向合作,共同完成作品,促进了学生之间的交流,提高了作品的质量。第四,结合评价"互助互动",评价时学生之间进行借鉴学习,有利于培养他们宽容的合作精神和敏锐的审美鉴赏力。

(3) 树立学生主体理念,坚持"授之以渔"

课改非常强调学生在学习过程中的主体地位,我们教育的对象是有思想、意识、情感、欲望、需求的活生生的人,教育与教育研究的基本出发点和最终归宿都应该是人,我们不仅要将学生视为教育的主体,更应切实地将他们看作教育过程的平等参与者、合作者。教,关键在于"授之以渔",教师给予学生的不应是"鱼",而应该是捕鱼的方法。教师在指导学生制作方法时让学生欣赏范图,并让学生自己分析思考,获得制作方法,了解所需的材料,这改变了原有的灌输现成知识的教学方法。

4.6.2 既要看预设,更要看生成

一堂好课应该是有生成性的课,即一节课不完全是预设的结果,而是在课堂中有教师和学生的真实情感、智慧的交流,这个过程既有资源的生成,又有过程状态的生成。这样的课可以称为丰实的课,内容丰富,多方活跃,给人以启发。

教师备课应当深入研究教材,精心设计教学,但教学过程中一切按"预设"实施而没有"生成"的课绝不是好课。"生成",需要教师的教育机智。在新课程理念下,教师的教育机智主要表现为对课堂"生成性"的把握和诱发。

案例

某校一位教师执教《烈士的鲜血染红了山茶花》一文。课前,他的一名学生正在阅读《十万个为什么》,课上这名学生提出:烈士的鲜血不可能染红山茶花,山茶花为什么这样红,自有其科学道理,然后他依据《十万个为什么》说了"花儿为什么这样红"。

教室里一下子热闹起来。正在闹哄哄的当口儿,老师脸色严肃起来,提高声音说:"今天我们学习的是《烈士的鲜血染红了山茶花》,不是《十万个为什么》。"教室里一下子鸦雀无声,学生们一个个耷拉着脑袋。接着,教师继续着原定的教学内容。

"是啊,花儿这样红,课文说是'烈士的鲜血染红'的,而《十万个为什么》的解释则完全不同。但课文为什么这样写呢?"——课堂上出现这样的问题,可遇而不可求,教师完全可以接过学生的问题,因势利导,相机调整,"生成"新的教学内容。这"新"的教学内容,教师备课时没有想到,但此刻学生对此有强烈的期待。

如果教师抓住这一"可遇而不可求"的问题和学生一起讨论、思辨,那么就在自然而然之中让学生懂得了什么叫比喻,什么叫象征,什么叫想象力,什么叫形象思维和思想感情,懂得了什么叫记叙文,什么叫说明文,懂得了记叙文和说明文写作上的不同,那该多好!要是能这样做,那该是何等生动活泼的一堂语文课啊!既鼓励了提问者的积极思考、大胆提问,更使所有学生感到语文学习并不枯燥乏味、写作技巧也不是高不可攀的。

可惜当事人没有一点教育机智,没有一点"生成"意识,与机遇失之交臂。

课堂教学的生成,以教师的角色转换为前提。教师要成为学生"学习活动的组织者和引导者",课堂教学的过程应该是师生"平等对话"的过程。

要实现课堂教学的生成,教师应具有一双慧眼,善于发现、抓住、挖掘课堂中的教育教学资源,有效进行思想品德教育、审美教育、创新教育,有效进行学习习惯、探究能力、创新能力、实践能力的培养。

课堂教学生成的实现,还以教师高度的修养、深厚的功力、广博的知识、熟练的技巧和丰富的经验为基础,上述那位教师,固守"预设"不肯"生成"的原因不外乎两个方面:既缺少符合时代要求的教育理念,又缺乏左右逢源、应付自如的业务功底。

教学应从预案出发,又不死守预案。新课改提倡的是教师遵循教学的基本规律,根据自身的特点、条件和学生的实际情况以及课程的价值,科学地设计课程目标,艺术地准备教学预案,依据预案,又能灵活地运用预案。教师要精心设计学习问题,注意培养学生的质疑能力、问题解决能力,要根据学生的实际反应对教学设计作有效调整,体现课堂重心由"教"向"学"的转移。

课堂教学,不可能完美无缺,有瑕疵、有遗憾都是正常的,但必须要有自己的亮点。这个亮点可以是对某一个细节的处理,可以是对某一个环节的设计,也可以是对某一个方法的尝试,总之,只要是经过了自己的认真思考和积极努力的都行。评课应当促使教师放开手脚,调动教师钻研探索的积极性,激发课堂教学的活力,使教师摆脱课堂教学的形式主义,将关注点真正移回课堂教学本身。

我们在评课时，反对不着边际的"纸上谈兵"，力求说出自己的一点感受、一点反思、一点认同或者一点异见。每位老师上课所采用的方式不尽相同，给你的印象各有个性特点，评课者应该善于发现授课者的教学特点，并将其展示给其他听课者，这是培养个性化教师的佳径。

评课并不仅仅是评一评授课者的课如何，还有更深层的价值，即通过评别人的课，展示自己的教学水平和科研深度。评课不仅研究授课者的思想，更体现出评课者对教育的独特感悟。这样去评一堂课，既使公开课、研究课本身的优点得以发扬，又使他人从评课者的评议中有所收获。

4.7 要倾听教学意图

评课就其本质而言，是评课者和执教者共同探讨教学规律的过程。在评课过程中，要充分发扬民主，尊重执教者，认真倾听执教者对上课的设想。不要以专家、权威自居，应平等地和执教者切磋琢磨，共同研究。

素质教育进课堂，新课程带来新课堂，有一系列问题需要探索。评课作为教师群体对课堂教学进行研究的重要手段，需要评课者与执教者的对话，评课者必须倾听执教者的教学意图。

倾听，就意味着一种接纳，意味着一种真诚的平等和尊重。忽视倾听，甚至拒绝倾听，就会失去相互了解的机会，失去教学研讨的前提和根基，评课就会变成单边行为。倾听是交流的一部分，只有倾听才能实现心灵的沟通，使课堂充满生命的律动。尊重他人，倾听是重要条件。

4.7.1 要倾听执教者的自我评价

评课时应当首先让执教者自评，让执教者说明教学设计，阐述实践体验，表达感受看法，对自己的优点与不当之处作说明、评价、解释。这样，营造出一个浓厚的研讨氛围，大家群策群力，教师与教研员共同成为主人，创造火花就会迸发出来。

在评课中要鼓励教师为自己的教学"申诉"、"辩解"，只要言之成理，都应当给予尊重。

授课教师有刚参加工作不久的新教师，也有经验丰富的老教师，有新秀，有骨干，也有能手、名师，有活跃型，也有内向型，有严肃型，也有可亲型，形形色色，各有差异。作为评课者，为了达到评课的目的，一定要学会倾听授课教师的自评，从而作出判断，作出点评内容的取舍，切不可一意孤行。因为任何人的点评都是"仁者见仁、智者见智"，评课本来无法用条条框框的标准准确量化，只有评课者与执教者达成一致，点评内容才能落到实处。

评课即对话，这里的对话不仅仅是指对话双方的言谈，更是指双方内心世界的敞开，是对对方的真诚的倾听和接纳，在相互接受和倾听的过程中实现智慧的共享和情感的交融。

4.7.2 必须杜绝"话语霸权"

学会倾听执教者的自我评价，是建立评课民主、共享文化的基础。只有执教者的自我评价得到了重视，才能激发他们不断进取的意识。在评课过程中，当执教者的意见与评课者的理念有冲突时，评课者，特别是作为教研人员的评课者，要本着改进教学、服务教师的目的与执教者认真商讨，不能凭借自己的职业角色硬性要求执教者认同自己的理念。评课者特别是教研人员应当杜绝"话语霸权"，不以自己的好恶评判教师的课，不把自己的观念强加到执教者身上。要以合作者的心态，抱着真诚、合作的态度，以朋友的身份与执教者商讨哪种教学模式或教学方法更为适宜，要允许执教者选择自己喜欢的教学模式或教学方法，与执教者共同打造精彩的课程。

评课过程是切磋教学艺术、琢磨教学智慧的过程，评课现场是一个心灵交汇、情感碰撞的磁场，所以我们要善于倾听执教者的教学意图，从倾听开始开展评课。

4.8 要重视以学论教

课堂教学是教师组织和引导学生进行有效学习的过程。课堂教学的主体是学生，教学目标的落实最终是体现在学生的学习过程之中。课堂教学评价应注重"以学论教"，即以学生的"学"评价教师的"教"。教师的一切劳动，都是在为学生的学习和发展服务的。因此，课堂教学评价要改变传统的以"评教"为重点的现象，把评价的重点转到"评学"上面，即通过评价学生的学习状态和学习效果，更多地关心教师的教学活动是否切实有效，以此促进教师转变观念，改进教学。

评价一堂课是否成功，首先应该关注的是学生的学习状态。学生是课堂的主人，学生是学习活动的主体，是教学活动的出发点和归宿。"以学论教"，即重视学生对知识的掌握程度、学生能力的形成程度、学生思维的发展程度等，让每一个学生都在原有基础上得到发展。从一定意义上讲，评价一堂课的关键并不在于看老师教得如何，而是在于看学生学得如何。

"以学论教"包括哪些方面呢？

教学是教师的"教"与学生的"学"的统一。在"教"与"学"的辩证关系上，新课程强调"教"要为"学"服务，强调课堂评价要注重教师主导与学生主体的结合。

"以学论教"的评价观包括哪些方面呢？

（1）学生学习的参与度

学生学习的参与度包括学习活动参与的广度、深度与自觉程度。评价时看课堂上学生是否积极投入学习，主动思考问题；看教师是否努力创设平等、民主、和谐的气氛，给学生以学习轻松自由、乐趣无限的感觉；看教师是否能采取各种有效的手段和方法，调动学生的积极性，点燃起学生的学习热情，让学生广泛参与到自主学习、合作探究中去。

（2）学生思维的激活度

观察学生思维的激活度即观察教师设计的问题情境、教学方法、学习活动是否能够真正有效地促进学生思维的灵活性与广阔性、敏捷性与逻辑性、变通性与独创性，是否能使学生的创新意识和创造精神在学习中逐步得到发展和提高。评价时要看课堂上教师设计的问题是否生活化、灵活化、丰富化，要看教师是否善于推动学生积极思考，让学生在丰富多彩的活动和实验中学到知识、增强能力，让学生富有个性的发现迸发出思维的火花，并在师生亲切的合作交流、探索中得以修正、补充和完善。

（3）教学目标的达成度

教学目标的达成度即课堂教学要让学生在知识与技能、过程与方法、情感态度与价值观三维一体中得到全面发展这个目标的达成情况。课程的功能变了，课堂教学不只是知识与技能的训练，更应创设氛围情境，注重学习方法的传授、思维过程的展示，给学生体验和领悟的机会。评课时看教学是否促进了学生发展，是否引发了学生继续学习的愿望，让学生在潜移默化中受到高尚情感的熏陶和感染，为学生形成良好的价值取向和人生观奠定基础。

"三维"理应成为评价一堂课是不是好课的基本标准。

4.9 要有评课机制

4.9.1 要注重记录课堂教学事件

课堂教学事件即课堂教学中的细节行为。有很多教师听完一节课，到了评课的时候，却评不上来。为什么？他记不住课堂上都发生了什么关键性的事件。这些教师的注意力与教研员的注意力不在一个点上,教师们看得很散,说明不会听课,有些注意到"这个问题没讲"、"这个问题用这种手段展示好"——他只看到细枝末节,看不到课堂中最关键、最致命的东西,那就是教学事件。每节课都会有大大小小的事件,每一个观课的教师,都要会记录课堂中的事件,而且这些小事件记录得越详细越好。"细节决定成败,态度决定一切。"课堂中的细节反映教师的理念、反映教师的素养。同样,只有关注到课堂教学中的细节,点评才有着落,研究才有深度,评课才能演绎精彩!

4.9.2 要注重综合评析

所谓综合评析就是指评课者对一节课从整体上做出全面、系统性的评价。通常做法是先分析后综合。综合评析包括以下内容:

(1) 从教学目标上进行评析

从教学目标的制定来看,要看其是否全面、具体、适宜。从目标达成情况来看,要看教学目标是不是明确地体现在每一教学环节中,教学手段是否都紧密地围绕目标,为实现目标服务。

(2) 从教材处理上进行评析

我们在评析教师的一节课时,既要看教师知识教授的准确性、科学性,更要注意分析教师在教材处理和教法选择上是否突出了重点,突破了难点,抓住了关键。

(3) 从教学程序上进行评析

一看教学思路设计。既要看教学思路设计符不符合教学内容实际,符不符合学生实际,又要看教学思路的设计是不是有一定的独创性,给学生以新鲜的感受。还要看教学思路的层次。有些老师课上不好,效率低,很大的一个问题就是教学思路不清,或教学思路不符合教学内容实际和学生实际等。所以,评课时必须注重对教学思路的评析。二看课堂结构安排。教学思路侧重教材处理,反映教师课堂教学的纵向教学脉络,而课堂结构侧重教法设计,反映教学横向的层次和环节。课堂结构是指一节课的教学过程各部分的确立,以及它们之间的联系、顺序和时间分配。课堂结构也被称为教学环节或步骤。

(4) 从方法手段上进行评析

教学方法包括教师的教学活动方式,还包括学生在教师指导下"学"的方式。教学方法,主要看是不是量体裁衣,优选活用,看教学方法是否多样化,看教学方法是否有改革与创新,看是否运用现代化教学手段。

4.9.3 要注重听课性质

听课、评课,除遵循课堂教学评价的一般规律外,针对不同性质的听课,针对不同的授课目的,把握不同的评价角度也是尤为重要的。

(1) 评新教师初试课,突出"指导帮助"

执教初试课的主要是实习教师和刚从事教学工作的新教师。新教师上课,由于缺乏教学经验,往往问题比较多,他们需要疏导和帮助。评课时立意不要过高,首先要充分肯定他们的成绩,认真分析,进行指导,热情地帮助他们找出如何防止或处理类似问题的办法,使他们不断提高教学水平和课堂组织能力,从而使年轻教师的课堂教学尽快"过关",进而"达标"。

(2) 评教学研究课,突出"问题研究"

研究课重点研究教学改革问题,因此,无论授课、评课,都要从研究的角度出发。评教学研究课时,特别要注意如下几点:第一,根据研究侧重点,听课要有重点,评课要有核心。第二,要探讨和切磋问题,直抒己见,参与商讨,针对问题明确发表自己的建议。第三,给予执教者精神上的鼓励,以号召更多的教师参与研究。总之,对教学改革要采取支持和保护的态度,要从推进教改的愿望出发,既充分肯定教改的成功经验,又指出教学中存在的问题及进一步改进的方法,使教学改革不断完善,从而保证评课的导向功能。

(3) 评检查性家常课,突出"实事求是"

评检查性的随堂课时,一定要实事求是。有一说一,有二说二,成绩说够,缺点说透。但考虑到检查教学时可能出现的复杂问题,在评课形式上应灵活多样,要既指出存在的问题,又考虑到教师的心理承受能力。

(4) 评教学评优课,突出"总结推广"

评优课不仅要统一标准,从严要求,分析对比,选拔优秀,更要在评比中肯定成绩,总结教学经验,将评优与推广先进的教学经验结合起来,以推动教学改革的发展。

5. 观课评课与教师的教研和科研

5.1 对以提高实践能力为主的教师教研活动来说,观课评课是最主要的形式之一

教师的教学实践能力主要表现在备课、上课、作业、辅导、考试与评价的操作、实施等方面,而这些除了课程论、教学论、学习论有些原则可借鉴外,大量的是靠教师实践经验的积累和从中获得的感悟。这种积累和感悟只有教师在教学实践中才能感受和体验。因此,实践,尤其是有目的、有设计的实践是教师提高实践能力的最重要途径,观课评课是培养教学实践能力的最重要途径之一。

观课评课首先是教师切磋教学技艺的重要形式。中小学教师的教学技艺是在长期教学实践中慢慢积累和发展起来的。在这个过程中,同伴之间的交流和讨论是很重要的一环。有许多事都是当事者迷,旁观者清的。一堂课的例题应该怎样选,问题怎样提才更容易激活学生的思维,往往是在观课评课的过程中,被别人点出来以后当事人才恍然大悟。所以,一次好的观课评课活动对于教师之间切磋和交流教学技艺,提高教学能力,具有很重要的促进作用。

尤其是这一两年发展起来的同课异构、同课重构等观课评课模式,更是从形式上反映了切磋教学技艺的价值。同课异构是指相同的教材,分别让不同的教师上,然后比较他们的异同。在比较过程中,每个人都可以从别人的课中找到比自己更胜一筹的地方,发现自己教学设计和过程中的不足,学到好东西。最早的同课异构是从英语教学中,中外籍教师的不同教法比较中提炼出来的。开始,大家都感到同样的英语教学,外籍教师和中国教师在上课的形式与方法上会有很大的差异。一般来说,外籍教师比较注重语境的创设,注重学生参与性的调动和学习兴趣的激发,而中国教师更注重语法和词汇知识点的讲解和操练。这种差异好像只是教学风格与把握重点的不同。后来通过仔细比较才发现,是中外籍教师对英语教学价值观的认识不一样。中国教师习惯于语言知识教学,所以对语法和词汇抓得比较紧。而外籍教师比较注重语言能力的培养,所以对语境的创设和学生的参与程度比较关心。通过这种比较,发现了现象差异背后的教学价值观的影响,从更深的层次上,找到了提高课堂教学技艺的一种方法。

同课重构也是这一两年在观课评课实践中发展起来的新模式。过去听一堂课往往听完为止,即使有问题被指出来也只能在今后的教学中注意改进,往往不会马上要求教师根据新的认识再来一遍,在实践中巩固提高。而同课重构要求教师对同样的内容连续上多次课,每次课都通过听课评课由评课者提出具体要求和需要改进的地方。授课教师根据大家的意见不断修改,直到达到一个比较令人满意的效果为止。这种做法只要认真实施,教师一节课一节课地听取意见,认真修改,一定可以对自己教学技艺的提高有极大的帮助。

观课评课有利于教师发现教学中的问题,及时加以改进。观课评课的过程其实是一次教师照

镜子的过程,因此,教师往往可以从观课评课中发现教学的各种问题。这些问题的发现,不仅表现为有经验、高水平的教师在对新教师、普通教师的观课评课中,会发现他们教学中的各种问题(比如,知识讲错、方法用得不对、过程安排得不合理等等),加以指正,帮他们改进,对优秀教师来说也会有被发现问题并获得指正的可能。

优秀教师一般都有各自独特的教学风格,这些风格是不一样的。有的教师口才很好,以讲解见长,听他们讲课往往是一种享受;有的教师则以动手实践著称,讲不一定动听,但是可以做得很好。教学风格既是优点,有的时候也会成为教学问题。比如,让以讲解见长的教师去上物理实验课,他就很容易把课上成实验讲解课。尽管他会把物理实验讲得很生动具体,学生也很容易听懂、明白,但没有动手实践体验这一环,实验教学的真正目的还是没有达到。相反,让动手实践能力很强的教师去上理论课,他们只会演示实验过程,不能用很清晰的语言把道理讲清楚、讲明白,最终,学生看到了实践的结果,但还是不懂得道理。这样的教师往往还不会主动意识到教学中的问题,常常认为自己的教学很成功,没有问题。这时,通过观课评课,尤其是有比较的分析性评课,就可以让他们真正感悟到自己教学中的问题所在,并加以改进。这是很重要的。

观课评课也是一种学习过程,可以帮助教师加深对问题的认识,在比较分析或价值分析中提高水平。观课评课中有两个环节是很重要的,一是比较,二是价值分析。评课的比较和价值分析大多是在执教者的做法和听课者的主观判断之间展开的。听课时,听课教师一方面在不断地看授课教师的行为表现,另一方面就在不断地将授课教师的表现与自己心目中的判断表象或准则作比较,看看教师的表现是否符合判断准则要求或谁的水平更高,然后作出价值判断。所以这种以价值判断为主的评语,要么是指出教学过程中的问题或不足,并给出怎样才能做得更好一点的建议,要么是说明哪些做法符合规律,哪些做法不符合规律,应该怎么改。这样的评语既蕴涵了丰富的教学思想和经验,又贴近授课教师的实际,对于授课教师来说是一种非常有意义的学习。所以很多教师都曾有过这样的体会,每被大家听过一次课,自己就会发现许多教学中的问题,懂得许多新的教学理念,学到很多好的教学经验做法。

比如对探究式教学,许多教师只是从形式上认识比较多,认为有了学生讨论,有了启发式提问,有了学生自己动手做就是实施探究式教学了。其实这些只是形式,形式与内容可能一致也可能不一致。所以有些表面上很热闹的课,其实学生并没有真正地进行探究,甚至还会被听课教师认为是满堂灌。真正高水平的专家会一针见血地指出探究与否的关键是看结论是怎么得出来的。结论是教师先告诉学生的或者书上就有的,学生只不过用实践验证一下,这不是探究。探究应该是结论跟在实践之后,即先不知道是什么,通过实践后发现了现象或关系,然后归纳成结论或知识,这才是探究过程。因此,探究课的课堂基本逻辑应该是归纳,而不是演绎。我想,假如一位教师经历过这样一次观课评课活动,一定会学到很多在课堂里学不到的东西,教学观念会有很大的变化。所以,只要有心,每一次观课评课活动都会成为一次很好的学习机会。

观课评课还有助于教师改进教学方法,让教师在比较中学到更好的教学技艺。从直观上说,听一堂课总会从授课教师那里学到点什么,比如导入的方法、精彩的例题、有趣的实例、发人深省的问题、学生喜欢的活动、直观方便的教具等等,只要这些教学形式是听课教师以前没有看到、想到过的,就可以对听课教师有所启发,值得他们学了以后在自己的教学中运用。所以,从这一点讲,观课评课总是有收获的。这是大多数教师喜欢观课评课的直接原因。

有研究能力和反思习惯的教师还会抓住观课评课的精髓,从比较中学到更多的东西。比较是观课评课的核心之一,这种比较可以是听课教师与授课教师教学设计与实施水平的比较,也可以是不同教师之间教学风格和特色的比较。通过比较,教师会发现哪些方法更新,哪种设计更有利于学生学习,哪些问题学生比较喜欢,怎样才能让学生学得更加主动。教师一旦从这里悟出了新道理,学到了新思想、新方法,就会用在今后自己的工作实际中,提高自己的教学技艺水平。

观课评课还有益于提高教师对课的悟性,能帮助教师认识课堂教学的基本要素与结构。教师对课的认识是在不断上课、观课评课的实践中逐步加深的。刚开始当教师,就怕管不住班级,所以对怎么抓课堂纪律,怎么管住学生比较感兴趣,教师会把主要精力放在这些方面。所以他们对课堂教学的认识只是停留在现象和过程的层面上,就事论事地管课堂。随着实践经验的积累,教师会慢慢转为从技术层面关注一堂课的好坏。比如,谁的课导入技术用得最好,谁的课传授方式用得最恰当,谁的课最后的知识强化环节最有效,学生学完后总是能够非常清楚地知道这堂课应该掌握什么。再往后,教师就会从整体上判断出一堂课的质量要素应该包括:教学目标、教学内容、教学过程和教学结果,从目标的适切性、内容的恰当性、过程的合理性、结果的有效性来判断课的教学质量高低。

最终,教师会认识到上课其实是授课教师课程观、教学观、质量观和学生观的具体表现和反映。人的任何行为都是受思想观念支配的,不同教师之所以教学水平不一样,从根本上说是他们的教学价值观不同。所以要改变教师的课堂教学行为,不是从做法上改改就行了,而是要改造他们的教学价值观。这是一个长期而且比较困难的过程。教师课堂教学能力的提高需要时间与积累,不可能一蹴而就。

5.2 教研活动是中国中小学校特有的教师教学研究和专业发展形式

教研组的存在起先是为了让学校教师有一个较好的教学质量。把同一教学任务的教师组织在一起,统一进度,集体备课,可以使大家上的课差不多,水平比较整齐,不至于好的好、差的差,差距很大。慢慢地大家发现教研组除了可以管上课,还应该管教学质量。比如,考试后的质量分析,为什么同样的教学内容、同样的教案与过程,有的班级成绩好,有的班级成绩差,是学生学的原因还是教师教的原因?于是,教研组活动开始关注教师的上课。先是教研组长听其他教师的课,后来发展到同一教研组内部的教师相互之间观课评课,最后发展出为了研究一个共同问题而开展的专题性观课评课,于是观课评课成为学校教研活动的主要形式之一。目前,中小学在教研组内部常开展的观课评课主要有以下几种。

5.2.1 学校教研组内部的检查式评课

为了落实某项教学任务或贯彻某种要求,比如,新教材教学、"三维一体"目标的实施、信息技术与课程的整合或者多媒体课件的使用,学校教研组经常会把检查式评课作为督促大家落实任务、贯彻要求的手段与方法,通过观课评课,检查每个人的落实情况。所以,这类评课的目的、要求一般都比较明确,就是检查每位教师有没有按要求落实了某项任务或贯彻了某种要求。

检查式评课一般由教研组长提出,事先会通过讨论,拟定一个比较明确的方案或办法,让大家去准备。然后,按一定顺序在教研组内部逐一进行观课评课活动,并把评课结论作为对每位教师的检查结果。检查式评课的难点是任务落实情况或要求贯彻情况的相互比较,即通过检查式评课确定哪些教师做得比较好,哪些教师做得还不够。因此,评课方案往往因评价目的的不同而有所侧重。假如是以考查有没有落实任务为目的的评课,则要落实的任务就是最重要的评课指标,评课就围绕这一指标的落实情况展开,以检查每位教师达成的程度。所以这类评课的结果应该以描述性评价为主,不一定需要量化信息,只需讲清楚每位教师的情况就行了,除非任务本身就有数量因素在里面。假如评价结果一定要对教研组内部的教师进行相互比较排队,那就要设计数量化信息的采集了。数量化信息的采集一般有两种方法。一是信息本身就是数量的,只需通过测量工具获得就行了。二是信息本身是非数量的,那要通过两次量化的办法。第一次直接得到的是定性信息,然后根据最后的评价需要对这些定性信息进行两次量化。再根据数量化的评价结果比较教师的优劣。

5.2.2 学校教研组内部的互助式评课

随着观课评课成为中小学常用的教研活动形式,互助式评课也在中小学中被广泛采用。互助式评课是教师之间互帮互学的一种有效形式。评课的目的不是为了评出谁优谁劣,分出一、二、三等,而是帮助授课教师找问题。通过问题寻找、发现缺陷、讨论对策、帮助改进等环节,让授课教师发现自己教学中的问题,加以改进,提高课堂教学能力。

教研室内部互助的形式可以有很多种,可以是一对一的结对互帮,也可以是多对一的集体会诊,或者是几个人固定搭配的小组合作方式。要使这种评课有效,关键是看互助的伙伴之间水平的差异和坦诚程度。假如,互助的教师之间水平差不多,那就不容易发现问题,会造成缺陷发现不了、问题解决不掉的情况。假如,互助的教师之间不坦诚,不说真话,那也解决不了问题。所以从操作层面讲,教研组长要对互助式评课的结对对象进行干预,使得他们之间各有所长,可以进行互补互学。当然,当事者迷,旁观者清,有时即使水平差不多,别人也会从不同的角度提出一些有益的看法和想法,对提高授课教师上课的客观效果总是会有所帮助的。这就是互助式评课的价值。

互助式评课还经常被用于公开教学展示课的准备阶段。教研组里有一位教师要对外开公开课了,这时候他一定会找同一教研组的其他教师帮忙,请大家一起出主意想办法设计教案,等教案设计好后,还会试教,请同伴提意见,再反复修改,直至大家都比较满意为止。所以,我们看到的公开教学展示课大多不是授课教师个人完成的,很多都包含了教研组教师的集体智慧。在这里面互助式评课起到了很大的作用。

5.2.3 学校教研组内部的展示式评课

对展示式评课一般有两种认识。第一,是指对学校教研组内部的教学展示课开展评价。第二,是对学校教研组内部评课的一种展示活动,通过展示,用事实告诉教师评课是怎么回事,应该怎样评课。

由于要对一个阶段的教学改革进行总结或成果验收,教研组常常会采用组内展示课的方式来检查大家的成绩与收获。有时为了倡导某一项教学新举措、新改革,教研组也会采用展示课的方式进行示范或宣传。因此,展示课往往就成了某种教学思想或教师个人教学能力与水平的一种亮相,一般教师都会很认真地对待。对展示课的评价,往往以关注授课教师的教学思想、风格和特点为主,不需要建立完整的评课指标体系。参加评课的教师也是以对展示的主题思想及其表现、实现程度的评论为主,而不会去关心其他方面的细节。所以,评课的结果更像是一种学术思想的研讨与交流,以综述或评课报告的方式呈现,要涉及到对有关教学思想、理念及其实现方式、方法的阐述,而不是一般意义上的评价等级或分数。展示式评课以目标达成度评价为主,可以是对预期目标的达成情况所作的绝对评价,报告每位授课教师多大程度地完成了预期的改革目标,也可以是相对评价,即在对教研组内部每位教师的教学改革达成情况作出相互比较的基础上的分析判断。不管是哪一种,展示式评课都是以目标导向为价值取向的。

另一种展示式评课是指用展示的方式,向教研组内部的教师示范应该怎样评课。这是一种通过参与实际评课活动学习评课的有效途径。这种展示活动首先应该确定一个比较明确的学习目的,即向教师示范哪一类评课活动,是常规的检查式评课,还是以研究为导向的主题式评课。因为评课类型不同,指标体系和评价方式是不一样的。教师学习评课主要是体验评价的指标体系与评价方法,通过教研组内部的展示式评课,可以让教师了解不同类型的评课有不同的指标体系和方法,学会怎么参与评课活动。

5.2.4 学校教研组内部的主题式评课

主题式评课是指围绕某一个主题开展的评课活动。对学校教研组来说,每学期都应该围绕教研组建设和教师的专业发展,提出一两个教研活动的主题。比如:在新课程的实施中如何制定并落实"三维一体"教学目标,什么是有效的课堂提问,怎样调动学生的主体性学习,信息技术如何与课堂教学整合,课堂教学的过程性评价怎么开展,教师怎样才能有效调动与控制学生的情绪等等。这些教研活动的主题既需要通过读书、听专家讲座等形式学习,也需要通过实例反思、主题式观课评课等形式让教师体验。所以从这一点讲,主题式评课是学校教研组内部开展教学研究活动的重要形式之一。

主题式评课也不需要严格的指标体系,主题就是评课的核心对象。围绕主题,经常会有多种价值观念出现,这是很正常的现象。评课的价值观念是由评课教师的眼界和经验水平决定的。假如评课教师经常在外面观课,看到的好课比较多,那他的评课价值标准就会比较高。假如评课教师长期待在学校里不出去,很少接触外界的优秀课,只知道周围几个教师的上课情况,那他的评课标准就会有很大的局限性。所以,在主题式评课中会经常出现教师价值观念不统一,相互之间争论的现象,这是很正常的。真理越辩越明,教师也一定会通过主题式评课,不断地理清自己对某个问题的看法,提高认识水平。

5.2.5 学校教研组内部的研究式评课

与主题式评课差不多,研究式评课也是学校教研组内部开展业务学习的有效途径之一。所谓研究式评课,与主题式评课不同的是,它不是内容规定性的,而是方法规定性的。即用研究的方法评课,或者用评价的方法研究课。

用研究的方法评课,就是强调评课操作的规范性和评课标准的科学性。与一般性评课不同,研究式评课首先要对怎么评课进行前期开发性研究,制定出一个比较规范的操作程序,包括评价问题的聚焦、评价要素的提炼、评价标准的确定、评价结果的处理、评价结论的提出等等,然后大家按照规范的程序开展评课活动。这样可以保证评课的质量,保证评课在程序和方法上是合理有序的。所以,在这种评价活动中,评课方案的完善常常与评课实践同步进行。一方面,在完善评价方案的过程中研究它的合理性;另一方面,在实施评价的过程中,对方案的准确性和可操作性进行反思,不断调整,使得评价结果既科学又有效。

课的研究有多种方法,比如案例分析、录像分析、微格分析等等,用评价的方法研究课强调的是研究主题的遴选。评价是事实判断加上价值判断的过程,因此,价值指向性的确定很重要。只有把研究课的目的搞清楚了,才能有效运用评价解决问题。一般来说,研究课的目的不外乎提高课的有效性、提高学生的参与程度、加强教与学的协调性等等。一旦目的确定,就要按目的设定评价指标体系,比如,反映课的有效性的指标应该包括哪些,反映学生参与程度的指标应该包括哪些,反映教与学协调程度的指标应该包括哪些。把这些指标找出来,设定清楚,就能通过课堂实际信息的采集,与之进行比较,在比较的基础上作出价值判断与分析,研究出课是否成功及课的问题所在。这就是用评价的方法研究课。

5.3 观课评课还与中小学教师开展教育科研活动有着十分密切的关系

中小学教师的工作性质决定了他们的工作具有很多值得研究的成分。教师的工作是个体劳动性质的,虽然有统一的课程标准与教材,但上课还是比较自由的,可以独立自主处理与调整的空间比较大。所以教师个人的经验和能力,对各种现象的把握与认识水平,学科知识的广博程度,都会在很大程度上影响课的质量。为了提高教师这些方面的能力与水平,从20世纪80年代开始,我国就鼓励和提倡中小学教师参加教育科研活动,希望通过科研,教师可以用科学研究的方法研究身边的各种教与学的问题,提高对这些问题的认识与把握水平,进而提高教育教学能力。中小学教师做科研,尽管强调的是研究方法的科学性,但在内容和课题的选择上,还是希望能紧贴工作实际,不是像大学的专家教授一样,去研究教育的基本理论问题,而是实实在在地研究一些身边的教学现象和问题。从这点出发,观课评课、课堂教学就是中小学教师开展教育科研的最主要方式,也是他们开展教育科研的实际基础。

首先从中小学教师的教育科研选题来看,大部分教师的科研选题都与观课评课有关。这几年,随着国家新课程的推出,关于对新课标中"三维一体"目标的认识与实施的研究成了许多教师的首选课题。长期以来,中国教师熟悉的是"双基":学科的基础知识与基本技能。对在教学中如何落实"双基"也很有办法。所以中国的基础教育在学科基础知识与基本技能的训练上很有办法,学生的学习基础也打得比较扎实。问题是新课程增加了过程与方法、情感态度与价值观的目标,这是许多教师过去从来没有碰到过的。这两方面的目标在教案中写写可能问题还不大,最难的是如何在课堂中实现与评价。所以,围绕这方面开展的课题研究特别多,这是与观课评课直接有关的一类课题。

其次是新教材的课堂教学问题。许多新教材都把学生的探究活动和探究过程设计进了教材,因此,在课堂上如何有效组织学生的探究活动,又是一个中小学教师要面对的全新话题。讲练结合、精讲精练是中国传统教育的精华,许多教师在如何精选例题,如何讲解,如何让学生练习、强化方面,是很有办法的,但对在课堂上如何组织好学生的探究活动却是问题多多,比如在课堂里用什么方式组织学生开展探究活动、如何处理课堂教学时空的局限性与学生探究活动的开放性之间的矛盾、怎么训练学生的探究能力、如何把探究活动与知识学习结合在一起,等等,这些方面的问题也是当前中小学教师教育科研的热点话题。而这些问题的研究都离不开观课与评课。

在国家新课程改革方案中,有一条基本理念就是希望通过新课程、新教材的实施,促使教师的教学方法和学生的学习方法发生变革。这又是一个广大中小学教师,以及他们的学生要面对的新问题。长期以来,"教书"是中小学教师的基本教学方法。所谓教书,就是把书上的知识教给学生,所以教教材就成了广大教师在课堂里的主要行为。对学生来说,读书是学习的主要方法,只要在教师指导下把书读好,就算完成了学习任务。其结果是,学生可以学到许多书本知识与技能,但能力和情感态度价值观的发展却是滞后的。为了发展学生多方面的素质,全面实施素质教育,需要改变这样的教法和学法,让学生成为课堂教学的主角,成为自主能动的学习者,而教师则成为学生学习的引领者,教师的任务就是设计、布置教学活动并且引领学生在课堂里自主学习。这种转变不是一种简单的行为改变,而是教师、学生的角色变化,需要在实践中和观念上不断磨合,才能逐步实现。对于围绕着这方面问题的研究,观课评课也是一种必需的途径与手段。

观课评课,尤其是有目的、有针对性地对教师上课的某些环节进行观课评课,可以为教学专题研究或教师个人成长的案例研究提供素材。随着教学信息技术的发展,对课堂教学录像进行切片分析的技术已经十分成熟,运用切片分析我们可以对教师上课的各种专题问题进行聚焦分析。比如,为了分析某一学科教师教学中常用的导入技术是什么,我们可以在收集大量课堂教学录像的基础上,把每堂课的导入部分都单独切出来,合制成一张光盘,进行比较分析并加以归类,这样就可以整理出这一学科的常用导入技术有哪几类了。再比如,要研究某位教师的课堂提问能力,我们可以把这位教师授课录像中有关提问的片段都切出来,合制成一张光盘,整理统计出他课堂提问的数量,分析提问质量,并在此基础上分析他的课堂提问能力。假如把切片的焦点聚集在学生的主体性学习上,如每堂课花在讨论、自学、练习上的时间、次数等,就可以统计出一堂课中学生主体学习所占的比重。

长期持续地对一位教师进行观课评课,可以对他的上课能力作出变化状态的研究。比如我们要研究教师的控班能力,可以每隔一段时间对这位教师上课时学生的注意力集中程度用微格记录的方式进行监测,算出每堂课学生注意力集中程度的百分比。当监测记录积累到一定数量时,就可以发现其中的变化趋势,是上升的还是下降的,从而可以分析出这位教师的控班能力是在提高、维持,还是在下降。也可以把观课评课中关注的焦点放在教师的课堂提问上,记录下每堂课教师有效提问的次数,从教师有效提问的次数变化,分析其提问能力的变化。连续几次对语文教师上同一篇课文的教学行为进行观课评课,可以看出他对文本的解读和分析深度有没有变化,进而了解他的学科知识能力有没有进步。对不同的语文教师上同一篇课文的教学行为进行观课评课,可以从横向比较中发现每位教师学科知识能力的优势与不足。

参与观课评课活动还是提高教师教育科研能力的重要途径。中小学教师的教育科研能力除了文献资料的检索与整理、教育理论的熟悉与运用、科学研究方法的操作与实践、科研报告与论文的撰写外,还应该包括丰富的教育教学实际经验和对各种教育现象、事物的理解和解释能力。比如:对上课中发生的各种现象与过程的认识与评价,对各种课型的识别与归类,对上课教师控班能力的判断与分析,对一堂课总体有效性的估计与评判,等等。这些能力都可以从参与观课评课的实践中得到锻炼和提高。

一个经常参加观课评课活动的教师首先眼界比较开阔,接触过的优秀教师比较多,看到过的好课也多,因此,能识别什么样的情境创设是好的,什么样的活动设计是受学生欢迎的,课堂里提什么样的问题能引发学生思考,讲什么样的例题最能激发学生的学习兴趣。也就是说,在他们的心目中已经形成了对课堂教学现象的比较成熟的评价标准。这种评价标准往往就是教师进行教育科研的重要能力。他可以依据这些评价标准对各种课堂教学现象进行分析和研究。

经常参加观课评课的教师还对影响课堂教学质量的因素认识得比较清楚,这些因素包括教师的教学技术和教学价值观。教学技术主要有导入、传授和强化。导入就是看教师能否用最短的时间把学生引导到最佳的积极学习状态。传授是指教师把要教的知识技能清楚明白地告诉学生,使他们理解掌握。强化则是教师在课的最后,把这堂课需要学生掌握的内容,用一种学生喜闻乐见的方式告诉他们,让学生很容易就能记住,并且不容易忘记。影响教师课堂教学质量的价值观有课程观、教学观、质量观和学生观。所有这些,都是教师开展课堂教学科研时需要熟悉与了解的。所以,要提高教师对课程教材、课堂教学和学生学习方面的科研能力,除了学习课程论、教学论和学习论等教育理论之外,参与观课评课活动,熟悉了解课堂教学实践也是非常重要的途径。

6. 观课评课与教师的专业发展

中小学教师的专业发展是这几年教育内涵发展中大家都十分关心的事情。围绕着教师专业发展有两个问题需要认识清楚。一是中小学教师专业发展的基本过程,二是构成中小学教师专业素养的主要方面。

从新教师到专家型教师,中小学教师的专业发展大致会经过三个阶段。

第一,从新教师成长为一名合格教师,这是一个规范化的发展阶段。因为,大学刚毕业的新教师是不会教书的。这里所谓的不会教书是指不是一个合格的操作工。大学最后一年,六周的教学实习最多只是让师范生下下水,感受一下上课的氛围和滋味。而对怎样备课、怎样上课、怎样布置学生作业、怎样辅导学生、怎样考试、怎样评价学生、怎样找学生谈话、怎样家访等教师的基本工作技能,既不熟悉也不会做。所以刚开始几年,新教师都是以学会操作为主,一样样地做,一件件地学。经过三到五年的实践,才开始比较熟悉并能胜任这些工作了。

接下去的第二个阶段是个性化发展阶段。在这个阶段,教师通过大量教学活动的体验,开始对各种教学环节产生感觉或感悟，从客观性模仿走向主观性操控，逐渐形成个人的想法、看法和观点，并尝试着去改变一点客观的教材或教学参考书中的教案，加进一点自己的东西。当这种改变取得成功时，便会获得自信，纳入个人的经验之中。由少到多，从小到大，逐步获得个人比较成熟的教学经验，形成教学特长与风格。这是一个成熟教师的标志，具有个人教学特长和风格的教师可以称得上骨干教师或者高级教师。

再往下进入的第三个发展阶段是核心化发展阶段。已经形成比较成熟的教学风格，拥有丰富教学经验的教师，应该带领青年教师去参与所教学科的教学实践与理论发展的研讨活动。通过各种学科的教学观摩、展示、研讨、专题研究等活动，推进这门学科的实践改革，同时丰富和发展学科的教学理论，而教师本人成为能带领学科实践和理论发展的一名学科带头人或者特级教师。

因此，处在不同发展阶段的教师，其专业发展的重点和方向是不一样的。要做好教师专业发展工作，应该首先认识清楚每位教师所处的发展阶段，针对不同发展阶段的特点采取不同的措施。初级阶段主要是让新教师学会操作，尽快胜任工作。中级阶段要鼓励教师加强反思，积累教学体验与感悟，形成自己的想法、看法与教学风格。到了高级阶段，就要求教师站在学科教学论建设的高度关心学科的实践和理论的发展，开展各种学科教学实践探索，构建学科的教学理论。

从角色功能与工作任务的角度认识中小学教师的专业素养，它应该包括观念、知识、技能、能力和规范五大方面。

观念是指通过一段时间工作，尤其是在基本熟悉了教师岗位的工作范畴和任务特点以后，教师会逐渐形成自己的教学见解，它表现为对工作对象的基本看法，主要有课程观、教学观、质量观和学生观。

课程观是指对教科书在课堂教学中所起作用的基本看法。有的教师认为上课就是"教书"。所以教科书不但表明了教学应该达到的目标要求，还规定了教学过程。教师在课堂上的任务就是按照教科书的呈现过程，照本上课就行了。也有教师认为教科书只是编书者在理解课程标准和基于自己教学经验基础上的一种教学设计。这种教学设计可能符合所教学生的学习过程，也可能不符合。当教师感觉其不符合自己所教学生的学习过程时，就要对教学过程进行重新设计。所以教师应该把教科书看作教学过程的一种例示，用教材教，而不是简单地教教材。课程观不一样，教师在课堂上使用教科书的状况也不一样，课堂教学会有很大的差异。

其次是教学观，指教师对教学过程的基本看法，即教师是把课堂教学过程看作是自己单向传授知识的过程，还是由教师设计并提出学习任务，学生在教师的指导下，主动进行学习的过程。教师在备课时的设计思想是直接受他们的教学观影响的。教学观不同，往往会导致设计教案时思路的不同，以及教学中教师与学生角色地位的不同。把教学过程看作是教师单向传授知识过程的教师，设计教案时比较关注知识的展开和教的细节，关心怎样才能把教的内容讲清楚。而具有双重主体教学观的教师，除了关心讲，更加关心学生的学，往往会先对学生是如何学的作一番研究，然后针对学生的学，设计他的教。

质量观体现在教师上课追求的目标或者对学生的要求上。不同的教师对什么样的课是好课、什么样的学生是好学生的看法是不同的。因此，他们的追求也不同。有的教师上课就是追求维护好课堂纪律，学生越是安静就越满意；也有教师认为上课就是教师与学生之间进行讨论与交流的过程，所以他们追求的是课堂教学的热闹，学生提的问题越多，讨论越投入，他们就越满意。一般只要有一定观课评课经验的人，就可以从教师的课堂表现中清楚地发现他们在刻意追求什么，从中探究到教师具有什么样的质量观。

教师上课时的师生关系情况是受教师的学生观支配的。学生究竟是什么样的角色，对这个问题每位教师都会有自己的看法。尽管从理论上说大家都接受教师与学生要相互尊重、平等对话的观点，但在实际课堂教学中能真正做到这一点的教师并不多。在大多数教师的潜意识中还是把学生看作教学的对象、接受知识的容器,所以会在上课时自觉不自觉地流露出主使、指责、教训的态度。这不是一个师德修养问题,而是教师潜意识中的学生观在起作用。

课程观、教学观、质量观、学生观客观存在于每位教师的潜意识中,每时每刻都在对他们的教学活动和言行产生影响,起着支配和主导作用,所以是组成教师专业素养的核心成分。

中小学教师专业素养中的知识应该包括学科专业知识和教育、心理学知识。就学科专业知识而言,当前的最大问题是知识窄化。许多教师只把自己的学科知识局限于所教学科的解题能力上,认为会解难题目的教师就是学科能力强的教师。这是一个很大的误解。其实解题能力只是教师学科知识的一小部分。教师应该具备的学科知识还应该包括他对所教内容的背景的了解、理解程度及对相关领域知识的掌握程度等多个方面。教师与学生的知识关系应该是一桶水与一杯水的关系。桶的口径比杯子大、深度比杯子深,这些意味着教师在学科知识方面应该比学生掌握得更宽更深。从通识教育或跨学科教学的要求看,教师的知识要求还要更宽更广,最好能做到文理相通,精深而又广博。

教育、心理学知识也是做一名合格教师所必须具备的。因为教师与学生打交道,教师在教学活动中的一言一行必须遵循学生的身心发展规律。假如教师自己的做法就是违背心理规律的,那学生肯定会受到各种心理伤害。比如,要求学生上课时必须保持注意力高度集中。其实,稍有心理学知识的人都知道青少年的有意注意控制是受年龄影响的,一般小学生的有意注意保持时间大约在10—15分钟,中学生12—18分钟,所以教师要求学生上课时始终保持注意力高度集中,学生实际上是做不到的。有时学生能坐在那里一动不动,看上去像集中注意力在听,其实思想在开小差。还有不少教师认为学生学习的效果是与投入学习的时间成正比的,所以总是喜欢简单地用增加学习时间的办法追求学习效果的提升。其实,这种正比关系只在学生开始学习的一段时间内存在,过了一定的度,学生学习会进入饱和状态,效果就不明显了。假如再继续学习,不但没有效果,还会使学生产生逆反心理,产生负面效应。所以,一定的教育、心理学知识是做一名好教师所必须具备的。

教师专业素养中的教学技能应该包括教学组织、表达、板书和信息技术的操作。教学组织是指教师管理班级的能力,即能否在较短的时间内让课堂里的学生听从指挥,进入有序状态,与学生之间能否建立起相互信任的关系,能否得到学生的好感和拥戴等等。表达除了口才之外,还应该包括教师的学识水平,即教师在课堂里能否用自己旁征博引的精彩讲课吸引学生,让他们喜欢听课。板书不仅是指教师的粉笔字写得怎么样,更重要的是教师能否对所教的内容进行概括整理,化繁为简,用最简约的方式表示出最关键的内容,让学生容易识记与掌握。现代信息技术的发展日新月异,教师能否掌握并把它们运用到课堂教学实际中,也是考验一位教师教学技能水平的重要方面。

除了技能,教师的专业能力还应该表现为一定的教学设计能力、控制能力、反思能力和研究能力。好教师的教案不是简单抄人家的,而是自己设计出来的。教师能否设计一份好教案不但取决于教师对教学内容的解读水平,还取决于对学生的认识深度。只有对自己所教的学生了解得非常透彻,才有可能设计出符合他们学习过程的教学方案。控制能力是指教师能让学生听话的能力及掌控学生的水平,比如调动学生的活力,激发他们的思维,调控他们的情绪,让他们进入某种状态等等。反思能力是指教师对自己做过的事情好与不好、成功与否的感觉与判断,所以被称为推动教师实践能力发展的原动力。教师教学实践能力的提高是在教学实践的不断磨炼中实现的,而这种磨炼能否取得实效,反思是关键。假如一位教师对自己上的课好与不好、成功与否一点也没有感觉,也作不出判断,那他就很难从实践中发现需要改进和调整的地方。所以,要让教师的课越上越好,就一定要让他学会并不断进行教学反思。用科研的方法开展教学研究也是促进教师专业发展的重要途径之一,尤其是对已经能够胜任教学的合格教师来说更为重要。因为做一项研究需要教师查阅许多资料,收集很多信息,想很多问题,还要写出最后的报告。在这个过程中,教师可以学到许多东西,获得进步。所以,设计、控制、反思、研究是教师专业素养中最重要的四大能力。

规范应该包括教师的师德修养、敬业精神、学术规范和日常言行。师德修养作为教师的专业素养之一,是由教师的工作性质决定的。教师的工作是教书育人,所以应该有比较高尚的个人道德修养,要热爱学生,用高尚的思想、情操和行为感染、影响学生。敬业精神表现为教师对待工作的态度。是把当教师看作一种职业劳动,看作一项实现个人价值的事业,还是自己喜欢的专业,想法不同,表现出来的行为方式和态度也是不一样的。中小学教师的学术规范表现在他们对待备课、上课、学生作业、辅导等教学环节的认真程度上。只有教师认真,才能要求学生也认真,而认真往往就是学生学习质量的最基本保证。学生的模仿性极强,所以教师还必须时刻关注自己的言行,不要让学生学会不好的习惯动作或口头语。

所有这些素养,都是教师在教学实践中逐步积累,慢慢形成的。而观课评课对形成教师的这些专业素养具有非常重要的作用。

6.1 观课评课是教师提高课堂教学能力的重要途径

课堂教学能力是教师专业素养中最重要的方面。因为教师的基本工作就是教书育人,课堂是教师教学活动的主要场所,也是学生学习的主要阵地。一名教师课堂教学能力不强,就很难说他是一名好教师。

教师的课堂教学能力不仅仅表现在组织教学、管理学生、讲课表达、演示板书等常规性的上课技能技巧方面,它应该是各方面专业素养的综合表现。

教师的课堂教学能力首先与他的教育观念有很大的关系,主要是课程观、教学观、质量观和学生观。人的行为都是受思想支配的。新教师在刚开始上课的阶段还没有对上课形成概念,所以大多是模仿,不是模仿其他教师的上课,就是模仿自己做学生时老师的上课。这种模仿大约会持续半年到几年。随着课堂教学熟练度的提升,教师逐渐掌控了课堂,慢慢地就会对上课产生主观意识,觉得课堂教学不仅仅是完全程式化的过程,完全可以按照自己的想法与意志进行调整或重组。这些调整或重组有的成功,有的失败。当这些成功与失败积累到一定次数的时候,教师就会形成他自己对课堂教学的体验与认识,这些认识将成为他对课堂教学的主观意识。这些主观意识开始形成时只是教育观念的雏形,若明若暗,不是十分清晰的。在以后的教学实践中,有时是听了别人的报告或一两次点评,有时是自己看书时得到了一点启发,教师会形成对课程教材、教学质量、教学过程乃至学生角色的认识和看法。从点滴开始,越积越多,越来越成熟,最终形成自己的课程观、教学观、质量观和学生观。这些观点在从出现到形成的整个过程中,都会对教师的教学行为产生影响,有时甚至是十分强烈的支配作用。所以,教师的课堂教学能力首先与他们教学价值观有很大的关系,是直接受其支配的。

其次是教师的学科知识水平。知识窄化是当前中小学教师普遍存在的问题之一。由于不少教师上课就是习题教学,所以他们只把自己的学科知识停留在解题能力上,上课也是只讲题目,没有教学内容的拓展与延伸。这样的教师除了能教会学生怎样解题,其他方面的教育作用就很少了,学生的收获也极其有限,所以他们的课堂教学能力绝对不能算是高的。同时,教师对教育学与心理学知识的掌握程度也会直接影响他们的课堂教学能力。只有具备足够的教育学、心理学知识的教师,他们上课才会自觉地注意按照教育学、心理学的规律办,不会做出那些违背教学规律、损害学生身心健康的事,所以他们的课堂教学能力也会比较高。

此外,教师的教学反思、教学研究、师德修养、敬业精神、学术规范、日常言行等因素,也都是直接影响课堂教学能力的重要因素。所以,从这个角度讲,提升教师课堂教学能力说到底就是提升他们的专业素养。

教师的课堂教学能力是理论知识与实践经验的"合金",所以不可能直接从职前的师范教育中完全获得。大学的师范教育是以学科知识学习为主的学历教育。所以,这一时期学习的内容主要是现成的学科知识理论,包括专业学科理论和通识性教育理论,比如教育学、心理学等等,由于缺少教学实践方面的系统学习,所以学得的知识与他们今后在中小学讲台上上课所需的能力之间存在着很大的差距,只能说是为将来走上讲台作好了知识准备。有了充足的知识储备只是具备了当教师的必要条件,但还不是全部条件。教师所需要的课堂教学能力基本上都是在就职以后最初几年的课堂教学实践中感悟和锻炼出来的。没有这段时间的实践和经验积累,就不可能形成成熟的课堂教学能力。所以,在职初阶段,关注与指导教师积极投身课堂教学实践,及时总结课堂教学心得,反思自己的课堂教学过程,提炼课堂教学经验就显得十分重要。经验告诉我们,入职的前三年是教师课堂教学能力形成的关键期。只要这段时间能闯过这一关,胜任课堂教学,就能成为一名好教师。假如,这一关过不下来,要成为好教师就比较困难了。

而观课评课是促进认识与实践相互转化,帮助新教师顺利度过职初期,进入成熟期的催化剂。因此,对教师来说,观课评课不仅是对他们课堂教学能力的督查,更重要的作用是促使他们对课堂教学认识与实践的相互转化,是培养他们尽快形成课堂教学能力的重要途径。新教师最初对课堂教学的认识来自于听其他教师的示范课,或者是对自己学生时代听课经验的回顾。这种认识是表象的、浅显的,只是反映了上课的一种形式或样子。按照这种形式或样子,新教师开始了以模仿为主的上课,尽量从形式、环节上做到符合他心目中的课的样子。这时候,假如有经验的老教师能去听听课,就可以告诉他哪些是形似而神不同的地方,应该怎样去改进,这对加深他对课的感悟和认识是有好处的。慢慢地,当新教师对课的形式、环节基本熟悉以后,上课的问题就会表现在教与学的脱节方面,即教师只会按照教案照本宣科,一步一步地教,完全不顾学生的感受,不顾学生是否喜欢听,是否跟得上。这时候,有经验的老教师观课评课的主要关注点是教与学的协调性,即要告诉授课教师,上课的时候一定要关注学生的反应,要边上课边观察学生的反应,观察学生是否有兴趣,是否听得懂,尽量多关注学生的感受,争取做到教与学的协调一致。当教师已经能够熟练掌握上课的技巧,能够驾驭课堂以后,有经验的老教师观课评课的重点则应该转为去发现授课教师的教学风格和特长,在扬长避短、加强课堂教学的深度和广度方面多作指导。所以,针对不同发展阶段的教师,观课评课的重点不一样,对教师产生的认识与实践之间转化的作用也是不一样的。

6.2 由于观课评课说到底是一种评价活动,所以必然会涉及价值取向

评课教师的价值取向与授课教师教学价值观之间的差异与辨析,是观课评课中最核心的环节,也是观课评课活动之所以能产生教育指导作用的关键所在。所以开展评课活动,不能只对授课教师的做法、行为进行分析,还要透过现象分析他们的教学价值观,由此加深他们对教学的认识,提高他们的教学能力。

6.2.1 授课教师的质量观与观课评课中的好课标准

教师的上课追求是受其教学质量观支配的,不同的教师由于教学质量观不同,上课追求的目标也不一样。但观课评课中的好课标准往往受评课目的的制约,反映的是评课要求。比如:以检查为目的的评课,往往会把要求贯彻的东西作为评课要求,观察授课教师的落实情况;以评优为目的的评课,则把评课专家组认为的好课标准作为评课要求,选拔其中的优胜者;以诊断、改进为目的的评课,把找问题作为评课标准,发现授课教师上课中的问题,提出改进要求;以分析、研究为目的的评课,事先只会设定一些问题范围,并没有明确的标准,标准是在观课评课过程中发现并聚焦的。但所有这些评课活动中的标准都会对被评教师的教学质量观产生一定的促进或重组作用。凡在评课

中得到好的评价的教师会更加坚定自己的质量观,认为自己以往的课堂教学追求是符合主流的好课标准的,要坚持并进一步强化;而在评课中没有得到好的评价的教师,会反思自己以往的教学质量观,思考问题在哪里,为什么得不到大家的认同,大家提倡的是什么,应该怎样重组自己的课堂教学质量观。所以,每次评课活动都会对教师的课堂教学质量观产生触动与影响,评课是帮助教师形成正确课堂教学质量观的有效途径之一。

6.2.2 授课教师的课程观与对教材的使用也是观课评课中经常会涉及的问题

不同的教师上课使用教科书的情况是不一样的。新教师总是把教材当作教学过程的依据,完全按照书上的呈现过程开展教学活动,有的干脆是对教材的逐字逐句解释,离开书就不知道讲什么了。然而,即使是讲解教材,也有对文本解读的深浅之分,有的教师只作字面上的解释,有的却能够透过文本读到文字背后的丰富的潜在含义。观课评课中对授课教师的教材使用情况大多会作出如下几种评价:第一种情况是背离了教材内容,教师的讲课跑题了;第二种情况是能扣住教材内容,但解读的深度不够,流于表面,就事论事;第三种情况是既能扣住教材内容又有自己的发挥,把教材讲活了。这些评价对授课教师形成正确的课程观,用好教科书会起到积极的引导作用,是观课评课又一个重要的价值。

6.2.3 观课评课还能通过对授课教师教学过程的分析,评析他们的教学观与教学设计思想

教师的备课是受教学观影响的。他们认为教学过程应该是什么样子的,就会设计出什么样的教案。所以只要看教师设计的教案,并与他讨论教案这样设计的原因,就可以从中了解到他对教学过程的基本看法:是以教师的教为主,还是以学生的学为主?是教师单一主体的过程,还是教师的教和学生的学双重主体的过程?传统的教学当然是以教师的教为主,所以当时的口号是备课备教材,教师只要把教材吃透了,抓住了重点难点与关键,设计好相应的例题和坡度,就可以备出一堂好课。新课程改革要求教师实现教学中的角色转变,从过去的教书者变为学生学习的引领者,这就要求把学生放到教学设计的主体地位,备课备学生,从学生学的过程出发设计教的过程,使得教师的教能够很好地贴近学生的学,真正发挥好学生在课堂教学中的主体作用。对学生课堂教学参与度的评价是一般观课评课中都会用到的指标,看学生的参与度不能只看表面,而是要从学生的思维状态出发,去判断他们的思维有没有被真正激活。只有学生的思维被真正激活了,他们在课堂教学中的主体性才能体现出来。

6.2.4 师生关系也是观课评课中最被人关注的一个指标,它的背后是授课教师的学生观

课堂是最容易看出师生关系的地方之一。在课堂上教师对学生的态度、教诲,甚至情绪、语调等都与教师的学生观有很大关系。尽管从道理上讲,大家都会说教师要尊重学生、师生相互之间要能平等对话,但要真正在课堂上做到这一点是不容易的。尤其是当学生不听话,或者学习表现不好的时候,教师要做到忍耐就更难。之所以会这样,说到底还是教师的学生观有问题。在大多数教师的理念里,学生总归是学生,是接受教育的对象,所以听教师的话是天经地义的,表现不好的时候被训斥几句也是应该的。这种想法尽管很普遍,但这样的师生关系是不平等的,教师总是高过学生一等。正确的学生观应该表现为师生之间人格的相互尊重和平等,而不是语言或行为上的绝对平等。所以在观课评课时也不能只从表面现象上去轻易判断教师的学生观,而是要从出发点、从行为的真正含义上去理解和判断。只有这样才能作出正确评价,才能有利于通过观课评课促进教师学生观的健康发展。

6.3 从组织方式的角度看,不同的观课评课形式会产生不同的功能,对教师专业发展能起到的作用也是不同的

从组织方式的角度看,不同的观课评课形式会产生不同的功能,对教师专业发展能起到的作用也是不同的。为此,需要针对教师专业发展的特征,从不同侧面有针对性地设计并运用各种不同的观课评课模式。

6.3.1 鉴赏式观课评课给教师的启示

中小学经常组织的观课评课活动中有一种叫做示范课,顾名思义就是由优秀教师设计并执教,用于向其他教师进行示范或展示的课。这样的课,从设计到教学过程的掌控,都渗透着授课教师的智慧和经验,比如,对文本的解读程度、教学过程的设计思想、教学内容的选择与安排、教学活动的组织与实施、师生关系的处理、教师的临场发挥、教师对自己教学效果的把握等等。这些对青年教师都具有教育意义。但这样的课也必须注意保持教师上课的原生态性质。示范课为了展示经常会有一些故意雕琢或夸张的成分,假如听课教师分不出真假,一味跟随模仿就会产生负面作用,这是组织者必须注意的。同时,要注意根据不同的听课对象聘请最适合的授课教师,并且对要展示的部分作出清晰的设计,配以事先的说课和事后的评课环节,让听课教师知道授课教师的意图,便于他们理解和学习。

6.3.2 互助式观课评课有利于相互学习

在学校教研组内部,同学科教师之间经常可以开展的观课评课活动是互助式的,即通过同伴之间的相互观课评课,互相指出问题和缺点,学习其他教师的优点,取长补短,达到共同提高的目的。一般来说,这种教师之间的互助式观课评课重点在解决教师的一般性课堂教学技能问题上,比如讲课的语态、提问的时机、板书的设计、多媒体课件的制作等等,所以对新任教师用得比较多,可以帮助他们尽快掌握课堂教学技能,成为能够熟练掌控课堂教学的合格教师。除了学校教研组内部的互助式观课评课外,学校之间也可以通过建立校际教研联合体的方式,实现不同学校之间的互助式观课评课活动。教师的教学能力与经验中有一个很重要的因素就是眼界,也就是对优秀的课堂教学的熟悉了解程度。假如一位教师能经常听到、看到其他优秀教师上课,那他对什么是好课,怎样上好课就会有比较丰富的感性认识,自己的上课能力也会随之而提高。所以,跨校的互助式观课评课可以让教师看到其他学校的优秀教师上课,对拓展视野、提高能力都是很有好处的。

6.3.3 持续式观课评课给教师参与磨课实践的锻炼机会

教师课堂教学能力的提升绝不是靠一两次观课评课就能马上实现的,有时需要一个不断反复实践的磨炼过程才能实现。同课重构就是用持续式观课评课的方式,让教师对同一教学内容反复上,反复评,不断改,通过前后的比较,发现问题,加以完善,直至达到某一水平或理想状态为止。这种观课评课方式的最大特点就是问题聚焦,往往针对教师上课过程中的一两个突出问题,让教师一次、两次、三次反复上,每次都把过程与结果记下来,与上一次作比较,发现问题,提出改进意见,再让教师重新设计后换个班级再上,直至满意为止。这种观课评课方式较多用在一些教学疑难问题的解决、优质示范性课堂教学教案的形成或者教师个人教学风格特长的形成上。因为这些都是课堂教学的复杂问题,不是一次两次就能简单解决的,需要有一个反复实践和磨炼的过程,所以这时持续式观课评课就能发挥作用,显得很重要。

6.3.4 比较式观课评课把问题引向深入

从解决问题的角度来看需要持续式观课评课，那么从发现问题的角度来看则需要比较式观课评课了。因为只有一堂课，没有比较，就很难说这堂课上得怎么样，是不是有问题，假如把几堂课排在一起，就可以清楚地作出比较，发现问题了。同课异构就是比较式观课评课的典型方式。同样的教学内容，让不同的教师分别去备课、上课，再把他们上的课排在一起作相互比较，就会发现不同教师处理教学问题的不同方式，从中发现很多教学问题。最早产生这种想法的是英语教师。英语教师在听外教上课的时候，总是感觉到外教的教学方式方法与我们的不一样，开始以为这只是习惯的不同，所以引发了同一篇课文让中国教师与外教分别备课同时上，然后进行比较的想法，这就是同课异构的开始。通过比较发现，中外教师上课不仅是形式上存在着不同，最核心的问题是课堂教学价值观的不同。外教看重的是学生的感受与参与，所以他们会在启发引导学生方面花很多的功夫；而中国教师重视的是知识的传授，所以更关注自己的讲和学生的听。通过比较式观课评课可以把课堂教学问题引向深入，从更加深的层次了解教学的差异性。

6.3.5 专题式观课评课促使教师对教学现象作出理性思考

教学论中的许多命题是需要从课堂教学实践中得到验证的。为了理解这些命题，探索教学思想、教学观念的实践意义，有时可以开展专题式观课评课活动。比如，新课程要求教师在教学中贯彻知识与技能、过程与方法、情感态度与价值观"三维一体"的教学目标，许多教师都觉得有困难，这就可以以"课堂教学中如何贯彻'三维一体'目标"为主题，开展专题式观课评课活动。既可以是研讨课，听完课以后大家都来点评研讨这堂课授课教师三类目标贯彻落实得怎么样，哪些是成功的，哪些做得还不够；也可以是示范课，请在三类目标的贯彻落实方面做得比较优秀的教师上课、说课，让听课的教师感受如何在一堂课上体现三类目标。与其他类别观课评课不同的是，专题式观课评课更强调说课与评课的环节，要围绕专题说说评评，探究这个主题在课堂上是如何实现的，体现得好不好，够不够。只有附之以比较深入的研讨成分，才能体现出观课评课的专题，并且加深大家对此专题的认识与理解。

学科评课分论

语 文 学 科

1. 语文学科特点

新课改以后制定的《全日制义务教育语文课程标准》明确指出:"工具性和人文性的统一,是语文课程的基本特点。语文课程应致力于学生语文素养的形成与发展。语文素养是学生学好其他课程的基础,也是学生全面发展和终身发展的基础。语文课程的多重功能和奠基作用,决定了它在九年义务教育阶段的重要作用。"

《上海市中小学语文课程标准》在"课程定位"中也明确指出:"语文是人类活动的重要交际工具,也是文化的重要组成部分。工具性和人文性的统一,是中小学语文课程的主要特征。语文课程是中小学阶段的一门基础课程,它是学生理解和掌握科学文化知识、形成学习能力、培养审美情趣和文化修养的基础,对学生的终身学习和终身发展,起到重要的奠基作用。"

从国家和地方对语文课程的定性来看,语文学科的特点,我们可以从这样两个方面来解读。

1.1 关于语文学科的工具性

在中小学开设的很多课程都具有工具性的特点,但语文学科的工具性有它独特的一面。语文学科的工具性体现为它是以语言为载体的,学习者通过语言的学习,来完成对语文学科的学习,并通过语言的学习,进而去学习其他科学知识和文化。从一定意义上来看,语文学习,不仅是学习语言的基本知识,更主要的是学会使用民族的语言进行思维。学生只有学会和掌握民族语言的特点,才能构成良好的思维基础,也才能具备学习其他科学文化知识的能力。

华东师范大学的倪文锦与香港大学欧阳汝颖两位教授在他们主编的《语文教育展望》的引言中是这样论述的:"在当今的世界上,语言都是民族的语言,文字都是民族的文字,任何一个民族的语言文字都不仅仅是一个符号系统或一种交际工具。一方面,语言文字本身反映了一个民族的认识世界的思维方式;另一方面,民族文化也附着于语言文字得以继承和发展,因而任何一个民族的语言文字都是其深刻的民族精神的积淀。基础教育的基本任务是为每个学生的发展打好基础。因此,从树人的角度看,基础教育阶段的语文课程在帮助学生正确认识自然、认识社会、认识人生等方面的价值是无可比拟的。"[①]可以说,这段话是对中小学阶段语文课程工具性的最好的阐释。

语文的工具性,不仅仅表现在语文是学习其他科学文化知识的一种凭借上,它所蕴含的民族文

---

① 倪文锦、欧阳汝颖主编:《语文教育展望》,华东师范大学出版社2002年第一版,第1页。

化内涵,以及能使学生学习领会和运用民族思维的作用,才是它的工具性最全面的体现。

1.2 关于语文学科的人文性

正如倪文锦、欧阳汝颖两位教授在《语文教育展望》引言中阐述的那样,"语言都是民族的语言,文字都是民族的文字,任何一个民族的语言文字都不仅仅是一个符号系统或一种交际工具"。应该说,语文学科的人文性,包含着这样两个内容,一是语言的学习(包括语音、文字),一开始就打上了民族文化的烙印,二是语言学习和学习者的人格培养紧密关联。

袁振国先生在他的《教育新理念》第二章"学科教育的新视野"第二节"理解文科教育"中,对现代的文科教育(不仅仅是语文学科)的功能作了这样的论述:"文科教育的过程是精神享受的过程,是提高生命质量的过程;文科教育的过程是体验和提升生命价值的过程;文科教育的过程是感悟自由精神的过程。"他在这里向我们指出了人文性的三层意义:第一是对学生进行熏陶感染,拓展学生的精神领域;第二是强调每个人独特的生命价值,尊重学生的独特性和差异性;第三是追求自由的精神,即强调个人的自由与尊严,在教学中充分尊重学生的自由与自主性,培养学生独立思考、反思和怀疑批判的精神。

语文学科的特殊性,正在于它能很好地结合学习内容,完成学生的人格培养,这是其他学科无法比拟的,这也是语文学科人文性最好的体现。

(1) 语文课程易于激发和保持学生学习语文的动机。学生学习动机的强弱、认知水平的高低、克服学习困难的毅力等等,都在一定程度上反映着其人格特征的形成和发展程度。语文课程因为和学生的生活有着天然的、千丝万缕的联系,从而易于激发和调动学生学习语文的动机。至于当今的语文教学没有很好地达到这个功能,那是教材、教学等学校教育方面的因素,而不是语文课程本身的因素。

(2) 语文课堂教学可以直接进入学生的精神生活和感情生活领域,可以直接影响学生的态度和品德的形成。语文教材编写的宗旨一般都要突出"语文是交际工具,是用来反映生活并服务于生活的",生活本身的教育作用在语文课堂中就能得到很好的体现。

(3) 语文教育可以引导学生逐步认识和协调人际关系。因为语文反映生活并服务于生活,所以必然反映构成生活主体的人的方方面面,学生在语文学习过程中,必然把学会做人视为重要的学习内容,学会与人合作、学会理解别人、学会尊重别人、学会关心别人帮助别人。

(4) 从心理学角度来看,语文课程也有利于促进学生自我意识的觉醒和成熟。因为在语文学习过程中,学生会不自觉地受到作品的影响和语文学习环境的影响,把个体的"我"放到群体中去思考,从而唤醒学生认识自我和认识自我生存环境的能力。

2. 语文学科新课改理念

语文学科是义务教育阶段中小学开设的课程中最容易发生变革的学科。一是因为它最贴近社会,最贴近生活,社会和生活的需求的变化,必然导致对语文学习要求的变化,从而改变语文课程的目标和功能;二是语文学科必然体现一个国家、民族时代的要求,甚至包括宗教的要求,其时代特征非常明显,语文学科要适应这些要求,就会不自觉地发生变革,也就是说,语文学科课改的新理念,始终保持着与时俱进的状态,我们今天谈论的新理念,也许在不久的将来,就会成为变革和批判的东西。但语文学科有其学科特有的内涵,有些理念必须始终贯彻于语文课程的发展过程中。我觉得以下两点,不仅最能体现语文学科的特征,而且会随着时代的变化而富有新的内涵。

2.1 体现语文学科的人文性

我们现在正处在知识经济时代,知识经济最宝贵的资源是包括科学在内的知识、智力、信息和掌握这些内容的人才,并且人才已经成为知识经济时代的核心资源。也就是说,知识经济是以人为本的经济。因此加强教育过程中人文—文化的教育成为当今各个国家教育的主流。我们必须认识到,在课堂学习过程中,学生通过对大量的范文的学习,就能接触到范文中先哲和时贤的思想感情,这些思想感情能够影响学生的内心世界,规范学生的心灵结构。我们还应该看到,学生的言语实践活动,也处处昭示着学生的情感世界,我们可以通过学生的言语实践,引导、修正、规范学生的思想和情感。这就要求教师在课堂上恪守以下准则:

(1) 关注语文课程的人文性,就需要重视在教学过程中,全面发展学生的个性。这就要求教师在课堂中,能认清自己的角色,教师的授教过程是为了达成学生健康向上的个性发展目标的过程,教师是学生学习和个性成长的设计者、引导者、组织者和辅助者。教师在课堂上,要充分调动学生参与课堂活动,教师对文本的感悟永远替代不了学生对文本的感悟。

(2) 关注语文课程的人文性,需要研究学生的学习规律。学生学习的动机、学习功能也会随着时代的变化而发生变化,不同的时代造就不同的学习者,教师的课堂教学行为要适应学生学习变化的需要,用先进的、科学的教学方法去组织课堂教学。比如 20 世纪三大学习理论流派——行为主义(主导年代 1900—1950)、认知主义(主导年代 1960—1970)、建构主义(主导年代 1980—1990),他们的学习主张的侧重点就有很大的差异。行为主义强调反应增强,此时教师的角色定位为学生学习奖惩的实施者;认知主义强调信息加工,教师的角色定位为信息的分配者;建构主义强调知识建构,教师的角色定位为探索性学习任务的指导者。

(3) 关注语文课程的人文性,还需要深入研究作为人文学科核心课程的语文课程的内容的特殊性,在课堂中,要能准确选择教学内容。比如在阅读教学中,要考虑教师选择的教学内容能否很好地培养学生的阅读技能和技巧,使学生获得审美体验和感悟。也就是说,教师选择的教学内容,要能引导学生在完成阅读审美和情感体验的同时掌握阅读的方法和技巧,从而达到叶圣陶倡导的"教是为了不教"的目的。

2.2 加强言语实践

人文学科工具性目标旨在发展学生的技能和能力,语文学科的言语实践历来是语文课程的一个重要内容。但由于新课程对人文学科工具性目标和作用理解得较为模糊,新教材出现了忽视学生言语实践的情况,新教材的编写者也许希望教师在课程的概念下去解决学生的言语实践问题。

关于学生的言语实践,我们在这里也要使教师明白:

(1) 学生的言语实践是一种情境性的活动,教师的任务是为学生提供成熟的言语实践情境,让学生有话说、能说,能充分表达自己的情感和内心世界。

(2) 学生的言语实践是一种过程性的活动,是在学生言语实践的时间的链条上展开的,教师应根据课程的要求,设计合理的学生言语实践方案,从内容和表达方式等方面,引导学生完成言语实践训练。

(3) 学生的言语实践是一种综合性的活动,要求学生在实践过程中,能综合运用多学科知识、多方面技能,完成知识、技能与思想品德、文化修养、人格养成等多方面的有机整合。

不难看出,言语实践教学组织的出发点,依然是关注学生的发展,这就要求教师要以有利于学生的发展为原则,而不是机械训练学生的言语技能。

3. 语文学科评课内容的案例分析

案例一

《失踪的森林王国》教学设计及评课(总结性评课)

(摘自中国教育资源网,有删改)

案例描述:

授课过程

教学目标

(1) 有声有色地讲述课文内容,讲后互相评价。
(2) 训练学生在讲述中准确使用在本课学习中积累的好词语,正确使用表示范围的词语。
(3) 在讲述中加入自己丰富的想象,使内容更生动。
(4) 教育学生加强环保意识,热爱大自然。

教学重点

有声有色地讲述课文内容,讲后互相评价。

教学难点

在讲述过程中准确使用在本课学习中积累的好词语,正确使用表示范围的词语,并加上自己丰富的想象。

教学准备

实物投影、词语字条。

教学过程

(1) 回忆、导入

同学们,上节课我们学习了哪一课?(指名说并板书课题)

谁来说说上节课你学到了什么?

生答:

① 朗读课文,做到正确流利。
② 懂得了一些词语的意思,如:安居乐业、置若罔闻……
③ 知道了课文可以分三部分。
④ 知道了每部分主要讲了什么。(具体说说)

(2) 今天,大家还想学到什么?

(3) 归纳学生所答,出示教学目标。

(4) 同学们想用什么方法来学习课文?(讲故事)

为什么要用讲故事的方法?(课文故事性较强,对话不多)

讲故事应注意什么?

(5) 归纳学生回答,出示讲故事要求(大屏幕)

① 有声有色地讲故事,内容完整。
② 用上一些文中的好词语及表示范围的词语。
③ 加上自己丰富的想象,使故事更加生动。

(6) 小组合作,选取喜欢的一部分,按要求讲故事,教师巡视指导。

准备15分钟左右,小组汇报,其他小组评价。评价时,也要注意引导学生按刚才提出的讲故事的要求评价,并让学生具体说出他们所用的好词句好在哪里,以及想象是否合理,有什么好处。如果词句使用不当或想象不合理,可以进行补充和修改。

教师随机出示本课应积累的词语和一些表示范围的词语。

如：安居乐业、置若罔闻、委靡不振、鸟语花香、铺天盖地、手舞足蹈、无影无踪、跃跃欲试……

（7）森林王国为什么会消失得无影无踪？

通过读这个故事你懂得了什么？

（8）这节课你学会了什么？（围绕课前目标说具体些）

希望同学们都来做爱护环境的小卫士，使我们的家园变得更美丽！

评课：

　　心理学家认为，人类的创造性活动总是伴随着想象，有了创造的想象，才可能有创造的行动。小学生思维活动的特点就是富于幻想，而创造性复述即讲故事是学生对语言材料吸收、存储、内化、整理和表达的过程。

　　刘莹老师采用讲故事的方法来上这篇课文，制定的教学目标是：(1)有声有色地讲述课文内容，讲后互相评价。(2)训练学生在讲述中准确使用在本课学习中积累的好词语，正确使用表示范围的词语。(3)培养学生的想象能力。(4)教育学生加强环保意识。

　　在这节课中同学们小组合作讲故事，每小组讲一部分，可以单独讲，也可以合作讲，最后小组汇报，在小组表演的时候，其他同学认真听并给予评价，各位老师也看到了学生根据自己的理解，用自己的言语表达课文内容，这不仅有助于学生对语言材料的理解、巩固、积累，提高了学生的想象能力、思维能力及系统连贯的说话能力，还能培养学生的创新意识。比如，原文写森林王国美丽富饶，鲜花四季开放，学生在复述时把它想象成花儿围在一起跳舞。另外，新国王上台以后，外国人来了，文中没有具体描写，学生在讲的时候加进了自己的想象，把外国人和国王、大臣之间的对话表达出来了，很合情合理。再如，对妖魔鬼怪的语言、动作、神态，学生也进行了丰富的想象。

　　这节课的另一个成功之处，是把评价机制引入课堂，采用了讲评故事代讲解的方式。生生互评，使学生经历了感知——感悟——积累的过程，运用几个环节，引导学生重点结合文章的内容和语言讲评故事。学生表演得好，讲得好，说明理解了课文的内容和语言；学生评得好，也说明他们理解了课文的内容和语言。这种以评价代讲的方式省去了繁琐的讲解与分析，充分发挥了学生的主体性，使其在自读自悟的前提下，发展了语言和思维。

　　最后，反思一下，这节课也存在一定的不足之处。比如一开始老师把课文所处的环境渲染一下导入学习，这样描述故事，设一个情境放在第一课时就可以了，而放在第二课时就没必要了，老师可能想把一节课的整个过程完整地展现出来，而这样却浪费了时间，喧宾夺主。再如，在这节课中，学生在讲评故事的时候只评了优点而没评缺点，这样学生的能力就不能得到进一步的提高。

　　以上就是我的一点认识和看法，有不当之处，恳请各位老师指正。

评课分析：

　　可以看出，对刘莹老师《失踪的森林王国》这一课的评课，评课者能准确把握评课的原则，并站在新课程理念的高度看待教师的教材处理和课堂教学行为，客观公正，既充分肯定刘莹老师整个授课过程的优点，又提出自己对这节课课堂组织的认识和看法。课好在什么地方？为什么好？值不值得推广？这些问题在评课过程中都得到落实。评课者特别肯定了刘莹老师在授课过程中充分激发学生的想象力，用多种形式调动学生课堂参与的积极性，并把评价机制引入课堂的做法，生生互评，"以评价代讲的方式省去了繁琐的讲解与分析，充分发挥了学生的主体性，使其在自读自悟的前提下，发展了语言和思维"。应该说，这样的评课无论是对授课者还是对参与听课、评课的人，都有一定的启发性。

案例二

《两只小狮子》评课(过程分解式评课)(节选)

虹六小　周建欧

案例描述：

教学目标

知识与技能：能分角色有感情地朗读课文。

过程与方法：在语文实践中学习有感情朗读的方法和朗读评价的方法。

情感态度与价值观：明白不能依赖父母，应该从小学习生活的本领。

教学过程

揭题导学片段：

师：上节课我们读了《两只小狮子》这篇课文，这节课老师要带你们到森林里去看看这两只小狮子，而且我们还要演一演这个故事呢！（出示头饰）想看吗？想演吗？

生：想！

评课：

兴趣是最好的老师，低年级儿童的学习积极性在很大程度上受情绪的影响，而且他们有很强的表现欲望。当学生看到漂亮的头饰时，一个个都眼睛发亮，跃跃欲试，这激发了学生的学习兴趣，调动了学生的积极情绪，让学生能很快地进入学习状态。

阅读教学片段：

"一只小狮子整天练习滚、扑、撕、咬，非常刻苦，另一只却懒洋洋地晒太阳什么也不干。"

师：一只狮子整天练习滚、扑、撕、咬，谁来学学这几个动作？（板贴：滚、扑、撕、咬）（指名表演）

师：你觉得他表演得怎么样？

生：他这样太轻了，不能把小动物扑住，也不能把动物的皮撕开。

师：对呀，狮子可是林中的大王呢，它是一种非常凶猛的食肉动物，你能来演好这几个动作吗？（该生表演）

师：我们想把这几个动作演好都那么难，可这只小狮子是怎么样练习的？

（课件示小狮子练习的情境：小狮子在不停地练习。）

生：不停地练呀，练呀。

生：很辛苦地练。

生：从早上一直练到晚上，都没有休息。

师：从早到晚不停地练习用课文中的词语就是——（整天练习）。

师：它整天练习，可能会遇到哪些困难，吃哪些苦头呢？

生：脚会累。

生：会摔倒。

生：刚开始会练不好。

师：你觉得这是一只怎样的狮子？

生：勤劳的狮子。

师：你能把它勤劳的样子读出来吗？（生读课文）

生：勇敢的狮子。

师：你能读出它的勇敢吗？（生读课文）

师：另一只狮子在干什么呢？

生：在懒洋洋地晒太阳。

师：谁来演一演它懒洋洋的样子？（指名表演）

师：真是只懒洋洋的狮子，谁能把它懒洋洋的样子读出来？（指名读）

师：同样是狮子，表现竟这样不同，你们能读好这段话吗？（齐读）

师：看到这两只狮子，特别是这只懒狮子，你有什么问题吗？

生：它怎么这么懒呀？

生：它这么懒，以后怎么生活呀？

评课：

这部分是课文理解的重点。在这段话中"滚、扑、撕、咬"、"整天"、"非常刻苦"、"懒洋洋"等词语都较难理解，而理解这些词语对于学生感悟下文的"苦头"、"真正的狮子"以及课文的深层内涵起着重要的作用。可这些词语光靠教师的讲解是机械无趣而且很难让学生明白的。在这里，教师恰当地运用了表演的方法让学生更直观地看到"滚、扑、撕、咬"这几个动作和懒洋洋的表情及状态，形成两只狮子形象的鲜明对比。更用了表演点评的方式，引出对话让学生明白演好这几个动作都那么难而小狮子要从早到晚不停地练习，是多么地辛苦。这其实是在不知不觉中让学生理解了"整天"、"非常刻苦"的含义。

……

评课分析：

如果说案例一是在一节课上完之后做的总结性评价的话，那么案例二则是现代评课中也经常被采用的一种评课方式，那就是在记录授课过程时，随时把听课人对授课情况的感悟表达出来，评课者不是在关注整堂课如何，而是把评价的关注点放到教师的课堂教学细节处理上，这样的分解式的评课方式，对授课者和评课者来说，评价的抓取点更明确，评价的针对性更强，评价操作更客观合理。

案例三

《千古绝唱〈兰亭序〉》评课（视频切片式评课）（节选）
（摘自浦东教师研修网，有删改）

案例描述：

……

师：同学们，如今毛笔已经被钢笔、圆珠笔、水笔替代。人们写字的时候也不再讲究书法了，但是毛笔书法是一种文化，是一种艺术，它能够陶冶我们的情操，提升我们的素养，今天我们就跟随书法家沈鸿根的指点，来走进这一幅"千古绝唱《兰亭序》"。

首先我们来解一下题，千古绝唱是什么意思？

生：就是具有最高艺术造诣的。

师：对了，是具有最高的艺术造诣的作品。绝唱就是唱绝了嘛。在说《兰亭序》之前咱得首先了解一下兰亭它坐落在哪里，大家知道吗？

生：绍兴。

师：对。

它在古代的时候叫会稽，兰亭就处在会稽西南处。兰亭的南边有一片湖，湖的南边有一座天柱山，所以说此处真的是湖光山色分外美丽。东晋的时候那些南渡的士族们很多都到此置田园别墅，因为它景色非常好。而兰亭就成为他们宴集游玩的聚客之地。

《兰亭序》从何而来，让何老师告诉大家。我们一起来看一下这幅放大的《兰亭序》，东晋的永和九年岁在癸丑暮春之间，这个时候有王羲之、谢安等41位名流聚集在此修禊。修禊是怎么回事呢？它是古代的一种习俗，每年的农历三月上旬的巳日古人喜欢到水边嬉戏，用水洗涤以消除不祥。这是一个很传统的活动，那么这些名人雅士在这里流觞曲水，流觞曲水是什么意思呢？就是把酒倒在酒杯里，酒杯放在水面上随着水流动，酒杯流到谁的近前，谁就用一根长柄勺把酒杯舀起，不但饮酒还要作诗,要作四言、五言诗各一首,王羲之就把这些诗作一一记录下来,并且写了一篇序文,来记叙当时宴会的场景、情形,以及表达自己内心的一种感触,这就是《兰亭集序》。至于它的作者王羲之,我想大家也不会太陌生。哪位同学可以来为我们介绍一下?

生:据我所知王羲之是东晋时候有名的书法家、文学家。因为他是出生于东晋时候的豪门贵族,所以他自小就跟从卫夫人等一群非常著名的书法家学习书法,所以他的书法可说是博采众长。他留给后世许多书法名作,例如《丧乱帖》等。

师:还有哪位同学补充?

生:还有是王羲之他的书法对于后世的许多书法家有很大的影响,像欧阳询、虞世南等一些书法名家都临过他的字帖,他和他的儿子王献之合称为二王。

评课:(关键词)新课导入

教师的课堂导入教学设计很平实,却很有效。教师以《兰亭集序》创作背景和王羲之书法以及古人的修禊习俗切入课堂教学,为学生学习本文作好了背景铺垫,同时又强化了学生对文化的积累。另一方面,以学生所不知或知之甚少的内容作为课堂教学的切入点,能起到很好的激趣作用。这样的导入应该说是成功的,时下一些课堂导入花哨而不实用,这节课的导入是对花哨而不实用的课堂导入之风的一次很好的修正。

……

师:我觉得这篇文章我们可以分成三个部分:第一个部分它写的是良辰美景,亲朋好友会聚在这儿修禊、流觞,这里写着时间、地点、人物、环境、他们的聚会情形等等,在这里可以"仰观宇宙之大,俯察品类之盛",还可以"游目骋怀","极视听之娱",所以王羲之抒发他的情感"信可乐也",这里情感落在一个字……

师、生:"乐"上。

师:那么接下来作者的情感倒是发生了一些变化转折。我们一起来看"夫人之相与,俯仰一世",那就是说人跟人之间交往,或者是我们把胸怀、抱负在一间房间之内,面对面地交谈,或者是就看自己所爱好的事业,寄托情怀,无羁地生活,"放浪形骸之外"。尽管大家的取舍各个不同,安静、躁动也是不相同的,但是有一种情况是相同的,那就是当人们很高兴地遇到自己所喜爱的事物,认为自己暂时得到了它,就会非常快乐自足。可不知不觉之间岁月流逝了、生命流逝了,"不知老之将至",等到人们对喜爱的事物已经厌倦,感情随着环境发生变化,于是就会对先前那一切触发无限的感慨,"向之所欣,俯仰之间"已经成为了往事,已经成为了沉寂,但是,依然不能不因此发生那种感触,表达那种情怀,所以古人就说,"死生是大事啊",想到这一切岂不痛哉。由乐生痛,因为聚会美好但是短暂,分别痛苦但却长久,而且生死无常、人生苦短,情感因而发生了变化,我们现在是这样,那么古人是怎么样的呢?

作者接着往下写。他每次看到以前人抒发感慨的那些文章,就好像我们现在抒发感慨是一样的,"若合一契",像符契一样那么相同。我没有不面对着这些文章发出感慨的,可是以前我在心中不知其所以然,现在我体会了"一生死为虚诞",就是把生和死当作一件事是虚诞的,"齐彭殇为妄作",将活到八百岁非常长寿的彭祖,跟夭折的孩子等同视之,那真的是胡言乱语。我们现在看前人会发出感慨,那么我们以后的人看我们一样会发出感慨。所以王羲之在这由乐生痛转悲,所以他把这些人所写的诗歌记录下来,尽管环境不同事情有异,但是这些诗歌依然能够引发人们的感慨和感触,这就是他写这篇序文的缘由。

王羲之是一位书法大家,汉魏时候的书法是比较质朴的,到了王羲之这儿,他改变了汉魏质朴的书风,使书法变得潇洒流畅,气势磅礴,而他的文章我们也可以感受到是自然清新,真情流露的。

评课:(关键词)知识拓展

从进一步帮助学生完成对文本内容的理解角度来说,教师的这个环节安排是合理的,因为对初中学生来说,理解《兰亭集序》有一定难度,教师通过对《兰亭集序》的解读,消除了学生对本文的理解上的一些障碍。从知识拓展角度来说,也很有必要。但在实际操作过程中,教师的讲解过多,影响了对书法家沈鸿根撰写的《千古绝唱〈兰亭序〉》一文的讲解,这节课学习的对象是书法家沈鸿根撰写的《千古绝唱〈兰亭序〉》,而不是王羲之的《兰亭集序》,教师在课堂上花了这么多时间解读王羲之的《兰亭集序》,从教材处理这个角度来看,应该不够合理。这个知识拓展部分如果能放到课外,并充分调动学生收集资料、自我解读的积极性,效果可能要好一些。

……

评课分析:

这里使用的是视频切片关键词评课法,评课时根据一节课完整的课堂实录,运用事先拟定的评课关键词(把一节课分成若干个小的环节,并根据语文课堂教学的课型拟定关键词语)作为课堂评价的支点,对课堂教学的一个环节进行评价,与过程分解式评课的相同之处是它们都是抓取课堂教学的一个环节进行评价,判断这个环节的优缺点,不同之处是,关键词评课法突出对教学环节处理中的一个或部分内容作评价,评价的点更集中,针对性更强,评课的案例更具有示范性。

4. 语文学科评课关注点

新一轮语文课程的改革关注语文课程的构建、语文教材的编写、语文课堂教学的实施三个层面。就语文课堂教学的评价来看,关注点主要是教师在课堂教学实施过程中,对语文课程的理解程度、对教材的处理、对学生参与课堂学习过程的积极性的调动和语文教师对现代教育技术的使用这四个方面。

4.1 关注教师对语文课程的理解程度

新课程标准对语文课程的性质和特点作了明确的界定,教师在实施课堂教学的过程中,所有的课堂教学行为都应该符合课程标准的要求。

我们应该看到,要真正理解语文课程有一定的难度。一是语文涉及的专业知识面广,上至天文地理,下至市井风俗,涉及古今中外,语文教师的专业素养直接影响到语文教师对课程的理解。同一篇课文,不同的教师处理,会产生不同的课堂效果,有很大一部分原因是受到教师专业限制的影响。二是社会对语文的期望总是高于其他学科,并以语文教师的语言运用为规范,教师的语言运用必须成为学生的榜样。对语文教师来说,只有很好地理解语文课程的要求,规范言语实践,才能顺应社会对语文教育的高要求。

我们在评课过程中,可以从教师课堂教学理念、教师对教学内容的选择和讲解、教师对学生学习参与积极性的调动等方面,去评价教师对语文课程的理解,并尽可能从教师专业发展的高度,给这个教师对课程的理解作出明确的定位,以使教师明确自身的努力方向。

4.2 关注教师对语文教材的处理

就目前全国实施的几套新教材来看,教材的编写更趋向于用主题单元的形式来建构教材内容,这样的编写体例,突出了语文课程的人文内涵,增强了范文的思想、情感影响效果,不足的一面,作为一门科学的学科——语文,要通过言语实践来培养学生的语言运用能力,而这一点被忽视了。教材的不足,当然不能成为我们组织课堂教学有缺失的借口,教师在处理教材时,在解读范文思想情感的同时，必须抓住范文的语言运用，去强化学生的言语实践。

我们应该看到，长期以来，我们把语文教材内容视为语文课程内容，甚至把教材选文内容等同于语文课程内容，这样，教师在处理教学内容的时候，其出发点往往仅仅落在一篇范文的处理上，只关注一篇范文教学内容的选择和教学方法的运用，这样教师的课堂教学行为，和语文课程对教师的课堂教学行为的要求就会产生一定的距离。我们今天在评课过程中，不仅要看到教师对一篇范文的教学内容的处理和选择，还要关注教师是在什么样的课程理念下，设计了这样的处理方式和教学组织方式。这样，我们的课堂教学评价才能更好地发挥它的指导功能和辐射功能。

4.3 关注教师对学生参与课堂学习过程的积极性的调动

时下，我们在评价教师授课过程的时候，往往喜欢用贴标签的形式关注教师的课堂教学行为是否做到了"以学生为本"。教师的课堂教学行为不能简单以标签式的"以学生为本"来衡量。我们可以观察教师在组织课堂教学过程中，把学生的学习放到了怎样一个位置上，看教师是否真正调动了学生学的积极性，是调动了一部分，是调动了大部分，还是调动了全部。我们要能观察到学生在教师的组织、引导下学到了什么，或者得到了怎样的锻炼；我们要观察到学生在学习过程中的情感投入状况，看学生的情感是否和范文作家的情感保持更好的联系；我们应该观察到学生在范文学习过程中的想象能力和创造能力能否在教师的启发下，或在对作品的感悟过程中，得到更多的体现；我们要能观察到学生言语实践的程度和对语文学习技能的锻炼情况。

4.4 关注教师对现代教育技术的使用

中小学义务教育阶段语文学科近几十年来经历了不少改革，新一轮的语文学科的改革，突出了教学目标、教学内容和教学方法的现代化。这样，培养学生有效地运用语文作为表情达意、沟通信息的工具，大力训练他们的听说读写能力，便自然成为语文教学的首要任务。我们在语文课堂教学过程中，要想培养学生准确地表情达意的能力，不能单靠教师在课堂上的讲解，我们必须给予学生大量接触言语实践的机会，而要提供这些机会，则依赖于现代化的教学手段。

我们必须清醒认识到现代化教学手段能有效调动学生的各种感觉器官，有利于学生的智力开发；能提供给学生更多的主动参与学习的机会，进一步唤醒学生学习的主动性和积极性；能扩大语文的学习环境，让学生的学习视野不仅仅局限在课堂；能很好地保证教师的教学素质平衡，而不会产生课堂教学的失衡。这些优势，最终能很好地保证教师的课堂教学质量。

当然，在课堂评价时，我们还应该看到语文学习的过程性比其他学科表现得更为明显，我们不能因为在一节课中，教师没有使用现代教育技术工具而否定教师的整个课堂教学行为。

数 学 学 科

1. 数学学科特点

作为基础教育阶段的一门主要课程，数学具有怎样的特点？对这一问题的思考有助于我们更好地认识数学的本质。

长期以来比较流行的观点来源于苏联学者亚历山大洛夫，他在《数学——它的内容、方法和意义》一书中指出了数学的三大特点：抽象性、严谨性和广泛应用性。这三大特点的提出为我们全面认识数学提供了一个有效途径。这里我们结合中小学数学课程中的相关内容对这些特点作一分析。另外,随着数学学科的不断发展壮大,人们对数学的关注日益增多,认识日益深入,数学的人文价值也得到了越来越多的认可,这里也一并作一简单介绍。

1.1 数学的抽象性

数学抽象性的一个最显著体现就是其研究对象的抽象性。数学中最基本的概念来源于现实世界,比如自然数、基本几何图形等。但是,随着生产、生活及数学学科本身的发展,在这些基本概念的基础上又衍生出了更多新的概念,比如在自然数的基础上产生了整数、有理数、实数、复数等,在三维欧氏空间的基础上产生了多维空间、赋范空间、拓扑空间等衍生概念。随着抽象程度的不断加深,这些新的概念离最基础的现实事物越来越远,从而使得数学研究不再关注这些现实事物的具体属性,而只关注最一般的数与形的规律。这种规律的高度一般性使得数学研究的对象具有高度的抽象性。

数学抽象性的另一显著体现是其研究方法的抽象性。在物理、化学、生物等自然科学研究中,实验是最基本的研究方法。数学学科也离不开实验,只不过数学的实验是内在的思维实验,更多的是形式化的演绎思维。数学中用精练的符号和抽象的表达式表示研究的对象,因此数学研究在很大程度上表现为抽象的、形式化的推理。

数学的抽象性这一特征使得数学思维表现出高度的抽象性,这对于数学教育有非常重要的意义,它决定了数学教育活动基本上是一种思维活动。在数学教育中,最重要的是使学生提高思维能力,思维训练应是数学教育的一项重要内容,这一点已日益为人们所认识[①]。

1.2 数学的严谨性

数学的严谨性表现为其推理的严格性与结论的精确性。

数学是以逻辑的严密而著称的科学,每个命题,只有在被证明了之后才能成立。提到数学推理的逻辑严格性,不得不说的是《几何原本》,它是数学逻辑推理的范本。徐光启对《几何原本》极其推崇,指出"此书有四不必:不必疑、不必揣、不必试、不必改;有四不可得:欲脱之不可得,欲驳之不可得,欲减之不可得,欲前后更置之不可得"。[②] 所谓的"欲驳之不可得"、"欲前后更置之不可得",即说明了它严密的逻辑性。

当然,除却严格的逻辑推理,想象、直觉、类比等非逻辑思维方法在数学中也占有一席之地,这些非逻辑思维的方法能够帮助我们发现更多的数学结论。例如,复数在复平面中的表示可以在与实数与坐标平面的类比中得到,高维空间中的度量关系可以从低维空间中类比出。但是,发现结论的方法固然有很多种,结论的正确与否却是确定的,这就是数学结论的精确性。

数学推理过程及结果的体系严谨性对我们的数学教学同样具有非常重要的意义。数学教育除了需要培养学生的逻辑思维,更重要的是还需充分培养和发挥学生的创造性思维能力。

1.3 数学的应用性

作为一门基础学科,数学已渗透到各个科学分支中去,成为最基本的工具。数学的广泛应用性,更是尽人皆知的。我们的日常生活离不开数学,高科技的发展更是需要数学。数学可以解决许

---

① 李莉:《也谈数学的特点》,《数学教育学报》1994年5月第3卷第1期,第24—27页。
② 徐光启:《〈几何原本〉杂议》,《徐光启集》,上海古籍出版社1984年第一版。

多实际问题,包括那些乍一看好像跟数学关系不大的问题。现实生活中我们遇到的问题绝不是课本上的纯演算推理的数学题,也不同于那些"应用题"。所以如何从实际问题中提出数学问题,如何选择恰当的数学方法去解决就成了关键。

数学的应用性表明"问题提出"和"问题解决"将是数学教学的一个十分重要的课题。通过数学教学,使学生能够提出问题,并学会用数学语言来表述问题,用抽象的模式和计算工具来解决问题,这应是数学教育的基本目标之一,也更符合现代数学教育的发展方向。

1.4 数学的人文性

数学的很多研究成果是为满足现实世界的需要,例如,面积计算是土地测量的需要,三角知识是航海的需要,电讯、军事和交通运输的需要推动了运筹学方法的发展,保险事业的需要促成了概率论的诞生①。但是,数学的许多成果也是人类精神需要的产物,蕴含着人们对美的追求。如,罗巴切夫斯基创立的非欧几何就不是为了用来解决现实问题的。

美国数学家 R·柯郎说:"数学作为人类思想的表述,反映了积极的愿望、沉思的推理,以及对完美的向往。"②数学的内在美是一种质朴的理性美,这在很大程度上激发着人们对数学的兴趣。

数学的这一特性促使我们思考,数学教育应该如何在教给学生数学概念、公式和定理的过程中,培养学生的审美情趣和能力,使他们感受到数学的人文价值,使数学学习真正对学生产生吸引力。

如果抽象性和严谨性是数学的骨骼,那么应用性就是数学的血肉,人文性就是数学的灵魂,完整的数学缺一不可。深入认识数学的抽象性、严谨性、应用性和人文性等特点,可以帮助我们在数学教育中有的放矢,根据学生的认知和心理特点,有针对性地培养学生的数学素养。

2. 数学学科新课改理念

20世纪80年代以来,世界上很多国家和地区都相继进行了数学课程与教学改革。尽管各国的课程改革各有特色,但都把数学素养作为人的发展的一部分,强调让所有学生都学习最有价值的数学。数学教育不只是教授数学自身的内容和方法,它也是提高学生整体素质的一个重要手段。

2001年7月教育部公布了《全日制义务教育阶段数学课程标准(实验稿)》,这是数学教育改革的一个重要标志。随着这一课程标准的推出,不少省市也根据本地区的实际情况制定或编写了地方课程标准和教材。虽然不同版本的教材有其自身的特点,但总体上都反映了以下这些基本理念。

2.1 课程设置力图体现时代和社会的需求

随着社会的进步和数学自身的发展,数学的研究领域、研究方式、应用范围等得到了空前的拓展③。数学课程改革注重体现当代社会的进步和科技的发展,反映数学学科的最新发展趋势,增强课程内容与社会生活的联系。例如,为了紧跟人们社会生活的需要,新的课程中引进了大量现代数学的内容(如线性规划、优化设计、运筹控制、概率与风险)。这些内容更加贴近生活实际,能够让学生深入感受数学与现实世界的联系,领悟数学的应用价值,加深对数学的理解,增强学习数学的兴趣。

---

① 谭光全:《关于数学特点的反思》,《川北教育学院学报(自然科学版)》1995年第2期,第8—13页。
② J. N. kapur编,王庆人译:《数学家谈数学的本质》,北京大学出版社1989年4月。
③ 上海市教育委员会:《上海市中小学数学课程标准(试行稿)》,上海教育出版社2004年10月,第25页。

2.2 关注学生的终身学习和数学素养的提高

社会的发展日新月异,终身学习的能力是立足现代社会的需要。新课程精选终身学习必备的基础内容,增强课程与社会进步、科技发展、学生经验的联系,拓展学生视野,引导学生创新与实践,提倡通过各种途径让学生学会学习,学会思考,在掌握数学知识的同时,学会获取知识的方法,感受数学的思维,打下自主学习、终身学习的基础。

数学素养的提高是数学学习的长远目标。新课程不仅关注基础知识和基本技能,更关注学生整体数学能力的发展,有意识地促进学生对数学的价值和内涵的理解。

2.3 课程设置满足不同学生的需要,具有选择和发展的空间

不同的学生对于数学有不同的需求,新课程改革提倡让每个学生都能够有所发展。为适应社会对多样化人才的需求以及满足不同学生的发展需要,新的数学课程分层次、分类别设计了多样的可供具有不同兴趣和学习潜力的学生选择的内容。同时,学校获得更多的课程自主权,可以因地制宜设计校本课程,为每个学生的发展奠定不同的基础。

2.4 注重学生的学习过程和特点,引导探索和创新

新的课程改革要求我们不但要让学生"学会",更要让他们"会学",这需要充分关注学生的内在学习过程。

过去我们的课程和教学偏重知识的传递,对知识的发生发展过程重视不够,同时学生的学习方法也相对单一,缺乏自主探索和合作创造的机会。针对这一不足,新课程提倡充分关注学生的学习过程,通过合理组织教学内容展现知识的发生过程,依据认知发展规律组织数学活动,为学生的探索和创造创设适当的学习情境。为学生提供丰富的学习资源和充分的探索研究时间,使学生在知识与技能、过程与方法、情感态度与价值观三个方面都得到全面提升。

2.5 课程评价更加多元化,关注发展过程

现代教学论强调有意义的学习方式,使学生在亲身体验和探索中认识数学。小组学习、合作交流等学习方式的运用必然引起评价方式的改变。新课程改革提倡多元化的评价——评价主体和评价方式的多元。

多元智能理论提出人具有多种智能,其中各有优劣,在评价过程中应该更多地关注学生的整个学习和发展过程。新课程鼓励从多个角度对学生进行全方位的评价,弱化了评价的筛选功能,更多关注评价对数学学习的促进作用。

2.6 加强现代信息技术与课程的整合

现代信息技术的发展对数学教育的内容和方式产生了重大影响,信息技术与数学教与学的有机整合是新课程改革的方向。

数学课程必须大力加强对现代信息技术的应用,发挥技术对学生学习的推动作用,为资源整合和学习交流提供平台。同时,在信息技术的背景下,数学课程需要更多关注数学内容和信息技术的

联系,用信息技术促进学生的数学学习和研究。

3. 数学学科评课内容的案例分析

评华英姿执教的《确定位置》一课

背景介绍:2006年10月,第五届全国初中青年数学教师优秀课观摩与评比活动在西安市举行,比赛多数以说课的形式进行。上海市有四位教师获得了参加全国比赛的资格,其中,南汇尚德实验学校的华英姿老师作为为数不多的上课教师,于10月24日下午在西安市省军区招待所大礼堂借班(西安高新一中八年级学生)执教《确定位置》一课,获得代表一致好评,并获得第五届全国初中青年数学教师优秀课观摩与评比一等奖。

以下是南汇区的初中数学教研员黄家礼老师在第五届全国初中青年数学教师优秀课观摩与评比活动大会上的发言。

各位专家,各位代表:

下面我对华英姿老师执教的《确定位置》一课,作一简要评价,就教于各位行家。

华英姿老师是上海华东师大毕业走上讲台只有三年的青年教师。在上海,她使用的是上海版教材,而今天她执教的是北师大版教材,而且这本教材,两周前才拿到,除了课本,没有其他资料,再加上借班上课,这对一位年轻老师,是很大的挑战,但是,华老师凭借她的功底、素质和智慧,使这节课上得很成功,有许多亮点。我认为主要表现在如下方面:

(1) 正确地确立了教学目标和教学重难点

教学目标是教学活动的出发点和归宿,对一节课起着定向、定位的作用。一节课的教学目标应是学科目标、章节目标的具体化,与章节、学科目标构成系列。

这一章的标题是"位置的确定",这一节主要讲生活中四种确定位置的方法,下一节是讲平面直角坐标系,这一节内容是后续内容的预备知识,为后面的学习、抽象、数学化提供模型。而这些问题又都是学生所见、所闻,也有所知,所以在教学目标中只提出"了解"和"会"的要求,通过合作、交流,让学生解决身边的问题,感受生活与数学的联系,自然更能激发他们对数学的兴趣!

华老师对教学目标的表述全面、明确、具体、简洁,包含三个维度,且用词准确,具有针对性、层次性和可操作性,体现新课改精神,对教学具有较好的指导作用。

教学重点一般是指在知识结构中起基础和纽带作用的内容。华老师确定的教学重点是:平面内确定物体位置的两种基本方法。借助"直角坐标"和"极坐标"是今后研究数学问题的两种基本方法,所以通过有序数字确定位置和通过方向与距离来确定位置是本节课的一个重点。

难点是指学生接受起来比较困难的知识点。应用知识与了解知识相比处于更高的认知水平,因此更难。所以我认为,华老师对教材内容的把握是准确的。

(2) 引入自然,直奔主题

由于师生不熟悉,教师自我介绍,也望学生作些介绍。谁作介绍? 先要确定学生,确定学生,就是确定位置! 这样自然流畅朴实,不觉中已进入主题。没有矫揉造作、生搬硬套,也没有为情境而刻意创设情境。这不正是我们所要追求的吗?

(3) 结构合理,内容处理得当

结构确定功能。一个好的课堂结构应该是知识结构和学生的认知结构能够有机融合的。请看下面的片段:

"先请第5排、第3列的同学,介绍一下自己……

再请第3排、第5列的同学介绍一下自己……

接下来请第4排的同学介绍一下自己……"

这看起来像一个仪式,但每一个程序都蕴含着一个数学问题,而且是逐步递进的,使教学内容通过一个自然的程序呈现出来。

再比如例1的处理,华老师对三个小问题作了如下调整:

① 北偏东40°的方向上有哪些目标?

② 距离我方潜艇20海里的敌舰有哪几艘?

③ 要确定敌方战舰C的位置,需要几个数据?

这三个问题,指向明确,层次清楚。

有专家说:"教什么比怎么教更重要。"这是说教学内容比教学方法更重要。其实,教学方法也是非常重要的。同样的教材,不同的教师在课堂上呈现教学内容的方式是有差别的。它表明教师对教材、对教学的不同理解。华老师这样处理教材,这样进行教学,我认为是合理的、恰当的,是经过精心考虑设计的。

再比如,将"多层的影剧院内位置的确定"和"敌舰被击中下沉后位置的确定"作为拓展内容放在最后,使平面问题与空间问题层次分明,更有利于突出重点,符合数学知识的内在结构和学生的认知规律,最后给学生一个更广阔的思维空间,同时使这节课前后呼应,结构更加紧凑。

(4)活动设计,有序有效

新课程改革倡导自主、探究、合作,要求完善学生的学习方式。

学习永远是学生自己的自主建构过程。如何让学生"动"起来,参与适合他们认知结构的活动?这是一线教师颇感棘手的问题。但这节课,华老师作了非常有效的尝试。

她通过"议一议"、"想一想"、"练一练"、"找一找"、"说一说",让学生的活动紧紧围绕四种方法进行,通过问题驱动,使活动始终有思维的参与,有序有效,落到实处,不流于形式。

(5)练习设计,有梯度有层次

四种方法,每种方法都配备了一组练习。从学生身边的事物、熟悉的事物出发,再变换角度,从不同的侧面、不同的层次进行拓展、引申,但都在学生的最近发展区内,使学生既有似曾相识的感觉,又还有没曾想清楚、理清楚的地方。

奥苏贝尔说:"学习过程是在原有认知结构的基础上,形成新的认知结构的过程。"他主张找一个"先行组织者",架设"认知桥梁",为新知识向学生原有认知结构的"输入"找到一个"固着点",使同化新知得以顺利进行。这节课的练习,就有这样一个"桥梁"的作用。学生觉得有味道,自然乐意完成。

总之,这节课的练习设计,抓住主要矛盾,突出重点,充分发挥了练习在"加强基础,激发情感,启迪智慧,鼓励创新"等方面的作用。

(6)轻松快乐,课堂气氛和谐融洽

和谐融洽的教学环境应该成为课堂教学评价的一项指标。因为快乐学习是学生健康成长的一项指标。华老师的教学就给了我们这样一个启示。

根据大会安排,昨天下午华老师与学生只进行了五六分钟的接触,应该说学生与老师是陌生的,上海和西安远隔千里。地域之间的差异、文化背景之间的差异并没有造成师生之间的隔阂,并没有影响师生之间的交流。学习是在一种轻松、快乐的气氛中完成的。这不就是我们所倡导的课堂环境吗?这不就是我们所倡导的课堂文化吗?

这节课表现出华老师过硬的基本功和优秀的个人素养。华老师语言简明、生动、严谨、规范、准确;交流不流于形式,能准确处理放与收的关系,能机智地处理有序性和生成性;讲评能抓住本质、抓住重点,讲联系、讲方法、讲结构。使引导者、参与者、合作者的角色地位充分体现。

当然,这节课也存在一些不足,也给我们一些思考。

比如,关于教学:师生的交流形式还可以更丰富吗?课件若通过动画来演示,是否会更直观,更有助于学生学习?

以上只是个人的一孔之见,不妥之处,请批评指正。谢谢!

4. 数学学科评课关注点[①]

新课程标准下的评课,要求教师既能发现问题,分析课堂教学行为背后隐藏的观念,又能以现代教育科学理论为指导,以新课程标准为依据,对数学课堂教学的课前目标设计、课堂实施过程、教学效果跟踪反馈等内容进行评价。

4.1 教学设计的目标性评价

教学目标的确定,对正确运用教学方法、合理设计教学过程、充分挖掘教材内涵、最终实现课程总目标具有指导性的作用。

4.1.1 评课程理念、课程目标的准确性

对课程理念、课程目标的把握是课堂教学的宏观性设计。教师应准确地把握教材编者的意图,充分挖掘教材的内涵,并在教学过程中加以落实。具体的评点有:(1)关于本节课的内容,教师是否正确地把握了课程的基本理念和课程目标。(2)回眸本节课的历程,教学是否体现了课程的基本理念,是否基本实现了课程目标。(3)关注本节课的资源,课程的地位和作用是否得到了充分的展现。

4.1.2 评教学任务、教学目标的适切性

教学任务、教学目标的确定是课堂教学的微观性设计。在实施新课程的背景下,教学目标应该包含"知识与技能、过程与方法、情感态度与价值观"的三维结构。具体的评点有:(1)知识与技能的目标是否清晰,所用的行为动词是否准确无误。(2)过程与方法的目标是否适切,所用的行为动词是否针对学生实际。(3)情感态度与价值观的目标是否具体,所用的行为动词是否恰到好处。(4)目标设计是否具有整体性,知识与技能、过程与方法、情感态度与价值观三方面的整合是否自然协调。

4.2 教学过程的动态性评价

教学过程的设计,对充分体现课程改革的基本理念,圆满完成课题目标,提高学生必要的数学素质具有决定性的作用。教师有无科学地设计教学程序、优化课堂教学结构,是评课时不应忽视的问题。

4.2.1 评基础知识、基本技能的前瞻性

我国的数学教学具有重视基础知识教学、基本技能训练和能力培养的传统。在实施新课程教学时,这种传统无疑应该发扬,随着时代和数学学科的发展,数学的基础知识、基本技能也在发生变化,这就要求广大教师,在教学中要与时俱进地审视基础知识和基本技能。具体的评点有:(1)是否强调对基本概念、基本思想的理解,注重基本概念的来龙去脉,注重基本思想的潜移默化。(2)是否重视基本技能的训练,本节课的训练方法是否正确,效果是否明显。(3)是否用发展的观点审视"双

[①] 节选自蒋亮老师的文章《论新课程标准下数学评课的三大切口》,有删改。

基",淡化繁琐的计算、人为技巧化的难题和过分强调细枝末节的内容。

4.2.2 评课堂设计、思维活动的过程性

数学是思维活动的过程,新课程把关注过程、提高学生思维能力作为数学教育的基本目标之一。关注过程不但有利于学生认识结构的发展,而且有利于理性思维的形成。因此,在教学过程中,应充分地揭示思维过程,如概念的形成过程、结果的推导过程、解题的思考过程、问题的发现过程、规律的探求过程等等,而不应该把现成的结果告诉学生。具体的评点有:(1)是否坚持返璞归真,努力揭示数学概念、法则、结论的发展过程和本质真谛。使学生理解数学知识的形成过程,体会蕴含的数学思想方法,追寻数学发展的历史足迹,把数学的学术形态转化为学生容易接受的教育形态。(2)是否正确地运用直观感知、观察发现、归纳类比、空间想象、抽象概括、符号表示、运算求解、数据处理、演绎证明、反思与构建等思维过程,以提高学生的思维能力。(3)是否注重发展学生的应用意识,通过实例,引导学生应用数学知识解决实际问题,体会数学的应用价值。

4.2.3 评学习方式、学习方法的开放性

学生的数学学习活动不应只局限于接受、记忆、模仿和练习。新课程倡导积极主动、勇于探索的学习方式,要求教师努力创造学生自主探索、动手实践、合作交流、阅读自学等多样的学习方式,发挥学生学习的主动性,激发学生学习兴趣,使学生养成独立思考、积极探索的习惯,发展他们的创新意识。具体的评点有:(1)是否把教学内容重新打造,精心设计成数学探究、数学建模等学习活动,使学生的学习活动成为在教师引导下的"再创造"过程。(2)是否通过不同形式的自主学习、探究活动,培养学生的创新意识。(3)是否给学生的主动学习创设情境。如有没有设计具有一定思考性、探索性、思想性、趣味性、开放性的问题;有没有提供贴近学生生活及与前沿知识相关的学习材料;有没有树立"既不坚持教师中心主义,又不让学生的主动性处于放任自流状态"的正确观点;有没有及时把握新资源进而形成深入学习的新方案。

4.2.4 评双边活动、主体设置的和谐性

中学数学教学中并存着三种逻辑过程,即教师的教学过程、知识的发生过程以及学生的思维过程,其中学生的思维过程是教学三过程中最隐蔽、最重要的过程。新课程特别强调学生的主体参与、师生互动。因此,我们在教学中,应鼓励学生积极参与教学活动,包括思维的参与和行为的参与,既要有教师的讲授和指导,更要有学生的自主探索和合作交流。具体的评点有:(1)是否深入了解学生,掌握学生认知的规律,将教材的内在规律和学生的认知规律和谐地结合起来。(2)是否针对教学内容和教学要求选择合理的活动方式。如有没有体现集体教学、小组教学和个体教学等多种教学形式的有机组合;有没有个人阅读、小组议论、全班交流等多种学习方式的兼容并存;有没有考虑收集资料、实践调查、合作探索等多种学习过程的多元开发。(3)学生互动时,学生的自我监控和反思能力如何,主动性、探索性如何,有没有发表不同的意见,讨论是否热烈,争论的问题是否具有一定的深度。(4)师生互动时,教师的组织能力和点拨水平如何,是否给双边活动提供了足够的空间和时间,教师的回应是否及时,对讨论时产生的新资源是否具有敏感性。

4.3 教学效果的有效性评价

教学效果的评价标准是衡量课堂教学是否成功的标尺,也是今后课堂教学发展的指南针。新课程强调评价应有利于营造良好的育人环境,有利于数学教与学活动过程的调控,有利于学生和教师的共同成长。因此,我们在评课时,务必注意发挥评价的甄别和选拔功能,要突出评价的激励与

发展功能。

4.3.1 评知识理解的深度、技能掌握的熟练度

尽管新课程实施的是促进学生发展的多元化评价,但是学生对基础知识和基本技能的理解与掌握无疑是数学教学的最基本要求,也是评价教学效果的最基本内容。评价时要注重学生对数学本质的理解和思想方法的把握程度。具体的评点有:(1)学生是否形成了对所教知识的真正理解,能否独立举出一定数量的用于说明问题的正例和反例,是否建立了不同知识之间的联系,正确把握了数学知识的结构、体系。(2)学生是否掌握了一定的数学技能,能否在理解的基础上,针对问题的特点进行合理的选择,进而熟练运用。(3)能否恰当地运用数学语言进行表达和交流,能否把相关学科、生活实际问题抽象成数学问题,并运用所学知识、技能去分析并解决它们。

4.3.2 评对个性差异、智力潜能的关注度

数学新课程把"开发学生潜能,塑造健全人格"作为最重要的任务。因此,教师在课堂教学过程中,是否体现了全面发展的教育观、面向全体的学生观、面向未来的人才观和学生主体的发展观等素质教育观,自然成为评价教学效果的热点。具体的评点有:(1)在教学过程中,是否建立了多元化评价,是否关注学生的个性与潜能的发展。(2)有没有安排开放性、实践性作业,让每个学生都享受成功的喜悦。(3)是否体现了数学的人文价值,使学生树立学好数学的信心,提高学习数学的兴趣,是否充分发挥了数学的育人功能。

英 语 学 科

英语是现代知识信息的重要载体,是通向世界的桥梁。英语是我国中小学阶段一门主要的外语,也是基础教育阶段的一门主要课程。知识性和人文性的统一,工具性和实践性的统一,是英语课程的本质特征。

英语是一门比较特殊的学科,与同属于语言教育的语文学科相比,它们有共同点,也有不同之处。总的来说,英语学科的特点有以下几个方面。

1. 英语学科特点

1.1 语言的工具性

英语是世界通用的一种重要的语言交际工具。作为跨文化语言教学的英语课,只有把英语当作交际工具来教,才能取得良好的效果;英语语言教学的最终目的就是培养学生用英语进行初步交际的能力。

在英语课堂教学中应突出语言的实践性。相似原理认为:技能、习惯的形成有赖于大量的练习和实践。英语课程标准强调"英语课程的学习,是学生通过学习和实践活动,逐步掌握英语知识和技能,提高语言实际运用能力的过程"。强调学生的体验和实践,强调任务型学习的教学模式(Task-based Language Learning)、语言的输入量(Language input)和真实语言(Authentic Language)实践的机会。Task-based Language Learning是英语课程标准倡导的教学模式。这种模式涉及到语言的实际运用的活动途径,其目的是让学生在教师的指导下,通过感知、体验、实践、参与、合作等方式,完成任务,感受成功。教师应该根据课程的总体目标,结合教学内容,创造性地设计贴近学生生

活与学习实际的教学活动,吸引和组织他们积极参与;学生通过思考、调查、讨论、交流,学习和使用英语,从而完成学习任务。

英语课是一门实践性很强的工具课,重在实践。随着网络技术的发展,英语作为国际通用语言已成为21世纪公民生存、求知、发展的必备知识之一。

1.2 语言的知识性

九年义务教育阶段的英语学习,主要有两个目的:

(1)掌握一定的英语基础知识,它包括:掌握必要的语音知识,掌握一定数量的词汇,了解其词性并掌握词性的特点,了解并能够熟练运用语法规则,熟悉英语的基本句型,掌握一定的交际语和惯用语,等等。

(2)具备一定的英语语言技能。学英语的根本目的是为了能够使用,要能够使用英语就必须具备口语表达能力、听力理解能力、阅读理解能力、写作能力以及用英语进行交际的能力。这些能力是学习英语的目的,同时也是学习英语的手段,要通过对听说读写的训练,提高学生听说读写的水平。

英语是一种语言,是一种交流的工具,它更是一种文化,一种与各国的历史传统和现实场景相联系的文化,语言传承着民族文化和民族精神。语言学习,只有与文化学习结合在一起,才有生命力,才有意义。学习英语的目的,不仅仅是懂得英语语言本身,还要开启心智,接受新的观念,接受英语文化和世界各国文化的熏陶,培养、锻炼和世界各国朋友交往沟通的能力。这是一个"往血液里注射英文细胞的过程"。

英语是一种语言,也是思维的工具,只有了解语言特点,明白英语教学是知识性与人文性的统一、工具性与实践性的结合,才会使教师对于教学方法的选择等问题有更多的理性认识,在教学实践中努力激发学生的学习兴趣,帮助学生通过英语学习和语言实践活动,逐步掌握英语知识和技能,培养和提高语言综合运用能力,并拓展国际文化视野,汲取知识,发展个性和提高人文素养,为他们的终身学习和终身发展打下良好的基础。

2. 英语学科新课改理念

国家基础教育阶段英语课程的总体目标是培养学生的综合语言运用能力,强调了英语教育教学应该是对人的品格、思维、语言能力、健全人格、文化知识和意识等的全面教育,把情感、策略、文化作为课程内容与目标,把培养学生的学习兴趣、自信心放在英语教学的首要地位,把学生的学习策略、良好的学习习惯作为学习目的的重要组成部分,注重开发学生的智力和培养学生的智能,强调了解文化差异,强调培养学生的爱国主义、集体主义和社会主义精神,增强全球意识,为学生终身学习打下良好的基础。从根本上确立学生的主体地位,要求学生学会学习,学会自我监控,学会自我评价,从而形成自主发展的学习习惯和学习策略。

综合语言运用能力的形成建立在学生语言技能、语言知识、情感态度、学习策略和文化意识等素养整体发展的基础上。语言知识和语言技能是综合语言运用能力的基础,文化意识是得体运用语言的保证,情感态度是影响学生学习和发展的重要因素,学习策略是提高学习效率、发展自主学习能力的保证。这五个方面共同促进综合语言运用能力的形成,这五个方面的具体内容是:

(1)语言技能——听、说、读、写;

(2)语言知识——语音、词汇、语法、功能、话题;

(3) 情感态度——动机兴趣、自信意志、合作精神、祖国意识、国际视野；
(4) 学习策略——认知策略、调控策略、交际策略、资源策略；
(5) 文化意识——文化知识、文化理解、跨文化交际意识和能力；

这对学生的综合语言素质提出了十分明确的发展目标，使学生语言知识的学习和能力的培养相统一，语言的教育与思想情感的教育相统一，语言的开发与语言的技能的培养相统一。

以《上海市中小学英语课程标准》为例，它提出要为学生提供丰富的语言交际的机会，促进学生思维的发展；英语教学要以学生为主体；所选用的教学素材要贴近学生和社会生活的实际；要为学生营造良好的英语学习环境，在掌握语言知识和技能的基础上提高学生的语言综合运用能力；对于学生在听、说、读、写方面的表现实施多元化的评价，激发学生学习的积极性。

《上海市中小学英语课程标准》的课程理念为：

(1) 为提高学生多元文化背景下的交际能力奠定良好基础

提高学生多元文化背景下的社会交际能力是时代的要求，英语课程是为此而提供的一种重要学习资源。英语课程改革必须关注并培养学生的英语能力，以使他们适应现代社会的要求，为学生提供丰富的语言交际的机会，帮助他们掌握恰当的交际方式，促进思维发展，为他们进一步认识世界、适应社会打下良好的基础。

(2) 为不同学生的发展需要设计有选择性的英语课程

必须正视学生外语学习基础和发展要求的差异，遵循外语学习的客观规律。英语教学要强调以学生为主体，既要有面向全体学生的基础目标，又要尊重个体差异，使课程具有一定的选择性，以使不同学生的英语能力都有相应的提高。

(3) 为学生提供具有生活性、时代性和文化性的课程内容

英语学习是知识积累和能力实践的过程，需要有合适的课程内容。英语课程的学习素材，要贴近学生和社会生活的实际，要富有时代气息。要以提高学生的人格修养、审美情趣和文化品位为目标来进行课程编制，以促进学生的自我发展和终身学习。

(4) 为学生营造良好的英语课程实施环境

外语学习缺少良好的环境氛围是其不同于母语学习的一个重要特点，所以必须优化英语课程的实施过程，重视营造良好的英语学习环境。英语教学要以语言知识和技能为基础，提高学生语言综合运用能力，强化与信息技术的整合，处理好"学得"与"习得"的关系，以习促学，拓展学习时空，提高英语教学效率。

(5) 为促进学生学好英语建立多元而有层次的激励性评价制度

改革英语课程评价制度是促进英语教学改革的必要措施，也是尊重英语学习规律的重要体现。英语课程评价必须注重英语听、说、读、写等学习目标的全面达成，实现评价的多元化，同时，还要从学生对英语学习有不同发展要求的实际出发，实施有层次性的评价制度，激发每一位学生的学习积极性。

(6) 为教师适应英语课程改革创设新的专业发展机制

教师的专业发展是英语课程改革成功的关键，要提高教师的课程意识，引导教师遵循语言教学的规律，增强校本教研和校本培训的机能，建立促进教师专业发展的课程评价制度等，保障英语课程改革顺利推进。

总之，新课程所倡导的新理念都是以学生为主体来构思课程的，关注学生的兴趣与体验，尽可能地使英语学科服务于学生的发展，强调过程性、体验性，引导学生主动参与、独立思考、合作探究，从而实现了学生学习方式的变革。所以，英语课程标准是教师备课、说课的有力依据。教师应当很好地研究课程标准，研究所教学段的学生的学习要求以及了解学生以前所掌握的知识的情况，以便使英语教学更具有理性的思考。

3. 英语学科评课内容的案例分析

了解了英语学科的基本特点和课程标准的新课改理念之后,我们再来看看英语学科的评课内容的案例分析。教师对课程标准把握得越清晰,就越能清楚地针对自己的教学过程实施课堂教学设计,教学行为的自我意识也越强,这是一个教师自我成长的重要标志。下面请看华东师范大学附属东昌中学南校徐鹰老师的一个教学案例。

教学案例:Teaching Plan and Analysis
For Chapter 2 A day in the life..., Oxford English 8A

教学片段:

本课一开始,教师用一首学生们熟悉的儿歌引入主题,同时又复习了一般现在时第三人称单数的用法。而后又通过复习生词切入课文的教学。教师把 Wendy 的日常生活划分为 before school, at school, 和 after school 三个时间段。

在教学中,请学生听 Wendy 的简要介绍。在处理三个时间段时分别设置不同的任务来完成教学目标。

Before school:教师先让学生猜测 Wendy 可能做些什么,然后让学生略读有关内容找出 Wendy 所做的不同于一般学生做的事情,从而为后面让学生与 Wendy 作比较,说出自己日常生活中特殊的事情作了铺垫。

At school:由于这部分内容简单而且少,因此让学生们跟读录音做 T/F 的练习,在练习中教师强调了频度副词的意义,既锻炼了学生朗读的能力又完成了预先设定的教学目标。

After school:教师大胆地尝试了合作学习的方式,让学生按时间顺序为 Wendy 的课后活动排序,增强了小组成员的团队合作意识,充分发挥了每一个学生的智慧,从而很好地呈现了这部分课文内容。为了让那些基础较差的学生也能很好地掌握这部分内容,教师让学生填表并复述 Wendy 的 after school activities。

最后,根据时间线索让学生分组讨论并用自己的话复述 Wendy 的日常生活。教师则以与课文的内容有关的英语谚语作为小组评价。而后让学生谈谈自己对 Wendy 或 Wendy 的日常生活的看法,巧妙地引到让学生谈论自己的日常生活。并让学生说说如何使自己的生活更加充实和丰富多彩。

评课:

浦东教育发展研究院课程教研部英语教研员章于力老师为这节上海市远程教育资源库的录像课作了如下点评:本课是牛津英语 8A Chapter 2 的第二课时课文内容,主要是 Wendy 描述自己一天的日常生活。教师把教学目标重点转移到了如何用第三人称单数来描述课文中的 Wendy 的日常生活上,让学生对她的日常生活发表评论,并比较自己的日常生活,从而让学生领会到如何珍惜时间,珍惜自己的每一天,为自己更精彩的每一天而努力的道理。

徐鹰老师在这节课的课文阅读教学中重视对教材、文本的研读,注重基础知识的落实,努力培养学生形成有效的英语阅读策略,以学生的生活经验和兴趣为出发点,使学生通过对可见信息的捕捉,初步学习对上下文关系的理解,通过略读和细读的阅读方式体会文章的主题;使学生在问题情境中,能够通过分组讨论、提问、发言的形式,初步学会从字里行间获取信息,并且形成与同学分享有用信息的意识。本节课主要有以下几个特点:

(1)培养学生形成有效的英语阅读策略,重视教学过程中能力的培养

对初二年级学生而言,英语的学习由原来的句型转换到段落,徐老师根据初二学生的英语实际水平设计课堂教学,尤其在课文处理方面,做了精心安排,将主人公 Wendy 的一天生活分为 before school, at school 和 after school 三个时间段,学生在教师的引导下通过运用有效的英语阅读策略对

课文进行阅读。

在实施教学任务时,教师精心组织和优化英语教学活动的实施过程,重视营造良好的英语学习环境。在词汇复习的热身活动之后,徐老师为了使学生获得感性认识,对于 Wendy 的 before school 生活,设置了读前活动——明确目的,先让学生猜测话题,激活和唤起学生的阅读兴趣,加深对阅读对象背景的了解;接着教师又通过让学生观看一个熟悉的动画(Sam 的早晨生活)引出本文 Wendy 的 before school activities,把学生带入愉快的学习状态;然后通过快速阅读找出 special things,既锻炼了学生的快速阅读能力,又加深了学生对阅读对象背景的了解。

而在讲述 Wendy 的 at school 生活时,则让学生通过读时活动——跟读录音、略读,做 T/F 练习,来明确频度副词的意义,做到了词不离句,句不离段。在了解 Wendy 的 at school activities 的同时巧妙地穿插了"adverbs of frequency"的温习,对已学过的知识内容进行综合、归类、转化和辨别,挖掘知识的内在联系。

对于 Wendy 的 after school 生活,徐老师则通过读后活动——根据所读内容进行课文复述,角色比较,完成表格,补全信息,判断自己或他人的时间安排是否合理,让学生学习在阅读文章的同时发现问题。这些活动的设计既面向了全体学生,又尊重了个体差异,为学生进行合作性、自主性学习提供了更多的空间和机会,使学生敢于开口,乐于实践,让学生在获得成就感的同时享受到学习英语的快乐。

本节阅读课的教学过程实质是在教师指导下的学生阅读理解的认识过程和发展过程。通过"整体理解→局部理解→整体理解"的程序,使学生对主人公 Wendy 的一天生活 before school,at school 和 after school 三个时间段有了了解,通过感知教材→理解教材→巩固知识→运用知识,由浅入深,由简单到复杂的逐步深化的循序渐进过程,徐老师给学生提供了阅读的宏观意识,强化了学生的信息收集能力,为巩固和运用知识打下了基础。

(2)营造宽松和谐的学习氛围,体现合作精神

就中学英语教学而言,新课程标准提高了对学生语言运用能力的要求。课堂教学要努力实现从"传授和讲解语言知识"向"培养语言能力"的转变,每位教师都面临着"如何在有限的时间内有效地利用积极因素,采用更适合于学习者语言能力发展的课堂教学方法,较快地提高课堂效率"这样一个关键问题。在本节课的教学中,徐老师大胆地尝试了合作学习的方式,有意识地围绕教学内容,创设便于小组交流的情境,通过 jigsaw reading 活动,让学生根据所给语句,通过阅读内容和小组合作学习,按时间顺序为 Wendy 的课后活动排序,增强了小组成员的团队合作意识,让学生集思广益完成文章的信息组合,充分发挥了每一名学生的智慧,引导学生主动地、创造性地开展语言交际活动,从而使学生很好地阅读了这部分课文内容。

为了让那些学习吃力的"弱势个体"也能很好地掌握这部分内容,教师对这些"弱势个体"给予了更多的关爱和耐心,有针对性地设计了关于 Wendy 的 after school activities 的表格填写和句子复述任务,帮助一些基础薄弱的学生利用现有的关键词直接组织表格中的语句,进一步理解课文内容。让学生在民主平等的基础上与他人进行合作,发挥学生间相互鼓励、相互启发的教育作用,让学生在主动参与的活动中实现合作意识的内化与协作能力的提高。

(3)师生、生生互动,扩充语言思维和实践的空间

在教学过程中,徐老师设计了一系列由易到难,由浅到深,结合学生实际英语水平的活动,对学生的听、说、读、写能力分别进行了培养,并鼓励学生回答问题时要有创意(如有一个小组在回答 Wendy 的 after school activities 时,学生并没有参照课文的答案,而是根据自己的时间表为 Wendy 安排了课后活动,老师也顺势引出格言:Every day of the life is a leaf in the history,生命中的一天就是你历史上的一页),同时根据学生的思维发展方向和认识的基本规律,从已知到未知,由浅入深、由表及里地来组织教学。

在引导学生逐步完成各项教学任务的过程中,教师把 Wendy 一文的时间进行排列,让学生找出与之相关的活动,这样使学生对 Wendy 的一天生活有了更多了解。通过课文复述,角色比较,引导他们观察和提取与主题密切相关的具体事实和信息。时间顺序的图表形式既帮助学生概述了课文,又让学生学到剖析阅读文章、组织材料学写短文的方法。接着教师通过让学生谈谈自己对 Wendy 或 Wendy 的日常生活的看法以及师生问答的形式展示教师自己的 daily life,把话题巧妙地引到让学生谈论自己的日常生活上去,并让学生说说如何使自己的生活更加充实和丰富多彩,从而使本节课知识与技能、过程与方法、情感态度与价值观三维教学目标的达成达到了比较理想的程度。

徐老师通过开放性的问题"What do you think of Wendy or Wendy's daily life"和"List at least three things that you do differently from Wendy",让学生比较自己和他人的日常生活的差异,把单一的课堂教学内容纳入到更为宽广的社会大背景中;将 2010 年世博会的主题"Better City, Better Life"引申为"Better School, Better Life",激励学生为更美好的学校、更精彩的明天而努力;让学生运用掌握的知识描述、谈论并比较自己和他人的日常生活,从而领会到如何学习主人公的优点,如何珍惜现在以及为了明天的美好生活怎样合理地安排好自己的学习与生活;努力做到教学互动,使教与学融为一体。课堂教学中以练促读,让学生把所学的知识融会贯通,在练习中提高英语阅读和表达能力,教师使每一个学生都有充分展示自己的机会,发展学生的综合语言运用能力,并尽力保护学生创新思维的火花,使语言学习的过程成为学生形成积极的情感态度、主动思维和大胆实践、形成自主学习能力的过程。

此外,多媒体课件的有效使用,既调动了学生的多种器官参与语言学习,又加大了课堂教学容量和课堂教学密度,恰到好处地服务于课堂教学。总之,徐老师的这节课还有许多值得大家借鉴的地方,比如教师教态亲切,教学过程清晰,课堂讲练疏密适度,教师的教学反馈和校正都及时妥当等。

4. 英语学科评课关注点

课堂教学是一个个鲜活生命在特定情境中的交流与对话,动态生成是它的重要特点。课堂教学是预设与生成的辩证统一,是弹性的预设和教学现场生成的统一。英语课的评课与其他学科的评课大同小异,同在评课的理论,异在英语学科的特点上。

评课是英语教研活动中的重要环节,下面,针对英语学科的特点,讲一讲英语学科评课的关注点:

评课时首先要做好观课的准备。要明确观谁的课,为什么去观课,本课的题目或者研究的主题是什么,教学目标是什么,想通过本节课让主题的研究得到哪种程度的突破。

(1) 观课、评课的人应具备的基本条件

① 掌握或了解英语课程标准。

② 了解当今英语改革的相关情况。

③ 具有一定的英语课堂教学实践的经验。

(2) 观课时的关注点

① 要对学生的参与程度、学习态度、学习习惯等非智力因素有一定的、恰当的评价。

② 要注意各环节的过渡与衔接,还要注意教学内容和时间的关系。

③ 要注意教学的真实性,真实的成分有多少。

④ 要记录自己的随想,边听边记。

⑤ 要记录教师上课的最主要的优缺点。

⑥ 学生的发展是英语课程的出发点和归宿。

(3) 评课时的关注点

① "三维目标"的理解和把握

教师对"三维目标"的理解和把握：教学目标包含的三个方面是一个有机的整体，它们是相互联系和相互促进的，它们在丰富多样的英语课堂教学活动中的整体实现，可以体现出英语学科知识性与人文性、工具性与实践性相统一的特点，促进学生在语言知识、语言技能和情感态度方面得到全面均衡的发展。

- 知识与技能目标是一切目标的载体
- 过程与方法目标是一切目标的中介
- 情感态度与价值观目标是一切目标的动力

教师应根据课程标准和学生实际，参照教材体系和相应内容，确定三维目标，突出重点，体现不同课型的目标特点，注重学生学习兴趣的激发，学习潜能的开发，英语思维习惯的养成和语言运用能力的培养。

② 教学内容

考察教师是否通过对教学内容的"问题化"组织，将内容转化为符合学生心理特点的问题或情境，激发学生的学习兴趣，促进学生的自主探究与合作交流。

考察教师是否通过对教学内容的"操作化"组织，将"做"、"想"、"讲"有机结合，帮助学生内化学习内容。

考察教师是否通过对教学内容的"结构化"组织，加强学习领域、科目、模块或主题之间的整合，揭示单元、章节各教学内容之间的相互联系，帮助学生形成良好的认知结构。

③ 教学过程

考察教师是否通过积极创设英语学习环境，将学习型任务与真实生活任务结合，使学生从体验、感受中，优化学得，强化习得，提高运用英语语言知识和语言技能进行初步交际的能力；以任务驱动学习，激活学生的已有经验，指导学生体验和感悟学习内容。考察教师是否从学生学习基础和认知能力出发设计教学流程，结构是否合理，教与学的过程是否层次清晰，节奏流畅，过渡自然，课堂教学是否有高潮。

考察教师是否通过教学策略的运用；面向全体学生，尊重个体差异，突出学生的课堂主体地位，培养学生自主学习的能力。考察教师是否引导学生通过主动参与，建构知识、积累经验、丰富学习经历，是否鼓励学生主动地、富有个性地学习。

考察教师是否通过学习团队的组织，指导学生开展合作学习，引导学生逐步形成共同的学习理想、积极的互赖、良好的合作动机与个人责任。

④ 教学方法

机械操练与情境训练相结合。教师应在机械操练的同时积极创设情境，使单纯的语言操练富有一定的实际意义，为学生在真实生活中运用语言打好基础。

单项训练与综合训练相结合。单项训练应注意趣味性，让学生在多种形式的活动中保持英语语言学习的积极性，在进行单项训练的基础上，开展形式多样的知识和技能的综合训练，培养学生综合运用英语语言的能力。

听说训练和书面训练相结合。遵循英语语言学习规律，注重听、说、读、写的阶段，使学生英语语言能力得到均衡发展。

"Nothing should be spoken before it has been heard.
Nothing should be read before it has been spoken.
Nothing should be written before it has been read."

——英国著名语言学家 L. G. 亚历山大

⑤ 教学手段

努力探索现代科学教学信息技术和英语学科教学目标的有效整合，努力实现英语教学情境化、功能化、生活化、交际化。

教师应充分发挥主导作用,关注教学中的生成性问题和反馈信息,及时调整教学进程与策略,在课堂教学中注意处理好教学容量和教学效益的关系,争取最佳教学效果。

在教学过程中应有明显的英语语言知识传授、语言技能操练和语言任务的完成过程,要善于在课堂中把多种教学方法进行优化组合。

⑥ 教育资源

善于利用课内外、校内外的各种渠道,让学生感受文化差异,接受丰富的语言信息,把教学任务融入贴近学生真实生活的语言环境中去。

充分利用学校、社会和网络教育资源,密切教学与社会生活的联系;在英语课堂教学中善于抓住教学过程中稍纵即逝的教学资源。

善于综合使用各种信息,合理使用图片、实物、课件等多种媒体,努力使课堂教学更加生动形象,为学生理解语言、训练技能、运用语言提供有话可说、有话要说、有话会说的语言学习环境,在培养学生语用能力的同时培养他们应用所学语言来分析问题、解决问题的能力。

⑦ 教学评价

在课堂教学中经常运用准确、多样、恰当有效的评价语言对学生的学习状况作出明确评价,帮助学生发现个人的学习成就和意义,不断鼓励和帮助指导学生。

善于组织学生作为评价的主体参与教学评价的整个过程,形成多元性、全方位、全过程的评价形式。

充分发挥教学评价的功能,实施多元、多种评价,确保全员参与,关注每一个学生的学习进步,让不同层次的学生都学有所得。

⑧ 教学效果

考察教师是否有效达成英语课堂教学目标。

考察学生能否积极、主动地参与英语课堂学习。

考察学生能否获得英语学习的体验和经验,并产生积极向上的良好愿望,使英语学习的兴趣和能力得到培养。

正如上海市英语教学专家朱浦在谈到语言观与教学时所说的,英语课堂教学的有效性应体现在"教学设计→可言可语,教学方法→有言有语,教学过程→又言又语"上:

语言是有声的,所以语言的积累是听和说的积累;

语言是有形的,所以语言的积累是读和写的积累;

语言是有情的,所以语言的积累是情感交流的积累。

不同的人的观课与评课都是站在不同的立场上的,有不同的角度,评价的侧重点各不相同。有人注重大的方面,有人侧重小的细节,有人注重知识的方面,还有人注重其他的方面,但我们要学会欣赏每节课的亮点。总之,了解英语学科观课和评课的一些基本原则,就能对一节英语课有正确的评价,从而提出有价值的意见和建议。

政 治 学 科

1. 政治学科特点

1.1 思想性

政治学科是为学生思想品德健康发展奠定基础的一门综合性的必修课程。是学校德育的主要阵地。它的作用不仅仅是传授知识，更重要的是培养和提高人的思想政治素质和道德品质，其主要任务是引领学生感悟人生的意义，逐步形成正确的世界观、人生观、价值观和基本的善、恶、是、非观念，学做负责任的公民。

1.2 人文性

"以学生发展为本"是新一轮课程改革所倡导的主导理念。政治学科既要遵循学生的身心发展和思想品德形成的规律，又必须把党和国家的要求与学生的身心需要有机地统一起来。要根据学生的年龄特点结合学生在成长过程中的思想问题进行有针对性的教学。要抓住爱国主义教育，社会责任教育，人生观、价值观教育等核心内容进行深入人心的教育。

1.3 科学性

作为人文学科的政治学科，应坚持科学素养与人文精神的统一，倡导科学精神。坚持唯物主义的基本立场，坚持尊重事实、尊重规律，引导学生正确对待学习生活和社会生活中的各种现象，形成严谨、求实的态度。

1.4 主体性

世界上没有两片相同的树叶，每个学生都是独一无二的。教师要尊重学生的个性差异，倡导每个学生的个性化表达，呵护与众不同的独特见解，尊重学生的个性发展。要激励学生的独创精神，鼓励学生去探索、去怀疑、去超越，从而培养学生勇于开拓、敢于创新的优良品质。

1.5 实践性

理论联系实际，不仅是政治课教学的根本原则和方法，而且也是政治课的生命力之所在。因此，在教学中，除了从理论上向学生讲明学科知识外，更重要的是让学生参与体验和实践，这样，对理论和观点的认识才能内化，转化为个体道德行为和道德信念，才能使学生在道德修养上把"知"与"行"统一起来。

1.6 开放性

学校是学习的小课堂；社会是学习的大课堂。新课程理念下的政治学科教学，正努力将课堂还原为生活的真实画面。以开放性的教学，启发、引导学生关注社会、人生和自己身边的事情，使政治课堂不再远离生活而显得空洞。它强调教学与社会生活实际的结合，要求教学环节更多地依赖学生来完成，让学生在参与中学习，在学习中参与。

1.7 时代性

政治学科的特点之一是时代性强。就是要结合时政热点，贴近社会实际，立足于生活。应使学生养成"家事、国事、天下事，事事关心"的良好习惯，强调学以致用，让学生用所学知识分析解决现实问题。

1.8 综合性

政治学科的内容是丰富多彩、包罗万象的,涉及中学的所有科目。经济、军事、文学、历史、地理、自然科学等领域中都有政治的影子。因此政治学科更具综合性。

2. 政治学科新课改理念

2.1 突出德育功能

政治课程在情感态度与价值观的目标上,明确要求"使学生接受中华民族的民族精神和优良传统的熏陶,热爱祖国、热爱人民、热爱中国共产党、热爱社会主义,关心国际国内时事形势,树立建设中国特色社会主义的共同理想,逐步形成正确的世界观、人生观和价值观,培养良好的思想品德,具有振兴中华、服务人类的使命感和社会责任感"。这些规定突出了政治课的德育功能,明确了政治课的课程地位和主要任务。

2.2 注重学生能力培养

政治课程在过程与方法目标上,明确要求"使学生通过课堂学习和社会实践活动过程,了解社会科学知识的生成过程,逐步掌握自主学习、合作学习、探究学习的基本方法;培养收集、加工和处理信息的能力,分析、说明和解决现实问题的能力,交流与合作的能力,参与社会实践的能力"。在学习过程中注重能力和方法的培养以及掌握知识与形成态度的有机结合,集中体现了基础教育要贯彻落实素质教育的基本任务。

2.3 发挥学生在学习过程中的主体作用

在传统教育中,教师以自我为中心,只注重知识的传授,忽视学生主体性的参与。水平高的教师往往把课堂当作自己教学的演艺场。政治课的教学要从根本上改变教师在课堂上照本宣科的教学方式,要选择贴近生活、形象生动的现实事例,引导学生开展讨论,给他们广阔的空间,组织学生走向社会,收集整理资料,让学生利用多媒体展示作品,让他们谈各自的看法,使学生在讨论、交流中明辨是非。因此,围绕发生在学生周围的典型事例组织学生展开讨论,教师进行适当引导,效果就要比单纯的课堂讲解好得多。

2.4 采用多元化的评价策略

传统的课程评价标准单一,往往以考试分数这一把尺子来衡量所有的学生,重终结性评价而轻形成性评价,重表面课程分数而轻内在主体性人格,教师其实只是最终分数的评判者,而学生始终处于被测试、被评价的被动地位,这在很大程度上加剧了学生之间的竞争,造成相当一部分学生的失败者的心态,忽视了评价对学生身心发展的激励功能。表现在课堂教学方面,就是学生由于害怕失败,而沉默不语。而在新教材的实施过程中,要使评价不仅关注学生的学习成绩,更要去发现与发展学生多方面的潜能,变一把尺子为多把尺子,尊重学生发展的差异性与独特性,给学生更多的鼓励性的评价,给每个学生创造体验成功的机会,使每个学生都能认识到自己的优势、潜能和特长。

2.5 整合学科知识

新课改促使政治教师不断改善自身的知识结构。政治教师不能只熟悉自己所教的学科,还要通过学习,不断拓宽自己的知识面,进行学科知识整合,以达到促进师生全面共同发展的目的。教师要力争通过网络信息技术等手段,搜集各种有效信息、资源,并将它们有机整合在一起。特别要注意将政治学科与相关的历史、地理知识有机地整合起来。

2.6 构建和谐的师生关系

教师要摒弃传统的师道尊严,建立平等、民主、合作的新型师生关系,促进课堂教学任务的和谐完成。政治教师要从内心深处热爱自己的学生。尽管政治课课时少,与学生的见面机会少,但这并不妨碍教师对学生的关注与爱护。同时作为政治教师,应努力提升自身的人格魅力,呈现给学生为人师表的表率形象,让学生由衷地信服。师生关系和谐了,思想教育的效率就会大大提高。

2.7 树立"用教材教"的教材观

新课程的一个重要理念就是树立"用教材教"的教材观。由过去的"教教材"到现在的"用教材教",是教材观的改变。现行教材内容为教师提供了很大的创造空间,所以,教师在教学中既要认真研究教材,又要根据具体情况充实、完善教材内容。在教学过程中引导学生建构知识。

2.8 渗透鲜活的时政内容

政治课不能回避现实中的热点、焦点。政治课堂教学的生机与活力往往体现在它的时代性和实践性上。在政治学科教学中,要自然渗透国内外时政内容,一方面用时政材料去佐证教材的理论和观点,另一方面用教材的理论和观点来剖析时政材料。这样才能激活知识点并给予学生思维的冲击。

2.9 激发兴趣,营造生动有趣的学习氛围

兴趣是学生主动学习、积极思考、求知探索的强大内驱力。学生对思想政治课普遍不感兴趣,缺乏学习动力,课堂教学效果也不甚理想,是思想政治课教学目前面临的主要困惑。那么如何激发学生学习的兴趣,改善课堂教学的效果呢?教师要精心创设各种与教学内容相关的情境,使学生置身于轻松愉快的氛围中,提高学生的学习积极性。同时多媒体技术的引入,各种形式的教学方法、教学活动的灵活使用等都能大大激发学生学习的兴趣,使教学取得事半功倍的良好效果。

2.10 加强教师的反思

新课程理念能否得到准确理解,新课程内容能否得到贯彻落实,新课程目标能否顺利实现,这一切最终都要落实到教师身上。教师只有在教学中不断反思,对自己的教学理念、教学行为、教学结果进行审视和分析,从而改进自己的教学实践,才能把自己锻炼成一个适应新课程要求的合格、优秀的政治教师。

2.11 把握生成性资源

在开放性教学过程中,政治课在教学中需要引入大量鲜活生动的事例,当课堂成为一个开放的、充满生命力的课堂时,随机生成的教学资源就会出现。对学生感兴趣的生成性资源,教师要引导学生在学习中研究,在研究中学习。尽管有时生成的课程资源会打破教师预设的教学内容,但这种教学资源的生成是学生主体性在教学过程中的体现,从一定意义上说也是学生对教学内容的认可。

3. 政治学科评课内容的案例分析

案例一

初一《思想政治》"爱国情操的表现"

(摘自政治教育网 www.zhengzhi.xueke.cn,略有删改)

案例描述:

上课前播放 MTV《我的中国心》。

师:刚才我们听到一首歌,大家知道歌名是什么吗?

生(整齐地):《我的中国心》!

师:这是一首爱国歌曲,爱国的歌与爱国的人常联系在一起,大家知道一些从古到今的爱国人物吗?

生(整齐而自豪地):知道!

师:好!那我们就分小组收集一下,从古到今的爱国人物,把他们的名字写下来,看哪些小组能收集到更多的爱国人物。开始!

随着教师一声令下,全班四个小组的同学立即行动起来。教室里顿时人声鼎沸、热闹非凡。学生们会聚在各组小组长的周围,或托腮思索,或奋笔疾书,或争先恐后地发言,或面红耳赤地辩论……其中第四小组表现尤其突出:小组长又在小组范围内将男女同学分为两部分,男同学负责收集古代的爱国人士,女同学专门收集近现代爱国人物,并分别确定专人作记录。

在收集活动结束时,教师将黑板分成四部分,并让学生自愿上台写下收集到的这些爱国人士的名字,在三分钟之内,哪个小组写得最多即为优胜。教室里又出现了第二次高潮:小小的讲台上一下子挤满了这些集体荣誉感强、知识面广而又充满表现欲的可爱的孩子们。

学生们收集到的爱国人物如下:

大禹、商鞅、卫青、霍去病、李广、王昭君、诸葛亮、岳飞、陆游、文天祥、戚继光、郑成功、林则徐、邓世昌、冯子材、康有为、梁启超、孙中山、王二小、黄继光、邱少云、钱学森、邓稼先、袁隆平、李四光、余光中……

师:经过第一轮的交流与合作,大家列举了这么多的爱国人物,那这些人物真的都是爱国的吗?他们身上有什么可贵的品质呢?请大家与自己的同桌一起准备一下,等会儿起来介绍一个你喜欢的爱国人物。

生1:我想给大家讲王昭君的故事,她为了促进汉和匈奴的团结,就出嫁到匈奴,为民族团结作出了重要贡献。我认为这是一种爱国情操。

生2:我给大家朗诵一首诗吧。

乡 愁
余光中

小时候,乡愁是一枚小小的邮票,我在这头,母亲在那头……

这首诗是著名诗人余光中写的,我认为这首诗反映了一种强烈的渴望——台湾能早日回到祖国母亲的怀抱,早日实现国家统一。

生3:大家知道我国第一颗原子弹爆炸成功谁立下了汗马功劳吗?告诉你们吧,就是两弹元勋邓稼先。他放弃了美国优厚的待遇,回到祖国,投身于祖国的建设事业,难道不正是热爱祖国的光辉典范吗?

……

在学生们选讲爱国人士的光辉事迹的同时,老师便与其一道分析这些人物身上的闪光品质,并与书本上爱国情操的若干表现相联系,做到在锻炼能力的同时渗透情感教育,又使知识目标得到落实。

经师生共同发掘、总结,爱国情操的表现有:

深切眷恋家乡、忠诚热爱祖国、期望国家统一、维护民族团结……

师:各位同学,我们刚才总结了爱国情操的种种表现,现在请大家来看看电影中的这个人物有没有爱国情操呢?(播放电影《七七事变》片段:将士壮烈殉国后家人哀悼的场面)

低沉的背景音乐声中,将军的遗体被抬回家中。妻子撕心裂肺的痛哭、小儿女少年丧父的悲伤、白发苍苍的老人丧子的悲壮,交织在这个普通的家庭,这个家庭就是苦难的祖国的缩影。当听到老人沙哑的声音"把我的那口棺材先给他用吧"时,大多数孩子紧握拳头、表情严肃、一动不动地盯着画面,个别女同学在小声抽泣。

师:各位同学,在保卫卢沟桥的战斗中,我们失败了。可爱国将士为国捐躯的壮举,令我们感动,让我们自豪。我们知道:中华民族在近现代史上经历了太多的失败。我们明白:祖国母亲已经受不了太多的苦难。各位同学,我们就是祖国的未来!我们是炎黄子孙、是龙的传人!祖国的未来就要靠我们了,让我们继续先辈的爱国传统——不忘国耻,奋发图强,大家有没有信心做到?

生(慷慨激昂,异口同声):能!

师:只要我们的爱国之心聚在一起,就是耀眼的闪电;爱国之情浇筑在一块儿,就是不倒的长城;我们就能战胜困难、创造辉煌。

随着话音的结束,画面上出现原子弹爆炸成功后的蘑菇云,氢弹爆炸成功的场面,香港回归祖国时米字旗降下、五星红旗升起的画面,"神舟"五号升空图等。学生们不时爆发出"哇——"的惊叹声,有的同学忙着向同桌解说与画面有关的内容。

师:各位同学,在今天的合作学习中,我们领悟了爱国情操的各种表现。虽然,我们现在是学生,但对祖国的爱是不分年龄的。让我们从小做起、从现在做起,热爱伟大的祖国并积极准备把祖国建设得更美好。最后,让我们为祖国的美好明天歌唱。(播放MTV《歌唱祖国》)

案例分析:

教师以符合学生心理特征和认知水平的活动为依托,层层深入设计教学环节。从小组合作收集爱国人士,以小组为单位上台比赛写出爱国人士,到与同桌一起准备讲解爱国故事、爱国情操……在整个流程中,教师一直树立以学生为本的理念,把学习的主动权交给了学生,真正让学生动起来。在这里,学生不是被动地接受体验、理解思维,而是真正参与到课堂教学过程中去。因此,这堂课给学生提供了开放、融洽的心理氛围,为每一个学生的积极思维以及与他人的互动提供了有利的条件,强化了学生的主体地位。

教师在课堂上应是一个优秀的引导者、组织者、参与者。在此教师营造了良好的学习氛围、探究氛围、竞争氛围、合作氛围,学生能长时间保持饱满的热情参与教学活动。在一开始的导入部分,动人的旋律、优美的歌声、特定的氛围,已经为学生创设了情境,把学生带入一个适宜的氛围,使学生情绪受到了感染。随后从小组合作到同桌互动,再到全班交流,多角度、多层面地使课堂教育资源焕发出巨大活力。教师的设计合理、精心。

从教学效果看,落实了知识、能力、情感三维目标。尤其是情感态度与价值观目标得到了最大的关注和优先满足。学生从爱国歌曲、爱国人物的故事、爱国人物的精神品质中得到启发,受到震动,内心情感得到了巩固与升华。

教师善于开发教学资源,注重学生学习能力的培养。在本节课中,教师注意根据学生的实际情况开发学习资源,并通过引导学生全方位参与教学流程,训练了学生搜集处理资料、口头阐述观点等能力,又培养了学生的合作精神,为日后进一步学习、发展奠定了基础。

案例二

《依法参与政治生活》教学片段

湖北省黄梅县蔡山二中 李志敏

案例描述:

根据教材内容,教师先联系"相关链接"讲解了国家安全的内涵、重要性及国家机密的含义。而后,让学生围绕一个材料进行讨论:小民的爸爸是一家大型国有企业的高级工程师,掌管着厂里的核心技术。小民的远房亲戚找到小民,想通过小民说服爸爸把厂里的技术资料拿给他看,并答应给小民一大笔好处费。小民有几种选择?分别产生什么后果?如果是你,会怎么选择?学生讨论之后,由学生代表发言。

师:刚才大家的讨论非常活跃,下面我们进行全班交流。

生1:小民可以收亲戚的钱,并说服爸爸把公司的技术资料给亲戚。

师:这样做会造成什么样的后果呢?

生1:这样做的后果是爸爸公司的机密被泄露,公司的利益受损。

师:我们是不是还可以把情况想得更严重一点?

生1:直接导致公司破产,最终爸爸要失业。如果要追究责任,爸爸可能会受到法律的制裁。

师:还可以有哪些选择?

生2:小民不能收钱,同时劝说亲戚,使其认识到这一行为是违法的。这样做既可以保证国家机密不被窃取,国家利益不受损害,又能让走在犯罪边缘的亲戚悬崖勒马。

生3:小民不收钱,同时和爸爸一起将此事向公安部门反映。这样做既可以保证国家机密不被窃取,同时又对窃取国家机密的违法行为进行了打击。

师:看来他们的观点差不多。只是在"情"与"法"面前,学生2的做法更合情些;但在实际中如果亲戚不听劝告,那么学生3的铁面无私就能够保证严厉打击窃取国家机密的违法犯罪行为了。(许多学生颔首、微笑)

师:如果你是小民会怎样选择呢?

生4:我会像学生2和学生3所说的那样去做。理由是如果国家秘密被窃取,国家的安全就难以得到保障,保守国家秘密是每个公民应尽的义务,泄露国家机密要承担法律责任。

师:应该说上面的几种选择,谁对谁错,孰是孰非是一目了然的。在现实生活中,如果我们真的遇到了类似的情形,就应该作出理智而正确的选择,绝不能泄露国家的机密。

生5:我觉得小民还可以这样选择——收了亲戚的钱,但又不给他技术资料,或者把他告进公安部门,这样就可以一举两得了。

(教师愣了一会儿,有些人显得异常活跃)

师:这的确也是一种选择,但究竟对不对呢?我们还是一起来分析一下后果吧!

生6:我觉得收了钱又想不给他资料,几乎是不可能的。因为收了钱,别人就会一次次地逼你,弄得你不得安宁,最后你想不给他也不可能。

生4:收了亲戚的钱,并把亲戚举报了就更不对了。虽然这样可以保证国家机密不被窃取,但首先自己已经违法了。

师:的确如此!中国有句古话"君子爱财,取之有道",还有一句话"拿人钱财,替人消灾",拿了别人的钱,不替人办事,甚至将别人告发,这样做不仅从道义上讲不过去,而且从法律上讲自己首先违反了法律。保守国家机密是我们的义务。小民或我们如真的想保守国家机密,压根就不能收别人的钱。

生7:如果小民的爸爸跳槽离开公司,可不可以把技术资料带到其他公司或国外呢?

师:这个问题问得很好。回答这个问题之前,我们先考虑一下技术资料的所有权归谁。(大多数学生说是公司)既然是公司的,那么跳槽的爸爸把资料给其他公司或国外很显然就是泄露或出卖公司机密的违法行为了。爸爸能不能为了个人的利益就这样做呢?

……

案例分析:

《依法参与政治生活》是人教版《思想品德》九年级第六课第三框内容。本框有《依法行使政治权利》、《维护国家安全:我们的政治义务》两目。第二目《维护国家安全:我们的政治义务》虽不是本框的重点,但由于国家安全、国家机密与学生离得太远,因此给他们带来了理解上的难度。在教学过程中,教师先举出一个材料呈现问题,让学生充分思考讨论,开拓思维,进而解决问题,教学设计合理。

在这一教学片段中,教师自始至终都贯彻了"以学生为主体"的思想,让学生充分参与教学活动,让他们进行深入的讨论,让他们自己解决思想上的问题;即使学生有了思想上的困惑或者错误的认识也不急于把正确的东西灌输给他们。正是这样,学生才有了充分的、反复的讨论交流机会,种种思想意识、价值观念在反复的分析中进行了激烈的碰撞;在激烈的碰撞中,学生的认识更加清楚、观点更加明朗,学生的选择也会更加理智。长此以往,学生一定会体验出课堂教学的乐趣。

学生是一个有独立的思想、见解和情感的人,同时又是一个正在成长、需要指导、需要进一步发展的人。学生受方方面面的影响,难免存在一些不正确的认识。在教学片段中,学生5的"选择"有些离谱,教师在教学中,没有立刻加以否定,只是说"这的确也是一种选择",然后引导学生分析行为后果。在分析中,让学生自己认识到这样是不对的。学生7的问题可以说是她深思后的困惑,对于这样"深刻"的困惑,教师首先是表扬"问题问得很好"。这些都说明教师是在小心翼翼地尊重学生的人格,保护学生参与教学活动的积极性与主动性。

新课程理念指导下的课堂教学是开放而难以预设的,具有极强的生成性。在动态生成的课堂中,许多教学情形是在预料之中的,但也会有一些是出乎意料的。学生5和学生7的问题是教师在备课中并没有预计到的。对于这些问题,教师开始着实"愣"了一下,但最后还是冷静了下来,妥善地进行了处理。在处理中,教师坚持了正确的价值导向。学生5的"选择"正反映了当前存在的不健康的思想品质和错误的"金钱观"、"利益观",虽然这已经超出了本堂课的教学内容,但如果不在课堂上加以澄清,学生就会觉得老师对这一错误观点持默认态度,很有可能会使一些人在现实生活中真的这样做了。那思想品德课的德育功能何以体现呢?因此,教师在不伤害学生自尊的前提下,引导分析其错误之后还特意进行了小结。对于学生2与学生3"选择"的同与不同,教师也进行了简单的评述。这些其实都是教师有意识地对学生进行的正确价值观念的引导。

在这一教学片段中也存在一些不足,如教学用时过多、教师在课堂上对全体学生的调动还不够等。

4. 政治学科评课关注点

新课程、新理念,为政治课教学带来机遇和挑战。那么,在新课程背景下,评价的关注点有哪些呢?

教学的关注点首先是每一位学生,教学的目的就是为了促进每一位学生的发展。在教学过程中,教师必须始终以学生发展为根本,以学生为教学的出发点和落脚点。从课堂评价的角度讲,最终的综合指标就是学生的实际收益如何。所以,教师只有在这个前提下探求和评价教学教法才有意义。如果课堂教学能使每位学生都不同程度地学到了知识、锻炼了能力,产生了良好的、积极的情感体验,实现了知识与技能、过程与方法、情感态度与价值观三维目标的有机统一,那么,这样的课就是好课。

依据新的教学理念,教师在课堂教学中应扮演学生学习的组织者、合作者、引导者,学生闪光点的发现者,向学生学习的学习者的角色。评课时,更要从学生如何学这个基点来看教师的教学理念、教学态度、教学能力、教学艺术等。

4.1 评教师的教学理念

教学理念是教师认识教学现象的产物,是课程改革的核心、教学行为的灵魂。教学理念不是空洞的,而是时时处处在教学活动中反映出来的。评课者可依据课堂教学活动实例,从师生行为中提取教师的教学理念。要评教师是否坚持以学生发展为本,面向全体学生,面向全体学生的一切,是否从学生发展的理念出发确定自己的教学行为。如果教师对教材挖掘得透彻,讲解也生动明白,但是不注重引领学生探究,不给学生更多的实践机会,只是一味地展示自己的才华,那么他的教学理念肯定是有问题的,这样的课算不得好课。

4.2 评对教材的理解与处理

评教师对教材的理解,就是评议教师是否准确把握了教材的编写意图,以及教材所处的地位与其价值,是否准确把握了教材的知识点和知识体系。评教材的处理,要看教师以什么样的思路去"改造"教材,对内容的增删、次序的变移是否有道理;重点、难点、关键是否抓准、抓牢并得到有效体现;各环节内容的定量与时间安排是否妥当。

4.3 评教学流程

评教学流程,就是评这堂课是如何安排和施教的。一是各个教学步骤和环节安排是否恰当,时间分配是否科学合理;二是教学过程是否围绕教学目标展开,层次是否分明,重点是否突出,难点是否化解,梯度是否适当;三是有无创设良好的学习情境,营造宽松愉悦的学习氛围,让学生主动积极地参与各个阶段的学习,并能及时进行教学反馈、调整学习过程;四是教学活动是否体现出民主开放、自主探索、合作互动的特点,课堂气氛是否活跃;五是能否恰当地利用多种教学手段。

4.4 评教学效果

一要看教学过程中学生的学习情绪是否高涨、兴趣是否浓厚、态度是否积极、思维是否活跃、活动面是否广泛。二要评教学目标的制定及达成。新的课程标准中提出了知识与技能、过程与方法、情感态度与价值观三个维度的教学目标,它与以往的教学目标有较大的区别,特别是过程与方法、情感态度与价值观这两个维度,在以往的教学中是不被重视的,在实施新课程的今天,我们要关心学生的发展,要培养学生的创新意识,就要特别重视这两个维度目标的达成。当然,在一节课的教学中,不一定能够全面体现三维目标,只要教师在设计教学时,能根据教材内容恰当地设置相关的目标就可以了，也就是说，有的课时内容的教学能够体现三个维度的教学目标，有的课时内容的教学能够体现三维目标中的二维或者一维。所以，我们要看教学目标的确定是否具有着力体现三维目标的意识，教学目的是否明确、全面、有针对性。要看在达成知识技能目标的同时，学生其他相关的各种能力是否也得到了锻炼和提高。

4.5 评教师的专业功底

上课，实际上是教师教学能力、教学技巧、教学机智等基本功的综合表现和展示。一堂课上得如何，同教师本身的能力与水平有极大关系。因此，在评课时也应考虑到教师本身的各种因素。一是看教师的教态是否热情大方、亲切自然；二是看教师的讲授是否科学正确，精练有序，富有启发性和感染力；三是看教师能否努力构建和谐、平等、互动的师生关系，是否能关爱每一个学生；四是看教师能否恰当有效和熟练地运用多媒体教学手段；五是看教师是否具有较强的应变能力和创新意识，能否及时妥善地处理教学中的偶发事件；六是看教师是否有自己独特的教学特点和教学风格。

历 史 学 科

1. 历史学科特点

1.1 历史学科课程定位

历史是人类社会的发展过程，历史学是研究这一过程的科学。历史唯物主义是历史学的指导思想与理论基础。中学历史课程是帮助学生认识人类文明发展历程，培育人文素养，形成正确的世界观、人生观和价值观的重要途径，是基础教育课程体系的有机组成部分。

1.2 历史学科的特点

1.2.1 存在形式的过去性

历史是已经过去了的人类社会实践活动，它不能重演，也无法实验，人们只能通过文字、实物、图片、电影等直观教具，将抽象的东西形象化，概括的东西具体化，用语言的记述将历史知识转化为生活的画面，让学生间接认识或感知历史。正是由于这样，历史对发挥学生的想象力和培养学生的形象思维有很大的创造空间。

1.2.2 认知结构的多样性

社会发展过程中主观与客观、内因与外因、原因与结果之间的关系是非常复杂的。因此，在学习历史知识的过程中，认知途径灵活多变，不应从单一的角度去认识历史事件，而应从多方位、多角度进行认识与思考。

认知结构的多样性表现为整体性、因果性和发展性。

（1）整体性

历史是人类在特定时空环境中留下的"足迹"，因此学习历史要从时间、空间、人物三方面去整体把握。人类活动具有世界性,每个国家都不能独立于世界之外,因此学习历史要扩大视野,把历史事件放到世界背景中去考察、定位,形成对历史发展过程的立体的、整体的认识。

(2) 因果性

社会中的每一种变化都是特定原因作用的结果。历史事件不是孤立存在的,它的发生有着特定的背景和条件,历史事件之间存在着相互联系和互为因果的关系。揭示历史事件之间的内在联系是历史课堂教学的主题之一,是培养学生正确认识历史和理解历史的能力的手段之一。

(3) 发展性

历史是一个连续不断、继往开来的过程,后一个过程总是在前一个过程基础之上的开拓创新;从认识论上看,人们的认识处于发展与深化之中。历史课堂教学要具有前瞻性,培养学生运用联系和发展的观点去总结历史,认识历史的规律,使之服务于现实和未来。

1.2.3 思维方式的求异性和灵活性

求异思维是针对常规定向思维而言的反向思维,是一种富有创见性的思维方式,它能够突破思维定势,揭示客观事物的本质特征和内在联系,创造出新的思维成果。这是一种高层次的思维形式,有利于拓展学生的思路,提高创新思维能力。思维的灵活性是指学生根据不同情况、不同角度,用不同的方法去观察、分析问题的能力。

"史由证来,证史一致;论从史出,史论结合"是历史学科最主要的特点,信息处理能力是最主要的历史学科能力。应重视史料的作用,培养学生对史料进行多方面的真实解读的能力,以及思维与逻辑的严密性。遵循历史与现实、史论与史实相结合的原则,强调"以史为鉴"的教育思想。

1.2.4 学科联系的交融性

历史是一门综合性的学科,它涉及古今中外,涉及自然和社会的各门学科,其内容异彩纷呈,纵横交错,互为影响。在课堂教学中要抓住这一特点,以历史为依托进行学科间的渗透、综合,开阔学生的眼界,丰富学生的知识,发展其创新能力。

2. 历史学科新课改理念

2.1 历史学科新课改理念

中学历史课程要体现基础教育阶段历史教育的本质,即为培养社会需要的合格公民奠定基础,因此要从社会发展和学生个性成长的特点出发,突破以知识记忆为目标的面面俱到的框架,要尊重学生的认知与情感规律,纠正急功近利的简单化做法。

新课改《上海市中学历史课程标准》从五个方面提出了新的理念:培育民族精神,树立现代意识;以人类求生存、求发展为主线;多维度构建历史课程框架;研究性与接受性学习相结合;重视过程评价和质性评价。

2.2 新旧历史教学理念的比较

2.2.1 教学目标之比较

传统历史教学目标强调传授知识、培养基本能力和进行思想政治教育,其中知识传授是基础,能力培养是核心,思想政治教育是灵魂。

新课程理念下的历史教学目标,强调以学生发展为本,整体设计了知识与技能、过程与方法、情感态度与价值观的三维教学目标,规定了学生通过学习应达到的知识、技能、能力、过程、方法、情感、态度、价值观领域的总体目标。

2.2.2 教学手段之比较

传统的历史教学手段以粉笔、黑板、图表、插图、照片、模型等直观教具为主,教学信息大都是静态的,且信息量少,信息渠道单一。教学手段缺乏多媒体信息技术的支撑。

新课程理念下的历史教学手段,在对传统教学手段继承、创新、发展的基础上,注意教学手段的多样化和现代化,重视多媒体信息技术的应用,优化历史教学结构、丰富历史教学内容、改善历史教学效果。

2.2.3 学习方式之比较

传统的历史学习方式,过分强调被动接受式学习而忽视学习过程中的发现与探究,过分强调教师的"教"而轻视学生的"学",过分强调学生对所学知识的记忆理解而忽略学生的内心情感体验,过分突出课堂教学对学生学习的影响而放弃社会实践活动,过分注重学习的量与结果而忽视学生学习的质与过程。

新课程提倡学生学习的主体性、独立性、能动性、体验性、问题性、合作性,并将这些视为不断生成、张扬、发展和提升的过程。

2.2.4 课程资源之比较

传统的历史教学将教科书及少量的历史挂图等直观材料理解为课程资源的全部。新课改《上海市中学历史课程标准》首次明确提出了历史学科课程资源的开发利用问题,它分属家庭、学校、社区、社会四个层面,包括教参、课外读物、直观教具、视听材料、多媒体资料库、互联网、图书馆、历史博物馆、历史展览馆、历史遗址与遗物、当事人和亲历者的回忆等,新课改课程资源较之传统教学课程资源丰富了不少。

作为课程资源核心的新课程历史教科书,也大量增加了有关文化、科技、社会史等方面的内容,突出了历史学科的丰富性和人文色彩,以使教学内容更加贴近学生、贴近社会生活,这样更好地发挥了教科书作为历史教学的"基本工具"的功能。

2.2.5 学科能力之比较

对历史学科能力的培养,20世纪80年代定位于用辩证唯物主义和历史唯物主义的基本原理来分析历史。这一能力目标空泛,缺乏可操作的层次。

新的课程标准将历史学科能力分为一般学习能力和历史学科特殊能力。一般学习能力又分为搜集史料、提取信息、解决问题、交流成果四项能力,这四项能力贯穿历史学习的始终。历史学科特殊能力又可根据递进关系,分为识记鉴别、领会诠释、分析综合、评价论证四项,并与具体的教学内容挂钩。新课程的能力目标,较之传统目标更具科学性、逻辑性、层次性和可操作性。

综上所述,历史新课程理念是对传统历史教学理念的批判、继承、创新和发展,广大历史教师应在比较、鉴别的基础上,加深对传统历史教学理念弊端的认识,进一步理解历史新课程理念的时代性、先进性和合理性,在历史课程改革中自觉地加以贯彻实施,使历史新课程改革的目标落在实处,取得实效。

3. 历史学科评课内容的案例分析

案例

《大河文明》教学和评课

上海市民立中学　张继英

课堂实录：

师：这里我们要来探讨一个问题，如果你是古代大河流域的居民，你的生产劳动和生活会是什么样子的？请注意给出的提示：食物来源、劳动工具及方式、居住方式、人际关系、财产问题、与外界的来往等。根据刚才大家所了解的各流域的地理环境和看到的考古文物，看看同学们是否能复原古代大河流域的历史面貌。

（学生讨论，发表意见时，由课代表当"小老师"在黑板上归纳同学们的想法）

生：我们的食物来源是耕种得来的粮食。因为大河流域土地肥沃，可以靠河水进行灌溉。而且在出土文物中各地都出现了农耕的工具。

师：有没有别的想法？

生：我们会捕鱼吃，因为在河边生活。还可以进行狩猎。

师：好的，都有得天独厚的条件，大家观察很仔细。那么是以什么为主要的谋生方式呢？

生：耕作。因为来源比较稳定，而且可以控制。我们不可能靠吃鱼来过日子啊。

（笑）

师：大家是否都同意以农耕为主的观点？

生：同意。

师：好的，请课代表写上（课代表板书：农耕）。那么劳动工具和劳动方式如何？有没有分工？

生：使用金属工具。有分工，男女分工，男的干重活、粗活，女的干细活、轻活。

师：哦，男耕女织的和谐景象是吧？还有没有要补充的？

（生点头，笑；课代表板书：男耕女织）

生：行业有分工，有的种地，有的织布，有的冶铁，有的做陶器等等。

师：就是说，大河流域有农业、手工业和商业的划分，而且手工业也更具体化、专业化，是吗？这里问一句，这种行业的细分是怎么出现的呢？

生：生产力的发展、工具的改进。

师：很好。那么大河流域的居住方式是怎样的？

生：群居。

师：为什么？怎样群居？是一群人生活在一个空间里吗？请大家注意我们已学过的内容，人类已进入文明社会。还有刚才大家看到的大河流域遗址的情况。

生：以家庭为单位，几十户或百来户人家住在一起，这样更能抵御灾害。前面也看到过苏美尔人的群雕像，说明家庭的概念出现了。而且遗址中也是很多户人家聚居在一起。

师：很有考古学家的风范，也就是说同学们都认为大河流域的居民是以家庭的形式聚族而居在一起，形成一个个——

生：村庄。

（示意课代表板书：村落）

师：好的，那么这些村落是固定的吗？

生：是的，人们定居，因为不能背着土地到处跑，而且有房屋建筑了，需要稳定。

师：好的，大家同意这个观点吗？

生：我们认为不固定，因为早期人们不懂得养护土地，往往耕作一两年后土地就不能再使用了，所以会不断迁徙。

生：我们也认为不固定，因为在河流边上生活，经常会有洪水泛滥，会根据洪水泛滥的情况而迁徙。

师：大家都想得很周到，请问，会不会频繁地迁徙呢？同学们都同意大河流域以农耕为主，考虑一下农耕的特性。

生：是定居。因为农业耕作从播种到收割需要周期性的时间，不能频繁迁徙。

师：是的。但的确存在同学们说的情况。早期不懂得如何进行土地养护，采取新石器时代保留的"刀耕火种"的农业方式，用斧砍伐地面上的草木，晒干后焚烧，经火烧后的土地变松，不翻地，利用草木灰作肥料，播种后不再施肥。一般种一年后易地而种。随着人们生产经验的积累，生产工具的改进，就不需如此了。洪水泛滥带来的迁徙也的确存在，如何解决，之后会专门讨论。农业耕作需要稳定，所以一般情况下采取定居的方式（课代表板书：定居）。再来看人与人的关系和财产问题。

生：出现不平等了，分统治者与被统治者，实行私有制。

师：那么在村落中，河流、森林等是私有还是公有呢？

生：私有，归统治者。

生：公有，河流怎么可能归个人所有呢？

师：在大河流域的村落中，河流、森林等是归村社成员公有，由大家共同使用的。如果从另一个角度看，又可以说是属于国有。中国古代说"普天之下，莫非王土"，这就属于统治者了。还有一个问题，这些村落与外界往来多不多呢？

生：不多，因为地理环境不方便。

师：有河流为什么不方便呢？

生：我们认为没有需要，因为可以自给自足。

生：我们认为与外界的交往会很多，因为地理环境交通便利，可以通过贸易使自己得到更多的东西。

师：很有道理，那么这种与外界的交往是否是大河流域居民必需的生活部分？刚才有两种不同的意见，大家支持哪一种呢？

生：我们认为，大河流域居民不需要经常与外界交往，因为可以自给自足，随着剩余产品的增加，商业繁荣以后，才会想到与外界往来。

师：非常好（课代表板书：河流、森林公有，与外界交往不多），同学们刚才完成了一个非常精彩的探究过程，通过不断的提问和思考，寻找前因后果，提取重要信息，复原历史事实。我们的课代表也非常厉害，将大家的回答归纳整理得很简练。在这个过程中，大家有没有发现，所有的结论，大河流域生产生活方式的所有特征，都来自一个非常关键的因素，就是地理环境——河流平原。在地理环境的影响下，大河流域的生产生活呈现出刚才同学们所说的独有的特征。（归纳大河流域生产生活特征，进入下一个环节）

教学点评：

《大河文明》一课共两目："东方村社"及"中央集权"。教学围绕如何理解大河文明的主要特征及特征形成的原因展开。"东方村社"作为历史专业名词，学生较难理解，考虑到学生的接受能力，教师将教材内容重新调整为两部分——生活生产方式和政治制度。学生通过大量图片资料了解各大河流域的地理环境及文物考古情况，然后提出问题："如果你是古代大河流域的居民，你的生产劳动和生活会是什么样子的"，"劳动工具和劳动方式如何"，"行业的细分是怎么出现的"等，由学生根据考古情况进行特征讨论。这里采用了研究学习的方式，创设一种类似学术研究的情境，由学生尝试通过对信息的分析与处理,交流与表达等活动来大致复原历史,从中获取知识技能,培养"论从史出"的科学态度。

这是《大河文明》第一课时教学中的一个片段,通过创设情境,逐层引导,让学生讨论研究得出结论,课堂气氛十分活跃。学生通过小组的讨论,相互启发,从接受变为探究。教师在研究学习的整个过程中,是学生学习的引导者和促进者。把本来就应该让学生分析、总结、归纳、解决的问题交由学生自己来解决,使学生知其然,并且知其所以然。这堂课的教学给人几点启示:

(1) 教师的主导性

以学生为主体,并不意味着把课堂全部交给学生,放弃教师在课堂上的主导地位,而是对教师提出了更高的要求。

要获得积极思考主动学习的课堂氛围,改变学生的学习方式,首先要让学生真正"想动"。教师要通过对教材的分析和准确把握,提出恰当明确的问题,巧妙地设疑、激疑。如上述案例中,用"如果你是古代大河流域的居民"这样的假设,来激发学生的兴趣和参与欲望。对于较为宽泛的问题,教师应适当地给予提示,有的放矢,使学生的思考不至于无所适从。

其次,在学生讨论和发表意见的过程中,教师要适时引导。如果学生在一个问题上不能继续答下去,就要适当地铺设台阶,使其顺利完成答题;或适时地帮助归纳,如"你的意思是说……"、"考虑一下这个因素"、"那么,……会如何"等。

再次,要做一个有心的老师,善于发现、调动和保护学生的积极性。良好的课堂氛围建立在和谐的师生关系基础上。教师要给每个学生表达自己观点、展示自己才华的机会,只要学生有表达的意愿,哪怕仅仅是一个动作、一个眼神,也应给予其一定的空间和时间;在讨论中,要发动更多的学生,"多边交流",可以将评价权交给其他学生:"你们觉得怎么样?""有没有要反驳的,或表示支持的?"让学生形成一种辩论式的交流,更能激发学生的积极性。在学生发表见解的过程中,教师要适时地点评,对所有属于自主回答的答案,都应给予鼓励性和肯定性评价。内容合理的要肯定其内容,如"你说得很好"、"这一点说得很对";内容有出入的,也要肯定其善于思考、勇于表达的精神,比如"很有意思的见解,你很有想法","大家思考得非常周到"等,这样会使学生有一种"成功感",也就会更愿意参与到课堂思考中来,习惯成自然,逐渐形成积极主动的课堂氛围。

但是,在课堂教学的对话与沟通中,学生一放松,就会出现各种随意的状况。因此教师必须把握尺度,"活而不乱"。在打破传统的规范的同时,要形成新的规范——上课要听从老师的统一指挥;要尊重他人,倾听他人的发言;发言要找准适当的机会;不能在课堂上做与本节课学习无关的事等。教师必须放得开,又要收得回,提高课堂教学效率,更要通过课堂规范让学生明白与人交往的基本准则。当然课堂规范要讲调控策略,转换、停顿、幽默、诱导、暗示等等,总之,当学生注意力被分散时,要立即将其吸引到课堂问题中来,保证课堂节奏的紧凑。

(2) 教学的机智性

当教学成为一个积极互动、共同发展的过程时,课堂教学就不再是一个封闭系统,也不再拘泥于预先设定的、固定不变的程式。特别是在学生讨论中,教师必须适应和接受许多未知因素。如探讨大河文明有关定居成村落的特征时,学生提到了土地养护问题和洪水泛滥问题所引起的迁徙,这是教师始料未及的。教师一方面应在准备教案时考虑得更周详,另一方面,也是更重要的一方面,是充分把握课堂主线,随机应变。在完成教学任务的基础上,鼓励师生互动中的即兴创造,超越目标预定的要求。

(3) 教材的挑战性

二期课改提倡主动、合作、研究的特点,对教师的教学方法提出了巨大的挑战;教师在传统教材中不曾接触过的文明史的崭新内容,更是让他们深深感到压力巨大。面对挑战与压力,当然需要教师不断提升自己的应变能力,扩充知识容量,更为重要的是,需要教师同样具备创新和探索精神,不断学习和提高。也只有自己具备了探索精神,愿意先问"为什么",与学生一起探究,才能化压力为动力,体会到其中的乐趣。同时,课改提倡的合作学习同样应体现在教师身上,在新课程中,教师的角色早已不是一个教授者,而是引导者、组织者、参与者,与学生共同学习,共同提高。而面对崭新的教材,如果教师之间没有互相批评、没有互相鼓励、没有讨论、没有交流,只是各自苦干,那是根本不可能很好地完成教学任务的。所以我们也应该是合作型的教师,在合作、交流与分享中取得教学的新突破。

4. 历史学科评课关注点

4.1 看是否符合历史学科教学特点

历史学科特点:遵循历史与现实、史论与史实相结合的原则,强调"以史为鉴"的教育思想。

在历史课程标准中,要求学生"学习运用历史的眼光来分析历史与现实问题,培养对历史的理解力"。这里所谓历史的眼光就包括这种整体的眼光,这种史学的洞察力和穿透力,对自己、对社会的洞察力和穿透力。通俗地讲,就是在认识问题时能看得深、看得广、看得远,能看到别人一般看不到的层面,这是一种历史的独特眼光,是史家之法的核心。

课程标准提出,中学历史教学要从史学的思想和方法出发,把握教学内容;从历史认识的角度出发,把握教学方法、手段与策略;从研究性学习的思路出发,提高教学效率。要重视将现代信息技术有效地运用到教学中去。使用外语进行历史教学,要从学生的实际出发,创造条件,讲求实效地认真试验和逐步推行。

4.2 看学生主体精神的发挥

历史课程教学要有利于学生主体意识的形成和学习方式的改善,要使学生学会学习。要鼓励学生广泛运用各种课程资源和现代信息技术。要从学生实际出发,引导他们将研究性学习与接受性学习、自主学习与合作学习结合起来,丰富学习经验,提高学习水平。

我们在历史教学中要使学生学会发现不同问题,听辨不同声音,懂得多元理解,敢于"经纶三大教,出入百家言",使历史学真正成为一门启迪心智、沐浴灵府、贞立人格的聪明学、智慧学、人文学。

求真、求实是史学的根本宗旨、原则,是灵魂。有了正确的史料,还有一个如何解释和评价史料的问题。在目前大力提倡的探究性学习和研究性学习中,我们要着意为孕育历史学的求真、求实精神而创设情境,创造条件,让学生在自主探究中体悟治史之精髓。

4.3 看教学目标的达成度

4.3.1 看学生对历史基本知识的掌握和理解程度

看学生对基本的历史知识和历史发展脉络的掌握和理解程度,在唯物史观指导下运用历史思维和历史学习方法分析和解决问题的能力。贯通古今,关联中外,强调与现实生活和社会发展的联系,注重时代性和实践性,鼓励学生从历史中学会思考。

强调对主干知识的把握,重视知识的纵向线索和横向联系。所谓历史学科的主干知识主要指能体现历史的阶段特征和基本线索的知识以及重要的历史结论等。

4.3.2 看学生历史学科能力的培养和发展

看教师是否培养学生的史料阅读和史料分析能力。现行教材突出历史学科特点,针对学生实际,适当增添了文献资料的数量和分量,采取了在一段史实旁边设置一则史料,或在一些重要历史问题的叙述中穿插一段史料的方式,教师在授课中,应当"就地取材",眼光向下,对于教材中的"第一手资料"要珍惜,不能熟视无睹、轻易放过,不要冷落或遗忘了它们,要主动地引导学生学习史料、读懂史料、理解史料,把教材的正文部分和文献资料有机地结合起来,把文献资料融入正文部分。

突出学科能力,注重以学科基本能力分析和解决实际问题。

4.3.3 关注学生综合意识的形成和人文精神的培养

历史学是一门探究人类历史发展规律的学科,"鉴前世之兴衰,考当今之得失"。历史教育就是通过对历史的学习,激起学生一种"天赋的"、独立的判断能力和价值取向;培养一种高尚的情操和趣味,使学生对个人、家庭、国家、天下有一种责任感,对人类的命运有一种担待;造就一种成己成物、悲天悯人、民胞物与的宽阔胸怀,升华学生的人生境界,促使学生追问人之为人的终极目的。历史学是一门人文学科,它同哲学、文学一样,从终极目的上来讲是要关注人的心灵和生存状况的。历史课程的讲述要从阶级斗争史转向文明史,从精英视角转向民众视角,从理解的一元化走向多元化解读,从线性思维走向网状思维、立体思考等等。共同呵护学生的心灵,共同关爱学生的成长,这才是历史学科的终极意义。要把学科特点、学科体系和基础教育现状各方面有机地结合起来,使其相互协调,发挥其培养现代公民的"素质"的作用。

历史是一个持续不断的发展变动过程。因此,我们在研究考察历史事件时,绝不能孤立地、静止地去作观察,而应当把它放到一定的历史环境中去作具体的、动态的分析,既要弄清楚已经逝去的历史事实的存在状态,又要展现这一事件对现在所发生的及对将来可能发生的作用和影响。在日常教学过程中,我们应该努力培养学生这种多维的时间意识,不仅关注"过去时",还要正视"现在时",同时着眼"将来时",学会前瞻后顾、左顾右盼;学会领悟其中蕴涵的那种历史感。

4.4 看课程资源的开发利用

从历史来自于证据、证据来自于史料的历史认识思维出发,引导学生以课程资源为载体,从各种途径,运用多种方式获取历史信息,强调对文献、实物、口述等各种类型史料的阅读、搜集、甄别、整理、分析、对比和综合运用,使学生掌握初步的了解往事的方法,形成基本的思考往事的能力,以促使历史思维能力的形成。

地 理 学 科

1. 地理学科特点

地理学是一门研究地球表层自然要素、人文要素及其相互关系的科学,地理学本身具有综合性、地域性、开放性、实践性的特点。

我国的地理学科过去在许多方面仿承苏联的体系,侧重于地理学的自然属性方面,地理学科是属于自然科学体系的。大学的地理院系是属于理科的,地理研究所是科学院系统的,中国科学院专门设有地学部。

我国的中学地理课程具有"理科"的传统,有着明显不同于欧美中学地理课程的特点。欧美的中学地理课程多从属于"社会"学科,过去也没有单独的地理课程标准。但是,20世纪90年代以后,美国、英国单独制定了国家地理标准或者国家地理教学文件,增加了地理课时,强化了地理课程。有的国家已经将地理课程从"社会"学科中独立出来使之成为必修课程。

上海的中学课程标准虽然把地理课程纳入"社会科学学习领域",但是仍然将地理课程作为独立的课程设置。在初中阶段(6—8年级)设置必修的基础型课程和拓展型课程共146课时,主要内容有地图、景观、世界、中国、省区、乡土地理等;在高中阶段(10—12年级)设置必修的基础型课程为102课时,主要内容有宇宙、地理环境、地理信息技术、选修的拓展型课程6学分。

从中国地理学的传统和中学地理课程的实际教学内容看,中学地理学科虽然可以归入"社会科学学习领域",但是它的自然科学属性仍然是客观存在的。

中学地理学科兼具社会科学和自然科学的特点,中学地理教师在课堂教学中也往往兼文科教师与理科教师于一身。因此,中学地理学科依然具有地理学本身固有的"综合性"特点。

中学地理课程在我国中小学教育中历来占有重要的地位,解放前有一段时间,我国的小学、中学每年、每周都有地理课程,客观上帮助了中国许多志士仁人打开了眼界,了解了中国的积弱和世界的进步。解放后有一段时间,我国初中、高中各年级每周都安排两节地理课,使得新中国的知识青年了解了中国的地大物博和世界自然地理、经济地理的基本格局,有利于当时开发资源、建设祖国的需要。根据国家和上海市颁布的中学地理课程标准,中学地理课程可以使学生获得地理基础知识、基本技能、基本体验,是使中学生掌握地理学习的基本方法、学会地理思维、了解研究地理问题的一般过程和手段的基础课程。对于帮助学生树立环境观念、形成地球意识、培养爱国情感具有特别的意义。因此,中学地理学科的内容不是地理学的"精深版"或者"缩略版",而是针对青少年学生需要设计的,具有"基础性"。

由于中学地理学科具有基础性的特点,其教学内容牵涉的范围很大,仅属于自然地理学的就有地质、气象气候、水文等,还有天文、生物、旅游、经济、城市等等,几乎每一个内容都可以从属于一个单独的学科,如地质学、气象学、气候学。地理学包罗万象,牵涉到人类社会、自然环境及其相互关系的方方面面,所以,中学地理学科又具有"博物性"的特点。

中学地理学科的教学内容,牵涉到方方面面,都是以一定空间分布作为基础的。教学中牵涉到某个地理事实、地点或者地区,无论其大小,都应该落实在地理空间上,也就是地图中。通过地图,可以判断其地理位置的特点、周围的环境及其相互影响。所以,中学地理教材包括教科书和相应的地图册、练习册,读地图、用地图往往贯穿地理课堂教学的始终。所以,中学地理学科还具有通过地图、地球仪、虚拟地球、地理信息系统等表现出来的"空间性"。

2. 地理学科新课改理念

我国的中学地理教育是受到国家制定的教育法律法规制约的。1988年以前,全国统一遵循《全日制中学地理教学大纲》、应用全日制中学地理课本,也就是全国实行统一的"一纲一本"。1988年以后,开始了"一纲多本"的改革,目前发展到"多纲多本"的改革试验阶段。上海市从1988年开始进行"一期课改",1998年进行"二期课改"的探索。1999年上海中小学课程教材改革委员会办公室和上海市教育委员会教学研究室推出《面向21世纪中小学新课程方案和各学科教育改革行动纲领》,提出了中学地理学科二期课改的目标、任务、突破口、策略与措施等。

21世纪初,国家教委公布了国家的中学地理标准。在高中地理课程标准部分,提出了一些新的理念,如培养未来公民必备的地理素养,满足学生不同的地理学习需要,重视对地理问题的探究,强调信息技术在地理学习中的应用,注重学习过程评价和学习结果评价的结合。在义务教育地理课程标准中,也提出了学习对生活有用的地理,学习对终身发展有用的地理,改变地理学习方式,构建开放式地理课程,构建基于现代信息技术的地理课程,建立学习结果与学习过程并重的评价机制。

实际上,我国中学地理教育的新理念与国际地理教育的趋势是一致的。20世纪90年代国际地理联合会地理教育委员会提出了《地理教育国际宪章(草案)》,提出了对地理教育的若干共识。主要的共识有如下几条:确信:要理解和发展当今及未来世界就不能离开地理学;关注到:世界上很多地方都忽略了地理教育;认识到:地理教学通常缺乏组织结构和逻辑上的紧凑性;牢记:范围在缩小的世界需要人们具备一种不断增强的处理国际事务的能力,以在广大范围上就经济、政治、文化、环境和社会问题进行有效的合作;宣布:为改变许多国家通常已经被证实的地理文盲现象而作好准备;意识到:地理教育能够成为资料准确、合格、有趣而令人快乐的学科;期待着:具备地理知识将有助于学生和成年人的完整教育。在这个地理教育宪章中,也提出了若干新的地理教育理念:地理教育将为培养文字和图表方面的能力作出贡献,同时为培养个人品格和社会能力特别是日常生活中有关空间方面的能力作出贡献;地理教育主要是国际教育和环境教育;地理学科必须是独立学科而且纳入学校的核心课程;在中学阶段,不能忽视直接的亲身经验,应该强调面向未来,强调全球空间观念,要尽一切努力来解决知识与行为的脱离问题。

2004年上海市教育委员会发布了《上海市中学地理课程标准(试行稿)》,提出了上海市二期课改的中学地理课程新理念:关注促进学生发展的地理;关注贴近学生生活的地理;关注实践与应用的地理;关注与现代信息技术整合的地理。可以看出,上海市二期课改的中学地理课程新理念与国家的中学地理标准提出的理念是大体一致的。

在中学地理课堂教学实践中,教师们已经注意自觉地用新理念来指导教学,也创造了不少新经验。

关注促进学生发展的地理,就是努力改变教学过程中重知识、轻方法的倾向,更多地关心学生的学习体验,关注学生的情感态度与价值观。根据不同的学习内容和学习阶段,积极采用自主学习的方法,引导学生主动参与到地理学习中来,发现问题、收集信息、积极探究,逐步形成和发展学习地理的能力。

关注贴近学生生活的地理,就是在课堂教学中引导学生从实际生活和自身经验出发,发现、观察、研究生活中的地理,引导学生在生活中学习和运用地理知识,引导学生关心现代社会的发展、关注世界的变化。

关注实践与应用的地理,就是在课堂教学中突出实践与应用,还要积极组织校内校外的地理观测、试验、考察、调查等活动,满足学生的学习要求。

关注与现代信息技术整合的地理,就是把运用现代信息技术作为地理教学的有机组成部分,展示地理事实、地理空间、地理演化过程,为学生主动且富有个性的学习创造良好的条件。

3. 地理学科评课内容的案例分析

上海市市西中学方秀红老师执教二期课改高中地理新教材《人口问题与人口政策》实录(有删节)

教师:上一节课我们学习了有关人口发展的一些知识。对于世界人口的发展,我们这个概念很清楚,世界人口可谓是(学生男、女共同抬头看向屏幕)激增,特别是进入21世纪以来,简直是"人口爆炸",1990年10月份就达到了60亿人口。但是学这部分知识的同时,我们同学可能会产生一个问题——世界上有200多个国家和地区,那是不是世界上不同的国家人口发展的状况都是一样的?那我们先来看两则新闻。

(00:01:05)

【点评:从回忆"人口爆炸"的旧知识到导入学生的疑问,节奏明快、思路清晰。】

教师:有这么一则新闻,是讲法国的,如果是一个"准妈妈",她至少拥有16周的强制性的带薪产假。生育第三个孩子的妈妈,在一年内可以获得每月1000欧元的津贴。从这个新闻中我们很显然可以看出法国对生育的态度是什么?

学生(男、女):鼓励!

教师:我们再来看第二则新闻。这则新闻是有关印度的,印度的一个经济学家,他讲过去印度的人口政策可以说忽略了对人口的控制,教训非常大。当然,因为制度的原因,印度不可能通过强制性的计划生育来控制人口,只能靠良好的教育和社会福利保障。目前,印度的人口出生率在迅速地下降。那从这个新闻我们可以看出印度对人口、生育是什么样的态度?

学生男:抑制!

教师:(略)

(学生男、女思考中,感觉很难回答)

教师:总归想办法是什么——要控制它。哎,这两则新闻我们看世界不同的国家,对待生育的政策一样吗?

学生(男、女):不一样。

教师:不一样的。从这里头我们可以看出,不同的国家人口发展的状况不一样,面对的问题不一样,采取的政策就不一样。所以,今天我们接下来来了解到底各个国家面临的人口问题是怎么样的?采取的对策又是怎么样的?

(00:02:43)

【点评:两则新闻,两类国家,两种政策,学生有了共鸣,为下面进入教学高潮作铺垫。】

教师:我们研究人口问题,往往会用这个人口金字塔图。因为金字塔图有几个信息:纵坐标是年龄、横坐标是各个年龄段占总人口的比例。所以,通过人口金字塔图就可以看出一个国家的什么?

学生男:年龄?

教师:人口的年龄构成。左边是男的,右边是女的(金字塔图),又可以看出一个国家人口的什么构成?

教师、学生:性别构成!

教师(指着丙图和乙图):那这幅图跟这幅图就不一样。我们看乙图相对是什么?各个年龄段比例都什么,相差不是很大,所以这种人口呢,发展的状况一般是什么?比较平稳的,是吧!好,这幅图底座是往里收的,说明将来的人口发展趋势是什么?

教师、学生(异口同声):减少的。

(00:05:08)

【点评:阅读人口金字塔图是本课的技能要求,方老师在与学生亲切的问答中燃起了学生"异口同声"的热情。】

教师:德国的老年人口比例约占总人口的20.5%,而肯尼亚约占4.8%。那底下少年人口的比重,德国是约占14.7%,而肯尼亚要占到46.8%,这个都读得出来。那我下面就请同学根据这两幅金字塔图的对比,以及读出来的两段人口的这一个比例,你们讨论分析看看,发达国家与发展中国家面临的人口问题各自是怎么样的,采取的人口政策又可能是怎么样的?我们前后四位同学讨论一下,花两分钟的时间,我们来分析一下。

(同学们开始激烈地讨论,教师在黑板上写内容或时不时地下来听听他们的讨论,并在一旁

指点)

(00:7:20)

【点评:讨论议题、讨论方式、讨论要求很明确,而且教师还参与讨论,作记录。】

教师:我们通过这个图表,把刚才的思考分享一下啊!哪个同学愿意来?很好,你说说看。

(学生男主动起身回答)

学生男:德国的那张图我们可以看到那个部分是比较尖的嘛,那么就说明他们就是那、那里的那个……

教师:(略)

学生男:就是说他们那个儿童数量是比较少的,那么我们就可以看出以后……

教师:(略)

学生男:呃……会收缩。然后他们的劳动力会减少……

教师:(略)

学生男:呃……呃……下降。

教师:(略)

(学生男支支吾吾)

学生男:然后我认为可以、那个改变的方法就是,一种"光荣妈妈"的活动,那么通过这个活动使它的人口数量增长……

教师:换句话说,把我们的"光荣妈妈"移到德国对吧?让他们也用这个"光荣妈妈"的政策来引导更多的……

学生男:生、生产……

教师:生育,不能讲生产的(笑着说),好,请坐!

(全班哄堂大笑)

【点评:男生疙疙瘩瘩的回答,方老师连珠炮般的质疑、提示、纠错,反映了真实的教学过程和学生的实际思维状况。难得的"哄堂大笑",令人联想到课堂的愉悦、师生的融洽。】

教师:(略)

教师、学生(同声):负增长。

教师:(略)

学生(男、女)(轻声):老、老龄……

教师:(略)

学生男:接受移民。

教师:(略)

学生男:我想肯尼亚作为发展中国家,它的增长速度肯定是非常快的,然后,出现的问题将会是低龄化,因为它的儿童比较多,然后国家的生活质量下降。因为他们大家都去抚育那些儿童,那么大家的生活质量就比较低,而儿童较多的话,没有太多人工作,那么经济发展也会缓慢。然后我想他们……

教师:(略)

学生男:因为那时候也许他们抢着工作,那么工作就不足以支持那么多人去……

教师:(略)

学生男:就业……

教师:(略)

学生男:因为它人口少嘛,儿童的人口多,那么它就减不下来,今后还要多,还要多。

教师:(略)

学生男:18。

教师:(略)

学生(男、女):老龄化的……

教师:(略)

【点评:步步设疑、循循善诱、流畅自然。】

教师:这底下是1949年到1982年这一段,是中国人口飞速增长的一个阶段,这个阶段我们走过弯路,如果能够听从一个历史人物,大家看,哎,要是能够听从马寅初,他在1957年就提出来了,中国人口这样发展下去是不行的,会反过来妨碍经济的发展的,所以他提出要控制人口,叫《新人口论》。这是跟西方的马尔萨斯不同的人口论,那我们就叫它新人口论,结果遭到批判。所以"错批一个人,多生出来好几亿人"。但是批判的时候,总理想爱护他,保护他。保护他就是你认一个错,就是说自己观点错了,那就可以没问题了,不批判的。但是他说了一句话:"吾爱吾友,但吾更爱真理。"所以这种对科学的一种追求,这种对人生的态度,我想对我们也是一种启发。

但是,其实他的观点是正确的,所以到后来,我们国家的领导也意识到了人口飞速发展带来了一系列问题。所以70年代开始提倡计划生育,82年这个计划生育就作为了我们中国一项基本国策。大家是不是可以看出82年以前的金字塔图符合什么型国家的特点……

学生(男、女):发展中国家。

教师:这是中国的,这是德国的,这是肯尼亚的。你分析看看中国的人口国情到底是怎么样的?来,请大家看图,也可以相互议论一下。

(同学们又一次开始激烈地讨论)

【点评:关于马寅初先生的即兴发挥娓娓动听,学生若有所思,也为参加讨论打开了言路。】

(00:22:13)

(大段删节)

【点评:从外国到中国,从历史到现实,从现在到将来,旁征博引、有理有据。】

(00:30:28)

(学生男走上讲台)

学生男:这个就是石门二路街道人口年龄构成图。这个就是人口年龄构成:0—14岁占了人口10.82%,然后15—64岁占了人口70.86%,而65岁以上的人口就占了18.32%。这是人口的饼状图……

教师:把它做成饼状图,看得更直观……

学生男:这个就是老年人占的比例,然后就是人口的年龄构成,老年人比重会继续加大,就是会对我们的社会有一定影响。然后它有三个变化:一个是目前低出生率、低死亡率、负增长会长期延续下去;第二个就是因为会有一些新的人迁进去,所以导致它的老年人比例在2005年后会有所下降。但是这只不过是暂时的,过了一段时间之后,世界这个,呃,不是世界,是中国的老年人口会更加地上去。"

教师:(略)

【点评:学生的调查引起了教师的共鸣。也许是年龄的关系,教师比学生更能感受到老龄化给社会、家庭带来的幸福与苦恼,说来也更加情真意切。】

教师:我们看中国的人口素质的问题。这幅图,饼状图,反映中国人口的文化构成,你看以什么样的人为主,哎!初中以下的人为主。

(删节)学生的身体素质,彻底在下降,什么问题都很多。因为身体素质是基础,所以我才特地讲一下,这个有的同学对今年中招有一个新的政策,那把什么纳进去……

学生(男、女):体育!

教师:体育纳入招生当中,必须要测试,有人就不同意啊,什么都考试。其实考试的目的、加进去的目的是为了什么,为了这句话:能够让同学把锻炼提高自己的身体素质养成什么？习惯。那大家都能够热爱锻炼,能够不断地提高自己的身体素质。

所以我们讲对于我国的人口国情我们有一个清晰的认识,那么我们中国的人口政策,大家来看一看,在稳定低生育水平的同时,努力提高人口素质,要把人口大国转变为什么？人力资本的强国。那对我们中国的国情我们要做到心中有数。

【点评:到底是老师,看问题全面,讨论人口素质把学生关心的中考加试体育的话题引进来,不是只谈文化素质而是加上了身体素质,使得学生对中国的国情和中国的人口政策的理解更为全面。】

(00:39:45)

好,同学们,我们今天这节课共同探讨了世界不同类型国家的人口问题、人口政策。对全国、全世界有一个把握。更重要的是对我们自己有一个期待。我们这一批人都是被计划出来的。这个"计划出来的",我的理解应该是天使把我们选择了以后送到这个世界上来的。所以,我们要有一种积极的人生态度,最关键的要努力不断提高自己的素质,将来造就自己的幸福人生,同时也为社会作出自己的贡献。好,那么今天这节课我们就上到这。

(00:40:27)

【点评:期待、计划、天使、积极的人生态度、造就、贡献,一连串的词语,概括了本课教学内容,同时又有对人生哲理的思考。真是不一般的课堂小结。】

【全课总结性点评:方老师的《人口问题与人口政策》是上海市二期课改新教材高中地理第二册第五篇《人口》中专题16《人口增长》的第二课时。从教材中我们可以看到,专题16有五个小标题内容以及七个专栏,教材中并没有《人口问题与人口政策》这一标题。教材第五篇专题18《人口素质》有两个标题内容和两个专栏。方老师对这两个专题的内容进行了组合,用《人口问题与人口政策》的课题概括了专题16中除小标题"人口增长过程"和"人口爆炸"专栏以外的四个标题以及六个专栏的内容,表现了她把握全局处理教材的能力,使得教学内容更能在逻辑上被学生理解,使得学生更容易抓住关键进行思考或者演绎。方老师在教学过程中结合不同的国家对人口金字塔图进行判读,使得学生对世界、我国、上海的人口问题的认识更加有理有据,不但使学生掌握了读图方法,掌握了比较分析人口结构的方法,还培养了学生"因地制宜"的科学态度。方老师在教学过程中联系实际、亲和热情的言语,鼓动了学生讨论、互动的积极性,感染了学生,也给学生带来思考。】

这个案例包括两部分,一部分是对教学过程中某一片段,或者某一点的点评,一部分是对全课的评析。很显然,前一部分的点评文字简洁,寥寥数语。后一部分有点像写评价。但是,从课堂实录的文字可以看出,点评和评语是对"课"的评析,而不是对教学设计的评析。对"课"的评析,应该建立在课的基础上,结合课的实际,进行剖析或者提升。

4. 地理学科评课关注点

上海市推行二期课改以后,多数中学地理教师已经建立了课改的新理念。这种理念上的变化,也体现在听课评课的关注点上。

评课者首先关注的是:教学设计有没有考虑三维目标？教学效果有没有达到三维目标？

同时关注的是:教学内容是不是符合地理教学的新理念？教学过程是不是反映了以学生发展为本的理念？

如果授课教师在教学过程中在"新理念"方面有明显的优势或不足,评课者往往是会首先予以评析的。

但是,在具体观察授课教师的教学行为,具体评析地理课堂教学行为的时候,评课者往往也是关注细节,然后"以小见大"的。

评课者很注意观察地理教学内容是否有错误。一堂课,教学内容很多,还有重点难点。不管教学内容怎么多,保证教学内容的正确性是必须的,这是由中学地理教育的性质决定的。有的时候有的老师,写教学设计或者教案的时候,教学内容、重点、难点、三维目标都定得正确,但是教学的时候会犯错误,有的是口误,有的是教师本身知识点掌握得有问题,比如地理概念不正确等。如果教学内容有不正确的地方,一定要提出来。有的评课者怕在大庭广众之下纠错会伤授课教师的自尊心,也怕是自己认识上有偏差,这也是有可能的。正因为如此,才需要评课,才需要民主的讨论。如果确实是执教者错了,执教者通过评课可以得到提高,可以重新在课堂中进行更正和补充。听课者也可以得到启发,避免犯同样的错误。当然,绝大部分教师在科学性上是不大容易犯错误的,评课的时候也不必要每次、每人都来一句:本课教学内容正确,无科学性错误。

地理同行听课评课,很注意评学科的专业性。地理学科包含的范围很广,地理教师的涉猎也很广。但是在中学地理课堂里,教学的内容还是受到中学地理课程标准和教科书的制约的。所以,听中学地理教师同行的课,评中学地理教师同行的课,就要看这是不是一堂"中学地理课"。如果在教学中教师不用地图,学生也不用地图,这就不像一堂地理课。可以从教师的指图的习惯看,有没有按走向、流向来指图,甚至是有没有想办法用各种各样的"教鞭"来加长地理教师的手臂使学生看得更清楚些。最重要的是从教学内容看,是不是符合中学地理学科的要求。当然,也不能不顾实际情况,一味强调专业性。

地理教师和其他学科教师一样,评课的时候很关注课堂教学的价值。一是从地理教育的价值方面来讲的,如爱国主义、和谐社会、珍惜生命、终身学习,如人类与自然、资源与环境、可持续发展等;二是从地理教学的价值来说的,如观念、方法、手段的智慧、改进、创新等。有些执教者想不到的东西,经过评课者在教育价值、教学价值上的发掘和提升,可以使执教者、听课者从不自觉到自觉,从实践到经验、到理性,有所提高。

教研员和课程专家来评地理课,很关注教学内容是否符合课程标准。他们往往从两个角度来评课:以比教材高一个级别的中学地理课程标准为依据来评教学内容;根据课程标准的要求来评教师制定的课堂教学目标。一般情况下,执教者不会照搬照抄课程标准来作为自己的教学目标,往往会根据课程标准、自己学生的状况、自己的教学环境、自己对教学资源的组合、自己对教材的处理来制定具体的课堂教学目标,这也是教师智慧和创造力的表现。

二期课改以后,评课者也很关注地理教学的组织形式。过去高中地理的课堂教学组织比较简单,一般是教师讲、学生听。教师在上面讲,以讲台为中心,学生坐在下面听,一行、一排成秧田式;教师一般是以教材或者地图为教学内容,以板书、板画、板图来串联教学过程。现在的学生不一样了,不是"为革命保护视力"的年代了,现在的地理信息传播的方式不一样了,现在的教学手段、演示技术都和以前有很大的不同。教学组织得如何,学生与教师沟通交流、"配合"得如何,既是教学是否能够达到预期目标的影响因素,也是课堂教学是否成功的外在表现。要注意通过观察学生的表现来看教师的教学组织,反对事先"排练"过的教学组织,因为那不是真正意义上的反映教师能力、智慧、创造力的课堂教学,而是一场按部就班的课堂"表演"。

现在的中学地理评课,还很关注地理教学技术。现在的地理教师,尤其是中青年教师,普遍具有多媒体教学能力,普遍具有信息技术能力。有的还懂得利用虚拟地球、网上地图等工具,扩充地理资源,使高中地理教学的空间大大拓展,也使地理事实的空间性、时间性比以往得到了更好的展示,使地理思维的综合性、比较性得到了有力的表现。从教学技术的角度进行评课,要看新颖性,更要看有效性,还要看经济性。这个经济性,不是说省钱的经济性,而是说教学上的经济性。看教学技术的应用是不是使复杂问题简单化了,看是否使难点、重点教学内容变得容易教授了,看是否使教学效益增加了。现在,我们的教学环境也改变了,许多教室有了大屏幕,许多教师制作了课件,地理课堂教学技术的确和以前不同了,技术已经影响和改变了中学地理课堂教学。

二期课改以后的评课还很注意课堂教学的有效性。一种是评课堂教学的最终效果,就是评集体或者个人的当堂地理测验或者地理测试的结果;评课堂教学效率,在40分钟里面,教学容量如何,预定目标是否完成;评学生的集体反应,思维是否积极,气氛是否活跃。另一种是评各个教学环节,评执教者在各个教学片段中如何利用预设和生成的资源。

很多评课者还很关心执教者的课堂教学亮点。每个教师在教学上都是有所长有所短的,在教学中,有的教师的心情也会跌宕起伏。刚参加工作的青年教师,也有他们的朝气和锐气。尤其是进行公开教学或者展示教学的教师,一般都是做了精心准备的,总是有一些新鲜的招数使人耳目一新。如果这种新鲜的招数能够促进教学、提高效果,那就是"亮点"了。出现了"亮点",评课者就会抓住,通过评议使"亮点"放大,使同行们得以借鉴。

物 理 学 科

1. 物理学科特点

物理学是以物质基本结构、相互作用和基本运动规律为研究对象的自然科学。在自然界多种运动形态中,物理运动是最基本、最普遍的运动形态,它存在于宇宙万物的各种物质运动之中,在物理运动的基础上,形成了更复杂、更高级的化学运动、生命运动等。由于物理运动的基本性和普遍性,使研究这种运动规律的物理学成为化学、生物等自然科学的重要基础。

纵观物理学的发展历史,可以看出物理学科有如下几个特点。

1.1 物理学是一门以实验为基础的科学

自从伽利略在力学研究中开创性地引进了实验方法,改变了亚里士多德及经院哲学家们强调理性观念、注重主观思考和单纯推理、喜欢定性地和先验地讨论问题的方法后,实验是物理学基础的信念得到了确立,物理学的研究走上了正确的发展道路,物理学发展的进程大大加快。物理学史告诉我们,物理学的每一次发展和飞跃,都是伴随物理实验而产生的。比如,哥白尼关于天体运行的学说,是在反复观察的基础上提出的,并在伽利略用天文望远镜进行了进一步观测之后而得到确立;著名的万有引力定律,经牛顿的敏锐观察而被揭示出来,并在百余年后经卡文迪许的精密测试而得到了确认;爱因斯坦的相对论,也是在光频精密测量的基础上才得到了一定的验证。总之,从经典的牛顿力学到现代的量子力学,各种定律、定理,都是经过观察、分析、研究、推理和实际验证才被揭示、承认并得到确立的。

1.2 物理学是一门具有严密科学思维的科学

科学思维由科学知识、科学思想、科学精神和科学方法四大要素构成。物理学的研究范围非常广:从最小的基本粒子一直到广阔的宇宙;从最快的10—22秒时间尺度内发生的事件,到宇宙大爆炸以来物质的演变过程(已经100多亿年);从最冷的接近绝对零度的冷原子、冷分子,到上亿度的热核聚变等离子体和温度更高的天体。物理学历史悠久,到19世纪后期形成了经典物理学的理论体系。20世纪,由于相对论和量子力学的建立,构建了现代物理学大厦。物理学在长期的发展过程中,形成了独特的科学思想,如实验的思想、数学的思想、转化的思想、演化的思想、相互作用统一的思想、因果关系的思想等等,这些正确的科学思想,指引着物理学发展的方向,加快了物理学发展的步伐,使物理学家们能够突破一个又一个困难,取得一个又一个成果。在物理学家对客观世界的奥秘进行艰苦探索的过程中,形成了促进物理学家不断探索进取的科学精神,如实验取证的求真精神、开拓创新的进取精神、竞争协作的包容精神、执著敬业的献身精神;也形成了行之有效的物理学科特有的科学方法,如理想模型方法、实验(假说)推理方法、数学方法、等效替代方法、类比方法等。大量事实表明,物理学的科学思维方法不仅对物理学本身有价值,而且对整个自然科学,乃至社会科学的发展都有着重要的意义,它是辩证唯物主义哲学的重要基础,深刻影响着人们的思想、观念和思维方式。

1.3　物理学是一门定量描述、具有严密理论体系的科学

自从伽利略开创了把观察实验、抽象思维同数学方法相结合的研究途径以后,物理学就迅速发展成为一门精密的定量的科学。在物理学中,许多物理概念和物理规律,具有定量的含义;物理学中的基本定律和公式都是运用数学的语言予以精确表达的,物理学中基本概念和规律的定性描述与精确的定量表达相结合是物理学区别于其他学科的显著特点。以物理的基本概念和基本规律为主干构成了一个完整的物理学体系,基本概念、基本规律、基本方法及其相互联系构成了物理学科的基本结构,其中基本概念是基石,基本规律是中心,基本方法是纽带。

1.4　物理学是一门基础科学

在物理学的基础性研究过程中,形成和发展出来的基本概念、基本理论、基本实施手段和精密的测试方法,已成为其他许多学科的重要组成部分,并且形成了许多交叉学科。物理学也是现代科学技术的重要基础,许多高新技术都与物理学密切相关,物理学研究的重大突破不断推动生产技术的飞跃已经是历史事实。

1.5　物理学与生活、社会和科技紧密相连

物理学与自然、社会、生活和科技等方面的联系极为紧密,如闪电、台风、杂技、体育运动、交通运输、家用电器、B超、X光检测治疗、CT检测、海洋和厄尔尼诺现象等。在物理教学中,广泛地联系社会生活实际,将大大地扩充学生的知识面,开拓学生的眼界,使学生感到物理学就在身边,是一门活生生的学问,从而激发学生的学习积极性。

2.　物理学科新课改理念

面对全面推进素质教育的要求,课程教材改革在推进素质教育、培养新世纪人才中起着重要的作用。物理课程教材改革在以学生发展为本的核心理念指导下,构建了以德育为核心,以培养学生的创新精神和实践能力为重点,以学习方式的改变为特征,以应用现代信息技术为标志的物理课程体系。根据课程教材改革的总体要求并结合物理学科的特点,新课改提出了"注重提高基本科学素养,使学生终身受益"、"推动学习方式的转变,强调科学探究过程"、"重视物理学与技术、社会的紧密联系,倡导科学和人文的自然融合"、"面向全体学生,增强学习的选择性"、"改进学习训练,完善学习评价"、"构筑信息技术平台,实现物理课程与信息技术的整合"等新理念。

课改理念对课堂教学改革起着重要的方向指引作用,把握课改的理念可以更好地促进课堂教

学改革。从物理学科角度来看,物理学的基本概念、基本规律和基本技能的落实没有变,我们要变的是物理知识传授的过程与方法、策略与途径,例如要改变教学目标单一、教师满堂灌学生当听众、教师提问学生回答、教师就知识讲知识等现象。要改变这些现象,就要把先进的课程理念渗透到课堂教学实践中去。

物理课程新理念对物理课堂教学提出了新的要求。

首先要求我们在课堂教学中要体现并落实三维教学目标。根据物理学科的特点,物理教学非常重视提高学生的科学素养,物理课程标准提出"物理课程必须注重全面提高学生的基本科学素养,使他们不仅掌握物理知识,还具有科学精神和创新能力,为今后走向社会和终身学习奠定坚实的基础"。一般来讲,科学素养包括科学知识和技能、科学方法和能力、科学精神和观念三个方面,其中科学知识和技能是基础,科学方法和能力是纽带,科学精神和观念是核心。要落实这三个方面的要求,就要求教师在教学设计制定教学目标时要从"知识与技能"、"过程与方法"和"情感态度与价值观"三个维度进行综合考虑,并且要在课堂教学实施过程中,通过一定的师生教学活动来逐一落实。

其次,在课堂教学中要重视科学探究的过程。在课堂教学过程中,让学生在一定的教学情境中,根据要求开展适当的科学探究,是落实提高学生基本科学素养、落实三维教学目标的重要途径。我们在课堂教学中,要以建构主义教学等理论为指导,应用"情境——活动——应用"的探究教学模式,通过自主探究、合作探究,使学生体验和感悟科学探究的过程和方法,培养他们自主学习的能力,逐步实现学习方式的转变,使学生逐步养成敢于质疑、善于交流、乐于合作、勇于实践的科学精神。

第三,物理教学要与科技、社会和生活紧密联系,渗透 STS 教育。在物理教学中要结合所学的内容,介绍这些知识的实用价值和社会价值以及在实际生活中的应用,改变物理学科本位的观念,全面反映物理学与技术、社会的广泛联系,从生活走向物理,从物理走向社会。要结合物理学科的特点,在传授物理知识的同时,重视介绍物理学家的生平事迹和物理学发展的历史,使学生时刻接受科学精神和人文精神的熏陶,使学生了解现代科学技术在促进社会发展的同时,也可能给人类带来负面影响,从而逐步树立正确的科学观和发展观。

第四,在物理教学中要加强信息技术的整合,努力提高课堂教学的质量。《基础教育课程改革纲要(试行)》指出应"大力推进多媒体信息技术在教学过程中的普遍应用,促进信息技术与学科课程的整合,逐步实现教学内容的呈现方式、学生的学习方式、教师的教学方式和师生互动方式的变革,充分发挥信息技术的优势,为学生的学习和发展提供丰富多彩的教育环境和有力的学习工具"。教师运用现代多媒体信息技术对教学活动进行创造性设计,发挥计算机辅助教学的特有功能,把信息技术和学科特点结合起来,可以使教学的表现形式更加形象化、多样化、视觉化,有利于充分揭示物理概念、物理规律的形成过程,物理变化的过程和实质,推动学生学习方式的改变,促进物理课堂教学模式的变革,为全面提高学生的科学素养开辟了新的途径。构建以计算机、网络技术,多媒体,DIS 等为基础的信息技术平台,以提高物理课堂教学与信息技术整合的水平和层次。在课堂教学的实施过程中,我们要充分发挥传统教学手段的优势和信息技术手段的优势,做到多种教学手段的交互使用,做到多种教学手段和教学技术的有机结合,使各种教学手段优势互补,以有利于教学目标的有效实现。要加强在信息技术背景下的课堂教学模式的实践研究。教学模式是在一定的教育思想和理论指导下,为完成特定的教学目的和内容而建立起来的教学结构和活动程序。它解决怎么做的问题,是教师进行教学的行动方式。发展与学科教学整合相适应的教学模式是实现"整合"的关键,合理地选择教学模式,可以更好地发挥信息技术的优势,提高课堂教学效率。

第五,充分发挥学习训练和学习评价的功能,有效促进教学的改进。学习训练和学习评价是课程的重要组成部分,是实现课程目标的基本途径。按照物理课程标准的要求,学习训练的内容要涵盖课程标准所要求的知识与技能、过程与方法、情感态度与价值观三个方面;学习训练的形式应该是多样的,例如可以是书写式的、操作式的、论辩式的、探究式的等。学习评价要体现以学生发展为本的理念,体现培养学生创新精神和实践能力的价值取向。要正确看待评价的总结性功能,保证物理教学质量;充分发挥学习评价的形成性功能,通过以目标达成为主的教学质量监控体系,促进学生的发展。教师要通过研究学生学习训练的情况,诊断学生学习的状态,分析学生出现问题的原因,及时调整教学要求、教学方法和教学进程,指导学生改进学习方法,以提高物理教学的质量。

3. 物理学科评课内容的案例分析

课例背景介绍

本节课是上海市建平实验中学赵希凤老师为2006年上海课改探索实践课(简称862实践研讨课)而上的一节课。课题内容为上海市二期课改初中物理教材第六章《压力与压强》第三节《液体内部的压强》。本节课作为浦东新区推出的一节初中物理实践研讨课,在上海市各中学进行观课评课交流。

教学设计介绍

教学目标

(1)知识与技能

① 知道液体内部压强的特点。

② 能用液体内部压强的知识解释一些简单的物理现象。

③ 学会用实验研究液体内部压强的特点。

(2)过程与方法

学生通过以小组为单位的实验探究,经历提出问题、进行猜想、实验验证、得出结论、解释现象的探究过程,认识科学探究的基本方法。

(3)情感态度与价值观

通过创设问题情境和"质疑问难",增强学生的问题意识,激发学生的探究欲望和创新精神。

教学任务分析

液体内部压强是压强知识的延续,是加深对压强知识的进一步理解的重要内容,也是学习大气压强的基础。液体内部压强与社会、科技以及学生的生活密切相关,探究液体压强的规律并应用规律解释现象能引起学生很大的兴趣。

液体内部压强的教学共分为三课时,本堂课为第一课时。本堂课的重点是液体内部压强的特点及其形成过程。本堂课的难点是学生对液体内部压强大小与液体的重力大小、高度因素等无关的理解,液体内部向各个方向都有压强也是学生较难理解的内容。

学生学习液体内部压强以前,已经明确了压强的物理意义,并具有一定的实验探究能力,这为探究液体内部压强特点打下了扎实的基础。

教学过程

(1)创设问题情境1,导入新课

师:这是一只截掉瓶底又去掉瓶盖的空的矿泉水瓶子。当我把这个乒乓球放到这个倒置的矿泉水瓶里的时候,乒乓球就会静静地躺在这个瓶口。

师:请同学们想一想,如果我现在向这个倒置的空矿泉水瓶子里灌水,并且让水满到这个顶部,请问,乒乓球还能够静静地躺在这个瓶口吗?

生:不能。

师:它会到哪儿呢?

生：上面。

师：好,我们一起来看一下。

师：满了,乒乓球上来了吗?

生：没有。

师：请同学们注意观察,当我用这个平平的手掌,轻轻地堵住瓶口的时候,乒乓球会不会自己往上蹿呀?

生：不会。

(教师在演示实验中,用手掌堵住瓶口后,只见乒乓球马上上升到瓶口)

师：那是谁把这个乒乓球托上去的呢?

生：水。

师：那就怪了,刚才手没有堵住瓶口的时候瓶中也有水,乒乓球被托上来了吗?

生：没有。

师：那为什么用手堵住瓶口以后,水就能将乒乓球托起来呢?

师：不知道,不要紧,这就是我们这节课将要解决的问题之一。我相信,只要我们一起来学习完今天这节课的内容,刚才的问题就会迎刃而解。

师：那么今天咱们要共同学习的内容是什么呢?是液体内部的压强。

(2) 新课教学

① 学生分组小实验：探究液体内部是否有压强。一部分学生将塑料保鲜袋套在手上放入水中,观察现象,体会感受;一部分学生将四周绷有橡皮薄膜的立方体放入水中,在水中触摸各个面感受其形状变化。讨论归纳结论：液体内部有压强。

② 质疑：通过实验你还得出什么结论?讨论归纳：液体内部压强的方向特点。

③ 质疑并分析讲解：液体内部压强产生的原因。

④ 创设问题情境2,引出需进一步探究的问题。

问：液体内部的压强是由重力产生的,那么液体内部压强的大小是不是与重力的大小有关呢?

演示实验：将已用橡皮软管连接起来的两个容器装满水,在不增加水的重力的情况下,将一端举高,发现另一容器的橡皮薄膜底部明显突出,由此得出结论：液体内部压强的大小与重力大小无关。同时产生困惑：液体内部的压强与哪些因素有关呢?

⑤ 猜想。

⑥ 教师引导实验,明确实验要求。

⑦ 学生分组设计实验方案,进行实验探究：一部分学生探究液体的压强与液体的深度是否有关,一部分学生探究液体的压强与液体的密度是否有关。

⑧ 汇报展示归纳。各组选派代表到讲台上汇报(同组其他成员可以补充)：你们研究的是什么问题?选用了什么实验器材?进行了怎样的实验?观察到什么实验现象?归纳得出了什么实验结论?在实验过程中发现了什么新问题?其他同学听汇报时发现问题可以立即举手质疑。

⑨ 讨论深度与高度的关系,归纳得出：液体内部压强的特点。

(3) 应用

① 讨论,解答导入时所悬置的问题(课件演示)。

② 讨论水底炸弹的工作原理。

③ 课外拓展,悬置问题："418"沉船事件中液体压强的"罪恶"。

④ 质疑问难

课堂教学点评

本堂课,从教学设计和教学过程来看,有如下特点。

(1) 教学目标定位正确,选择的教学模式与制定的教学目标相匹配

本堂课是液体内部压强的第一节课,因此对知识与技能目标的定位是"知道液体内部压强的特点",而不是"理解液体内部压强",这是正确的。从三维教学目标的陈述来看,是符合课程标准对教学目标行为动词的规范的,体现了学生的主体性。为了有效落实"过程与方法"和"情感态度与价值观"的教学目标,赵老师采用了"引导—探究"教学模式设计课堂教学的思路,力求通过探究过程,使学生不仅获得液体内部压强的特点的知识,而且在探究的过程中认识到研究的基本过程、研究的科学方法,训练学生的实验能力、归纳能力、语言表达能力,从而达到有效落实教师制定的教学目标的效果。

(2) 课堂教学活动的设计和实施与完成教学目标之间的一致性比较高

为了有效落实所制定的教学目标,设计和实施与教学目标相对应的教学活动是至关重要的。在本堂课中,赵老师设计了很多有利于落实教学目标的教学活动,如作为创设问题情境用的"乒乓球实验",使学生在质疑的基础上学习新课,提高了学生学习物理知识的积极性,让学生以小组为单位,自主选择问题,根据问题自主选择实验器材进行实验,在实验的基础上进行交流汇报,等等。这些教学活动的设计及其在课堂教学过程中很好的实施,培养了学生的主人翁精神,提高了学生学习的主动性,体现了学生的主体地位,为落实本节课的"过程与方法"和"情感态度与价值观"教学目标奠定了良好的基础。

(3) 本堂课的教学设计是合理的

一堂课的教学结构是否合理,主要看教学内容的结构是否符合学科的逻辑关系,对知识的教学过程是否符合教学逻辑关系,整堂课的教学是否详略得当、思路清晰。

从教学内容的组织来看,先通过实验使学生感受到了液体内部有压强的存在,同时分析归纳出液体内部压强的方向特点,接着教师通过类比的方法指出了液体内部压强产生的原因,此时教师自然提出"液体的压强是由于液体的自身重力产生的,那是不是液体的重力越大液体内部的压强就越大呢"这样的问题,以引起学生的思考。在教师用实验对这个问题作出否定的回答后,就很自然地再次让学生进行猜想,然后通过实验,找出了影响液体内部压强大小的因素。把教学内容的顺序进行这样的安排,是符合液体压强知识逻辑结构的关系的,也是符合学生的认知特点的。

从教学的逻辑关系来看,在本堂课中,赵老师为学生搭建了以实验为主的学习支架,使学生能够顺利地学习。首先赵老师设计了一个精彩的演示实验作为课堂教学的问题情境,这个实验作为一个学习支架,不仅对学生的思维具有冲击力,更具有使学生快速进入学习状态的作用,对接下来整堂课的学习都具有引导作用和激励作用。对于液体内部向各个方向都有压强这一教学难点,赵老师设计了让学生将塑料保鲜袋套在手上放入水中,观察现象,体会感受的小实验;还让学生将四周绷有橡皮薄膜的立方体放入水中,在水中触摸各个面,感受其形状变化;再让学生通过讨论,得出了液体内部向各个方向都有压强的结论。对于液体内部压强大小与液体本身的重力没有关系这个教学难点,赵老师设计了演示实验:将已用橡皮软管连接起来的两个容器装满水,在不增加水的重力的情况下,将一端举高,发现另一容器的橡皮薄膜底部明显突出。由此得出结论:液体内部压强的大小与重力大小无关。

本堂课从创设问题情境开始,到学生质疑问难结束,"问题"成为整堂课的出发点和落脚点。整堂课以问题统领"全局",同时激发了学生探究的欲望,增强了学生的问题意识。因此整堂课线条清楚、节奏合适、详略得当、思路清晰;课堂上赵老师始终保持较高的教学热情,师生关系民主、和谐、融洽,基本上实现了学生学习方式的转变。

(4) 本堂课教学重点突出,教学难点突破

在课堂教学中,做到教学重点突出,教学难点突破,是改善课堂教学效果的根本保证。突出重点,突破难点,包含两层含义。一层含义是对重点、难点的定位正确,另一层含义是突出重点得到保证,突破难点措施有效。

本堂课赵老师确定的教学重点是"液体内部压强的特点及其形成过程"。确定的教学难点是"液体内部压强大小与液体的重力大小、高度因素等无关"。赵老师对于教学重点和教学难点的确定是以对教学任务的分析为基础的,因而所确定的教学重点和教学难点,是符合教材要求的,也是符合学生实际情况的。

在本堂课中,赵老师围绕"液体内部压强的特点及其形成过程"这个教学的重点,设计了从探究液体内部有无压强到探究液体内部压强特点的两轮实验,层层推进,环环相扣,通过学生的多次实验、多种形式的活动,最后得出了液体内部压强的特点。在这个过程中,赵老师给予学生充分的活动时间、活动空间和充足的教学资源,为学生学习"液体内部压强特点"知识提供了充足的条件,通过一系列的探究活动,使学生在获取液体内部压强知识的同时获得了丰富的实践体验,提高了学习的有效性。

在本堂课中,赵老师对教学的难点,主要通过实验的方式加以解决。如设计在用橡皮软管连接起来的两个容器内装满水,在不增加水的重力的情况下,将一端举高,发现另一容器的橡皮薄膜底部明显突出的演示实验,来解决液体内部压强大小与液体的重力大小无关的难点,取得了较好的效果。

建议改进之处有两点:一是在一开始创设问题情境让学生产生认知矛盾冲突后,没有让学生自己提出问题,发表猜想,而是匆忙引导学生集体提问和猜想,比较下来,还是学生自己提出问题较好。因为这里的冲突很明显,学生自己提出问题没有困难。二是有一个问题教师没有抓好:学生在实验中发现塑料袋进水后就不能够紧贴在手上了,这是一个很好的问题,教师如果事先给那个学生以肯定,最后在学完新课内容后请学生自己用学过的知识来解释,那就更好了。

4. 物理学科评课关注点

物理课堂教学评课就是对照课时教学目标,对教师和学生在物理课堂教学中的活动及由这些活动所引起的行为变化进行价值判断。根据物理新课程的理念,结合物理学科的特点,物理学科的评课应关注如下几点。

4.1 教学目标定位是否准确,是否符合课程标准要求

教学目标是教学的出发点和归宿,它的制定和达成情况,是衡量一堂课好坏的主要尺度。首先教学目标的制定要切实、科学,符合课程标准的要求及学生的实际。要通过分析章节或单元的三维教学目标,来制定每节课的三维教学目标,体现教学目标的梯度性和发展性。其次,教学目标的陈述要规范科学、明确具体。规范科学是指三维教学目标的陈述要使用课程标准规定的行为动词,不能使用自己理解但容易对其他人产生歧义的行为动词,这样教师之间才有共同的交流语言。明确具体是指教师所制定的"知识与技能"教学目标是可以通过练习等形式检测的,而"过程与方法"和"情感态度与价值观"教学目标,是通过教师和学生的教学活动能够让评课者感受到并能够观察出来或能够让学生说出来的。第三,教学目标的陈述要以学生为主体,而不能以教师为主体。

4.2 教学活动是否充分有效,是否有利于达成教学目标

一般来讲,教学目标的有效达成与教学活动的类型、活动的有效程度有很密切的关系。要落实三维教学目标,尤其是"过程与方法"和"情感态度与价值观"教学目标,靠单纯的接受式教学是无法完成的。因此我们要选择与完成教学目标相适应的教学活动,对有利于完成教学目标的教学活动

进行优化组合，以改善课堂的教学效果。此外，教学目标的有效达成，还与教学模式的选择有关。一定的教学模式以一定的教学思想、教学理念为基础，它决定着一定的教学流程、关键的教学环节，对应着一定的教学过程和教学活动。如以培养学生的创新精神和实践能力为主的教学目标，选择以探究教学模式为主的发现式学习方式比较合适；以培养学生阅读理解能力为主的教学目标，选择以启发掌握教学模式为主的有意义接受学习方式比较合适；以培养学生合作精神为主的教学目标，选择以任务驱动教学模式为主的合作学习方式比较合适。当然，在一堂课上为了完成综合性的教学目标，教师可以采取多种教学模式，交替使用，以提高课堂教学的效率。

4.3　教学结构设计是否合理，逻辑关系是否科学正确

教学结构主要体现在两个方面，即学科的逻辑结构关系和教学的逻辑结构关系。物理学科的逻辑结构关系反映的是物理概念、物理规律之间的联系和物理知识的结构关系。物理学科的逻辑关系决定着在课堂教学中教学内容的先后顺序、教学的主要知识和一般知识，对提高学生学习的效果有着重要作用。教学的逻辑结构关系反映的是教学内容怎样以学生容易学的方式呈现，而决定知识呈现方式的依据是有关学习理论、教学理论和心理知识。此外，在课堂教学中，还要求教师在讲课过程中，详略要得当，重点要突出，线条要清晰，教学节奏要简洁明快，这样的课堂教学就能获得学生的欢迎。

4.4　教学重点是否准确把握，教学难点是否有效突破

在课堂教学中，教学内容总有主要和次要之分，其中主要的知识就是教学的重点知识，对它的把握直接决定了教学效果。教学难点无论是教学的重点知识还是次要知识，它对学生的学习都起着至关重要的作用。因此处理好重点知识和难点知识，对改善课堂教学效果是有重要意义的。课堂中突出重点、突破难点，反映在两个方面，其一是准确把握教学的重点和教学的难点，其二是如何突出重点，如何突破难点。对于准确把握教学的重点和教学的难点，主要决定于课程标准和教材，也有赖于教师的教学经验。对于如何突出重点，如何突破难点，则取决于学生的情况、教师的经验和教师的教学理论修养和功底。

在课堂教学中突出重点和突破难点是两个不同的概念。突出教学重点主要是指在课堂教学的时间、空间上及师生活动等方面要保证重点知识的教学。突破教学难点主要是指针对学生在学习中碰到的学习困难点，教师通过采取适当的教学措施（如一个实验、一个例子、一个类比等）来帮助学生克服学习困难，降低学习难度，使学生容易理解所学的知识。因此，突破了教学难点不等于突出了教学重点，同样突出了教学重点，也不等于突破了教学难点。

4.5　物理实验在教学中是否受到重视，实验作用是否充分发挥

物理学是一门以实验为基础的自然科学。实验教学有利于学生掌握和运用物理知识与技能，体验科学探究过程，学习科学研究方法，提高实践动手能力，增强创新意识，发展对科学的兴趣和热情，养成实事求是的科学态度。因此，实验对落实教学目标有独特的、不可替代的作用。

4.6　信息技术应用是否恰当，与课堂教学整合是否有效

要根据课堂教学的内容，分析学生理解知识的困难程度，合理选择信息技术手段，努力使抽象

概念直观化、形象化，使学生难于观察的现象可视化，做到知识的呈现方式多样化，教学模式综合化，采集实验数据即时化，提高课堂教学与信息技术整合的有效性，提高课堂教学的效率。

4.7 课堂教学特色是否鲜明，师生是否得到有效发展

教师的学识水平、教学素养、教学基本功、教学智慧、教学创新和教学风格等要素决定了教师的课堂教学特色。要努力创设民主和谐、充满活力的课堂教学氛围，提高学生的学习兴趣和学习效率，培养学生的问题意识和质疑精神，使学生的科学素养得到持续提高，身心得到健康发展，同时教师的教学技能、教学水平和学识水平得到同步发展。

化 学 学 科

1. 化学学科特点

化学是一门研究物质组成、结构、性质以及变化规律的基础自然科学。化学对农业、工业、国防和医药等的发展有重大的贡献，跟现代人的衣食住行用有密切的关系，广泛地影响着现代人类的社会生活。化学工业是21世纪我国国民经济的支柱产业之一。

1.1 化学是一门基础学科

作为一门基础学科，化学已发展成为信息科学、材料科学、能源科学、环境科学、海洋科学、生命科学和空间技术等研究的重要基础。在当今最热门的科学研究前沿，处处有化学的身影。计算机所需要的高纯硅，原子弹所需的高纯铀、钚的提取，核废燃料的处理都离不开化学工作者的努力；基因工程中基因测序用的是分析化学家提供的多通道毛细管电泳分离技术和激光诱导的荧光分析方法。同时，化学学科还与数学、物理、生物等学科相互渗透、交叉，发展出了化学生物学、化学遗传学、化学蛋白质组学、化学基因组学等新兴学科。

1.2 化学有自己的语言系统

化学在其长期发展过程中形成了自己特有的用于表达和交流的符号体系，简称为化学用语。化学用语包括元素符号、化学式、结构式与化学反应方程式等。它们是由英文字母、阿拉伯数字、加号、等号、箭头和少数希腊字母等组成的。利用这个高度浓缩的语言系统能够准确、简洁地记录和表达极为丰富的化学信息与思想，它使化学家之间能快速方便地交流，这对于化学科学的传承和发展起了不可估量的作用。

1.3 化学是研制新物质的科学

世界是物质的，世间万物，大至天体，小至微生物，无论是无生命的，还是有生命的，都是由化学元素组成的。无论是自然界存在的形形色色的各种物质，还是人类制造出来的琳琅满目的各种产品，都是化学研究的对象。

世界上已有的上千万种物质中，只有小部分是天然存在的物质，大部分都是为满足人们生活和

科学研究的需要而设计和合成出来的化学合成物质。塑料、橡胶、合成纤维、药品、化肥、农药、洗涤剂、化妆品、染料、电器用的导体和半导体、光纤材料等化学合成物质,都是在世界各地科研院所的化学实验室被合成出来后,再由工厂实现大规模生产的。

1.4 化学是一门实验科学

化学是一门以实验为基础的自然科学。化学实验是化学研究的基本方法,是获得化学知识、探索化学规律、认识物质世界的基本手段。化学研究分子、原子层次的物质世界,过去,受技术手段的限制,化学家无法操纵分子,只能通过宏观的实验现象来推测微观粒子的性质和运动规律,今天的化学家已经能够通过实验来进行分子的识别、修饰与合成了。他们通过分析实验与结构测定识别分子,通过分离实验获得分子,通过修饰和合成实验创造分子,通过动力学实验揭示分子重组的规律。

1.5 化学是一门实用科学

化学使生活更美好。化学是一门应用性和实践性很强的科学,它与实际生活联系非常密切,化学知识渗透在生产、生活的各个方面。今天人类高度的物质文明离不开化学的贡献。没有化肥和农药,也许世界上半数人会饿死;没有各种抗生素和大量新药的合成,人类不能有效控制各种疾病,平均寿命就要缩短25年。随着化学科学的迅猛发展,人们在不断地享受着化学给人类带来的益处,化学工业为国家提供大量的钢铁、有色金属、塑料、纤维等原料,为航天航空等尖端科学提供了特殊性能的材料。化学帮助我们合理利用各种能源,为消除公害,保护环境作出了贡献。

2. 化学学科新课改理念

2.1 关注学生终身发展的需要,提高学生的科学素养

化学新课程以学生的发展为本。在培养学生基础性学力的基础上,重视培养学生的发展性学力和创造性学力,使学生能适应社会生活。为此,化学课程注意引导学生正确地了解科学过程、科学方法,了解科学、技术与社会的关系,了解人和自然的关系,学习科学思想,养成科学精神,形成科学态度,树立正确的世界观、价值观和科学观,提高科学素养。

为提高学生的科学素养,化学新课程引导教师改变传统课程过于注重知识技能传授的倾向,强调科学过程和方法,重视情感态度与价值观的教育,使学生获得化学知识和技能的过程也成为理解化学、进行科学探究、联系社会生活实际和形成科学价值观的过程。

2.2 关注学生个性发展的需要,提供可选择的课程

化学新课程面向全体学生,尊重学生的个性,尊重不同学生的需求,正视学生的差异,以多种方式增加课程的可选择性,给每一位学生提供平等的、可选择的学习机会,满足学生发展的多种需求,使他们都能具备适应现代生活及未来社会所必需的化学知识和技能,掌握正确的方法,形成正确的态度,具备适应未来生存和发展所必备的科学素养,同时又注意使不同水平的学生都能在原有基础上得到良好的发展。

中学化学新课程为学生提供了基础型、拓展型和研究型三类不同的课程。基础型课程着眼于促进学生基本素质的形成和发展,体现国家对公民素质的最基本要求,是全体学生必修的课程。拓展型课程着眼于培养、激发和发展学生的兴趣爱好,开发学生的潜能,促进学生个性的发展,是一种体现不同要求,具有一定选择性的课程。研究型课程旨在培养学生的创新精神、研究与实践能力、合作与发展意识,是学生采用研究性学习方式,发现、提出、探究和解决问题的课程。

2.3 关注学生适应时代发展的需要,精选课程的内容

化学新课程关注学生已有的经验,从学生熟悉的生活实际出发,让学生感受并进一步认识化学与日常生活的密切关系,逐步学会分析和解决与化学有关的一些简单的实际问题,做到学以致用。

化学新课程注意化学与生产和科技的密切联系。中学生会接触到很多与化学有关的社会问题,要将这些社会问题作为一种背景、一种课程资源,让学生在熟悉的情境中学习化学,使学生在获得化学知识的同时,对化学科学在人类社会进步和可持续发展中的重大作用、意义以及可能产生的负面影响有所认识,懂得运用化学知识和方法去预防和治理环境污染,增强保护环境、合理使用自然资源的意识和社会责任感。

化学新课程注意反映现代化学的特点、化学科学的新发展,相信化学为实现人类更美好的未来将继续发挥它的重大作用。注意发挥化学课程对培养学生人文精神的积极作用,通过介绍我国对化学科学的贡献,介绍科学家的科学态度和科学方法,把科学精神和人文精神统一于课程的文化内涵之中,使科学和人文走向融合。注意化学与其他学科的内在联系,通过有关内容的纵向联系和横向综合,使学生的认识更全面、更深入。注意化学学科教育的职业导向,注意对学生参加生产劳动和进一步学习所必需的化学基础知识的选择。

2.4 关注学生的学习过程,提倡多样的学习方式

化学新课程注重促进新的学习方式的形成。科学是以探究为基础的,学生学科学的中心环节也应该是探究。因此应该尽可能地提供机会让学生在他们力所能及的范围内从事科学探究,让学生有更多的机会主动地体验探究过程,在知识的形成、联系、应用的过程中养成科学的态度,获得科学的方法,在"做科学"的探究实践中逐步形成终身学习的意识和能力。

化学新课程注重加强实践和实验环节,努力培养学生的实践能力。提倡通过改变教学方式和学习方式,增加学生对科学探究等活动的感受和体验。重视发挥化学实验在科学探究中的教育教学功能,提高学生的实践能力,改革演示实验和学生实验,提高研究(探究)性实验的比例。

注重课堂内外相结合,通过组织学生阅读、讨论、参观、访问、辩论等多种途径,使学生在学习过程中学会查找、分析、整理、汇总资料以及学会表达自己的观点,鼓励他们追求真理,培养他们的合作精神和社会责任感。

2.5 关注学生的学习表现,开发多元的评价方式

化学新课程把评价作为学习的一个重要组成环节,强化教学评价的激励机制,开创与课程目标和学习活动相对应的全方位、多样化的学习评价方式。化学新课程为每一位学生的发展提供多样化的学习评价方式,既考核学生掌握知识、技能的程度,又注重评价学生的科学探究能力和实践能力,还关注学生在情感态度与价值观方面的发展。在教学过程中,力求使更多的学生学会反思和自我评价。

化学新课程倡导评价目标的多元化和评价方式的多样化,坚持终结性评价与过程性评价相结合、定性评价与定量评价相结合、学生自评与他人评价相结合。既要促进全体学生化学素养的共同发展,又要有利于他们的个性发展;既要着眼于帮助学生掌握化学基础知识、基本技能和基本方法,又要重视学生的终身学习能力,使学生认识科学的本质,理解科学、技术与社会的相互关系,提高综合应用化学知识解决实际问题的能力。

通过以上的五个关注,化学新课程力求让每一位学生都能以轻松愉快的心情去认识多姿多彩、与人类息息相关的化学,积极探究化学变化的奥秘,形成持续的化学学习兴趣,增强学好化学的自信心。

3. 化学学科评课内容的案例分析

课例介绍

本节课是上海市建平实验中学吕彩玲老师,2008年上半年为上海市教育资源库拍摄的二期课改示范课。课题内容为上海市二期课改初三化学教材第五章《初识酸和碱》第二节《酸的性质研究》。

教学目标

(1) 知识与技能

① 了解浓盐酸的挥发性和浓硫酸的脱水性。

② 通过实验,巩固实验基本操作技能,理解酸与碱性氧化物的反应。

③ 掌握稀酸溶液的通性。

(2) 过程与方法

① 学会运用观察、实验等方法获取信息。

② 学会运用比较、归纳和概括等方法对信息进行加工,提高解决问题的能力。

(3) 情感态度与价值观

通过亲自动手实验,获得亲自参与、探究的体验,增强探究的兴趣。

教学重点与难点

(1) 重点

掌握稀酸溶液的通性。

(2) 难点

理解酸与碱性氧化物的反应原理。

课堂实录

教师:今天我们要学习酸的性质,谁想跟我合作完成一个实验?

实验:学生和教师同时操作,分别将稀硫酸和浓硫酸倒入两杯蔗糖中,搅拌,现象迥然不同。

教师:我的黑面包新鲜出炉啦! 为什么他就没有做出来呢? 我们到两组对照实验中去寻找答案!

幻灯:以图示呈现实验的内容。

(1) 向柠檬酸溶液与晶体中分别放入镁带。(2) 浓、稀盐酸的挥发性实验。

实验:(略)

教师:哪个小组来描述第一个实验的现象? 那么这个实验可以说明什么呢?

学生:(略)

教师:酸的性质一般要在水溶液中才能体现出来。

教师:谁来描述第二个实验的现象?

学生:(略)
教师:同样是盐酸,性质却有所不同,这个实验告诉了我们什么呢?
学生:(略)
教师:同种酸,浓度不同,性质可能不同。
教师:刚才黑面包的奥秘就在此,因为浓硫酸有脱水性,能使蔗糖、纸张等物质炭化变黑。黑面包实验证明了浓硫酸的脱水性,稀硫酸没有脱水性。通过这三组对比实验,能说明什么呢?
学生:(略)
教师:同种酸性质可能不完全相同。稀盐酸和稀硫酸是实验室中常见的两种酸,先来回忆一下,盐酸能与哪些物质发生反应呢?
(学生对几种物质的回忆的顺序可能因班而异)
学生:酸碱指示剂。
教师:硫酸能使紫色石蕊变色吗?
教师:与酸碱指示剂反应是酸的一个通性。
板书:酸碱指示剂。
教师:盐酸还能与哪些物质发生反应呢?
学生:与碱中和。
教师:在生活中有很多酸碱中和的应用。考考大家的眼力,方程式有没有错误呢?
幻灯:(1)氢氧化铝中和胃酸。(2)熟石灰改良酸性土壤(假设土壤中含有硫酸)。
学生:寻找方程式中的错误。
教师:无论是盐酸还是硫酸都能与碱发生中和反应,这是酸的通性之一。
板书:碱。
教师:盐酸还能与哪些物质发生反应呢?
学生:大理石。
教师:板书大理石与盐酸反应的化学方程式。
教师:盐酸会与碳酸钠发生反应吗?
板书:$Na_2CO_3 + HCl \rightarrow$
教师:硫酸会与碳酸钠反应吗?
教师:做个实验就知道啦!
实验:向盛有碳酸钠的培养皿中滴入稀盐酸和稀硫酸。
教师:看到了什么现象?请一位同学来完成这两个化学方程式,其他同学写在练习本上。
学生:板书两个化学方程式。
教师:碳酸钙、碳酸钠属于哪类物质?
学生:盐。
教师:这是酸的又一个通性,与某些盐发生反应。
板书:盐。
教师:还有什么物质能与盐酸发生反应呢?
学生:锌。
教师:酸能与某些金属反应。
板书:金属。
教师:酸与金属的反应,以后我们再详细学习。还有其他的反应吗?稀盐酸和稀硫酸常常用于除去金属制品表面的铁锈,铁锈的主要成分可以看作是氧化铁,这种金属氧化物会与稀盐酸发生反应而被除去。

板书：$Fe_2O_3 + HCl \longrightarrow$

教师：现在，大家可以动手实验，体验一下铁锈是怎样被除去的！

幻灯：以图示呈现实验的内容。

学生：实验。

学生：描述实验现象。

教师：得到棕黄色的溶液是因为氧化铁与稀盐酸交换成分生成了棕黄色的可溶性的氯化铁。盐酸能与金属氧化物反应，稀硫酸能否与金属氧化物反应呢？

板书：$CuO + H_2SO_4 \longrightarrow$

教师：猜测一下反应后可能生成什么？

板书：氧化铜与稀硫酸反应的化学方程式。

教师：我们通过实验验证一下吧！

学生：实验。

教师：你们观察到了什么现象？

学生：描述现象。

教师：为什么会得到蓝色溶液呢？

学生：生成了可溶性的硫酸铜，它的溶液是蓝色的。

教师：请大家看看氯化铁和硫酸铜属于哪类物质？

学生：盐。

教师：像氧化铁和氧化铜这种能与酸反应生成盐和水的氧化物叫做碱性氧化物，能与碱性氧化物发生反应，这是酸的又一个通性。

板书：碱性氧化物。

教师：这就是酸的五大通性，我们可以形象地加以记忆（画出手型）——五指神功。

教师：你们学习了五指神功，有人可要给你们送挑战书了！

幻灯：打出图片。这个"人"就是盐酸！

教师：他将穿过一个极其险恶的迷宫，把挑战书送给你们。迷宫里面有一些吃人的野兽，能与盐酸发生反应的野兽会把他吃掉，哪些野兽会吃掉盐酸呢？现在我们进行小组比赛。

幻灯：呈现比赛规则。

学生：开始比赛。

教师：比赛结束，将前三名的小组写的方程式用实物投影仪投放出来，师生共同评价。

教师：引导学生逐一分析每个反应中"野兽"所属的物质类别。

教师：识破了野兽，你们得帮助盐酸选择一条安全的路线！

学生：一起选择路线，教师描画路线。

教师：现在盐酸走出迷宫了，他要向我们挑战什么呢？

幻灯：利用现有的试剂和仪器，你们能用多少种不同的方法证明我（盐酸）是酸性的呢？

学生：实验。

教师：大家想出了很多方法，操作相对比较简单的方法有哪些呢？

学生：大理石或镁带或石蕊与酸的反应。

教师：还有其他的方法吗？

学生：氢氧化钠与稀盐酸反应，用指示剂显示反应的情况；硫酸铜与氢氧化钠反应产生蓝色沉淀，向其中加入稀盐酸，沉淀会消失。

教师：五指神功里有现象的反应才能被用来证明盐酸的酸性。非常好，大家的五指神功已经练到出神入化的境界了。请思考一个问题：同种酸性质会有所不同，而不同的酸为什么会具有通性呢？

学生：它们都是由氢元素和酸根组成的。

教师：很好！物质的结构决定性质。酸的结构相似，就会有共性。而酸根的不同也会使它们表现出个性，今后我们再进行深入的学习。

课堂教学点评

酸的性质研究属于初中化学基础型课程中的必修部分，是学生在学习了氧气、氢气和碳的基础上，对元素化合物知识的进一步学习，是比较重要的，也是学生学习难度较大的一个教学内容。本节课具有以下特点：

（1）教学目标达成度高

通过课堂教学，我们可以看出，对于每一个知识与技能目标，吕老师都精心设计了相应的教学环节来加以落实，突出重点、突破难点的措施比较巧妙、得当。吕老师通过设计对照实验、小组合作、竞赛等多种教学活动，落实了知识与技能目标，同时，潜移默化地将过程与方法、情感态度与价值观目标伴随着教学内容来落实，实现了三类目标之间相互促进的良性互动。

（2）教学设计构思精巧、逻辑严密

① 课的引入：以奇激趣

在课的引入部分，吕老师采用了以奇激趣的策略，创设了一个与学生一起做对照实验的情境：浓、稀硫酸分别与蔗糖混合后，产生了不同的现象。不同的现象使学生非常好奇，从而激起了学生浓厚的探究兴趣，引发了学生的质疑和积极思考，调动了学生进行后续探究的积极性。

② 以旧引新，适时扩展，从个别到一般，突出重点

在落实第二个知识目标"酸的通性"时，吕老师采用了以旧引新的教学策略来展开这部分内容的教学。由于学生在前面的学习中已经了解了盐酸和硫酸的一些性质，这些知识为学生系统掌握酸的通性作了铺垫。以旧引新的教学策略能帮助学生在原有的认知结构中为新知识找到联系点，使学生能轻松地内化这些新知识。

在得出酸的通性的过程中，教师精心设计问题，适时引导点拨，将学生原有知识结构中个别、零散的关于酸的性质的知识点加以扩展、丰富，形成酸的通性的知识网络，并通过书写方程式、演示实验等手段来加以巩固，帮助学生实现了对酸的性质的认识由个别到一般的深化过程。这也是对学生进行由个别到一般的科学方法教育的良好载体，有利于培养学生的发散思维。在教学过程中，由于教师的引导、点拨得当，学生的回答都很到位，效果良好。

③ 实验探究和验证，突破难点

在酸的通性中，酸与碱性氧化物的反应学生在前面没有接触过，属于新知识，需要重点展开，这里吕老师将教材中的两个平行的学生实验分成两次来做，第一次先从盐酸除铁锈的用途出发，进行实验探究，为探究实验，第二次为验证实验，验证硫酸也能与氧化铜发生反应，改动以后的教学设计体现了科学探究的过程，使得教学更加丰富，具有层次感，更加符合课改的要求。

④ 设计挑战和任务，将所学知识加以巩固和应用

在完成了学生对酸的通性的知识建构以后，为巩固学生对酸的通性的理解，促使学生将知识从理解层面向应用层面转化，吕老师设计了盐酸走迷宫送挑战书的环节。同学们帮助盐酸走出迷宫的过程，就是应用酸的通性的过程。迷宫已经使学生感到欣喜，吕老师还将走迷宫的活动以比赛的形式展开，进一步调动了学生的积极性。走完迷宫后，同学们接受盐酸的挑战，设计实验证明盐酸显酸性，并亲自动手实验，在这个过程中学生既要运用酸的通性，还要设计实验方案，并亲自动手做实验，这既是对酸的通性的巩固和应用，更是对学生实验设计能力和动手能力的培养。由于教师情境创设得巧妙、有趣，学生兴趣浓厚，思维活跃，设计的实验方案可谓丰富多彩，这堂课很好地达到了预期的教学目标。

⑤ 课的结尾:画龙点睛,追本溯源

结尾部分,在学生对酸的通性有了深入理解之后,吕老师画龙点睛,再次设问:为什么不同的酸会具有这些通性呢?引导学生追本溯源,引出结构决定性质的规律,得出不同的酸具有通性的原因在于结构上的相似性(都含有氢元素),而酸根的不同又导致酸具有个性的结论。这样不但进一步深化了所学的知识,而且为后续的学习打下了基础。

在整节课中,学生先通过三组对照实验去体会,酸所处的环境不同,性质不同。通过回忆酸的性质,和从个别到一般的思维拓展,初步形成酸的通性的知识网络,最后通过竞赛和设计实验,巩固知识,学会应用酸的通性。整节课的教学设计环环相扣,层层深入,主次分明,逻辑严密。

(3) 教学效果良好

从听课过程中我们可以发现,这节课上得非常生动,整堂课听下来,学生始终保持着高昂的兴趣,听者也觉得生动有趣。在整堂课中我们不但能充分地感受到学生强烈的求知欲和良好的师生互动氛围,还能明显地看到学生分析问题能力的提高以及对所学知识的快速掌握及应用能力。"以学生为主体"、"以学生发展为本"的理念得到了真正落实。

能取得这样好的教学效果,是因为教师心中有学生,教师的教学设计充分考虑了学生的特点和需求。

① 结合教材,创设情境,激发学习兴趣

首先,老师为激发学生的兴趣,创设了很多生动的情境。

酸的化学性质属于元素化合物知识,学科性比较强,没有生活化的学习背景,为调动学生的学习兴趣,吕老师对教材进行了创新处理,创设了一些与生产、生活实践相关的教学情境,如盐酸除铁锈、熟石灰改良酸性土壤、氢氧化铝治疗胃酸过多等。此外,吕老师还创设了实验探究情境、竞赛和迷宫游戏情境,还有"五指神功"这种学生喜闻乐见的形象比喻。这些情境让妙趣横生的"动感"化学进入课堂,在游戏中调动了学生的学习积极性,使学生在娱乐中学习并理解了知识,在游戏中拓展了视野,培养了能力。

② 积极倡导自主、探究的学习方式

在创设情境的同时,教师还积极倡导自主、探究的学习方式。在课的开始阶段,由于学习内容是全新的,教师给出实验方案,由学生动手实验,教师通过问题来引导学生描述实验现象、分析实验现象并由此得出结论。而到了巩固应用阶段,教师就给了学生更大的自主探究空间,从实验方案的设计,动手实验的操作,到实验结论的得出,都由学生完成。

对于学生自行探究有困难的内容,教师提供帮助,用问题来启发引导学生,能由学生自己得出的结论,教师绝不包办代替,而是有效地组织和引导学生开展探究学习,使知识的接受与探究相辅相成。这样做,给了学生很大的自主探究的空间,学生在课堂上不再是被动地接受知识,而是积极参与学习,学生在探究的过程中学会了知识,学会了学习。

(4) 教师素养:注重情感渗透,营造宽松氛围

吕老师有着良好的教学机智与教学艺术。她教学语言严谨,同时又很风趣、幽默,有亲和力。她对自己的课堂设计、对学生可能的课堂表现是胸有成竹的,所以她在课堂上表现得非常从容、镇静。她的举手投足,她的充满吸引力的语言,无不透露着亲和力与感染力,无形中营造了一种"和谐"的、充满生命活力的课堂氛围。课堂的和谐还表现在学生与学生的和谐上。通过小组实验、小组竞赛、讨论等环节,教师为学生积极地创造了合作学习的机会,使学生与学生之间建立起良好的合作伙伴关系。学生们从团结合作中学到了知识,学会了交流,学会了倾听、协作与分享。

本节课的教学内容很多,既有具体的盐酸和硫酸的性质,又有酸的通性,教学目标的层次也多,有些知识是 A 级水平,只需要了解,如同一种酸的性质也会有所不同,有些知识如酸的通性,就是 B 级水平,需要学生全面深入理解巩固。这就需要教师对每一个知识点的落实有整体的把握。从教

学过程中我们可以看到,吕老师对课堂教学的把握能力较强,整节课的教学思路清晰、主次分明。

吕老师的学生非常出色,很多环节的讨论和互动非常流畅,整节课的容量比较大,若课时时间比较充裕,这节课的内容也可以分成两节课来上,这样可能能使学生的感受更加深刻。

4. 化学学科评课关注点

4.1 关注教学内容与生产、生活的联系

关注化学学习内容与生活、生产实际的联系,能让学生更多地了解身边的化学,用化学语言来描述和解释生活中的化学问题,有利于培养学生关心社会、关心环境、关心人类的科学精神和人文情怀。

应使学生从化学的角度逐步认识人与自然环境的关系,分析有关的社会现象。帮助学生理解化学对社会发展的作用,使学生能从化学的视角去认识科学、技术、社会和生活方面的有关问题,了解化学制品对人类健康的影响,合理地开发和利用化学资源。增强学生对自然和社会的责任感。使学生在面临与化学有关的社会问题的挑战时,能做出更理智、更科学的决策。

化学新课程为学生提供了大量理论与实际相联系的素材,课程标准中有诸如"调查引起本地区酸雨污染的主要物质"、"调查自来水的质量,饮用水的品种、来源和价格,并进行比较"等等联系生产生活的实例,当然,教师的创造力是无限的,联系生产生活的素材是无限的,在评课时,要关注教师是否有联系生产生活的意识,教学设计是否能根据学生、教学内容的特点,创设生产生活情境,将化学学习置于生产生活的情境之中。

4.2 关注学生的学习方式,让学生学会学习

只有让学生学会学习,才能有利于他们的可持续发展,因此化学评课要关注学生的学习方式。教会学生化学学科的思维方式是使学生学好化学的关键。化学中的平衡思想、能量最低原理、结构决定性质、对立统一等重要思想方法,能使学生对化学现象不但"知其然",而且"知其所以然",并可以帮助学生从本质上去学习、理解和解释化学学科的知识内容。同时,像动态平衡这样的思想方法还具有一定的普适性,在科学和社会的很多方面都体现了动态平衡的思想。

在保留必要的接受式学习方式的同时,新课程标准主要倡导让学生在探究中学习,即倡导探究性学习方式。在评课时,我们要关注教师在教学中能否充分创设各种情境,提供多样的学习方式,来适合学生和教学内容的不同要求,关注教师能否充分发挥学生的主观能动性,在课堂教学过程中让学生有自主探索、合作交流、积极思考的活动空间和机会,关注教师是否倡导学生主动参与、勤于动手,培养学生搜集处理信息的能力、获取新知识的能力、分析和解决问题的能力以及交流与合作的能力,从而让学生在学习知识的同时学会学习和探究的方法。

4.3 关注教学情境的营造

建构主义理论认为,学生学习不是被动地接受教师的知识传授,而是对知识进行主动加工,建构自己的意义。学生知识建构的过程是不可能由别人来替代的,必须借助于学生自己已有的知识经验与这些新知识之间发生交互作用来完成。因此,在教学过程中,教师要根据学生、教学内容和教学环境的特点,营造各种有利于学生主动学习的情境,激发学生学习的兴趣与动机,让学生在具

体的情境中,通过观察、模仿、实践等方式获得体验,建构知识,学会学习和应用。因此课堂教学评价要关注学生在情境中学习、建构知识的情况。

4.4 关注课堂评价方式

化学课程标准对学生的学业评价注重评价与教学的协调统一,强调过程评价与结果评价并重。特别强调评价的诊断与发展功能,强调评价的内在激励作用,重视学生的自我评价。这样可以强化学生的学习自信心,培养他们的反省认知能力(学会反思和自我评价),促使他们主动发展。

在评课过程中,我们可以通过教师的课堂评价行为来观察教师的评价观。如评价主体是否多元化,评价主体多元化即可以由教师对学生作出评价,也可以引导学生共同参与评价;对学生的评价是否从知识与技能、过程与方法、情感态度与价值观三个维度全面展开等。

生命科学学科

1. 生命科学学科特点

生命科学是研究地球上所有生命现象和生命活动规律的自然科学,有其不同于其他学科的特点。

1.1 生命科学是系统性很强的学科

首先,生命是一个复杂的开放系统,是在同环境进行物质交换的过程中呈现输入和输出、自身物质组分的组建和破坏才能存在和发展的系统。"生命的形式不是存在着,而是发生着,它是有机体同时又是组成有机体的物质和能量的永恒流动。"这个开放系统的重要特征是稳态(流动的平衡,不是封闭系统中的真平衡)、自主和自组织性,处处表现出有机体的自我调整。生物大分子不管多么重要,其本身不具备生命属性,只有形成细胞这样的复杂系统(病毒没有细胞结构,必须依赖活细胞而生存),才表现出生命现象。没有活的分子,只有活的系统。生命是系统活动的整体表现,整体不是部分的线性叠加,而是非线性的动力系统。

其次,整个生物群体就是一个大的系统。世界上的事物都自成系统,大至宇宙,小至原子,无一例外。生物也是如此。从生命结构的层次来看,可分为分子水平(生物小分子、生物大分子)、细胞水平(细胞显微结构、亚显微结构)、个体水平(细胞、组织、器官、系统、个体)和群体水平(生物种群、群落、生态系统、生物圈)等不同层次上的系统。每个系统内部有其各自不同的规律和特点。系统与系统之间又有紧密的联系:大系统由小系统组成,小系统又受大系统的制约和影响;生物体各器官系统之间又是相互制约和相互依存的,例如人体的运动、感觉、消化、循环、呼吸、排泄系统及其各器官的协调都是通过神经系统和内分泌系统来调节的。

1.2 生命科学是具有丰富哲学内涵的学科

生物学反映了许多自然界的规律,同时也印证了自然辩证法的许多思想。
(1) 生命活动具有其物质基础
生命现象是奇特的,但生命活动不会凭空进行,生命活动是有其物质基础的。无论是非细胞结构的病毒,还是有细胞结构的原核生物、真核生物,无论是低等的菌类、藻类,还是高等的动物、植物,无一例外都是由各种化学元素组成的。构成生物的各种化学元素,在无机自然界中都可以找到,没有哪一种是生命物质所特有的。

细胞的分裂、生长与分化所需要的能量也不是凭空产生的,而是依赖于高能化合物(ATP),利用蕴藏在糖、脂肪、蛋白质等分子的化学键中的化学能生成的。因此,应该从唯物的角度来看待生命活动。

(2) 生命物质是不断运动的

世界上所有的物质,都永远处于不断的运动之中。运动是物质不可分离的属性。对于生命物质来说,也是如此。任何系统的存在和发展,必然是开放的、运动变化的,封闭将导致系统的崩溃和灭亡。生命系统是个开放系统,生命必须与周围环境发生错综复杂的作用,与环境之间必须有物质能量的交换,这样,生命才能得以维持和发展。

新陈代谢就是生命运动的表现形式。在每一个生物体内,构成生命本质的物质在不断地自我更新。新陈代谢有不同的层次:最基本的是分子水平的代谢,包括生物细胞内各类有机物的更新;其次,是细胞水平的代谢,细胞通过不断的增殖和死亡进行更新;第三是生物个体水平的代谢,主要表现是生物体的自我更新;最后是群体水平的代谢,包括种群、群落、生态系统的自我更新。

(3) 生命运动是矛盾的运动

生命的运动是矛盾的运动。生命科学中涉及到许多相互对立的概念,如:生命物质内部包含着同化与异化两个同时进行的相反过程。同化过程是物质合成、能量贮存的过程,异化过程是物质分解、能量释放的过程。二者是相互对立的,但又是相互依存、相互联系的。在两个过程中都有物质和能量的变化,同化是异化的基础,异化是同化的动力。新陈代谢的实质是生物体在存在的基础上的不断自我更新。正是同化和异化过程既对立又统一的存在,才推动生命物质的运动和变化发展。这种矛盾运动一旦停止,生命也就完结了。另外还有光合作用和呼吸作用的对立和统一,遗传与变异的对立和统一等。

(4) 由量变到质变

生物体的许多变化都有一个由量变到质变的过程。以遗传与变异为例,细胞分裂之前,细胞内物质逐步积累,细胞由小变大而至成熟,这是一个量变的过程。当量变达到一定的程度,就会引起质变,细胞就会进入分裂阶段而形成两个新的子细胞,这就是质变的过程。从细胞分裂过程中的分裂间期看,细胞似乎是静止的。而实际上,这时的细胞内部正发生着很复杂的变化,细胞内的遗传物质 DNA 正在进行有关蛋白质的合成以及 DNA 的复制,当这些都完成以后,即完成了量变的过程,此时的染色体发生了质的变化,而形成带有两条姐妹染色单体的染色体了。这就是由量变到质变的过程。

1.3 生命科学学科是包含进化论思想的学科

生物学中包含了进化论的思想,生物的存在与发展被认为是从低级向高级进化的结果,是对自然适应的结果。

(1) 生物体结构是与其功能相统一的

生物体所有的结构都有与其相对应的功能,特殊的结构势必具有特殊的功能。例如,茎的结构与其输导水分、无机盐和有机物的生理功能相适应;细胞内各细胞器的特殊结构与其不同生理功能相统一;DNA 分子碱基互补的双螺旋结构与遗传物质复制和传递相统一;细胞膜的磷脂双分子层和蛋白质的镶嵌结构是与细胞膜的选择透性相统一的。

(2) 生物体对生活环境的适应

在教学的过程中不能忽视环境对生物体的影响。生物的冬眠、夏眠是生物对不良气候的适应；寄生虫消化系统的退化是对其寄生生活的一种适应；海葵和寄居蟹、超鞭毛虫和白蚁的共生说明了生物体与环境的相互依存和相互影响的关系。

1.4 生命科学是与实践紧密联系的学科

生物学与实践有着紧密的联系。例如，在生命科学学科教学中，结合对基因性状的控制，可以联系基因工程在农业上的应用；结合遗传的基本规律，可以联系小麦、玉米的育种，家兔、家禽的配种、优选、提纯复壮；结合基因突变，可以联系人工诱变在育种上的应用；结合染色体变异，可以联系单倍体育种和多倍体育种在实践中的应用。

1.5 生命科学是有其独特研究方法的学科

生命科学是实验科学，而生命现象具有区别于物理、化学现象的独特性，它不能用完全正规的物理概念为依据来解释。从这一角度来说，生命科学的研究方法在兼容物理学、化学的方法的基础上，仍有它的独特性。因此，把对生命现象的研究最终还原为简单的物理或化学过程，归结为物理或化学原理，是不妥的。因此，要揭示生命现象的本质，必须研究具有活力的有机体，脱离生命有机体，孤立地、单纯地去研究化学反应，试图寻找生命现象的本质属性，那是不可能有结果的。研究活的有机体，是研究生命科学的根本方法。

2. 生命科学学科新课改理念

课改理念反映了人们对生命科学学科的一种认识。根据生命科学学科特点，课改提出了以提高全体学生生命科学素养为核心的新理念。内容包括提高生命科学素养，关注全体学生的终身发展；强化科学探究，提倡学习方式多样化；实施科学、技术和社会相结合的教育；加强与信息技术的整合。

2.1 提高生命科学素养，关注全体学生的终身发展

科学教育的基本任务是培养学生具备必备的、可持续发展的科学素养。生命科学是自然科学的一部分，因此生命科学教育的根本任务就是培养学生的生命科学素养。生命科学素养是指学生通过生命科学课程的学习，在今后的个人生活和社会实践中具备对生命科学信息的认识和理解、表达与交流、预测与判断、探究与创新等方面的能力，基本养成科学健康的行为习惯和生活态度，形成人与自然和谐统一的观念、可持续发展的观念、进化的观念，增强社会责任感和使命感。

关注全体学生的终身发展，首先是指生命科学教育关注的对象应该是全体学生，无论学生之间的差异如何，都应赋予他们同等的学习生命科学的机会，使他们得到尽可能好的生命科学教育，使全体学生的生命科学素养得到充分发展。其次，生命科学教育应关注学生的终身发展，尽量满足每个学生对生命科学知识的需要。第三，在考虑全体学生发展的同时，也应满足不同学生的学习需求，根据学生的实际情况因材施教，关注有特殊需求和爱好的学生，开发他们的潜能，促进他们的个性发展。

2.2　强化科学探究，提倡学习方式多样化

科学探究包括两个方面，一是科学探究活动的基本程序，二是科学探究精神。无论是做科学家还是做一个普通公民，都需要了解科学探究的基本程序，具备科学探究精神。同时，科学探究过程作为学生的学习方式具有促进学生发展的内在价值。如科学探究的学习过程能有效保持学生对自然的好奇心，激发他们的求知欲；促使学生主动构建自己的科学知识与技能网络，习得科学探究的思维方式及获取信息的方法；同时有利于学生更多地接触社会与生活。

课改新理念在强化科学探究的同时，还提倡学习方式的多样化，变单一的接受式学习为接受与体验、研究、发现相结合的学习，变单一的个体学习为自主与小组合作交流相结合的学习。在具体的教学过程中，可根据教学内容的特点、学生的学习水平和年龄特点等，选择包括接受式、探究式、自主式、合作式等在内的多样化的学习方式，同时还应注意处理好各种学习方式之间的关系。

2.3　实施科学、技术和社会相结合的教育

实施科学、技术和社会相结合的教育旨在培养了解社会、致力于社会发展的科学家和技术人才；培养了解科学技术及其作用并能参与涉及科学技术的决策的公民。随着生命科学的发展，这一点显得越来越紧迫。因此，生命科学教育应体现科学、技术和社会相结合的教育思想，生命科学教育应与人类的日常生活相结合，使学生在学习过程中理解科学、技术和社会的相互关系，懂得如何用学过的生命科学知识解释生活和自然中的一些现象，解决与生命科学有关的社会问题。

2.4　加强与信息技术的整合

加强与信息技术的整合的主要目的是利用信息技术，优化生命科学课程的教学过程，改善生命科学课程的教学效果，从而提高学生的科学素养。在生命科学教学中，利用信息技术作为教师的教学工具，可创设由多媒体、超文本等方式集成的多种情境，激发学生探究的兴趣，加强学生对学习内容的理解，提高教学效率。借助于信息技术，可以营造自主、合作、探究等学习方式所需的学习环境，促进学生学习方式的完善。同时，在网络环境下进行教学，使教学具有极强的交互性，可促进师生、生生间的交流。

3.　生命科学学科评课内容的案例分析

课例背景介绍

本节课是上海市浦东教育发展研究院胡向武老师在2007年浦东首届教学展示周上执教的一节教研员探索实践课。课题内容为上海市二期课改高中生命科学新教材第二册第六章第一节《遗传信息》的内容。

教学案例

教学设计说明：

（1）教学内容分析

"DNA分子结构"是经典生物学的内容之一，属于学科核心知识，理论性强，相对来说比较枯燥，但这部分内容又很重要，是学生后续学习遗传物质复制和转录的知识基础，也是学生理解生命世界的基础，因此要求学生对DNA分子结构的掌握达到理解程度，也就是说，通过这一内容的学习，学生能阐述DNA分子结构及特点，并能利用这一知识解释生命世界丰富多彩的原因。

(2) 学生分析

学生通过前面内容的学习已经知道了 DNA 是主要的遗传物质,知道了遗传物质应具备的特性,也知道了核酸的化学组成和结构单位,这为本节课探究 DNA 分子为何能存载大量的遗传信息,究竟有何独特的结构,作了知识铺垫。但学生对 DNA 分子结构这一重点知识还是比较陌生的,尤其是学生的有机化学知识相对缺乏,从化学角度理解双螺旋结构等概念有一定困难,教师要在教学中给学生铺设好台阶。

(3) 设计思路

根据上述分析和新课程对三维目标的要求,本节课采取探究式教学法,加强教学中的过程和方法的设计。具体做法:将科学家研究 DNA 分子结构的史料有机地整合到教学过程中,从科学史中抽提出符合学生认知水平的核心问题,如:在学生已知晓 DNA 分子是由多核苷酸链组成的之后,提出问题"为什么不管 DNA 分子从哪里取来,里面的 A 和 T、C 和 G 的数目都是一样的? 在什么情况下最可能使每一个 DNA 分子的 A 和 T、G 和 C 的数目相等"(可能成对出现),追问"为什么 DNA 分子中的碱基能成对出现? A 和 T、G 和 C 之间究竟存在着怎样的联系"(A 和 T、G 和 C 碱基分子之间产生一种氢键相连),"如果碱基配对出现,那么 DNA 分子结构中最可能是几条链",这一系列环环相扣的问题,引发学生对 DNA 分子结构的分析和思考,进而帮助学生推测出 DNA 分子结构,这种做法不仅让学生知道了 DNA 分子结构,更让学生知道了这一知识产生的过程,培养学生根据现象分析问题的能力。在这一分析的过程中,结合多媒体图片、录像以及实物模型等,营造探究氛围,化抽象为具体,让学生观察、分析和思考。如:氢键的相关内容不是重点,却是难点,对于这部分内容,教师通过录像让学生观察科学家是如何利用模型从化学角度分析碱基分子,发现碱基之间的化学联系即氢键的,短短三十秒的录像,既可以形象地让学生明白碱基分子通过氢键配对这一知识,又很自然地引发学生从化学角度对 DNA 分子结构进行思考。最后,在分析和推测的基础上,再利用模具对学生所推测的 DNA 分子结构进行搭建,加深学生对 DNA 分子结构的理解,培养学生的动手能力。

因此,上述对 DNA 分子结构的分析、推测和搭建成为本节课的重点,也是难点,但是对 DNA 分子结构的学习不应仅仅停留在对 DNA 分子结构本身的了解上,更重要的是让学生利用 DNA 分子结构解释 DNA 分子作为遗传物质应具备的特性(即稳定性、特异性和多样性),引导学生对生命现象进行思考,从而让学生感受到 DNA 分子结构发现的伟大意义,体验生命的神奇和精巧,使学生的情感得到升华。

最后,作为教学延伸,通过问题"世界上的生物千差万别,与它们相对应的 DNA 分子碱基序列是不是也能千差万别呢"和"作为遗传信息的碱基序列如何准确无误地传给下一代? 碱基互补又给了我们怎样的启示",从知识的内在联系上引起学生对四种碱基的排列顺序和 DNA 分子复制和转录的关注,为学生的后续探究作铺垫。

教学设计介绍:

(1) 教学目标

① 知识与技能

a. 能说出 DNA 分子的结构单位和组成成分。

b. 能阐述 DNA 分子的双螺旋结构及其特点。

c. 能根据双螺旋结构解释 DNA 的分子特性(稳定性、特异性和多样性)。

② 过程与方法

a. 学生在分析材料和推测 DNA 分子结构的过程中,提高科学思维能力。

b. 学生在搭建 DNA 分子双螺旋结构的过程中,提高观察能力和动手能力。

③ 情感态度与价值观

学生通过对DNA分子双螺旋结构的学习,感受DNA分子结构的精巧和严密,体验生命的神奇,进而产生对生命的热爱和敬畏之情。

(2) 教学重点

DNA双螺旋结构的推测及其特点

(3) 教学难点

DNA双螺旋结构的推测

(4) 教学过程

① 由遗传现象引入课题

自然界的生物千差万别,但从最小的病毒到大型的哺乳动物,不论哪一个种类,都毫无例外地可以把自己的性状一代一代地传下去,这是为什么呢?到底是什么物质控制着生物的遗传呢?通过上一节课的学习,我们已经知道它是哪一种物质?(生:核酸,主要是DNA。)那么,DNA到底是一种什么样的物质?为什么它能控制各种生物的遗传性状?这肯定与它的特殊结构是密不可分的。今天我们就一起来探索DNA分子的结构。

② 结合旧知回顾,师生共同分析DNA分子的化学结构

a. 教师讲述:20世纪50年代初,人们已经认识到DNA是一种生物大分子,像蛋白质一样也有结构单位。

教师用谈话法引导学生回顾以下问题:

DNA分子的基本组成单位。

DNA分子的组成成分:磷酸、脱氧核糖、含氮碱基。

b. 运用多媒体技术,师生共同探讨脱氧核苷酸的构成,教师用多媒体进行演示。

c. 运用多媒体技术,师生共同探讨核苷酸之间的连接方式。

d. 学生两两一组,动手搭建5个脱氧核苷酸并连接成一条多核苷酸链。(教师事先说明模具各个零部件所代表的成分结构。)

e. 根据科学史中DNA分子研究的有关资料,让学生分析、推测并搭建出DNA分子平面结构。

▲ 不管DNA分子从哪里取来,里面的A和T、G和C的数目都是一样的。

提问:在什么情况下最可能使每一个DNA分子的A和T、G和C的数目相等?学生讨论和交流,教师给予适当的引导,得出结论:最可能的情况是A和T、G和C成对出现,即配对。

▲ 由问题"如果上述推测正确,那么为什么DNA分子中的碱基能成对出现?A和T、G和C之间究竟存在着怎样的联系",引导学生关注碱基的化学结构,分析得出A和T、G和C按照某种角度靠近时会产生一种弱键相连的结论,这种弱键就是氢键。

▲ 由问题"A和T、G和C之间如果通过氢键配对,那么最可能是几条链",引导学生得出DNA分子最有可能是双链的结论。

教师提示:如果是两条链,而且碱基之间是配对的,那就意味着一条链的碱基确定了,另一条链的碱基也可以确定。让学生读出前面所搭建的多核苷酸的碱基序列(教师板书序列,为后续研究DNA分子结构中的遗传信息是碱基序列作铺垫),写出另一条链的碱基序列。

学生根据上述分析,两组合作搭建出所推测的DNA模型,教师巡视学生制作情况,并作简要评价。

③ 根据科学史中对DNA分子的有关研究,阐述DNA分子为双螺旋结构——空间结构

a. 教师阐述:科学家经过研究分析,确认DNA分子并非是所搭建的平面结构,而是双螺旋结构。

b. 教师演示:将DNA平面结构右旋、压缩成立体模型。

c. 学生尝试做螺旋结构模型。

④ 师生共同总结DNA结构的特点
a. 两条长链反向平行向右盘旋成双螺旋结构。
b. 脱氧核糖和磷酸交替连接,排列在DNA分子的外侧,构成基本骨架,碱基排列在内侧。
c. 碱基互补配对。
"旋转楼梯":扶手——由脱氧核糖和磷酸相连而成。踏板——分别连在两边脱氧核糖上的两个碱基。
⑤ 教师引导学生认识DNA分子结构的特性
利用学生搭建的DNA模型:
a. 从"不同生物体中的DNA分子的化学组成和空间结构都是一样的"这一角度,引导学生认识到DNA分子结构的稳定性,也就是生命的同一性。
b. 提问:既然不同生物体中的DNA分子的化学组成和空间结构都是一样的,那不同之处在哪里呢?针对这一问题,学生观察手中的DNA分子模型并思考:每组的碱基序列是否一致?
解释:每一种生物的DNA分子都具有其特定的碱基排列顺序,这种特定的碱基排列顺序就构成了DNA分子自身严格的特异性。世界上没有两种生物碱基的排列顺序是相同的,也就是说,有多少种生物,DNA分子碱基就有多少种排列方式,这就是DNA分子的多样性。
⑥ 引导学生感受DNA双螺旋结构的伟大和生命的神奇
根据上述分析,学生思考并回答一开始提出的问题:DNA分子作为遗传物质其遗传信息藏在哪里?
不同的碱基序列蕴涵着不同的信息——遗传信息。原来生命的信息藏在碱基序列中,这就从分子层面上揭示了遗传的奥秘,这是DNA双螺旋结构发现的伟大之处。不同的生物所蕴藏的遗传信息不同,实际上是碱基序列不同,区区四种碱基犹如五线谱上的音符,排列不同就会演奏出不同的生命乐章,演绎出丰富多彩的生命世界,可见生命的神奇和精巧。
⑦ 教学延伸
a. 世界上的生物千差万别,与它们相对应的DNA分子碱基序列是不是也能千差万别呢?
b. 作为遗传信息的碱基序列如何准确无误地传给下一代?碱基互补又给了我们怎样的启示?

教学点评:
"DNA分子结构"属于分子生物学的内容。这是一节理论性非常强,内容很抽象的课。胡老师能把它上得非常成功,实属不易。

首先,胡老师对教材理解得很深刻。她不但理解了本教材在整个教学中的地位和作用,同时也把握了本教材知识的内在联系和重点,并理出了便于学生学习的"知识序"。

第二,能按照学生的认知规律,将"知识序"转变成学生的"认知序"。

她从生物的遗传现象入手,非常自然地导出本节课需要探究的问题——作为主要遗传物质的DNA分子,究竟具有什么样的结构?接着,通过回顾第一册学过的有关核酸和DNA的一些基础知识,引导学生循着科学家探究DNA分子结构模型的思路,一点一点地探索和思考,并佐以学生搭建模型的活动。从脱氧核苷酸组成多核苷酸链,再从多核苷酸链到DNA分子的平面结构,最后到DNA分子的立体结构——DNA分子双螺旋结构,非常严密、非常形象、非常生动地把学生带入一个科学探究的殿堂,让学生体验、享受科学研究的乐趣。本课最大的亮点在于问题设计,问题直接指向了本节课的核心知识,同时又非常好地启发了学生的思维,引导学生探究DNA分子双链之间的联系,让学生在问题的分析和解决中理解DNA分子的双螺旋结构。整个过程演绎得淋漓尽致,这节课上一些深奥的科学知识和科学道理,成了学生自己"劳动的成果"。学生在接受前人的知识的同时,自身的能力得到了极大的锻炼和提高。也就是说,胡老师的这节课充分体现出了上海市二期课改的理念。

第三，在这节课上胡老师非常自然、非常贴切地融入了生命教育。如引导学生通过探究，领略DNA分子结构的精致和神奇，体会科学家探索科学"奥秘"的精神，让学生印象深刻。使DNA分子结构的学习落脚点不只是局限于结构的本身，而是通过这一知识的学习启迪学生对生命的感悟和认识，自然又贴切，效果非常好。

第四，本节课采用谈话、思辨、探究，以及学生搭建分子结构模型等多种教学方法，恰到好处。体现了多种教学方式的有机整合，在该探究的地方放手让学生探究，在该讲解的地方由教师讲解，传统教学和探究教学结合得非常好，达到了很好的教学效果。整节课思路清晰、布局合理、详略得当，同时时间把握得非常好。DNA分子结构内容比较枯燥和抽象，教师通过问题和DNA分子结构模型的搭建，让学生动起来了，使学生在体验、思考和动手中学习这一知识，效果很好。

第五，本节课充分体现了学科与信息技术的整合。课上所用的PPT和录像，都恰到好处，如关于DNA分子双链的碱基之间是怎么通过氢键连接起来的一段只有十几秒钟的录像，使课一下子升华，达到一个高度，效果极佳。这充分体现出所用媒体的特点和不可替代性。

第六，采用让学生动手搭建分子结构模型的方式，让学生在做中学。将做与学有机结合，有助于学生对知识的理解，同时更有助于学生兴趣的激发和能力的培养。

总之，本节课上得很好。它是一次宣传和落实上海市二期课改理念的活动，同时，它也是教研员在全区生物教师面前展示风采的机会，更为我们今后的教研工作开创了一个新的局面。

4. 生命科学学科评课关注点

生命科学学科评课是教师们转变教育观念，总结教学经验，提高教学水平，提升教学素养，以利于改进课堂教学，更加生动活泼地进行教学的重要抓手。可是，短短几十分钟的一节课，却是一项相当复杂的系统工程，它包含的信息、发生的变化实在是多种多样，错综复杂。阐述评课这个问题，需要回到对课堂教学本质过程的判析上来。

学生是学习的主人，课堂教学的目的是让学生学会学习。学生的学的愿望，会自发产生吗？自发产生学习愿望的学生是有的，但非常非常之少，绝大多数学生是不会自发产生学习愿望的。学生的学习主动性从哪里来？学生的学主要是由教师的教所引发和激发的。可以说没有教师的教，就没有学生的学。所以，从这一点上来讲，教师也是教学的主人。那么，一个课堂有两个主体，这两者的关系如何处理呢？

（1）在一堂课的开始，学生对这堂课的教学内容，以及学习这些内容的过程和方法基本上是一无所知的。这个时候他不能真正做学习的主人。

（2）教师的组织、引导启动了学生的学习，所以说，此时教师是教学的主人。

（3）随着课的深入，学生逐步进入学习状态，他的学习主动性不断增加，也就是说，他的主体性开始逐步发挥出来。学生学习主动性增强的外部因素主要有两个方面：一是教学内容的吸引，二是教师教学魅力的发挥。而这两个方面都跟教师有着直接的关系。所以说，此时教师还是课堂教学的主人。

（4）从上面的分析可以看出，在课堂教学过程中学生和教师的主体作用是截然不同的。没有学生的学，再好的教也是没有用的。所以，学生是课堂教学的真正的主体，为"实质主体"，教师的主体作用是从属于学的，但它却是必不可少、能对学生的学起重要影响作用的，所以把教师称为"形式主体"。

（5）课堂教学的本质过程是学生学习主动性发生、发展、强化的过程，也就是教学的形式主体向教学的实质主体转化的过程。

（6）由此可见，课堂教学中的教是有"定规"的——围绕学生的学来开展教师的教。也就是说教师的基本作用是组织、引导、参与、指导、评价、激励学生的学习活动。为学而教，融教于学。

(7) 教不仅是一门科学，也是一门艺术，只有教师用"心"来教，学生才会用"心"去学。所以，除了教师的教学能力之外，教师的精神状态等也是影响学生学习的重要方面。

综上所述，生命科学学科评课的首要任务是关注和评析学生的学——是否"以学生的发展为本"，即首先看是否关注了学生的全面发展和全体学生的发展；关注教学过程中学生主体地位的体现和主体作用的发挥，包括学生的学习状态和情感体验，学生的人格和个性是否得到尊重等。其次是看学生的学习情况，即看学生的参与程度怎样，学的效果如何。第三看从教学的大环节到小环节，是否突出了重点和关键，是否有利于学生的学。最后看教师的教是否围绕学生的学，即评价教师是否创设了有效的教学活动的环境与氛围，评价教师对学生学习活动的指导、帮助是否切实有效，以及教学方法是否灵活，教学基本功是否扎实等。

所以，评课的重点应放在"评学"上面，放在学生的有效学习上面，要注意评教与评学相结合。

信息科技学科

1. 信息科技学科特点

1.1 时代性

信息科技具有明显的时代特征。计算机技术发展迅猛，带动信息获取和加工、处理方法的不断更新，这样，信息科技学科将在很长一段时间里处于高速度发展与高淘汰并存的状态。

1.2 科学性

计算机技术的发展，推动了科学技术的进步，也推进了信息技术的发展，反过来，信息技术的发展，又推动了科学技术的发展。

1.3 基础性

信息技术不断发展，硬件资源更新发展迅速，人们在应用过程中创造了许多新的应用方法。目前，可应用的资源很多，新技术和新知识不断出现，学生仅仅依靠课堂学习是不够的。我们应该从培养学生的信息素质角度出发，选取具有普遍性和迁移性的基本知识作为信息科技课的教学内容。

1.4 工具性

信息科技课程是一门工具性学科课程，培养学生应用信息技术解决实际问题的能力是课程的核心目标。在过去的计算机教育中，学生曾一度为了学习计算机而学计算机，而现阶段的现代化教学，重要的是使学生学会如何去应用它。在信息科技教育中，要特别重视对学生应用信息技术方法解决问题的能力的培养。学生需要学习的是如何进行信息检索、筛选、鉴别、使用、表达和创新以及如何用所学的信息技术知识来解决学习和生活中的各种问题。

1.5 整合性

信息技术逐渐成为基础教育其他学科的有机组成部分。整合的目的是学以致用,使学生真正做到在学习和日常生活中应用信息技术,让学生经历发现问题,利用信息技术解决问题的过程。它有助于培养学生的创新精神和实践能力,并且通过不断的训练,学生可以把这种解决问题的技能逐渐迁移到其他领域。

信息化社会对人才的要求,不仅是简单的会操作计算机,更重要的是能够具备根据需要,正确、有效、灵活地使用各种信息技术工具(包括计算机和网络)、收集、处理、传输、表达信息,创造性地解决各种实际问题的能力,计算机只是其中的一种比较重要且使用广泛的信息技术工具。因此,课程方案把计算机课程改为信息科技课程,正是为了适应这种需要而作出的重要决策。

信息科技课程的定位与计算机课程的定位相比有较大的变化。首先,这门课程是以提高学生的信息素养和在信息化环境下的学习能力为目标,融知识性、技能性和工具性于一体的重要的基础课程,这就改变了计算机课程以学习计算机各种操作技能为目标的定位。其次,这门课程既承担着知识学习、技能操练的任务,又承担着培养发展学生思维,使学生学会学习,培养他们的自主探究、合作交流等解决问题的能力,以及使学生形成科学观念,掌握科学方法的任务。第三,这门课程的设置,克服了单纯从知识与技能角度考虑的片面性,而是从知识技能的掌握,能力的形成,道德意识、行为规范的养成(也就是知识与技能、过程与方法、情感态度与价值观在信息科技课程中的具体化)等三个方面进行考虑,提出了切实可行的要求,这就比计算机课程原来的定位前进了一大步。

2. 信息科技学科新课改理念

2.1 信息科技学科教学总目标

信息科技教学目标定位在"双素养"和"双价值"上。"双素养"即培养学生的信息素养和技术素养。信息科技既是学生学习和探究的对象,也是学生学习和探究的有力工具,学生的学科学习任务和各类综合实践活动是信息技术双重价值的良好载体。在高中信息科技教学中,重点要放在让学生熟练应用信息技术的目标上,要以学生的生活、学习经验为基础,鼓励学生创造性地应用信息技术,应用信息技术解决学习和生活过程中的实际问题。双素养的培养目标是为学生终身学习打下良好基础的有力保障。让学生自主选择活动主题,以活动为主线串连学生必须掌握的信息技术知识技能,引导学生在活动过程中探究、学习和掌握信息技术,鼓励学生将所学的信息技术积极应用到学科学习和探究活动中去。

信息科技课程明确提出了以信息素养的形成为主线,全面提高所有学生的信息素养的根本目标。

根据国际社会对信息素养的共识,同时结合我国的国情,信息科技课程对信息素养的界定主要包括三方面的要求:第一、正确理解信息技术,合理选用信息技术进行信息收集、处理、传输、表达,具备信息科技的基础知识和技能。第二,具有利用信息技术发展思维、学会学习、自主探索、合作交流和解决问题的能力。第三,遵守信息化社会中的基本道德规范,在应用信息技术的过程中具备个人自律能力,明确自己所承担的社会责任。

由于在基础教育的各门课程中,都提出了课程与信息技术整合的要求,在其他课程的学习中,信息技术的应用越来越广泛,因此,信息素养不是只能在信息科技课程中形成的。信息科技课程应该在学生信息素养的形成过程中承担使学生得到一种比较系统的观念、方法、习惯、思维的培养,并将这些观念、方法、习惯、思维有效地迁移到其他课程的学习和应用过程中去的任务,成为学生信息素养形成的主渠道。

为了落实课程目标,信息科技课程在三类课程的设置、课程内容的确立、教学方法的改变、评价原则的改革等方面都作了较大的探索,形成了新的体系。

2.2 信息科技课程的学习内容

信息科技课程的学习内容有"信息科技基础知识"、"信息技术基本技能"、"解决问题基本能力"、"科技社会与个人"四个方面,让学生通过本课程的学习,全面提高信息素养。

在这四方面的学习内容中,"解决问题基本能力"的训练内容应该是最核心的。思维决定行为方式,要学会使用信息工具解决问题,首先要学会如何用正确的思维方式思考问题,知道解决问题的一般步骤。例如:确定目标——确定需求——制定方案——制定评价标准——选择方案——实施方案——小结反思。同时在解决问题过程中,体会信息技术在各个步骤中的作用。例如:有的信息技术工具可以提高信息收集、加工、表达、发布、管理等工作的质量和效率;有的信息技术工具可以激发灵感、梳理概念、促进创新;有的信息技术工具则可以用于合作交流等。

在"信息科技基础知识"和"信息技术基本技能"内容中,不拘泥于工具和软件以及它们具体操作的统一要求,强调信息技术工具的特点、功能和应用规律。例如:知道信息技术工具是根据人们的需要进行设计、制造的,按照人们设定好的程序处理信息,各个部件分工合作共同完成任务;知道信息技术工具都有用于接受指令和反馈信息的部件,如键盘、鼠标、遥控器、计算机显示器、摄像机上的液晶屏;知道信息技术工具的工作原理以及各个部件的功能和作用,掌握它们的操作规律;知道利用好信息技术工具本身提供的信息,如各种说明书、软件中的"帮助"功能、网上其他人的使用心得等。因为只有当学生掌握了以上要求后,才能具有自主探究的能力,才能从容应对不断更新的各种工具和软件,在今后的学习、工作、生活中真正地用好信息技术。

"科技社会与个人"的内容,是为了使学生学会处理信息社会中科技、社会与个人的关系而设置的,要求学生理解信息科技对人类社会的意义,学会如何与人合作,如何尊重他人和自己的劳动成果,理解信息技术既促进了人类文明的发展,也对人类社会、生存环境造成了很多负面影响等。

这些学习内容有别于原来计算机课中的知识结构,这样的学习内容不能简单地用知识点或操作要求来描述或规定。因此,《上海市中小学信息科技课程标准》对学习内容的要求,是从学生学习后应该达到的表现水平的角度来叙述"学习要求"的,这样一方面能够用"学习要求"来限定"学习内容",衡量教学内容是否符合课程标准的要求,可以从教学内容是否能使学生具有这些表现水平来评估教学内容,另一方面又为"学习内容"的选择提供了比较宽松的空间,只要学生通过课程的学习能够达到这些表现水平,学习内容中的工具、软件以及具体的操作就可以根据不同年段或解决问题的需要或学生的基础和学校特点等因素灵活选用。

在《上海市中小学信息科技课程标准》中,小学阶段、初中阶段为学生提供统一的学习内容,让学生掌握基本的信息科技知识、技能,具备基本的思维能力、学习能力、交流合作能力、探究能力,养成良好的行为习惯。高中阶段的学习是为学生今后的专业化发展打好基础,为学生今后进入高等院校进行专业化学习作好准备。不同学生都具有不同的发展空间和志向,为了让信息科技课程适应每一位学生发展的需要,让每位学生都学到有用的知识,高中阶段的学习内容为学生提供若干模块,供学生根据自己的个性爱好和今后的发展需要进行选择。例如:让学生分别学习算法和程序设计的原理、方法、技巧;学习使用信息技术工具提高数据管理效率的方法;学习使用信息技术工具提高设计、制作水平。

为了更好地适应学生发展的需要,信息科技课程还设置了三种不同类型的课程,即基础型课程、拓展型课程、研究型课程。基础型课程保证每位学生具备基本的信息素养;拓展型课程满足学生个性化发展的需要,可以进一步提高学生应用信息技术的能力和水平;研究型课程让学生把信息科技与其他学科的学习联系起来,使信息科技成为学生学习不可缺少的伙伴,同时帮助学生形成科学观念,学会科学方法。

总之,信息科技课程的内容不仅仅包含一些计算机软件的操作,或者一种计算机语言,而是从让学生具备信息素养,能够适应未来社会需要的角度进行安排的。

2.3 信息科技课程的学习方法

要有效落实信息科技课程目标,高质量的课程内容是重要环节,高效的学习过程和科学的学习方法更是重要保证。信息素养是无法通过机械的记忆和重复的操作训练形成的,必须通过学生自己的体验、思维、感悟才能形成。因此,信息科技课程的学习过程应该是与学生的学习、生活紧密联系的,让学生在解决学习、生活中遇到的实际问题的过程中,产生使用信息技术的需求,形成学习信息技术的愿望,继而主动而有兴趣地学习信息技术。这样才能保证学生在整个学习过程中始终保持明确的目标,始终进行有意义的学习,并且能运用学到的信息技术知识和技能,去解决问题,完成任务。

信息科技的学习与训练,信息素养的培养,不能只依靠教师的传授,更多的需要学生在学习过程中自己进行体验和感悟,需要学生不断地进行合作、探究和反思。因此,信息科技课程根据学生的需要和实际水平设计了各种训练,这些训练的目标涵盖信息素养的三个方面。学生可以在完成项目的过程中,循序渐进地学习信息科技基础知识、基础技能,训练思维,养成良好的行为习惯。此外,训练的方法也应根据训练目标进行设计,始终选择最有效的方法。

2.4 信息科技课程的评价方法

学生在每年一度的信息科技学业水平等级考试(简称等级考试)中所获得的成绩曾经是衡量和检查学生学业水平的唯一标准,等级考试能够甄别学生知识与技能的掌握程度、判断学生的书本知识学习情况,但是要全面反映学生信息素养形成和提高的过程,仅仅采用等级考试这种形式是不够的。

按照课程方案和课程标准的要求,知识与技能、过程与方法、情感态度与价值观都是评价的内容,并应受到同等程度的重视。

为加强能力与情感目标的培养与评价,全面反映学生的学习水平,从2003年开始,在部分区县采用过程性评价与结果性评价相结合的方式,进行信息科技课程的综合评价。

结果性评价即全市统一的等级考试,评价的重点是信息科技基础知识与技能,过程性评价的重点是使用信息技术解决问题的能力以及情感态度与价值观。由于能力以及情感态度与价值观的评价只有在学习过程中根据学生的表现才能进行有效、及时和客观的判断,因此称为过程性评价。我们将过程性评价的内容具体分为八个方面的学习表现:解决问题的能力、合作交流的能力、展示表达的能力、自主探究的能力、学习态度和习惯、学习热情和纪律、信息规范和准则、诚信意识和行为,并对这八个方面制定了具体、可操作、可观察的行为指标体系。在教学过程中,教师要根据课程内容,从指标体系中选择合适的评价内容,通过教学与评价的不断展开,及时而客观地积累评价资料和数据,最后将过程性评价的结果与等级考试成绩进行合并,形成最终的评价结果。

过程性评价要改变以往教师统一评价的方式,通过自评、互评和教师评相结合的方式进行评价。由于过程性评价的评价指标体系都是可观察、可操作的,因此能够引导学生根据评价指标不断激励自己,调整与约束自己的行为,让学生真正成为自己学习的主人,对自己的学习负责。

学生学习的所有信息都记录在学生成长手册中,家长可以通过查看学生成长手册,全面了解学生包括能力与情感方面的学习情况。我们不赞成把学生的学习水平简单地认定为掌握了多少时下流行的软件,掌握了多少信息科技操作技能,或者只把学生制作的作品看作学生的学习结果。

2.5 信息科技课程应重视课内外学习的结合

信息化社会对人才的要求,不仅是简单的会操作计算机,更重要的是能够根据需要,正确、有效、灵活地利用各种信息技术工具进行工作、学习、生活。例如:运用各种信息技术工具进行语文、数学、外语等各个学科课程的学习;通过网络(而又不仅仅局限于网络)收集学习资料,并进行筛选和处理;使用各种信息技术工具进行交流与合作;创造性地表达信息,提高学习、研究和生活的效率等。

信息科技无处不在,信息科技不等于计算机技术,家长可以提醒孩子经常留心身边的信息科技,例如银行取款机、天气预报等,了解信息科技的广泛应用,提醒孩子要正确看待信息科技对生活、工作和学习正负两方面的影响。可以和孩子一起了解各种数码设备、通讯设备、多媒体设备的性能和术语,了解各种辅助学习软件、娱乐软件、图形制作软件、动画制作软件、音乐处理软件、杀毒软件等,开拓孩子的视野,使孩子了解新技术的发展,树立正版意识。

具备在信息社会中学习、工作、生活的良好习惯,遵守规范,对孩子来说也很重要,家庭中如有电脑,要注意让学生正确使用电脑和软件,不能任由他们沉迷于游戏和上网,注意监控孩子,不能让他们浏览不良网站或发表不良信息,要使他们遵守网上的行为规范,尊重他人,学会保护自己,逐步培养学生的个人自律能力,使他们树立知识产权保护意识,明确自己应该具备的社会责任感。

3. 信息科技学科评课内容的案例分析

评课案例

本案例是第一期上海市信息科技学科中青年教师研修班教学研究课,由上南中学谭立鹏老师执教,课题为《组建家庭局域网》。

评课时间:2007年11月27日 14:00
评课地点:上南中学 6-506
评课人员:包长发、张汶、钟英、谭立鹏等
【研究课评课发言(摘记)】
包:先请谭老师谈谈你的教学设计思路。
谭:我们上的是华东师大版的教材,第三篇关于网络的部分上起来很枯燥,很多专用名词有的时候无法和学生解释清楚。同时,区里要求使用过程评价平台,我就想能不能找一个项目能够包含这些概念,让学生能真实体验一下网络,把知识掌握得更好。就在今年暑假,我家里正好装了上海电信推出的"我的e家e8套餐",其中有一个可选包就是增加一台无线路由,可以实现组建家庭网络的功能,联想到现在很多家庭都有可能出现多余的第二台电脑,丢了影响环境,卖了可惜,于是我就想出设计这样一个项目。今天这节课是这个项目的最后一部分,各小组展示自己的研究成果,我本来计划的是将这节课分为两部分,第一部分展示,第二部分分析优缺点,后来区教研员提议,可以当场组一个网,这样就能有更好的效果,完全可以相信学生,让他们来组网,你只要设计一个场景就可以了。所以我的设计中就有了三个部分。至于电子白板,是原教委主任张主任的课题,我在里面负责技术支持,本来没有上课任务,但是在课题研究过程中发现电子白板有很多好处,比如说容量大,一节课如果像以前那样展示PPT,四个小组一讲,一节课就差不多了,现在却可以包含这么多内容。还有电子白板可以随时改变教学设计,学生在上课过程中产生的思维火花,马上可以在课件中修改,这是传统的演示文稿做不到的。我今天上下来,教学过程基本完成,教学目标有没有完成,还要回去好好总结反思一下。

包:你有没有调查过,班级里学生家里有这种需求的有多少人?

谭:没有具体调查过,但是在做项目的过程中和学生也有交流,估计有五分之一到六分之一。

包:那么这些家庭里,学生自己组网的有多少人,你有没有调查过?

谭:很少,绝大多数都是家里人组网,或者就是公司里来人帮他们组网。这个以后可以留心做一个问卷调查。

钟:你说这是过程评价中最后一节展示的课,能不能说说前面几节课你怎么上的?

谭:第一节课我向学生展示了一个案例项目书,是从节约的角度提出项目的。前提之一就是家中多出来一台电脑,如何给家中解决这样一个问题,可以增加一些设备,把两台电脑同时连上网,且相互之间不干扰,既有利于环保,又有利于节约。之后,我就让学生分组探究,查找资料,并制作PPT,最后展示给大家,这节课就是最后的展示课。利用平台也可以对学生进行阶段评价。

钟:之前教材上的网络部分你是怎么上的,用了几课时?

谭:基本只能讲讲概念,学生听起来很枯燥的。讲讲IP地址、域名、七层模型、网络设备、电子邮件等等,大概两周四课时。

钟:这个过程评价总共上多少课时?

谭:三周六课时。

周:我和谭老师用的是同样的教材(华东师大版)。我们学校这部分是这样上的,先讲一些基础知识,然后上网实践操作一下发电子邮件,顺便讲一讲Outlook。全部讲完以后,也结合过程评价搞一个项目,最后把一个机房拆掉,重新组合一下,三台电脑一组,提供八个小交换机,让学生自己组网,不过我们没有连到校园网上,只是三台连好了以后共享一下,用网上邻居传一传文件,实践体验一下组网的过程。

包:其实到最后,我看很多学生还是没搞明白,你说说明书很简单,其实对他们来说还是有难度的,比方说"网关"。

富:你们"网关"讲过吗?

谭:讲过的,书上有这一部分内容,但是我们上的时候实在很难讲,很多概念只能一笔带过。

包:(读了一段书上的文字)这些话,怎么能懂? 和学生说吧,一时半会说不清楚,不说吧,教材上又是这么编的,说明编教材的人不清楚学生的实际情况,我真想听听他们来上一节课。以前,人民教育出版社出版的教材,每一个新概念出来,都要作详细的概念介绍,你们以后上课也要注意这点,给学生讲课的时候,有新的概念一定要先解释清楚,不要一下子说出很多新词,你们认为很自然的事,学生根本搞不懂,专业名词的出现,一定要经过推敲,不能随便说的。有一节课上,给预备班的孩子讲"物理连接",我们听来很正常,但是预备班的孩子,物理课都没上过,怎么能理解"物理连接"? 这本来就是基础教育和专业教育的区别,如果在基础教育中这些东西都能教得会的话,那还要高等教育干什么? 接下来,我们研修班的老师帮我做一件事,把专有名词记下来,然后分分类,什么名词小学阶段出现,什么名词初中阶段出现,什么名词高中阶段出现,什么名词不应该出现,然后不涉及到的名词在其他阶段就不要讲。以后做个有心人,在讲课时,有些专有名词讲出来,学生实际效果到底怎么样？学生理解的情况如何？你经过怎样解释以后，学生掌握情况怎样？以后我们汇总一下。

袁：你在课上讲到OSI七层模型，我就想，前面肯定和学生讲过七层结构了，我们的教材中（地图版）没有讲到。

谭：对，书上有这一部分内容，但是实际上学生很难理解，我们也就只能照本宣科，至于效果如何，我们也不清楚。

袁：我还问你一点，上课的时候学生提到"辐射"，你是否事先一点都没准备？

谭：没准备，我本以为这是个小问题，就忽略了。

袁：还有你提到的"方便性"，我理解的是组网的方便性，结果讲成了使用方便性。

谭：我本来准备的是有线网连接的时候有一个布线问题，装修好的房子要拉几根线，会影响美观，结果学生没有想到这一点，我也不大好提醒。

包：网络部分，很难上，到底怎么上？这次研修班上算法比较多，网络部分不多，明天在复兴初级中学有一节课，也是讲网络的，而且题目是"网络基础知识"，大家有空的话去听一听。

袁：包老师，你上次说的关于算法的教法指导什么时候出来，是要我们去买，还是学校里征订？

包：是一个电子稿，预期在本学期结束前，通过区县教研员发下去，作为一个类似教参的东西。本来以为大家把算法放在下学期讲，那么大家在寒假的时候就可以好好看看。有关算法部分，我们找了一些人，对每个部分进行分析，提出了一些建议，比如有些什么典型例题，怎么讲，按照什么顺序讲，等等，这样对算法就能有一个教法指导了。比如说，很多老师在写流程图的时候，直接就写$a=0$了，其实这个时候学生都不理解变量的概念，那么在不知道变量的时候，你就不能写$a=0$，而要用自然语言写了。

……

关于评课内容的思考

信息科技课程的评课一般是对教学目标、教学过程、教学能力、教学效果等方面作评价，这样的评价是一种常规评课方式，比较全面，也比较稳妥。但更有针对性的评价却能够帮助我们尽快找到一些存在的问题，或解决一些已经发现的问题。《组建家庭局域网》一课的评课就是一个很好的范例。比如，从学生的接受、理解程度说开去，引出了教材中出现的概念众多、表述晦涩等问题，进而又引出信息科技课程教学中的一个不容忽视的现象，即在基础教育中过早、过多地进行专业教育的问题，让学生在低龄段过早、过多地学习不适合这个年龄段学生学习的内容，还有与其他学科知识的衔接问题等。这种深层次的评课，尽管思维的碰撞仍然出自课堂，但思维的空间已突破了课堂的束缚，它能将一些被表面现象所掩盖的关键性问题挖掘出来，并对其进行讨论、剖析，对教师的专业发展有极大的促进作用，对学科的发展、建设也有着不可低估的推动作用。对一堂课的评价，是多方位、多重点和多层次的，评课时不一定要面面俱到，但一定要有深度，至少要能解决或发现一个有共性的、有规律性的问题。只有这样的评课才是有价值的评课。

4. 信息科技学科评课关注点

信息科技课程教学评价的依据，应该是《上海市中小学信息科技课程标准》对学习内容和培养目标的要求，其主要关注点有：

● 是否真正地关注学生的学习过程和综合素养的培养，包括是否关注了学生的内部认知过程、操作过程和相关能力与素养的养成。

● 是否善于引发学生的思考，而不只是教师在自说自话。

● 是否让学生在理解的基础上操作，或者边探索边操作，而不是教师的技术表演。

- 是否通过学生的自主探究或合作学习解决问题,通过规范的技术探索来完成作品,而不是学生跟着教师亦步亦趋地模仿。
- 是否在具体的问题解决后总结一般规律,在作品设计的基础上总结技巧、积累经验,而不是麻木地由一个问题到另一个问题,而无知识体系的建构和方法的总结,也不是机械地由一幅作品到另一幅作品,而无经验的积累和迁移。
- 是否关注学生在学习过程中对信息社会中必须具备的思想意识、价值观念的体验和养成,而不是只关注知识的理解和技能的掌握,漠视学生学习过程中暴露的不良行为和倾向。

具体的评价可从教学目标、教学过程、教学能力、教学效果这四个方面切入。

（1）教学目标
- 教学目标是否与课程标准总目标一致。
- 本节课的教学目标是否适切。
- 本节课的教学目标的制定是否具体,是否考虑到三维目标的要求,特别是对于"过程与方法"和"情感态度与价值观"两方面的目标制定是否有本节课的特点。

（2）教学过程
- 教学内容和例题、练习的组织是否科学、严密、合理,符合学生实际,并且符合学生认知规律。
- 教学策略的运用是否恰当、灵活,并且根据可能出现的问题,有多种应变方案。
- 教学手段的应用是否适当、多样,为落实目标服务。
- 在教学设计中是否充分考虑了将对学生自主学习、探究学习、合作学习等能力的培养与知识技能的落实有机地结合在一起。
- 教学提问的设计是否经过深思熟虑,是否能调动学生的思维,并有利于学生对规律的认识和掌握。
- 教学软件和工具的设计是否与教学要求一致,是否有利于促进教学目标的落实,既不画蛇添足,也不哗众取宠。

（3）教学能力
- 教学设计的实施是否自然、顺畅,是否与实际教学过程基本符合。
- 教学过程的调控是否恰当、稳妥,由浅入深,由易而难,前后是否具有较强的逻辑联系,能否多次激发学生的兴趣,引起学生的注意。
- 在教学过程中是否具有应变能力,遇到与事先设计不一致的情况,能否根据实际情况,适当进行调整。
- 在教学过程中是否具有较全面的观察能力和对学生反应的敏感,能否抓住有普遍意义的问题及时解决。
- 在教学过程中是否能照顾到不同层次学生的实际,体现因材施教和分层教学的原则。
- 在教学过程中是否能做到教态自然、大方,语言规范、亲切,板书清晰、优美,现代化教学工具和手段的使用熟练、规范。

（4）教学效果
- 知识技能的目标是否对绝大多数学生已经落实。
- 学生通过学习,在发展思维、培养能力方面是否体现出一定的、可观察到的提高。
- 学生的问题是否已经基本得到解决。
- 能否做到使学有余力的学生有继续深入学习或提高的要求,而使困难学生有明显进步和继续努力的动力。
- 对教学过程中存在的问题,是否能从师、生两方面进行实事求是的分析、反思、小结,作为进一步开展教学的依据。

音 乐 学 科

中小学音乐教育是学校基础教育的有机组成部分,是向全体中小学生普及艺术教育的主渠道,是学校实施美育的重要途径。音乐课是基础教育阶段的一门必修课。它是以音乐艺术为载体,以审美教育为核心的基础课程。它对于陶冶学生情操,提高学生的艺术素养与审美能力,使学生逐步形成健康审美观,培养他们的创新精神和实践能力,促使学生全面、和谐发展具有很重要的作用。

音乐教育是通过其情感性、人文性、创造性、群体性与个性化等特征来实现美育的目标的。

1. 音乐学科特点

1.1 情感性

音乐是情感的艺术。它以音响为媒介,通过艺术化的声音组合,作用于人的听觉,沁入人的心灵,激起人的情感共鸣。音乐教育能让学生浸润在充满艺术美的音响中,身心得到愉悦,情感需求得以满足,审美意识得以加强,人格完善得以实现。

1.2 人文性

音乐教育是普及音乐文化的教育。音乐艺术是人类精神文明的结晶,是文明发展史的艺术见证,是世界各国、各族人民相互交流、相互了解乃至相互接纳的桥梁。学生通过感受、理解、表现、创造音乐,传承我国优秀的民族文化,陶冶和宣泄思想感情,同时也开拓艺术视野,接受多元文化,形成国际的文化意识。

1.3 创造性

音乐是最具创造性的艺术门类之一,从作品的产生、表演到欣赏,创造贯穿始终。而音乐教育能使学生通过对不同音乐的体验和行为展示,感受音乐的创造性特征。在即兴创造与有目的的创造过程中,拓展学生的音乐思维能力,丰富学生的艺术想象力,并在发展学生音乐创造才能的同时,开发学生的多元智能。

1.4 群体性

音乐教育是培养合作意识的教育。音乐艺术的许多活动及表现形式是需要团队合作交流才能得以完成的。而音乐教育则能使学生之间、师生之间产生情感的沟通与思想的交流,使学生在潜移默化中形成善待他人、善解人意的良好品德,从而达到提高学生人际关系智能、增强学生群体意识的目的。

1.5 个性化

音乐教育是展现个性的教育。音乐艺术内涵的多义性,呈现方式的多样性,为表演者对音乐的多角度的剖析及个性化的演绎提供了基础。学生在参与各种音乐的实践活动中，潜能得以开掘，个性得以张扬，主体性得以充分发挥。

2. 音乐学科新课改理念

2.1 以音乐审美为核心

以音乐审美为核心的基本理念，应贯穿于音乐教学的全过程，在潜移默化中培育学生美好的情操、健全的人格。音乐基础知识和基本技能的学习，应有机地渗透在音乐艺术的审美体验之中。音乐教学应该是师生共同体验、发现、创造、表现和享受音乐美的过程。在教学中，要强调音乐的情感体验，根据音乐艺术的审美表现特征，引导学生对音乐表现形式和情感内涵进行整体把握，领会音乐要素在音乐表现中的作用。

2.2 以兴趣爱好为动力

兴趣是学习音乐的基本动力，是学生与音乐保持密切联系、享受音乐、用音乐美化人生的前提。音乐课应充分发挥音乐艺术特有的魅力，在不同的教学阶段，根据学生身心发展规律和审美心理特征，以丰富多彩的教学内容和生动活泼的教学形式，激发和培养学生的学习兴趣。教学内容应重视与学生的学习生活经验相结合，加强音乐课与社会生活的联系。

2.3 面向全体学生

义务教育阶段音乐课的任务，不是培养音乐的专门人才，而是面向全体学生，使每一个学生的音乐潜能得到开发并使他们从中受益。音乐课的全部教学活动应以学生为主体，师生互动，将学生对音乐的感受和对音乐活动的参与放在重要的位置。

2.4 注重个性发展

每一个学生都有权利以自己独特的方式学习音乐，享受音乐的乐趣，参与各种音乐活动，表达个人的情志，要把全体学生的普遍参与与发展不同个性的因材施教有机结合起来，创造生动活泼、灵活多样的教学形式，为学生提供发展个性的可能和空间。

2.5 重视音乐实践

音乐课的教学过程就是音乐艺术的实践过程。因此，所有的音乐教学领域都应重视学生的艺术实践，积极引导学生参与各项音乐活动，将其作为学生走进音乐，获得音乐审美体验的基本途径。通过音乐艺术实践，增强学生音乐表现的自信心，培养学生良好的合作意识和团队精神。

2.6 鼓励音乐创造

中小学音乐课程中的音乐创造，目的在于通过音乐丰富学生的形象思维，开发学生的创造性潜质。在教学过程中，应设计生动有趣的创造性活动的内容、形式和情境，发展学生的想象力，增强学生的创造意识。对音乐创造活动的评价应主要着眼于创造性活动的过程。

2.7 提倡学科综合

音乐教学的综合包括音乐教学不同领域之间的综合，音乐与舞蹈、戏剧、影视、美术等姊妹艺术的综合，音乐与艺术之外的其他学科的综合。在实施中，综合应以音乐为教学主线，通过具体的音乐材料构建起与其他艺术门类及其他学科的联系。

2.8 弘扬民族音乐

应将我国各民族优秀的传统音乐作为音乐课重要的教学内容，通过学习民族音乐，使学生了解和热爱祖国的音乐文化，增强民族意识，培养爱国主义情操。随着时代的发展和社会生活的变迁，反映近现代和当代中国社会生活的优秀民族音乐作品，同样应纳入音乐课的教学中。

2.9 理解多元文化

世界的和平发展有赖于对不同民族文化的理解和尊重。在强调弘扬民族音乐的同时，还应以开阔的视野，学习、理解和尊重世界其他国家的音乐文化，通过音乐教学使学生树立平等的多元文化价值观，以利于我们共享人类文明的一切优秀成果。

2.10 完善评价机制

应在体现素质教育目标的前提下，以音乐课程价值和基本目标的实现为评价的出发点，建立综合评价机制。评价应包括学生、教师和课程管理三个层次，可采用自评、互评和他评等多种形式。评价指标不仅要涵盖音乐的不同教学领域，更应关注学生对音乐的兴趣、爱好、情感反映、参与态度和程度，以及教师引领学生进入音乐的过程与方法的有效性等诸多方面。应善于在动态的教学过程中利用评价起到促进学生发展、提高教学水平和完善教学管理的作用。

3. 音乐学科评课内容的案例分析

在平时的教研活动中，我们经常可以看到这样一种现象：当授课教师上完课，主持人邀请听课教师进行点评时，很多教师都会推脱或者简单地说上几句不沾边的话。其实，精彩的评课能令授课教师或听课教师受到启发，甚至终身受益；反之，则会使授课教师大失信心，无所收获。

评课，是指对课堂教学的成败得失及其原因作切实中肯的分析和评价，并且从教育理论的高度对一些现象做出正确的解释。科学正确的评课能较好地发挥其应有的功能。

3.1 评教学目标

教学目标不仅是教学活动的出发点和归宿，还是课堂教学评价的重要参照。合理的教学目标能够最大限度地调动学生的学习积极性，积极地推动教学活动朝产生最大成效的方向发展。

案例：长岛中学唐明老师的高中音乐欣赏课《说唱艺术》

教师利用课堂这块阵地，使学生了解、熟悉民族文化，了解说唱艺术的一般常识和发展历史，及其音调和风格特点，逐步认识一些民族民间音乐语言。如：在欣赏京韵大鼓《重整河山待后生》时，介绍我国著名小说家、剧作家老舍的生平和文学贡献，同时也介绍我国久负盛名的京韵大鼓表演艺术家骆玉笙的生平及她的演唱风格；在欣赏弹词开篇《蝶恋花·答李淑一》时，注重介绍了领袖毛泽东的思想、精神境界，人格魅力及他的亲人、战友的光辉事迹。并且利用学到的知识来分析两首曲子的艺术特点，在分析、实践活动中增强学生对说唱艺术的兴趣。

沈德明老师：唐明老师能以二期课改三维目标来驾驭这堂课，把说唱艺术的历史、构成、地方语言融合到一起，真正地贴近情感、态度、价值观的最近发展区，给人以娓娓道来、教学丝丝入扣之感，学生学习的主动性尚佳，可以说，这是一节很好的课。在这里我们还应注意到，以课的目标而言，教师是否可以多进行评议方式的改变，使评价更全面、理性？

曾童老师：本堂课设立的教学目标清晰严谨，三维目标的确立符合学生已有的知识经验，教学中充分体现以学生为本的教学理念，整堂课的组织流畅，充分调动了学生学习的积极性，是一堂难得的优质示范课。

娄青华老师：这是一节有质量的公开课，教师准备充分，授课过程认真细致、热情风趣，在传授知识技能的基础上，充分调动了学生的兴趣，拓展了学生的知识面，文史与音乐的结合，很符合高中学生的心理特点，从始至终，学生们积极配合，兴趣盎然。

三位评课老师对唐老师的《说唱艺术》一课的点评是分别从以下几方面来进行的。

（1）是否全面落实了"三维"教学目标：是否重视对学生学习动机、兴趣、习惯、信心等非智力因素的培养和情感教育，是否在教学过程中，注意培养学生的多种能力，重点知识和技能是否得到充分落实。

（2）教学目标是否难易适当，是否体现学生的年龄特点、符合学生的认知规律，是否考虑到学生的基础和个体的差异。

（3）教学目标是否具体，知识与技能目标是否用可以检测学生学习行为的动词来阐述，过程与方法、情感态度与价值观目标是否落实在了知识与技能的培养过程中。

3.2 评教学内容

案例：金山区陈老师初中音乐欣赏课《欧洲风情》

《欧洲风情》是一节非常完整的唱歌教学课，使我们充分感受到了一名老教师在专业上的功底。首先惊讶于课堂导入部分，学生自主排练表演的歌舞《照镜子》的完整性和演唱的流畅性，让我看到了教师在平时课堂中对歌唱教学的高要求。课中陈老师巧妙地突破了二声部合唱这一难点，通过教师和一名学生合唱二声部歌曲，其余学生吹奏乐器的形式，以自己和学生的现场完美的配合演唱，给全班学生作了一个最佳的示范，让学生很好地感受到了如何把握两个声部的效果。自始至终，学生的表现都非常精彩。教师在备课、教案设计、拓展活动、师生交流等方面做得非常到位。

案例：东昌中学林晓梅老师高中艺术欣赏课《突破传统、标新立异——品味美国现代舞》

本节课着重围绕现代舞"突破传统、标新立异"的审美特点，重在体验、创作和交流。以学生上台交流课前自学的有关"现代舞文化"的内容为先，教师再进行有关现代舞历史常识的介绍，在此师生教学动态生成中，使学生逐步认识美国现代舞文化。在实践与创作板块中，让学生在审美创作与体验中，初步体会美国现代舞的精神内涵与审美价值。

对教学内容进行点评主要考察以下两个方面：

（1）教学内容的正确性。考察教学过程中是否有知识性或思想性的错误；教师在处理教学内容和教法选择上是否突出了重点,突破了难点;教学内容的选择是否凸现了音乐学科的价值功能。

(2) 教学内容的整合度。考察教师能否从整体上把握学科知识体系,创造性地灵活运用教材;能否从学生的实际出发,把教材内容加工、处理成符合学生认识水平和有利于学生全面发展的学习内容。

3.3 评教学过程

我们对一堂课的评价和观察,更应该、更需要从教师对课堂教学过程的设计和实施上来着眼。

案例:静安区赵娴老师的小学音乐课《民族花朵》

钱莉慧老师: 在今天的教研活动中,曹丽洁为我们推荐了"862"观课评课中的两节音乐课。我就《民族花朵》这一课谈三个方面。第一,整堂课的各项艺术实践活动始终贯穿着以听觉为先导,动觉为切入的音乐基本训练,通过欣赏碟片,再通过肢体语言表达,激发学生的学习兴趣,同时,让学生感受不同民族歌舞的特点和风格。第二,教师很善于把学习的选择权交给学生。如:在学习朝鲜舞蹈时,教师说"你们既可以蹲着跳,也可以站着跳";在最后听《爱我中华》音乐时,要用四种不同民族风格的舞蹈共同演绎,教师让学生自己选择喜欢的民族舞去表演,这是二期课改中教师把选择权交给学生的最好体现。第三,我觉得,用四种不同民族风格的舞蹈共同演绎《爱我中华》,既使学生很好地复习了本堂课的内容,又激发了学生对祖国大家庭的热爱之情,是一个德育渗透的教学过程,也是一个主题升华的过程,结尾相当好!

陶惠均老师: 听了静安区赵娴老师的《民族花朵》一课,很受启发。赵老师用多种方法让学生感受四个不同民族舞蹈的风格,激发了学生了解祖国民族大家庭的热情,体现了课改注重学生学习主体性的精神,激发学生兴趣,学生个性得到发展,会运用已有知识解决学习中碰到的问题,并体验到学习音乐的快乐。

从以上的点评中,我们不难发现点评的两个关注点:

(1) 课堂教学的育人功能。中小学音乐课程标准中提出,音乐学科是一门培养人文素养,提高学生审美情趣的课程。音乐课程内容应以音乐文化为精髓,注重艺术性、人文性、经典性、时代性、民族性以及多元文化的有机结合。不难发现,《民族花朵》中的不同民族的四个舞蹈,不仅让学生领略到我国不同地域的文化氛围、人文气息、生活习俗,同时也紧扣了激发学生对祖国民族大家庭的热爱之情这一德育主题,很好地将两纲教育纳入到课程教学中。

(2) 课堂教学"以学生的发展为本"。在课堂教学的开始部分,教师就通过视频欣赏和肢体语言表达,激发学生的兴趣。可以说,教师从课堂教学的开始部分就在努力创设情境使学生保持愉快的学习心境,不仅激起学生的热情,同时也激发了学生参与课堂教学的主动性。在教师的提示下,学生们能发散思维,进行主动创作。比如在学习朝鲜舞蹈时,教师说:"你们既可以蹲着跳,也可以站着跳。"学生能在教师的激励下,主动参加集体性、多样性、探索性的整体艺术实践活动,并在活动中充分发挥潜能,感受创造的快乐。

案例:孙玉华老师的小学唱游《小脚丫》

孙玉华老师: 本节课我主要进行的是创编教学,让学生在自主的氛围中,以合作学习的方式创编三拍子的动作。预设的是让学生按照三拍子歌曲创编脚步动作,然而实践下来,在每个小组进行创编的时候,由于孩子的个性差异比较大,在实际的操作中,遇到了一定的困难,很多学生没有跟着音乐进行创编,教师也没有很好地进行指导,没有将教学目标落到实处。尽管如此,学生在这方面的能力还是得到了一定的提高。

孙老师在自我点评的时候说到:由于孩子的个性差异比较大,在实际的操作中,遇到了一定的困难,很多学生没有跟着音乐进行创编。照顾学生的个体差异,了解学生的不同需求,也是教师在课堂教学中必须关注的问题。

（3）从以上两个案例中，我们可以看出，音乐课堂教学必须将对学生音乐审美素质的培养放在教学的核心地位。①学习兴趣是审美体验的前提条件，教师应创设形式多样的教学情境，运用多种音乐实践的方法，在激发学生兴趣的同时，调动学生的学习积极性，为学生进入审美体验状态打下良好的心理基础。②在不断的欣赏和实践练习中，深入细致地引导学生进入音乐作品所蕴含的情感世界，是帮助学生获得音乐审美体验的实践基础。

案例：杨浦区同济中学杨莉萍老师高中艺术欣赏课《飘逸舒展的古典芭蕾和含蓄隽永的中国古典舞》

此课是一堂优秀的艺术欣赏课，在课堂上学生积极参与教学活动，教师采用了动静结合、师生互动、参与式的课堂教学模式，课堂气氛活跃。令人记忆特别深刻的是杨莉萍老师通过请学生上台表演四小天鹅舞和示范芭蕾手位，让学生充分感受音乐，表现音乐。

（4）合作学习能增强学生的合作意识，从而使之在相互激励下达到学习的最佳状态。在课堂里的合作学习中，切忌看上去热热闹闹，实际收效甚微的合作学习。要讲究明确分工、积极参与、高效利用时间和互相帮助。

（5）教学过程应当是师生交往、共同发展的互动过程。交往意味着平等参与，意味着平等对话，意味着教师与学生互教互学，形成"学习共同体"。赵娴老师的小学音乐课《民族花朵》让学生自己选择喜欢的民族舞进行表演，这样一种平等角色，不仅可以让学生敞开心扉最真实地去表演，同时更是对学生的一种尊重和信任。

（6）信息技术与课堂教学的整合，使得教学内容的呈现方式、学生学习的方式、教师教学的方式、师生互动的方式发生了变革，为学生的多样化学习创设了环境，提高了学生学习的层次和效率。尤其在音乐教学中，丰富多彩的视频片段、学生的网络资料查询无疑让课堂变得丰富而立体。同时，电脑自带的多媒体剪辑软件，使教师在调整视频片段的长短、整合视频片段上有了更好的帮助。

3.4 评教师基本功及教学艺术

一堂好课的重要条件之一是教师的教学基本功，如果一个教师的教学基本功过硬，那么课堂教学质量也就有了一个基本的保证。

案例：闸北区曹晏平老师的小学音乐课

陶惠均老师：听了闸北区曹晏平老师的课《爱劳动》，我感到：第一，他运用电子琴和爵士鼓技术熟练，教师的专业技能起到了决定作用……

詹金妹老师：我观闸北区曹晏平老师的《森林铁匠》这一课。给我印象最深的是教师的音乐素养非常高。从课堂教学中可以折射出曹老师的多重素养，如：启发、引导能力，组织教学能力，应变能力，及灵活驾驭课堂的能力等等。特别是他的打击乐——架子鼓演奏尽善尽美，极大地调动了学生的学习积极性。本班学生的音乐素养也很高，能从容地应对各项教学要求，在音乐教学中真正体验到音乐美与学习的快乐！

从两位老师对闸北区曹晏平老师的课的点评中，我们可以看出：

（1）学科专业技能对于专任教师来讲很重要，不仅影响着教师的专业发展，还直接影响着教学的质量，甚至学生素质的培养。曹老师对电子琴和爵士鼓的熟练演奏，无疑给课堂教学增添了色彩。

（2）课堂教学组织、应变能力很重要，教师应根据教学实际状况对教学计划适时进行调整、重组、优化，更好地组织下一层次的教学。作为教学活动的组织者、指导者、协调者、参与者，教师只有在具有变化因素的课堂教学活动中"游刃有余",课堂教学组织才是最有效的。

（3）教师的教学态度就像"指挥棒",能调动学生的上课情绪和求知热情。同时,教师一定的幽默语言,能感染学生,使学生积极地投入到学习中来。

案例：长岛中学唐明老师的高中音乐欣赏课《说唱艺术》

张媛媛老师：今天我们看到了一节真实性强、效率高的艺术欣赏课。教师适时运用多媒体教学手段,激发了学生对于陌生的京韵大鼓的兴趣,课堂气氛活跃、和谐,教师的教态亲切自然,对苏州方言的模仿活跃了课堂气氛,同时拉近了学生与苏州弹词的距离。

陈玮老师：我们观察到了教师以教为指向,并以学生学为准绳的教学思想。此课环节紧凑,教师个人基本功也比较好,学生能在教师营造的幽默轻松的气氛中进行学习,传统艺术的学习和民族文化交融在学科教学中。

当然,教师的基本功和教学艺术不仅包括以上内容,还应包括教材的把握、板书、操作、调控、指导等方面的能力。

对课堂教学的评价,是评价者从教学的价值观或价值信念出发,对课堂教学行为和效果进行的一种价值判断,更是被评价者对自己目前教学水平的一种清晰认识和对自己教学发展方向的明确判断。

4. 音乐学科评课关注点

音乐学科评价应充分体现全面推进素质教育的精神,贯彻"标准"的基本理念,着眼于评价的教育、激励与改善的功能。通过科学的课程评价,有效地促进学生发展,激励教师进取,完善教学管理,推动音乐课程的建设与发展。

4.1 关注音乐学科评价的原则

4.1.1 导向性原则

音乐学科评价应有利于学生了解自己的进步,发现和发展音乐的潜能,建立自信,促进音乐感知、表现和创造等能力的发展；有利于教师总结、提高自己的教学水平；有利于加强和改进学校的音乐教学工作,并有利于促进学科的发展。

4.1.2 科学性原则

评价指标的确定和评价方法的选择应以音乐学科的特点和音乐教学的客观规律为依据,体现中小学音乐课程的性质与价值,符合青少年身心发展特点和音乐审美规律。

4.1.3 整体性原则

无论是评价学生、教师,还是评价学校音乐教育工作,都应从整体着眼,涵盖课程目标的各层面和教学的各个领域。对学生的评价要用发展的眼光,从回顾和对比中,把握其进步与发展的轨迹,使评价起到激励和促进的作用。

4.1.4 可操作性原则

评价的指标和方法要简便、明晰,易于操作和推广。根据音乐教学的特点,应将定性评价与定量评价相结合,将形成性评价与终结性评价相结合,把评价融进教学的全过程,使自评、互评和他评有机地结合起来,形成生动活泼的良好评价氛围。

4.2 关注评价内容

4.2.1 学生

对学生的评价应关注情感态度与价值观和知识与技能方面的指标,还应考察学习过程与方法的有效性。如:对音乐的兴趣爱好与情感反映,在音乐实践活动中的参与态度、参与程度、合作愿望及协调能力,音乐的体验与模仿能力、表现能力,探究音乐的态度与创编能力,对音乐与相关文化的理解以及审美情趣的形成等。

4.2.2 教师

对教师的评价主要是评教育思想、业务素养、教学态度、教学方法和效果、教学业绩(含课外音乐活动)及在师生的交往与沟通中是否爱护和尊重学生等。

4.2.3 课程管理与课程发展

对管理者和课程的评价主要有:学校领导对音乐教育功能的认识和重视程度、学校的艺术氛围、音乐课的开设、音乐教师和音乐教学设施的配备、课外音乐活动的开展。对执行"标准"的情况和出现的问题进行阶段性的评价和分析,及时加以总结,不断调整和完善,可以促进课程的建设与发展。

4.3 关注评价的方式与方法

4.3.1 形成性评价与终结性评价相结合

音乐教学的实践过程,是评价的一个重要方面,应予以充分的关注。可采用观察、谈话、提问、讨论、抽唱(奏)等方式进行。

4.3.2 定性述评与定量测评相结合

在音乐教学活动中,对学生的音乐兴趣爱好、情感反映、参与态度、交流合作、知识与技能的掌握情况等,可以用较为准确、形象的文字进行定性评价,也可根据需要和可行性,进行量化测评。无论采用哪种方法,都要注意科学性。

4.3.3 自评、互评与他评相结合

对学生和教师的评价可采用自评的方式,以描述性评价和鼓励性评价为主。由于在音乐学习中学生个体差异明显,因此,学生评价的重点应放在自我发展的纵向比较上。

"班级音乐会"能充分体现评价的民主性,营造和谐、团结的评价气氛。通过班级音乐会或其他活动,展示师生的音乐作品、音乐小评论、演出照片、录音录像等,达到相互交流和激励的目的,是一种生动活泼的评价方式。

学生和教师的自评、师生之间和教师之间的互评、学校和上级主管部门对教师的评价、家长对教师的评价以及师生和家长对学校音乐教学工作和音乐课程的评价,都是重要的评价方式,可以帮助教师多渠道地获取改进音乐教学的信息,及时调整和改善教学,提高音乐教学质量。评价活动不

宜过多,应尽量简化评价过程,防止流于形式。

体育学科

1. 体育学科特点

随着素质教育的全面推进,学校体育改革也在不断深化。面向21世纪的学校体育,不管怎样改,都必须反映如下的时代特征。

1.1 健身性

健身性是学校体育的本质特征,是体育区别于德育、智育、美育,体育学科区别于其他学科的根本标志。这一特征并不因时代的变化而变化。现代文明病日趋严重,学校体育的健身性必将得到进一步的重视。

1.2 人文性

学校体育作为身体文化和社会文化的一部分,在修身养性、育德教化方面具有特殊的功能。特别是在现代人文教育思想的影响下,现代学校体育必须从单纯的健身与单纯的传技中解放出来,彰显其人文性。

1.3 基础性

素质教育要求学校体育必须教会学生健体。"要为学生终身体育奠定基础。"《全民健身计划纲要》也规定:"要对学生进行终身体育的教育,培养学生体育锻炼的意识、技能与习惯。"这些无一不体现出学校体育特别是中小学体育的基础性。

1.4 娱乐性

娱乐也是现代学校体育的一个重要特征。体育的魅力就在于它的娱乐性。缺乏娱乐性的学校体育,是不能成为现代学生生活的重要组成部分的,是没有生命力的。

1.5 竞技性

体育的魅力在于它的娱乐性,而体育的娱乐性可以说主要隐藏在体育的竞技性之中。体育的人文性也大多来自体育的竞技性。从某种意义上来说,如果失去了竞技性,体育也就失去了自身存在的价值。必须指出的是,学校体育的竞技性并不等同于竞技运动。

1.6 主体性

现代教育尊重学生的人格,承认学生的个体差异,重视学生的个性发展。现代学校体育必须符合学校体育主体的需要,必须适应和服务于学生身心全面发展的需要,重视学生体育兴趣、爱好和特长的培养。

1.7 选择性

选择性是从主体性中衍生出来的。学校和教师应该尽可能地创造条件,为学生提供不同的体育学习目标、内容、方法、难度和要求,以利于他们根据自己的不同情况进行选择。现代学校体育是人选内容(项目),内容要适合和服从人的需要。

1.8 多样性

从微观上来看,同一地区的不同学校,其情况也是千差万别的,即便是同一所学校,学生的个体差异也很大。现代学校体育的多样性是其选择性的必然要求,没有多样性也就没有选择性。

1.9 民族性

在现代学校体育的多样性中,还将鲜明地体现出民族和地域的特点。学校体育必须继承和发展民族、民间的优秀体育传统。

1.10 开放性

随着社会的发展,学校体育必将冲破学校的樊篱,与野外和社会体育沟通。首先是,学生将更多地到野外去、到大自然中去从事各种体育活动,既锻炼身体,又陶冶情操,还能提高生存能力与适应环境的能力。同时学生也将自主地积极参与社会体育,与同学和亲朋好友一起愉悦身心。其次是,学生家长和热心学校教育、学校体育的人士,将被请进学校,参与学校的运动会、体育节等。

2. 体育学科新课改理念

2.1 坚持"健康第一"的指导思想,促进学生健康成长

体育与健康课程以促进学生身体、心理健康水平和社会适应能力的提高为目标,构建了技能、认知、情感、行为等领域并行推进的课程结构,融合了体育、生理、心理、卫生保健、社会、安全、营养等诸多学科领域的有关知识,真正关注学生的健康意识、锻炼习惯和卫生习惯的养成,将增进学生健康贯穿于课程实施的全过程,确保"健康第一"的思想落到实处,使学生健康成长。

2.2 激发运动兴趣,培养学生终身体育的意识

学校体育是终身体育的基础,运动兴趣和习惯是促进学生自主学习和终身坚持锻炼的前提。无论是教学内容的选择还是教学方法的更新,都应十分关注学生的运动兴趣,只有激发和保持学生的运动兴趣,才能使学生自觉、积极地进行体育锻炼。因此,在体育教学中,学生的运动兴趣是实现体育与健康课程目标和价值的有效保证。

2.3　以学生发展为中心,重视学生的主体地位

体育与健康课程的核心是满足学生的需要和重视学生的情感体验,促进全面发展的社会主义新人的成长。从课程设计到评价的各个环节,始终把学生主动、全面的发展放在中心地位。在注意发挥教学活动中教师主导作用的同时,特别强调学生学习主体地位的体现,以充分发挥学生的学习积极性和学习潜能,提高学生的体育学习能力。

2.4　关注个体差异与不同需求,确保每一个学生受益

体育与健康课程充分注意到学生在身体条件、兴趣爱好和运动技能等方面的个体差异,根据这种差异确定学习目标和评价方法,并提出相应的教学建议,从而保证绝大多数学生能完成课程学习目标,使每个学生都能体验到学习和成功的乐趣,以满足学生自我发展的需要。

2.5　教师的职业观要从职业型"教书匠"转变成专业型"教育家"

在传统观念中,体育教师只要上好体育课、搞好群体活动、抓好课余训练与竞赛,就可以把这份工作完成好,这是相当一部分体育教师的固有观念。随着知识经济时代的到来,信息技术在教育领域被广泛运用,"教书匠"式的教师已经越来越不适应时代的需要了。为此,联合国教科文组织提示各国教育界:使教师们从一心传授知识的工作中摆脱出来,使他们能够更好地致力于作为一个教育家所应负的使命。我们不能要求每个体育教师都成为"教育家",但每一个体育教师都应朝着成为"教育家"的方向努力。

2.6　教师的成才观和发展观要从当一辈子教师转变成当一个好教师,必须终身学习

"做一辈子教师"、"做一个好教师"必须"一辈子学做教师"。教师只有再度成为学生,才能与时俱进,不断以全新的眼光来观察和指导整个教育过程。时代要求教师不断学习,不断提高德才等各方面的素质。体育教师还要十分重视对教学方法的研究。在掌握教育学、心理学基本知识的基础上,要掌握大量特殊案例,要善于用教育学、心理学的知识来反思特殊案例,从而掌握教育好不同学生的策略。

2.7　教师的师生关系观要从传统的"师道尊严"转变成新型的伙伴关系

在现代社会里,教师与学生应当是平等的。教师的职业决定了教师就是为每个学生服务的。体育教师要发自内心地爱学生,学生只有感受到教师的爱和尊重,才能快乐学习、健康成长。体育教师爱学生,就要相信学生,要树立"无差生观"。学生的智能是多元的,体育教师眼中的一些差生往往只是某方面能力较差,而在其他智能方面,如意志品质、协作精神、集体荣誉感等非智力因素方面则可能是好学生。

2.8　教师的教育主体观要从以教师为本转变成以学生为本

从体育教育角度来说,最起码是必须摒弃专制、强制的教育观念和方法,使体育教学过程成为

教师启发诱导学生积极参与的学习和自我教育过程,以充分发挥学生的主观能动性,使他们学会学习,培养他们自我教育的能力和习惯。

2.9 教师的责任观要从为学生的学习负责转变成为学生的一生负责

作为一个体育教师,承担着比传授知识、技术、技能更重要的责任,就是要教学生学会做人、学会发展,在中小学期间为学生一生的发展奠定基础。体育教师除了教知识、技术、技能之外,还应教育学生提高道德修养水平,学会待人处事,学会与人合作共事。教育的目的是培养一代能够承担改造社会重任的人。如果我们培养的人只有健康的身体,而缺乏道德、缺乏感情,那么他们在人际交往中就会不断发生摩擦,这同教育的培养目标是背道而驰的。

2.10 以学生的发展为中心,完成由统一规格的体育教育向差异性的体育教育的转变

学生的成长不是直线的,也不是匀速的,更不是同步的。不是直线的,就需要教师因势利导;不是匀速的,就需要教师耐心等待;不是同步的,就需要教师因人而异。新的课程标准强调了学生的个性发展,强调了培养学生对体育的爱好、情感体验和价值观的重要性。学生来自不同的家庭,他们素质不同、性情各异,这就要求教师在教学中尽量避免一刀切。为了达到让学生全面发展的目标,教师可以采用的办法有:在评价学生时关注其进步幅度;加强合作教育、集体主义教育;将对学生的即时评价作为一项研究课题,去研究发挥即时评价对学生所产生的积极作用;营造民主、和谐、活泼的课堂气氛;加强分层次教学;在教学活动中关爱和尊重弱者等。

3. 体育学科评课内容的案例分析

案例一

《跨越自己体会成功》教学案例
平阳职教中心　胡　国

案例描述:

在第一次跨栏课的时候,正好赶上了我国奥运健儿为国争光,我们正为我们的英雄而感到骄傲,跨栏运动员刘翔以完美的姿态战胜了世界,我们的学生以刘翔为榜样,也因刘翔而对跨栏运动有了初步的认识。本次课,教师在开始阶段给学生们带来了关于刘翔的资料,同时播放了刘翔那充满激情的一瞬间,学生们摩拳擦掌,不约而同地说:"老师,我们能不能学跨栏啊?我们想学跨栏啊!"

在激发起学生的学习兴趣后,教师提出了问题:"让我们再一次感受一下刘翔的激情时刻,但这一次你们要认真观看,特别要看清楚刘翔是怎样跨过一个个栏架的。"教师在多次播放录像中,以播放慢动作、截图等形式不断给学生提示。

看完录像后,教师将学生分成若干小组进行讨论学习并加以练习,学生之间进行技术指导,教师不断给予启发(在练习过程中按思——练——思的程序反复练习,练完后再找出其成功和失败的原因)。经过练习后,学生自发地进行比赛,聘任了教师充当裁判的角色。学生们上了跑道,教师组织好队伍以后,比赛开始了。"加油,加油",助威声此起彼伏,学生们个个争先,一轮比赛结束,有的为取得胜利手舞足蹈,有的为失败而沮丧不已,教师抓住时机,让学生思考怎样跑更快,怎样使比赛更加公平,怎样从自己的角度出发制定跨越的动作规范。学生开始讨论,大部分学生都同意把栏高

降到最低。但个子矮的学生叫喊着:"老师这样比赛就不公平了,个子高的就比我们跨得快。"这时有个学生问了句:"老师,刘翔的身高是多少?他参加比赛时栏高是多少?我想算出刘翔的身高和栏高的比例,再按照这个比例算出适合我们的栏高。""好!"很多同学表示赞成。学生的兴趣被鼓动起来,教师抓住了机会进行了分层次的教学,将学生重新分组,同时按照刘翔身高和栏高的比例以及高中一年级学生身体发育的特点确定了栏的高度。学生的激情开始沸腾,他们在适合的高度上改进了技术,开始学着以跨栏跑的动作跑跨栏架,而不是刚开始的跳跃栏架,同时个子矮的学生,以及有恐惧心理的学生自信心变强了,而且有的学生还喊道:"我要成为我们班的刘翔。"经过练习,比赛再一次进行,这轮比赛结束,虽然仍有胜负,但学生的感觉是我没跑好,如果再跑一次我一定胜。

评课:

(1) 教师在新课程的基础上选择了技术性较强的跨栏跑作为教学内容,本案例是跨栏跑教学的第一次课,在本次课中教师为学生创设了一个良好的学习氛围,为学生确定了力所能及的教学目标,使学生在课堂上大胆学练、尝试、畅所欲言,教师采取行之有效的方法,真正做到了"善导",让学生学有兴趣,学有个性,学有创造,超越自己,感受成功的喜悦。这是一堂成功的课,在课堂教学中确保了学生的主体地位,充分发挥了学生的主体作用,利用时事,利用名人效应激发了学生的学习兴趣。

(2) 教学准备:

教学目标体现了"健康第一"的指导思想。既有知识、技能目标和能力目标,也关注并培养了学生的情感、态度、价值观。有一定的思想教育渗透。密切联系学生的实际、学校实际和教材内容,合理安排场地、器械(简便、实用、有趣)。

(3) 教学实施:

从学生已有的学习经验和生活体验出发,创设情境,灵活导入,能够激发学生的学习兴趣和求知欲望。培养了学生的问题意识。作为一名称职的体育教师,应该善于观察学生的学习情况,正确、恰当地处理课堂上由创新或奇思妙想而出现的希奇古怪的现象,这是一种技能,一门特殊的艺术。

教学方法灵活,教学方式和手段多样,积极恰当地运用了现代信息技术,时刻重视学生运动兴趣的培养和其他领域知识的渗透。它需要教师有耐心和爱心,其次是要研究方法和艺术,不要轻易地把学生的行为定格为捣乱,更不要大发脾气,应沉着、冷静、灵活、机智地对事件进行有效的调控,变不利为有利,多加鼓励,并给予必要的启发及指导。这样既不伤害学生的自尊心,又恰如其分地把各种技能传授给每一位学生。

教学组织——针对问题组织教学,学生思维、活动空间大,符合认知规律,安全措施得当。有适宜的师生互动,教师既是指导者又是参与者。让学生带着疑问探索"跨栏跑"。它是一种探索意识,是创造的起点。使学生学会了学习技术动作的方法(替代物法、降低难度法等),拓宽了学生学习动作的思路,为学习其他技术起到举一反三的作用,培养了学生的创新精神。在探究过程中学生的研究能力和创新能力得到逐步提高。

合理指导——随学生思维活动发展的进程,及时合理地给予指导、示范,触动学生的思维活动兴奋点,充分发挥教师的主导作用。学生通过反复练习技术,毅力增强了,勇气增强了,克服了恐惧心理,信心增强了。通过互相交流、帮助,促进了同学间的合作,增进了友谊。培养了学生的合作意识和能力。融洽师生关系,教师通过示范、讲解、保护帮助,增强了亲和力,得到了学生的信任,为学生营造了一个平等和谐、友爱互助的人际环境。

活动安排——根据需要为学生提供观察、活动、讨论与独立思考的机会,给学生充分的自主学习、自我展示、合作交流的时间和空间,鼓励学生提出有挑战性与独创性的问题,发表各自的见解,充分体现学生的主体地位。

问题解决——面对课堂中出现的问题,解决的途径多样化、趣味化。培养学生敢于质疑、主动学习、独立思考的习惯。能将偶发事件转变成培养学生某种能力的活教材,灵活地调整教学内容,并能针对事件的性质对学生进行正确的教育引导。

因材施教——尊重学生人格,承认个体差异,并能根据差异确定不同的学习目标和评价方法,以满足学生自我发展的需要。

创新——针对教材内容的特点,给学生一定的时间和空间,鼓励学生大胆创新动作、方法,让学生体验运动的乐趣。

评价——针对课堂上学生的兴趣、表现等及时作出即时评价,激发学生对体育活动的兴趣,使学生树立克服困难的信心。

教学手段——根据学生的年龄特点和教学内容的需要,围绕培养学生自主、合作、探究的学习习惯采取有效的教学手段。

(4)教学效果:

课堂气氛和谐、活跃、民主、宽松,学生学习积极主动。教学目标达到率高,教学目标能够在学生身上得以实现,课堂练习正确率高。学生的活动能有效地达到增强体能的目的。

由于上课时间有限,留给学生发展个性的时间与空间不够,教师为学生创造练习环境,对所需要的器材估计不足,影响了教学效果。应该在课前让学生准备好所用器材。没能充分照顾到每个学生。少数学习困难的学生没能根据自己的条件自主选择练习,教师应重点帮助他们,诱发他们的创新思维,使他们找到适合自己的练习方法。

案例二

《行进间体前变向换手运球》教学案例
（摘自中国教师教育资源网,有删改）

案例描述:

(1)课前准备

① 教师准备行进间体前变向换手运球的录像、挂图、音乐及有关的资料,设计引导性的问题,帮助学生了解篮球运动的知识。

② 教师安排场地及布置器材,预计活动过程中可能出现的问题,设计处理方法。

③ 教师确定对学生进行指导和评价的方法与框架。

④ 了解班级情况及学生的知识水平和运动能力、篮球的基础水平、上课的风格。

(2)教学过程

① 新课导入,调动情绪

师:这节课让我们一起来学习篮球的行进间体前变向换手运球,只要同学们认真学习,科学训练,将来一定能成为班队、校队篮球明星。

② 身心准备,诱发兴趣

师:在学篮球之前,让我们一起来玩一个"抓尾巴"游戏,好不好?

生(齐声回答):好!

老师讲解游戏的方法、规则、要求及注意事项,特别强调安全。学生分四大组一对一分别在四个半场区域进行活动。学生尽情游戏,快速反应,灵活机敏,左躲右闪,突然变向。激发了兴趣,为有球变向作好了身心准备。

重点练习左手运球,增强学生对球的控制能力,为变向运球作好准备。教师可以先做三四种主要的球性练习,启发学生自创一两种球性练习,进一步激发学生的兴趣,提高学生的练习积极性。

③ 循循善诱,掌握技能

师:同学们能不能在原地做体前左右换手运球?(示范原地体前变向换手运球)

生:太简单了。(绝大部分学生能完成)
师:既然这样,你们能尝试一下在行进过程中完成变向换手运球吗?
生:好!

学生跃跃欲试,大胆尝试着由运球走到跑动中完成体前变向换手运球的动作。学生刚开始练习很认真,但练习了一段时间后热情有所下降。

师:增加一人防守后你再试试看?

学生自主结伴,一人防守一人运球,在四个半场区域练习。有了防守后学生练习的积极性更高了,但问题也随之出现了。大部分学生在有人防守后不能完成体前变向换手运球动作。动作要点:变向运球时动作要快,运球高度要降低,蹬跨、转体探肩迅速,注意保护球。

④ 巩固技能,拓展延伸

师:同学们想一想除了运用体前变向换手运球突破防守以外,还有其他突破的方法吗?(巩固技术,拓展能力)

气氛更加热烈了,学生边动脑边动手,你防守我突破,真是八仙过海各显神通。在尝试中学生想出了多种运球突破的方法,教师深入各练习小组结合篮球比赛规则给予指导及肯定,鼓励学生大胆展现自我。

游戏个例:同心协力举办奥运。全场设置交通、通讯、环保、安全、体育场馆建设等五个障碍,四组学生分别用行进间体前变向运球穿过或绕过一个个障碍,到达对面,把球放在"2008"字样上,然后快速跑返回击第二个人掌接力,先完成的小组为胜。学生在游戏中巩固了体前变向运球技术,磨炼了顽强拼搏的意志品质,培养了相互合作的团队精神,弘扬了优良的体育道德风尚。教师适时表扬与评价。整理放松,恢复身心。

师:同学们,让我们和着"拍手歌"的音乐节奏一起唱一起跳吧!(口令提醒)

学生们围成一圈唱歌和跳舞,身心愉悦,模仿动作,完全放松。(气氛较好)

师:小结,这节课我们学到了什么?同学们学习技术的情况怎么样?创新游戏你参与得怎么样?今后练习篮球应该注意什么?(教师点评)

学生自评、互评,听教师点评。(学生共同参与)

教师布置下节课内容及家庭作业,安排器材回收。

学生聆听任务,有序归还器材。

评课:

这节课教学目标明确具体,切合实际;教学重点突出,教学步骤与时间安排恰当;教学讲解简明扼要、术语准确;示范动作正确、站位恰当;培养学生兴趣和能力措施有效。纠正学生错误得当有效,辅导方法合理有效,对学生耐心细致。这节课基本上完成了教育教学任务,绝大多数学生掌握了篮球的体前变向换手运球技术动作,时间安排较合理,教学方法与手段较科学,师生互动较频繁,在创新能力的培养方面颇具匠心,示范讲解的时机较适宜,学生人人参与,个个"动"了起来。

教师在课堂教学中的行为、情感倾向都会透露出或隐含着其价值取向。如果教学目标仅仅停留在让学生学会技术动作上,显然是不符合新课程标准的。在教学中教师把满足学生的学习需要作为课堂教学的着眼点。教学的目标不仅指向体育知识、技术、能力,还指向过程和方法、情感态度和价值观。从教师尽心去教技术转为激发学生兴趣,引导学生自己去学习技术,体现了以学生为本的教学理念。

新课程最大的特点是突出学生的主体地位,强调体育教学要致力于学生的发展与健康,使学生的体育学习形式发生变化。学生参与程度包括:①学生参与活动的态度。如学生活动时的神情、兴趣、注意力、自信心、好奇心、进取心及积极性等在这节课上都得到了较好的呈现。②参与的广度。

在这节课上,参与学练活动的学生面广,活动形式多样,时间充分。③参与的深度。如学生能提出有意义的或有个人见解的问题,能按正确要求进行练习或改变方式、方法进行练习;练习中学生相互协作,共同分享等。学生练习时的积极性在这节课上得到了充分表现,教师的主导作用在整堂课的教学中发挥较好,教师在课的各个环节中都充分发挥主导作用,调动学生学习的自主性和积极性,注重学法指导,启发思维,提高学生的观察、思维、记忆能力及分析、解决问题的能力。课上得生动活泼,学生学得主动、学得愉快、轻松。教师提出了带有思考性的问题,创设了教学的情境,引起学生的学练兴趣,采用了适合学生的手段保持了学生的学练积极性,使学生态度有明显的好转,并使学生获得了体验。

但是,这节课也存在几点不足:教师对新的体育教育教学理念还学习不够,认识不深;传统的体育教育教学框架还没有完全打破。

4. 体育学科评课关注点

在新课程背景下,教师的角色变了,教与学的方式变了,我们听评课时关注的重点也要改变。

4.1 关注学生的课堂表现

"以学论教"是现代课堂教学评价的指导思想。因此,在听评课时应从重点关注教师的教转向关注师生互动、关注学生的学情,以学生在课堂教学中呈现的几种状态作为评定课堂教学质量的重要依据。听评课时应重点关注学生的以下几种状态:

(1) 关注学生的情绪状态。观察教师教学内容的选择和教学目标的创设能否激发学生的学习动机和兴趣,学生在投入活动时是否具备饱满的精神状态,并能自我调节和控制学习情绪。

(2) 关注学生是否全员、全程和全身心地参与教学活动。就目前的体育教学来看,依然存在着这样的现象,教师的课堂组织,往往是针对少部分学生的,而忽略了更多学生的体育学习需要和身体健康需要,因此在评课过程中,应关注学生的课堂参与面和课堂参与度。

4.2 关注教学目标的达成

作为课程,体育课在实施过程中,同样存在着目标的创设与达成的问题。因此,在听评课时,听课者要关注教师能否按照课程标准和教学内容的体系进行有序教学,完成知识、技能等基础性目标,同时还要注意学生发展性目标的实现。如果教师只关注知识的传授和技能的训练,或为活动而活动以及进行贴标签式的情感、态度与价值观教育,那就不利于促进学生的全面可持续发展。

4.3 关注教学策略的选择

关注教学策略的选择和运用主要是看教师在课堂上能否运用有效的教学策略使学生爱学、会学、善学。教学组织策略有很多,根据课程改革的要求,听课者在听评课时需要重点关注教师如何组织学生自主学习、合作探究,以及教师对学生的即时评价是否具有发展性和激励性。

(1) 自主性教学策略

关注教师的自主性教学策略主要看:对于学生能够自学的内容,教师是否让学生自学;对于学生能够自己表达的,教师是否鼓励学生去表达;对于学生自己能做的,教师是否放手让学生去做;在课堂上教师能否不仅解放学生的耳,还解放学生的脑、口、手。

(2) 探究性教学策略

新课程提出要改变课程实施过于强调接受学习、死记硬背和机械训练的现状,倡导学生主动参与、乐于探究、勤于动手的学习方式。因此,在听评课时要关注教师是否能够有效地组织和引导学生开展以探究为特征的研究性学习,使接受与探究相辅相成,使学生的学习境界更高,学习效果更好。

(3) 激励性教学策略

关注激励性教学策略主要看教师能否对学生的学习过程及情感、态度及时给予有价值的反馈,发挥课堂评价对学生学习的导向、激励、诊断和提高的作用。对学生的激励不能形式化,而要具体、诚恳。对于学生出现的错误,也要及时以恰当的方式指出纠正。

4.4 关注体育教师的课堂教学实践

体育课是非常讲究实践价值的课程,我们在评价体育教师的课堂教学时,不能仅仅关注学生是否得到了很好的锻炼,还要关注体育教师的课堂教学实践能力如何,如课的设计、讲解、示范、应变、组织和随机评价等。体育教师的课堂教学的示范作用非常明显,体育教师的课堂教学实践所起的示范作用,是其他学科教师的课堂教学实践无法相比的,我们在评价时,应对体育教师的课堂实践能力给予积极的正面的引导。

美 术 学 科

1. 美术学科特点

1.1 美术学科课程定位

在美术课程标准中对美术课程的性质的论述强调了两点。其一是美术教育的历史性:美术教育具有悠久的历史,在促进人的发展和社会进步方面体现出独特的价值。其二是美术教育的人文性:美术课具有人文性质,是学校进行美育的主要途径,是九年义务教育阶段全体学生必修的艺术课程,在实施素质教育的过程中具有不可替代的特殊作用。

1.2 美术学科特点

美术学科不仅有着自身的学科特点,也有着自己的思维方式和思维习惯,这些独特的思维方式和思维习惯形成了美术学科的思维特点。

1.2.1 形象思维

美术是视觉的艺术,其特质在于可视可感的形象性。形象性是美术学科区别于其他学科的最主要的特点之一。这一特质决定了美术学科具有形象思维的特点,即想象的特点。

1.2.2 求异思维

与众不同是美术学科最基本的特征,美术是求异的学科。

我们的美术创作历来强调不苟同于他人,打破常规的求异和创新才是美术的面貌。齐白石曾说过:学我者生,似我者死。这是对美术强调创新求变的精神的恰当概括。

如果说其他学科也有启发学生创新求变的要求,那么美术学科每一课都有着这样的求异空间和不同程度的创新要求,让学生发挥自己的想象力和创造力。很明显求异是美术学科的优势。在确立美术学科教学目标时应该考虑这一优势,让学生插上想象的翅膀。

1.2.3 美术学习活动方式依其特点,大致可分为创作和欣赏两类

尽管创作和欣赏都涉及外化和内化两种活动特征,但创作更倾向于外化,欣赏更偏重于内化。由于美术学习具有实践性和操作性的特点,所以创作活动占有相当大的比重。为了便于学习,美术课程标准将创作活动再具体分为"造型·表现"和"设计·应用"两个学习领域。"造型·表现"是美术学习的基础,其活动方式更强调自由表现,大胆创造,外化自己的情感和认识。"设计·应用"学习领域的活动方式既强调形成创意,又注意活动的功能目的。以外化性行为为主是上述两个学习领域的相同点,两者的区别在于前者更注重自由性,后者更注重功能性。"欣赏·评述"这一学习领域则注重通过感受、欣赏和表达等活动方式,内化知识,形成审美心理结构。

2. 美术学科新课改理念

2.1 发展学生的基本美术素养

实施义务教育阶段的美术教育,必须坚信每个学生都具有学习美术的能力,都能在他们不同的基础上获得不同程度的发展。美术课程应适应素质教育的要求,面向全体学生,以学生发展为本,培养学生的人文精神和审美能力,以促进学生健全人格的形成,促进他们全面发展。因此,应选择基础的、有利于学生发展的美术知识和技能,结合过程和方法,组成课程的基本内容。同时,要注意课程内容的层次性,以适应不同学生素质的差异。应注意使学生在美术学习的过程中,逐步体会美术学习的特征,形成基本的美术素养和学习能力,为终身学习奠定基础。

2.2 激发学生学习美术的兴趣

兴趣是学习美术的基本动力之一。美术课程应突出美术教育的趣味性,充分发挥美术教学特有的魅力,使课程内容与处于不同年龄阶段的学生的情意和认识特征相适应,以活泼多样的课程内容呈现形式和教学方式,激发学生的学习兴趣,并使这种兴趣转化成持久的情感态度。应将美术课程内容与学生的生活经验紧密联系在一起,使学生在实际生活中领悟美术的独特价值,从学以致用的角度激发学习的动力,使学生努力追求生活的艺术化。

2.3 在广泛的文化情境中认识美术

美术是人类文化的一个重要组成部分,与社会生活的方方面面有着千丝万缕的联系,因此美术学习绝不仅仅是一种单纯的技能技巧的训练,而应被视为一种文化学习。应通过美术学习,使学生认识人的情感、态度、价值观的差异性,及人类社会的丰富性,并在一种广泛的文化情境中,认识美术的特征、美术表现的多样性以及美术对社会生活的独特贡献。同时,培养学生对祖国优秀美术传统的热爱,及对世界多元文化的宽容和尊重。

2.4 培养创新精神和解决问题的能力

现代社会要求充分发挥每个人的主体性和创造性,因此,美术课程应特别重视对学生个性与创新精神的培养,采取多种方法,使学生思维的流畅性、灵活性和独特性得到发展,最大限度地开发学生的创造潜能,并重视实践能力的培养,使学生具有将创新观念转化为具体成果的能力。通过综合学习和探究学习,引导学生在具体情境中探究与发现,找到不同知识之间的关联,发展综合实践能力,创造性地解决问题。

2.5 为促进学生发展而进行评价

在义务教育阶段的美术教育中,评价主要是为了促进学生的发展。因此,评价标准要体现多维性和多级性,适应不同个性和能力的学生的美术学习状况,帮助学生了解自己的学习能力和水平,鼓励每个学生根据自己的特点提高学习美术的兴趣和能力。

3. 美术学科评课内容的案例分析

案例一

《折纸教学》评课

(摘自中国美术教育资源网,有删改)

案例描述:

教学情景一:

上课一开始教师就出示折纸染色作品,让学生欣赏。学生被丰富多彩、非常漂亮的折纸染色作品所感染,情不自禁地叫出声来:"哇!真漂亮!……太美了!"接着教师趁学生情绪高涨之际,介绍作品并出示课题:折纸染色。随后,教师提问:①看了以后有什么感受,能说说吗?②这些图案和色彩你觉得用在什么地方比较好?让学生讨论回答。

然后教师先出示印染或手工染的丝巾让学生欣赏,并与折纸染色作比较。随后,又出示APEC会议各国元首身着唐装的图片,让学生了解唐装的面料来源。

在教学中,教师不仅出示折纸染色的范作和印染或手工染的丝巾,还出示APEC会议各国元首身着唐装的图片,其目的是让学生欣赏漂亮的印染丝巾,了解美术与生活的紧密联系,了解唐装的面料来自"鱼米之乡,丝绸之府",从而提高学生的人文素养,体现了教师在教材处理方面综合的大美术的理念。

教学情景二:

当学生通过自主探究,能根据自己的意愿,创造性地折纸后,以四人为一小组,教师给每个小组提供红、黄、蓝三碟已调配好的水彩色,让学生自由尝试染色,同时教师鼓励学生相互交流,争取染出更漂亮的作品来。

随后要求学生在小组内互相欣赏评议作品,并评选出一张最好的作品展示在黑板上。于是学生开始评选,有的认为这张最好,有的认为那张最好,有的认为自己这张最好,许多小组的意见往往不能统一。在意见没有统一的情况下,有的学生就迫不及待地将自己的作品展示在黑板上,于是有的同学开始效仿,也将自己的作品展示在了黑板上,各小组的情形基本相似,胆大的同学纷纷将自己的作品展示在黑板上,胆小的同学经过一阵犹豫后,终于挡不住诱惑,也纷纷将自己的作品展示在黑板上。看到这样的情景,教师被感动了,终于改变了教学预设,不再坚持每小组评选一张最好的作品进行展示了。在经过了一番自评、互评后,教师表扬了全体同学,说每个小朋友的作品都很有创意,与众不同,而且都很漂亮。

评课:

美术课程被定性为人文课程,这就要求学生不仅要从美术本体来理解美术,而且应该通过美术理解更为广阔的世界,理解美术所蕴含的丰富的人文精神。

开放教学过程,就是不要拘泥于预先设定的教学程式,革除课堂教学机械、沉闷和程式化的弊病。实施开放性教学,才能激发出学生的生气、兴趣和智慧,使教学充满生机和活力。

教师在学生作品展示这一环节中,能及时改变教学预设,面向全体学生,给每个学生一次展示的机会,其意义是深远的。反映了教师良好的教学机智,同时也反映了教师在教学过程中,不断实践、不断提高的过程。

面向全体学生,给每个学生一次展示的机会,这是符合小学低年级学生的一般心理特征的,这是学生"自我实现的需要"。对于小学低年级学生而言,他们往往表现出一种以自我为中心的状态。他们往往对自己的作品特别感兴趣,他们都希望自己的作品能被展示出来。如果让学生向同学介绍自己的作品,他们个个都争先恐后。这一过程,看似是学生把自己的作品介绍给了同学,实际是他们自我欣赏的过程,也是自我满足的过程。因此,面向全体学生,给每个学生一次展示的机会,实际也是给了每个学生一次成功的经验。

案例二
《生活中的色彩搭配》评课

案例描述:

(1) 音乐切入

师:同学们,我们能感受到生活的丰富与美好,感觉到生活的多姿多彩,在很大程度上是因为我们处在一个丰富的色彩世界里。今天,让我们一起去感受色彩、体验色彩。

音乐切入,播放歌曲《天堂》并和同学们齐唱,旨在激发兴趣,调动学生情绪,创设情境。

师:同学们,在欣赏音乐的过程中,你们感受到了什么?

生:白云、草地、蓝蓝的天空、洁白的羊群、清清的湖水……

小组交流各自感受。

效果:学生的情绪得到充分调动,兴趣得到激发,营造了一个好的学习氛围。

(2) 热身练习

师:请同学们以小组为单位,将感受到的事物表现出来,最好是以不同的形式表现。(放轻音乐)

学生活动:有的小组以诗歌的形式;有的小组以绘画的形式;有的小组以歌唱的形式……

效果:亲自动手感知,初步体会了色彩的独特魅力。

(3) 实例展示

师:同学们,能将你们课前收集的实例展示出来吗?(要求在展示的过程中,谈谈哪些色彩搭配得好,是成功的,哪些色彩搭配得还不够好,是不足的,并说出成功与不足的理由)

学生谈成功与失败,讲出自己的感受,将自己收集的各种实例(包括丝巾、帽子、花束等)一一展示。

效果:从生活中的素材挖掘色彩的魅力,让学生体验色彩的不同感觉。

(4) 分析范例

教师播放课件中的优秀案例,并和学生共同评价。

学生广泛发言,谈自己的看法。

效果:学生在评价欣赏中产生了对色彩的想象力。

(5) 色彩搭配

学生以小组为单位,重点打扮两到三个同学,体现合作性。(放轻音乐)

效果:学生合作学习,练习色彩搭配,对色彩搭配有一个更深入的了解。

(6) 表演展示

学生试做时装模特,进行走台练习。

学生参与表演,积极性得到充分的调动,体现了综合性。

教师播放课件中的音乐及画面。

(7) 师生小结

师:同学们,今天我们从生活中的色彩搭配入手,学习了色彩的知识,增强了对色彩感染力的认识。

生:这节课很开心、快乐,在"玩"中学,在"学"中"得",体验了色彩带来的乐趣。

评课:

(1)"生活中的色彩搭配"属于"设计·应用"领域,这一领域的教学应该达到的总体目标是:①使学生了解"物以致用"的设计思路,并学会运用设计和工艺的基本知识和方法,进行有目的的创意、设计和制作活动,发展学生的创新意识和创造能力。②让学生感受各种材料的特性,合理利用各种材料和工具进行创作活动,提高动手能力。③让学生了解艺术形式美感及其设计功能的统一,提高对生活物品和自己周边环境的审美评价能力。④使学生养成事前预想和计划的行为习惯以及耐心细致、持之以恒的工作态度。

在本节课的教学活动中,教师通过精心设计的几个活动环节,如展示自己收集的各种实例,分组妆扮同学,模特表演展示等,可以说是逐一实现了这些目标。尤其是妆扮同学并试做模特展示表演这两个环节,不仅体现了"设计·应用"理念,也体现出综合艺术课的思想精髓,可谓本节课教学的点睛之笔。

(2) 本课内容属设计基础中的色彩构成部分,执教者在内容的选择与设计上注重从学生的生活经验出发,与学生日常生活中感兴趣的、熟悉的事物紧密结合,并要求学生把所学知识应用于对这些事物的感知、理解、表现中,培养学生形成初步的设计意识和一定的动手实践能力。很好地把知识的学习与学生生活经验和操作实践有机地结合起来,浑然天成,通俗易懂,让全体学生在轻松的氛围中,把理论变成真实的体验和认识,培养了每个学生对色彩的感受、运用能力,这也是这节课的成功之处。

(3) 在活动环节的设计上,本节课的教学活动设计可谓独具匠心:首先是音乐切入,播放歌曲《天堂》,让学生感受音乐的美,感知、联想色彩的丰富,并用自己的方式将感受表达出来,不仅极大地激发了学生的兴趣,也为后面的展示作了很好的热身,这也是本节课的一大亮点。学生评价展示生活实例、师生共同分析范例、色彩搭配练习、学生展示表演几个环节一气呵成,环环相扣,课堂结构紧凑,师生互动效果好,充分体现了自主、合作、探究学习的新课程理念。

4. 美术学科评课关注点

4.1 看是否符合美术学科教学特点

美术教学是实施美术课程目标的主渠道。要充分体现先进的教学理念和策略,遵循现代美术教育的自身规律,应当从单纯的技能、技巧学习,拓展到美术文化的学习,想方设法为学生提供自主探索、合作交流、操作实践等多样化的学习方式。要注意加强教学过程中的师生互动,使课堂充满生命活力,促进学生美术素养的不断提高。

4.1.1 注重直观性,营造课堂教学美感

美术课堂教学要充分运用直观的具体形象来加强对学生视觉思维的引导,提高学生的视觉感悟能力,创设情境之美,追求语言之美,展现创造之美,运用演示之美,营造课堂教学美感,使学生始终处在美的氛围中,以利于学生的情感发展和美术知识、技能的学习。

4.1.2 强调参与性,激励主动学习的精神

课堂教学要激发学生主动学习的积极性,教师要精讲,示范要针对重点、难点,要引导学生自主参与、多实践、多交流,在心理、行为、环境等方面,尽可能让学生有体验感悟美的条件,使操作实践成为培养能力的过程,让师生能分享彼此的思想与见解,交流彼此的情感与体会,丰富教学内容,让教学过程成为师生互动的快乐过程。

4.1.3 坚持创造性,掌握自主学习的方法

美术教学过程中知识和能力的相互作用,在很大程度上是以创造性技能为中介的,要让学生明确美术是想象的艺术,创造是教学的主要内容之一。要注意利用现代化教学手段,通过多种教学方法,丰富学生的想象力,开发学生的创造潜能,不断激发学生的创新火花。要充分发挥学生的主体作用,尊重学生的创意,培养学生掌握自主学习的方法。

4.1.4 倡导开放性,提高自由拓展的能力

学校要充分利用校本资源和美术馆、博物馆、优秀建筑、社会环境等校外课程资源组织美术教学。有条件的学校应充分利用网络,积极开发信息资源,获得最新的教育资源,注意美术新材料与新技法的开发,注意同相关学科的综合、互相渗透,根据学校的特色,发挥教师的特长,编制校本教材,提高学生的自主拓展能力。

4.1.5 学习练习

学生是美术教学的主体。学生不仅要学习美术知识和技能,更重要的是要学会感悟艺术。要使美术学习成为培养学生发现美、欣赏美、表现美的能力,培育学生高品位的审美价值观的过程。所以,设计学习练习是达成课程目标的重要措施。

(1)练习活动思路

学习练习应该遵循以激发学生学习兴趣为前提,以技能操作练习为手段,以情感体验为途径,以提高审美情趣与能力为目标的基本思路。

(2)练习活动内容

学习练习既要有基础性共性的内容,也要有让学生自主选择和课外探究的内容。这些内容可以是以人文主题为载体单项的美术学习活动,也可以有一定比例的综合性活动内容。要注意美术内不同门类与技法的整合,也要有跨学科的作业设计。拓展型课程和探究型课程的学习内容必须体现一定的广度和层次性,要加强小组合作形式,培养学生从审美角度观察的习惯。

(3)练习活动方法

注意强化对学生自主体验美术的方式、方法指导,引导学生注重自己的感悟,重视自我价值的发现。练习活动注意思维要活跃,氛围要宽松,情绪应热烈,充分体现艺术学习的情境。培养学生掌握在日常生活中观察人物、事物的良好方法。

(4) 练习活动要求

根据学生的不同需求,提出分层学习的要求,增强有针对性的选择。

基础层面:是每一个学生必须达到的基本要求,以体验感悟、情感表达为主,不强调造型的准确性。

拓展层面:是让部分学生选择其中某一内容,在达到基础层面要求的情况下,加强技能训练,提高造型能力,更有效地传递自己的情感与思想。

探究层面:是要求部分学生自主选择某项内容,形成课题或项目任务,进行探究,提高审美能力,培养一定的美术专长。

4.2 看课程资源的开发利用

教师应以各种生动有趣的教学手段,如电影、电视、录像、范画、参观、访问、旅游,甚至故事、游戏、音乐等方式引导学生增强对形象的感受能力与想象能力,激发学生学习美术的兴趣。

教师应尽可能尝试计算机和网络美术教学,引导学生利用计算机设计、制作出生动的美术作品;鼓励学生利用国际互联网资源,检索丰富的美术信息,开阔视野,展示他们的美术作品,进行交流。

4.3 重视对教师教学的评价和对学生学习过程和结果的评价

美术教学的评价是对教师组织美术教学的过程及其教学质量和效率的评价,其中包括教师的教学理念与教学模式的运用,对教学内容的理解、设计或开发,对学生特点和学习初始状态的了解和把握,对现代化教学媒体资源与技术的选用,对教学策略、方法和技术的灵活使用,以及教学过程中德育的渗透等。同时更要看学生的主体地位和参与度、情绪和思维反应以及个性化的学习成果。因为学生是美术教学的对象,所以应对学生的感受和评价予以特别的关注,重视学生对美术教学的反馈意见。

对美术教师教学评价的建议:

(1) 评价教与学的互动过程。要关注教师对学生人格是否理解和尊重,是否启发和引导学生的想象力和思维能力,是否培养学生的探索精神、实践能力,是否对学生的自信心、独立性和个性差异表示肯定,是否培养学生之间的合作精神以及师生之间的人际交流关系是否民主平等等。

(2) 评价教学成果。优秀的学生作业对提高学生的学习兴趣、使学生产生成功感和自信心、发展学生健康的人格等方面都具有积极的意义。所以,既要关注学生作业中所反映的教学目标的达成度,也要关注作业的创造性、多样性。

要看学生理解了什么,学会了什么,创造了什么,发展了什么,要使学生体验到成功的乐趣,在评价中成为积极参与者、成功者和自我反思者。

教学成果评价不要片面地看学生的美术操作技能,而要尽可能全面地反映学生的美术素养的提高、个性的发展、态度观念的进步、合作精神的形成和人格的逐步完善。

采用多种评价方式评价学生的美术作业:

对学生的美术作业应采用多样的评价方式进行评价。学生美术作业评价呈现方式可以是分数或等级,可以是评语,也可以是评语与等级相结合的方式,还可以是互评等方式,要充分肯定学生的进步和发展,并使学生明确需要克服的弱点与发展方向。

幼 儿 教 育

1. 幼儿园课程特点

根据"以幼儿发展为本"的理念,上海二期课改以组合化的方式组织和实施学前教育课程,使幼儿获得启蒙性、趣味性,并有利于他们终身可持续性发展的课程。学前教育课程具有如下主要特点和价值取向。

1.1 回归幼儿现实生活

传统教材的弊端之一,就是把幼儿定格在完全由成人预设的"书本世界"或"学科知识世界"中,远离儿童的真实生活,脱离儿童的现实世界。"新教材"直面幼儿的成长需要,关注幼儿的生活情境和生活经验,使幼儿园的课程向幼儿的生活世界回归,努力实现"科学世界"与"生活世界"的交互融合。例如《生活活动》教材,力图改变幼儿园生活教育"教学化"、"教条化"、"书本化"的现状,强调自然教育,强调融入日常生活的隐性影响,更强调要关注孩子每时每刻的生活质量,以及重视生活教育对孩子终身发展的影响。我们认为,教材、教育内容只有向幼儿的生活世界回归,才能体现教育的真谛。

1.2 关注过程

"新教材"力图改变以往教材标准化、重结果的倾向,通过充分体现幼儿园教育活动的选择性和生成性,通过淡化结果,注重活动过程来达到课程促进孩子发展的目的。关注过程,就是要关注幼儿在"课程的跑道"上"奔跑"时的经历、经验与过程——他们经历了什么事件和生成了什么需要?他们获得了哪些有意义的经验?他们与环境、同伴和成人的互动过程是怎样的?注重过程的课程,是真正体现后现代主义课程观的课程。

1.3 加强整合

新教材顺应了新的教育理念,强调课程的整合性。这种整合性,体现在课程目标的整合上——要实现知识与技能,过程与方法,情感态度与价值观等目标的有机统一;体现在教材内容的整合上——《游戏活动》、《生活活动》、《运动》、《学习活动》四套教材内容的有效结合以及幼儿发展各领域内容的有机联系;还体现在教育教学方法、途径、手段和组织形式等各方面的综合和整合上。实现课程的整合性,更有利于幼儿全面与和谐地发展。

(1) 游戏活动

游戏具有娱乐功能、发展功能、教育功能。家长可能认为,游戏就是玩,玩是孩子的天性,但我们必须清楚地认识到幼儿的游戏过程就是一个学习的过程,而幼儿的年龄特点决定了他们的学习应该通过游戏方式进行,游戏是幼儿园的基本活动。教师在幼儿游戏中扮演的角色是环境的创造者,游戏进展的支持者,游戏过程的观众、指导者。

(2) 生活活动

主管幼儿良好行为习惯的培养,以及在习惯形成中的积极情感体验,主管幼儿在共同生活中对交往、礼仪、环境、安全等的认识,提升幼儿对共同生活的适应能力。重视在日常生活中为幼儿创设"做力所能及的事"的条件与环境,让幼儿能充分地自我服务,参加简单的公益活动。实施"生活活动"离不开家长的参与和支持,只有双方的教育保持同步,才能提高教育的有效性,真正实现生活教育的目标。

(3) 运动

运动是以使幼儿运动能力得到提高、体质得到增强,培养幼儿终身参加体育活动的兴趣为其主要目标和评估方向的。在实施"运动"课程时有七项教学原则:兴趣性原则、整合性原则、发展性原则、挑战性原则、快乐性原则、安全性原则、互动性原则。

(4) 学习活动

我们强调在情境中学习。以一个个主题的形式开展揉合了学习内容和学习方法的学习活动,主题活动涉及各个领域的内容,从重视知识技能转向重视幼儿的理解与感受。设置小步递进的目标,让处于不同水平的幼儿都能找到适合自己的学习目标,联系已有的经验,在探究中学习,重视学习过程中探究、思考、实验、理解、运用等学习的基础性能力的培养。

新教材强调关注幼儿的兴趣倾向,把幼儿置于有意义的问题情境之中;强调符合幼儿的学习与活动特点,使活动更具有"磁性";强调幼儿的直接体验,把幼儿置于各种矛盾、各种关系中,使幼儿在与材料、他人的各种互动中,进行直接体验性学习与活动,把握事物的多种关系。

1.4 注重选择

低结构、高开放、重选择,是"新教材"的又一鲜明特点。注重选择性,一方面赋予孩子更广阔的学习与生活的空间,幼儿可以根据自己的需要、兴趣、个性进行自主选择与活动。例如,可以选择不同的学习主题,可以选择不同的运动区域,也可以选择自己喜欢的游戏,甚至是选择点心、午餐等,充分体现了课程注重差异、注重个性、注重发展的特点。另一方面,也给予了教师更多的课程选择权,教师可以根据本地区、本园、本班孩子的特点灵活地运用教材,自主地设计活动,使教师能真正成为课程的开发者、课程的实施者以及课程的评价者。强调教材的选择性,是一种历史的进步。

2. 幼儿园课程新课改理念

上海市学前二期课改提出以幼儿的发展为本,以素质教育的启蒙为核心,注重幼儿早期脑潜能开发的理念。强调幼儿的主体地位,强调重视幼儿生成的活动,强调让幼儿在与环境的交互作用中主动构建经验,强调让幼儿用他擅长的方式或多种方式的组合表达与表现他的认识与理解。

2.1 确立以促进幼儿和谐发展为取向的课程目标

促进所有幼儿在原有水平上全面和谐发展是学前教育工作的目标,因此,要从生活习惯、规则意识、学习能力、情感与自我意识、审美情趣等方面为幼儿终身发展奠定必要的基础,同时也要为培养幼儿具备适应不断发展的社会所需要的能力奠定最初的基础。

2.2 构建以整合、开放为特点的课程内容

根据幼儿与周围环境相互作用过程中直接的、整体的体验,将课程内容整合为共同生活、探索世界、表达表现等领域,并以幼儿参与的多种活动,包括生活活动、运动、学习活动和游戏活动为核

心,设计、组织课程的具体内容,同时,充分注意不同活动之间的相互作用与渗透,增强课程内容与生活的联系,充分利用信息技术和各种教育资源,从不同的角度运用多种方式、方法,发挥课程的整体效应,关注课程的动态生成。

2.3 凸显以活动、体验为特点的课程实施

教育内容和要求,融于幼儿生活、运动、学习、游戏等多种活动中,课程实施强调活动性和体验性。强调活动的教育价值,注重活动的过程体验,优化教与学的方式。整体地考虑活动的预期目标与活动的展开过程,使幼儿在获得经验的同时,发展认知能力,丰富情感体验。课程实施强调计划性与灵活性的统一,集体、小组与个别活动相结合,教师要充分发挥教育机智,抓住最佳教育时机,以适应幼儿个体差异。

2.4 实施以发展为导向的课程评价

充分发挥课程评价的反馈调节功能,多渠道收集有关幼儿发展状况、教师教育行为及幼儿园课程建设的信息和意见,并与改进措施相衔接,逐步形成通过评价促进幼儿发展、教师发展和幼儿园发展的有效机制。根据课程目标,改进和完善原有的幼儿发展评价体系和方法,着重探索过程性评价和个别化评价,发挥质性评价与量化评价的不同作用,突出质性评价在学前教育中的优势。要建立教师发展性评价的体系,重视教师评价内容的全面性,强调教师对自己的教育理念、教育态度、教育行为和教育效果的分析与反思,建立以教师自评为主、多方参与的评价制度。

2.5 落实以民主为原则的课程管理

要发挥幼儿园和教师在课程建设上的积极性和创造性。在强调规范要求的基础上,更突出民主性,依据新课程理念的要求,为幼儿园和教师开展个别化教育创造条件。要增强课程选择性,赋予幼儿园和教师合理的自主权,允许不同条件的幼儿园根据实际情况和本园幼儿的特点对课程进行园本化的设计。要促使教师与幼儿积极互动,促进课程的生成,形成有效的课程运行机制,为引导幼儿园个性化的发展,满足幼儿与教师自我发展的需要提供相应的保障。

3. 幼儿园课程评课内容的案例分析

大班语言活动《大苹果》教学

(摘自中小学教育资源网,有删改)

案例描述:

设计思路:木偶剧《大苹果》是日本的一个儿童剧剧本,深受小朋友喜爱。孩子们喜欢这个故事的情节,更喜欢故事中风趣的语言,喜欢之余还能悟得一定的道理。所以在欣赏木偶剧这一环节我采用分段欣赏、哑剧表演的方式,让幼儿通过体会角色的动作、迁移已有的生活经验,合理想象故事的发展,学习用语言大胆、清晰地表达,慢慢感受"分享"给每个人带来的快乐。

活动目标:
(1)根据哑剧表演合理想象故事的发展,并能大胆清晰地表述出来。
(2)感知分享能给人带来快乐的道理。

活动准备:(1)木偶台;(2)小猪木偶两只、小兔木偶两只;(3)大苹果一只。

活动过程：
(1) 猜测木偶剧的名称，激发幼儿欣赏作品的兴趣。
(舞台上出现一只大苹果)
——你们知道这个木偶剧的名字吗？(根据舞台上提供的信息准确表达)
小结：舞台上有个超大的苹果，所以这个木偶剧的名字叫大苹果。
(2) 分段欣赏表演，想象、理解故事情节。
① 欣赏第一段：(无台词表演)
——两只小猪看到大苹果是什么态度？
——他们用了哪些方法想得到大苹果？
观看有台词的表演进行小结。(过渡)小猪赛跑去了，苹果还会引出什么故事呢？
② 欣赏第二段：(无台词表演)
——小兔子看到大苹果是什么态度？
——他们是怎么想的？又是怎么做的？他们吃到苹果了吗？
观看有台词的表演进行小结。(过渡)小猪赛跑回来发现苹果不见了，心里会怎么想呢？(幼儿猜猜)
③ 欣赏第三段：
——小猪发现苹果不见了，心里是怎么想的？
——为什么小猪心里很后悔？
——这时小兔子在干吗？
总结提问：哪个动物快乐？哪个动物不快乐？说说理由。
(3) 完整欣赏木偶剧(有台词)
(4) 延伸：请幼儿课后自制图书。

教学评价：
专家观摩本次活动后的感想：
感动——作为教研员做到以身示教，充分发挥引领的作用，实现理论与实践的完美结合，体现教育智慧的自主积累。
艺术——教师对活动的组织是非常艺术性的，紧紧抓住了幼儿的年龄特点，孩子想知道自己的猜测与老师讲的是不是一样的，如果猜测正确就会非常自豪，这将极大地激发孩子的自信心，有些孩子会满足一整天！
对本活动的看法：
(1) 目标确切，选点适宜，贴近幼儿的已有经验
本活动抓住了学前幼儿关键经验的培养——即：观察、听、讲、想象的能力。幼儿园语言活动的形式多样，多通过让幼儿看图书、图片等方式进行，木偶表演是一种很吸引孩子的形式，需要教师有一定的基本功，而且用先哑剧后讲述的方式，留给幼儿充分的想象空间，幼儿的注意力始终非常集中，对学习充满兴趣。
结合大班幼儿日常生活中的"争吵现象"，以充满童趣的故事教育学生，提升幼儿的关键经验，既解决经常性的问题，又隐含教育意义。根据目标组织过程，体现活动的核心"分享的快乐"。目标贴切，教学结构清晰。
(2) 过程有趣、形式丰富，渗透活动目标的层层落实
整个活动以故事为主线，借助哑剧表演(让幼儿猜测剧情，合理想象，组织语言)——有声再现表演(让幼儿发展有意记忆，进行自我评价)——完整欣赏(帮助幼儿提升关键经验)的三段式展示，涵盖幼儿能力循序渐进发展的过程，无声中想象(突现对观察能力的培养)、有声中倾听(辨别剧本

内容的要素)、讲述中满足(判断暂时记忆内容的正确与否)。

(3) 提问清晰、追问巧妙,凸显活动过程的环环紧扣

每个环节中的关键提问相当清晰,既能体现本环节的要点,又渗透对幼儿语言能力的培养。能及时捕捉幼儿的现场反应,追问、肯定、分享,方式灵活多样,诠释教与学的有机转换。特别是在追问中,教师充分把握追问的价值所在,能做到三个引领,引领幼儿思考:语言怎样做到丰富、观看怎样做到细致、表述怎样做到清晰。

4. 幼儿园课程评课关注点

4.1 看课程目标的落实

幼儿园教育不仅仅要让幼儿达成知识性(常识性)的目标,还必须关注幼儿良好习惯的养成、生活经验的积累、情感的丰富以及思维的发展等。为幼儿的终身学习打下基础,使幼儿成为健康活泼、好奇好问、文明乐群、亲近自然、爱护环境、勇敢自信、有初步责任感的儿童,是新课程改革要追求的目标。

4.2 看课程形成的方式

预设和生成是主要方式。预设,即由教师根据教育目标和幼儿的兴趣、学习需要以及已有经验,以多种形式,有目的、有计划设计的教育活动,以引导幼儿自主地活动。生成,即教师依据幼儿的兴趣、经验和需要,及时动态性地调整教育活动。

预设和生成,都要看是否"幼儿在前,教师在后","追随幼儿、教师同行"。主要看:

(1) 善于引申

这是指教师要善于把个别幼儿的活动主题,引申为全体幼儿都感兴趣的主题。

(2) 善于捕捉

这是指教师要善于捕捉时机,借助情境和材料及时进行点拨,根据幼儿的兴趣和需要,从他们尚未明晰但有价值的内容中,有选择地直接提出主题,"推动"幼儿学习。

(3) 顺应、引导和推动

顺应,即顺应幼儿的活动,为他们提供有关主题的资料及活动所需的材料、时间、场地等,使幼儿顺利地进入下一阶段的探索,并形成主题。引导,即教师在幼儿活动过程中,通过观察思考,找到恰当的机会,参与到幼儿的活动中,用巧妙的方法引导幼儿。推动,即在适当的时机对幼儿进行点拨,借助当时的情境、材料,直接提出主题,把幼儿的学习兴趣推向较高的层次。

生成,更要看教师是否成为生成活动的发现者、设问者。教师应该是生成活动的参与者、帮助者。

评 课 案 例

案例1　中学语文《散步》评课

执教：北蔡中学　葛筱宁

【案例描述】

教学目标：

整体感悟课文内容，品味课文简洁、生动、传神的语言；

有感情地朗读课文，学习自主、合作、探究的学习方式；

培养尊老爱幼、珍视亲情、珍爱生命的情感，理解生命的传承需要责任这一主题。

教学重点难点：

重点：品味文章简洁、生动、传神的语言。

难点：珍惜生命，理解孝敬老人、承担责任的意义。

教学过程：

（1）导入："散步"

教师抛出话题：回忆生活，讲讲自己和家人散步的经历。

学生活动：学生交流自己和家人的散步经历。

本环节设计意图：结合学生自身的生活实际，提出一些诸如"经常跟谁一起散步"、"是哪些季节出来散步的"、"散步时大家讨论了什么问题"、"产生分歧了吗"等与课文相关的问题，为选择突破口作好准备，也为学生更好地理解课文内在逻辑作好铺垫。

（2）突破："分歧"

师：初读课文，思考以下问题：课文中"我们"的"分歧"是什么？为什么出现"分歧"？"我"是如何处理"分歧"的？为什么要这样处理"分歧"？

学生阅读解答："我"为了母亲，选择"平顺"的大路；儿子为了"有趣"，要走小路。

（板书：平顺　有趣）

"我"选择走平顺的大路是"尊老"的表现。

（板书：尊老）

师：小路的"有趣"体现在哪里？母亲同意走小路是不是也是因为觉得小路"有趣"呢？

学生：母亲是因为爱孙儿才提出走小路的。（从动词"摸摸"可体现出来）

母亲为满足孙儿的"有趣"而放弃自己的"平顺"，意味着"爱幼"。

（板书：爱幼）

学生活动：朗读第8节，找出能表现"尊老爱幼"的词语，说说它们的表现力。

师生合作分析："蹲"、"背"、"慢慢地"、"稳稳地"、"走得很仔细"等词，这些词语简洁生动传神地写出了"我们"的认真,写出了"我们"对母亲,对儿子的重视,体现出中华民族"尊老爱幼"的传统美德。

本环节设计意图:以"分歧"作为突破口,深入浅出,从一些具有表现力的字词中引出"尊老爱幼"的传统美德。

(3) 猜字:"背"

(板书:月)

师:"月"与刚才的板书构成了一个类似"背"字的形态。让学生猜一猜板书,想一想第8节里一个对课文中心起到关键作用的字是什么,为什么。

师生分析:"背"是由上"北"下"月"构成的,"北",《说文解字》解为两个背靠背站着的人,这里可以指我们的"分歧",一是"尊老",一是"爱幼";字的下半部分是一个"月","月"是形旁,跟人体部位有关,比如"膀"、"胳"、"脑"、"肩",即"我们"既要背起"尊老"的重担,也要背起"爱幼"的重担,这一"背"实际上是背起了家庭的亲情。课文中三代人相濡以沫:我为了"平顺"背起了母亲,妻子为了满足儿子的"有趣"背起了儿子。

师:"整个世界"指什么?

学生阅读交流概括:完整的家庭,和谐的亲情;家是整个世界的缩影。

本环节设计意图:板书构成形似的"背",可以从字的构成形式到文章的内在逻辑,双向地直指课文的主旨。

(4) 开掘:"生命"

师:再读课文,思考为什么要"散步"。

学生阅读思考:为了母亲的健康,"我伴同母亲的时日已短",从一个"熬"字可以体现出来。

师:散步时我们大家都在想着的同一样东西是什么?为什么?

师生分析:生命。从散步的目的、散步的时节(初春季节的含义)、散步时所见的景物(景物描写的作用)、散步的人物构成来看,都在指向"生命的传承"。从第5节"前面也是妈妈和儿子,后面也是妈妈和儿子"一句可以看出。有了责任,生命才得以传承。

学生阅读交流概括:根据课文内容,再次结合自己与家人散步的实际情况,谈谈自己的感悟与触动。

师:"整个世界"还可以指什么?

师生分析小结:生命——无论是行将就木的生命,还是朝气蓬勃的生命,都要尊重,都要善待,都要给予应有的关注。"我们"背起"整个世界"的"背"实际上就是责任心。

(板书:生命 责任心)

本环节设计意图:以散步的缘由为头,开掘出中华民族"尊老爱幼"的传统美德实质上就是尊重生命、善待生命的价值体现,立在一个新的高度品味"整个世界"的含义。

(5) 作业:①背诵第8节,品味课文简洁生动传神的语言。②联系自身实际,谈谈自己作为中学生应背负起哪些责任,应如何做一名合格的中学生。

附【板书设计】

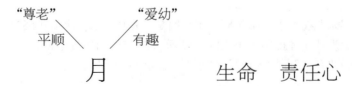

【点评】

"背",属形声字,上声下形,上半部分是"北",下半部分是"月"。"北"意为两个背靠背站着的人,这里可指我们的"分歧":"我"为了母亲,选择走"平顺"的大路,儿子为了"有趣",希望走小路,结果母亲疼爱孙子,也同意走小路。实质上的"分歧":一为"尊老",一为"爱幼"。"北"在字形上也颇似两条分歧之路。"月"是"背"的偏旁部首,一般来说,"月"和人体的部位器官有关,比如"胳"、"膊"、"肩"、"膀"等字,因此,这一个"背"字可以解释成我们既要背起"尊老"的重担,也要背起"爱幼"的重担,这一"背"实际上是背起了家庭的亲情。"尊老"和"爱幼"("北")都放在"我"的肩膀上("月"),由"我"来承担,可见以"我"为代表的中年人在家庭中、在社会上所负的责任之重。所以,文章最精彩的地方应是最后一节我们不是"散步"而胜似"散步"的方式:我背起了母亲"散步",妻子背起了儿子"散步"。前者我们"尊老",后者我们"爱幼",共同用一个象征责任的"背"承载了起来。

这一"背"不仅背起了母亲、背起了儿子,不仅背起了"尊老爱幼"的传统美德,而且还背起了家庭的亲情、生命的尊严。

这一个"背"字就用在板书设计上了。板书构成形似的"背",可以从字的构成形式到文章的内在逻辑,双向地直指课文的主旨。

《散步》作为传统篇目,授课的内容选择和课堂教学形式是多种多样的,葛筱宁老师尽管是一个年轻教师,但这节课的教学设计应该说有所创新,他通过自己对文章的个性化解读,抓住一个"背"字,让学生能从民族文化和对生命的解读的高度去分析文章,对文章的理解有深度,很容易让学生从心底感悟到什么是真正的尊老爱幼,其教育意义不言而喻。

但我们也必须看到,《散步》首先是一篇景情兼备的散文,教师在和学生一起解读的过程中,对文章的文学性解读还是少了些,特别是文章开篇那样一个意味深长而又其乐融融的散步画面,应该让学生去想象、去体验。

案例2 中学语文《小丑》评课

执教:育人中学 朱颖儿

【案例描述】

教材分析:

屠格涅夫的散文诗《小丑》是新教材八年级下学期语文第二单元"世间百态"中的一课。它描绘的是一个卑劣的小丑,以拙劣却卑鄙的手法骗取众人的信任,成为一个权威的故事。故事虽荒唐可笑但却表现了发人深省的人性特点。

《小丑》篇幅短小,但寓意深远。屠格涅夫在文中展现的是一幅"众生相"。文中的小丑及胆小鬼(众人)的形象是具有典型意义的。屠格涅夫塑造了一个为流言所累,却又以编造流言,利用众人虚荣而胆小的人性弱点,装腔作势哄骗众人,无所顾忌地横行于世的跳梁小丑的形象。而众人则是一群盲从、人云亦云的胆小鬼。这些人共同构成了一个令人担忧的社会。

教学设想:

结合单元要求,联系学生非常熟悉的安徒生童话《皇帝的新装》,制作PPT课件,运用启发式、质疑式教学方法,让学生通过朗读、圈画、讨论,探究文中的小丑的形象,尝试与学生一起探讨人性,使学生了解一种社会状态,也让学生在了解人性和世态的同时省察自身,省察周遭,让一篇130年前的文章焕发出现实意义。

教学目标:

(1)通过朗读与圈画,梳理文章内容,理解人物形象。

(2)通过讨论、教师点拨等手段让学生理解文章蕴含的主旨。

(3) 从主旨出发,引导学生思考人性弱点,做一个有主见的人。

教学重点和难点:

重点:理解文章内容,把握两类人的人物形象。

难点:理解本文所蕴含的主旨。

教学媒体:

多媒体 PPT 课件

教学过程:

(1) 导入新课

以闲谈"人"导入。

平时上课时,难免要分析人物形象,我总会问问我的学生们"这是个什么样的人",而他们给出的答案总让我哭笑不得——好人、坏人。我常常在想,一撇一捺一个"人"字,简简单单的两笔却画出了世界上最复杂的一种生命体。人如果真能像硬币的两面一样,非正即反,不是好人就是坏人,那世界就单纯了。只可惜,凡有人就有各种各样的人性、各种各样的人情、各种欲望、各种恐惧……人与人组成了世界,构成了社会,人在影响着周遭的人类世界,同样的,周遭的世界也在影响着人。听起来复杂、深奥,幸好,有一些了不起的作家,他们能写出一个个故事,把这些复杂的东西化成好看的故事,让我们看故事的人,在或笑或叹之余也有所思考、有所收获。今天,就让我们跟随俄国作家屠格涅夫,去看看他为我们展现的是怎样一个世界,怎样一种人性。

设计意图:课文描写的小丑和众人都是当时社会的典型人物,作者着力表现的是两种人的人性。人生、人性、人情,初二的学生对这些复杂微妙的东西似懂非懂,但是,他们已经到了思考这些问题的年龄了。他们愿意思考,甚至会"为赋新词强说愁"地感叹人生。综合考虑课文和学生的年龄特点,才设计了闲谈"人"的导入方式,以期引起学生的兴趣和共鸣。

(2) 教师朗读课文

学生在教师的朗读过程中熟悉课文。

设计意图:因为借班上课,学生没有接触过课文,没有课前预习的可能,要在最短的时间内让学生熟悉教材,并达到较好的效果,教师朗读是个好方法。教师朗读的停顿和抑扬能引导学生快速沉浸于文本中。

(3) 梳理文章内容

① 小丑形象的变化过程

a. 文中的主人公小丑曾经是什么样的人?后来又成了什么样的人?

请学生圈画并进行简单概括:

生活愉快又愚蠢的人→权威:批评一切人和一切事的评论家

设计意图:这一问题是"梳理课文内容"的第一问,旨在引导学生明确主人公是小丑,这一人物的性格是产生过变化的,同时能让学生在教师朗读后迅速浏览课文,有目的地圈画关键词,并作出相应的概括。

b. 是什么促使小丑产生了变化?(流言)

流言:极其愚蠢、非常鄙俗

随堂解词:鄙俗:粗俗、庸俗,与"高雅"相对;窘:为难,因状况无法摆脱而为难

设计意图:教学重点在文章内容和人物形象的分析理解上,字词并不是本堂课的重点,但是,对语文教学来说,字词是基础,虽不是重点也不可丢弃。

c. 小丑做了些什么?

(编造流言,否定一切,唱反调,反对权威)

请圈画出有关小丑的描写。

设计意图：圈画是使学生沉浸于文本中的好方法，不仅如此，还能考察学生寻找并判断有效信息的能力。

d. 梳理小丑的变化过程：
愚蠢、快乐——为流言所累——编造流言——成了权威

② 周围人的变化
a. 圈画对周围人的描写。
周围人传言小丑愚蠢鄙俗，他们对小丑唱的反调有什么反应？
b. 梳理周围人对待小丑态度的变化：
言其愚鄙——立刻同意——崇尚权威

（4）分析人物形象
设计意图：分析人物形象，探究小丑和众人的形象改变的原因。这需要探究隐藏在人物形象背后的深层的社会根源。引导学生思考这些人产生变化的真正原因是什么。使学生明白，小丑也好众人也罢，他们是具有典型性的，不是单一的一个人，而是一类人的代表。作者塑造这些具有典型意义的人，想要反映的是当时某些群体性的"人性"。这一部分是建筑在"梳理课文内容"之上的，又是直指文章主旨的，意在通过分析人物形象帮助学生了解人性。

① 周围众人的形象
a. 周围人怎么能够立刻同意小丑的话呢？
分角色朗读：叙述者、小丑、三位熟人
设计意图：朗读，为课堂增添"声音"，同时更是对课文的再熟悉。朗读的内容是教师给定的，为学生指示出了思考的范围。朗读要读出符合人物性格的语音语调，这就需要学生在事先对人物形象有所思考和理解，这样便自然引导学生将注意力投射到"人物形象"上来。

b. 找一找朗读的这些内容有什么相同之处。
周围人：感到吃惊，同意了小丑的说法
小丑："得了吧"
　　　　提高声音
　　　（装腔作势，从气势上吓退别人）
　　　"你是个落后的人啦"
　　　（为别人挖下陷阱，如若反驳，就会成为落后的人）

c. "知之为知之"，为什么周围的人不愿意承认自己落后？这三位熟人的话有没有言外之意？

　　　　语言　　　　　　　言外之意
　　夸著名的色彩画家→炫耀自己懂艺术
　　读了一本好书　　→吹嘘自己的文学鉴赏能力
　　某君真好，赞朋友　→与凤同翔，自己身价不俗

d. 这些周围的人是怎样的人呢？
这些人虚荣，想成为高雅的人，所以害怕让人知道自己无知，所以装腔作势。但是他们没有真才实学，无法判断真假，所以只能用盲从、人云亦云来掩饰自己的浅薄，这样还能显示自己与时俱进不落后，凸显自己的高雅不鄙俗。

设计意图：前三问是层进式的追问，目的是为了使学生理解第四问周围众人的人物形象。

e. 与《皇帝的新装》进行比较，进一步理解人物形象。
这些周遭的人们像《皇帝的新装》里的什么人？
皇帝为了外表的漂亮，文中的人们为了人性的漂亮。

设计意图：《皇帝的新装》中的人物形象与本文的人物形象有相同之处，加之学生对安徒生的童

话很熟悉，能够轻易回想起来，也能够快速展开联想进行类比，这是有助于学生理解本文人物的。同时，用这一童话也能顺利地过渡到对小丑形象的分析上去。

② 分析小丑的形象

a. 小丑像《皇帝的新装》中的什么人？

讨论：你认为小丑成功的秘诀是什么？

抓住文中的人物描写进行分析，如：

- "得了吧！"小丑提高声音说道……
- "您还不知道这个吗？我真没想到您会这样……您是个落后的人啦。"
- 总之，人们在小丑面前无论赞扬谁和赞扬什么，他都一个劲儿地驳斥。只是有时候，他还以责备的口气补充说道："您至今还相信权威吗？"

他抓住了人们胆小的弱点，于是开始装腔作势，用理直气壮来吓退众人，用反对权威、唱反调、批判一切人和事来吓倒众人。一开始还是为了抵制让他窘迫的流言，但是渐渐地他发现这一招让他得到了名利，于是他继续用这些招数来趾高气扬，横行于世，做着他的伪权威。

小丑是个什么样的人？

设计意图：要理解小丑的人物形象，必须先清楚小丑从一个愚蠢的普通人一跃成为权威的秘诀在哪里，即，他所运用的方式。观察他运用的方式，便能较为容易地总结出小丑的形象了。

b. 对于这篇文章的标题有几种不同的译法：《愚人》《蠢人》《混账》。与《小丑》相比哪个更好，为什么？请讨论。

设计意图：这是通过文章题目对人物形象进行的再理解，中文里有"跳梁小丑"一词，指的是那些品格低下、行为卑劣的人，翻译者将文章译成中文，必定经过深思，找到的也必定是他认为最符合文章中人物形象的词。从这个角度引导学生思考，其实仍然是在进一步分析小丑的人物形象。

(5) 探究主旨

① 文中的小丑和众人都没名没姓，作者这样写是为什么？

这些人显现的是一些普遍存在的人性，这些人是有象征意义的，是典型的，是普遍存在的。

② 130年前的文章现在读来还是发人深省，读完这则故事，你学到了什么？

设计意图：第一问意在引导学生明确，文中的人物具有普遍性和典型性，从而了解作者写小丑和众人，是站在当时背景下反映当时社会现状的。第二问则离开作者生活的时代，探索一篇文章经久不衰、常读常新的原因，那是因为现代人读它也会产生共鸣，它对现实生活而言是有价值有意义的。

(6) 课堂小结

这堂课探讨的内容深沉了些，作者为我们展示出了人性中的卑鄙、虚荣、胆小、对权威的盲从，这些人组成的世界是令人恐怖的，也是让人担忧的。但这些仅仅只是人性的一面，并不是全部。

(7) 作业布置

阅读屠格涅夫的散文诗《乞丐》、散文《麻雀》，说说它们的主旨是什么。

设计意图：由于在外校借班上课，为了不让"作业"部分形同虚设，也为了让学生真正有所得，所以设计了课后阅读的作业。课文所写的人性灰暗，但那只是人的其中一面，介绍屠格涅夫的另两篇文章，要求学生也探究它们的主旨，是为了让学生领略人性另外的面貌。

【点评】

语文课上出语文味，教师对文本的解读，绝不能停留在文本语言的表面。必须调动学生对文本的思考，并以此进一步激发学生语文学习的兴趣，这样的语文课，才可以算是一堂好的语文课。

屠格涅夫的散文诗《小丑》是新教材八年级下学期语文第二单元"世间百态"中的一课。它描绘的是一个卑劣的小丑,以拙劣却卑鄙的手法骗取众人的信任,成为一个权威的故事。故事虽荒唐可笑但却表现了发人深省的人性特点。《小丑》篇幅虽然短小,但教师在文本解读中,解读到了这篇小说寓意深远的一面,挖掘了屠格涅夫在文中展现出的"众生相",很好地揭示了屠格涅夫笔下的小丑及胆小鬼(众人)形象的典型意义。让学生真正理解了屠格涅夫塑造一个为流言所累,却又以编造流言,利用众人虚荣而胆小的人性弱点,装腔作势哄骗众人,无所顾忌地横行于世的跳梁小丑的形象的意义;更让学生理解屠格涅夫塑造一群盲从、人云亦云的胆小鬼的意图,并让学生明白这群"胆小鬼"构成的社会更令人担忧。

结合单元要求,朱颖儿老师联系学生非常熟悉的安徒生童话《皇帝的新装》,制作PPT课件,运用启发式、质疑式教学方法,让学生通过朗读、圈画、讨论,探究文中的小丑的形象,试图与学生一起探讨人性,了解一种社会状态,也让学生在了解人性和世态的同时省察自身,省察周遭,让一篇130年前的文章焕发出现实意义。

朱颖儿老师这堂课的教学设计的另一个值得肯定的地方,是每设计一个教学环节,都有清晰的设计意图,并且都能从学生的学的角度进行设计,并积极寻找符合学生学习能力和兴趣的切入点,如在文本主旨的挖掘上,朱颖儿老师设计了这样两个问题,就充分调动了学生对文本进行深层次解读的积极性,让学生联系生活现实,进一步体现文本解读的现实意义:①文中的小丑和众人都没名没姓,作者这样写是为什么?②130年前的文章现在读来还是发人深省,读完这则故事,你学到了什么?

朱颖儿老师在这个教学环节的设计意图中明确表示:"第一问意在引导学生明确,文中的人物具有普遍性和典型性,从而了解作者写小丑和众人,是站在当时背景下反映当时社会现状的。第二问则离开作者生活的时代,探索一篇文章经久不衰、常读常新的原因,那是因为现代人读它也会产生共鸣,它对现实生活而言是有价值有意义的。"教师没有停留在自己对文本有一定深度的理解上,而是最大限度地引导学生也从小说创作的现实意义和深远的哲学内涵上进行思考。从这样的课堂教学设计可以看出,教师对新课程教学目标的理解是深刻的,也在课堂教学中按照新课程教学要求进行了实践。

案例3 小学语文《棉花姑娘》评课

执教:浦东新区昌邑小学 杨翠红

【案例描述】

教学目标:

(1) 能在语言环境中正确认读"棉、许、恶、盼、帮、忙、害、啄、吐、忽"等10个生字;能较熟练地用音序查字法查"恶",并了解它有四种读音;能在教师的指导下描摹汉字"吐、叶"。能结合课文内容,用换词法理解"许多、盼望、可恶";积累"棉花、许多、可恶、盼望、害虫、帮忙、忽然、碧绿碧绿、吐出"等生字组成的词语。

(2) 正确流利地朗读课文,尝试读出棉花姑娘和小动物们各自对话的语气。

(3) 通过棉花姑娘和小动物们的对话,了解燕子、啄木鸟、青蛙、七星瓢虫分别吃不同的害虫。

教学难点重点:

(1) 识记本课生字;能较熟练地用音序查字法查找"恶"字;正确朗读课文并读出相应语气。

(2) 了解燕子、啄木鸟、青蛙、七星瓢虫分别吃不同的害虫。

教学过程:

师:今天,杨老师先请小朋友来看一段录像。你们可要看仔细了,等会请你说说你看到了什么或听到了什么。

生1:我看到了白白的棉花。

生2:我还看到了有白的,有红的。

师:对呀,这段录像讲的就是美丽的棉花姑娘。(出示课题)

师:来,一起读。

师:小朋友知道棉花有什么用处吗?

生1:棉花吃了很甜的。

师:棉花能吃吗?你说的是棉花糖吧?

生2:棉花放在被子里,人家就可以睡得很暖和。

生3:棉花可以做羊毛衫。

师:棉花做的是棉衣。

师:小朋友知道的可真不少!棉花真是人们的好朋友,我们的棉被、棉袄都可以用棉花加工而成。棉花是一种植物,所以棉这个字是——

生:木字旁。

师:上面是个——

生:白。

师:下面是个——

生:巾。

师:可是前不久啊,却发生了一件事,你们看。(出示棉花落泪图)猜猜看,棉花姑娘怎么了?

生1:棉花姑娘好像生病了。

生2:棉花身上有一个个小虫。

师:究竟是怎么回事呢?请你自己读一读这一小节。(出示课文第一小节)

学生自由读。

师:谁愿意来读读看?

学生1读。

师:应该是——"他多么盼望"是不是?(学生1把"盼望"读成"希望")

师:这里面藏了几个生字宝宝,请你再来读一读,注意生字宝宝的读音。

学生自由读。

师:这些生字宝宝组成的词语你认识吗?(出示"许多、盼望、厌恶"几个词语)

学生1读。

师:"许"这个字在《我的名字》这篇课文里我们就已经认识了,谁还记得课文里是怎么说的?

生:言午许。

师:刚才杨老师看到曹嘉懿在指许倍耀,这个字是不是就是许倍耀的"许"?

生:是。

师:这三个词语能不能用另外几个词语来替换它们?"许多"可以用哪个词语替换?

生1:很多。

师:"盼望"可以用哪个词语替换?

生1:希望。

师:"厌恶"可以用哪个词语来替换呢?我们请字典公公来帮忙。先说说看,这个字念什么?

生:wù。

师:好,现在就请小朋友以最快的速度用音序查字法在字典里面找到这个字。

生查字典。(师数名次)

师:在字典的第几页找到的?
生1:在字典的508页。
生2:在字典的506页。
师:怎么会有不同的页码呢?
生3:因为它有四种读音。
师:请你把它的四个读音还有分别组成的四个词语自己读一读。
生读四个读音以及词语。
师:那这个字在这篇课文里念哪个读音?
生:wù。
师:什么恶?
生:厌恶的恶。
师:厌恶可以用哪个词语来替换?
生1:讨厌。
师:小朋友真聪明,再来看看这个字,有什么好办法可以记住它?(出示"盼")
生1:棉花姑娘用眼睛来看医生来不来,所以左边是个目。
生2:我有好办法记住它,一个"目"加一个"分"。
生3:盼、盼、盼望的盼,我用换部首的办法记住它,把"纷纷扬扬"的"纷"的绞丝旁换成目字旁就是"盼望"的"盼"。
师:说得真完整,表扬她。(生表扬)
师:你在平时盼望过什么?
生1:我盼望我妈妈。
师:你盼望妈妈来干什么?
生1:妈妈生病了。
师:哦,你盼望妈妈的病早日好起来。
生2:我盼望妈妈早点接我回家。
师:那棉花姑娘盼望的是什么?
生:医生。
师:把话说完整。
生:棉花姑娘盼望的是医生来给她治病。
师:想想她当时是什么样的心情呢?请你来读读这一句话,读出她当时的心情。
生自由读。
生1读。
师:谁能再来读读看,比她念得更好?
生2读。
师:让我们一起来念念看。
生齐读。
师:现在就让我们一起来听听录音,看看动画,看一看,棉花姑娘究竟遇到了哪些医生?
生听录音看动画。
师:棉花姑娘遇到了哪些医生?
生1:有燕子,还有啄木鸟,还有青蛙,还有七星瓢虫。(师出示医生图片和名字)
师:让我们和这些医生打声招呼吧。
生齐读词语。

师：啄木鸟的"啄"字有什么要提醒大家的？
生：不要漏了这个口。
师：还有吗？
生：不要漏了那一点。
师：再仔细看一下，这个点落在第几撇上？
生：第二撇上。
师：再看一下另外两个字，看看这三个字有什么相同之处？（出示"啄木鸟"、"吐出"、"叶子"）
生1：它们的相同之处是都有口字旁。
师：你还知道哪些口字旁的字？
生1：口字旁的字有"哆"。
师：什么哆？
生1：口字旁加个多少的多。
师：哦，哆嗦的哆是不是？
生2：吃，吃东西的吃。
生3：鸣叫的鸣。
师：仔细看一看这两个口字旁的字在田字格中摆放的位置，然后照着样子自己打开书到179页分别描一个写一个。
生描写。

点评：
对于课程标准规定的"在一定的语言环境中能认读、识记生字，能大致了解意思"这一识字目标教师把握得相当到位。教师能充分利用教材所创设的语言环境，引导学生读文识字，不断调动学生已有的生活经验帮助他们识字。如教"恶"字时，抓住多音字的特点，让学生请教字典公公，在复习了音序查字法的同时，联系不同的语言环境，帮学生分清了四个相异的读音。教师在教学过程中还注意新旧知识之间的衔接，有意识地扩大学生的识字天地。如在教"许"字时，教师利用学生的已知来探求新知——从前学过的课文《我的名字》中的"言午许"这句话让学生很容易就把这个字记住了。每个字教学的重点不同，让学生有侧重地掌握，而不是面面俱到。在教"盼"字时，学生根据字形的特点，充分发挥自由想象，识记字形，了解字义，充分展现了学生自主学习的能力，同时，用"盼望"说话不仅训练了语言表达的能力，又自然地过渡到了课文内容；"啄"的教学，除把握住这一点的位置外，还联系了课文中的另外两个同部首的生字，说说其他带"口字旁"的字，复习旧字，巩固新字。生字教学方法也是丰富多样的，能依据生字的特点和学生学习的能力，充分地让学生自主学习。

师：医生有没有把棉花姑娘的病治好呢？请你把书翻到177页，读读课文剩下的二到七小节，要求把课文读正确，不多字，不漏字。
生自由读。
师：现在我们以接龙的方式来读课文，其他小朋友仔细听，听他们有没有把课文读正确。
生个别分节读。
师：他们念得怎么样？
生1：我觉得他们念得很好。
师：还有没有其他的意见？
生1：没有。
生2：他们的后鼻音都没有念出来。杨美华的两个"请"的后鼻音没念出来，"惊奇"的"惊"的后鼻音没念出来。

师：听得真仔细！
生3：两个"请"的后鼻音没念出来。
师：前面已经说过了。
生3："星星"的"星"的后鼻音没念出来。
师：那有没有人听出她(生3)的问题？
生2：她把"棉花的病好了"读成了"棉花姑娘病好了"。
师：请×××(生3)把这句话再来读一遍。
生3读。
师：棉花姑娘找的医生给她治病了吗？现在请你再来读读二到五小节，用直线画出棉花姑娘说的话，用波浪线画出燕子、啄木鸟和青蛙说的话。
生自由读。
师：看看是不是和老师画得一样？请你读一读。(出示对话)
师：假如你就是棉花姑娘，在你最难受的时候，突然看见燕子、啄木鸟、青蛙来了，你心里会怎么想？三次的心情有什么不同吗？请你自己读读棉花姑娘说的话。
生自由读。
师：那些小动物帮不了棉花姑娘，心情会怎么样呢？请你看着屏幕，再来读读小动物们说的话。
生自由读。

点评：
针对一年级的学生，教师应引导学生多读书，在读书识字的过程中引导学生动动笔墨，画画句子，促使学生养成良好的阅读习惯。同时，根据低年级学生的年龄特点，应创设情境，通过多种形式的读，特别是课堂教学中学生的自由散读，让学生有个体的活动，有自主积累的时间。让学生通过反复接触文本，熟悉规范的语言表达，使之成为学生个人的语言积淀。在学生反复读课文后，语言文字中所表达的情感、思想等自然而然地流入孩子们的心田，让学生自悟自得，真正通过"感其言"而"得其意"。

师：谁愿意来做棉花姑娘？
师：×××来做棉花姑娘。
师：燕子？×××。
师：啄木鸟？×××。
师：青蛙？×××。
师：我们其他小朋友一起来帮他们做旁白。
生分角色读。
师：你觉得能比他们读得更好吗？
生：能。
师：那就请你们在四人学习小组中分角色朗读。
生小组分角色朗读。

点评：
"角色"朗读，能让学生主动阅读。它根据儿童的认识规律，使学生把自己的经历和已有的知识带入阅读中，能使学生记忆更自觉，更有意义。教师引导学生把自己置身于"故事"的"角色"之中，进行理解和体验，不但能激发学生的兴趣，使学生记住课文丰富的词汇和有趣的情节，还能促使学生思考文中所蕴涵的道理。在进行语言实践的同时，学生的思维也得到了发展。

师：这里面藏了几个生字宝宝，请你和你的同桌用自己的好办法学一学。(出示"帮忙"、"害虫")
生同桌自主学习三个生字。

师:我们一起把这两个词语读两遍。
生齐读。
师:都记住了吗?比比谁的眼睛亮。(出示生字卡片)
生抢读。
师:棉花姑娘一次次地请求,都失望了,同学们,棉花姑娘向我们求救了,你听,她是怎么说的?(录音播放)
生听录音看文字。
师:同学们,如果你们看到棉花姑娘这么难过,你会帮她想什么办法呢?
生1:我会帮她把身上可恶的蚜虫一个个地弄掉。
生2:我把棉花姑娘身上的蚜虫一个个赶出去。
师:怎么赶?
生2:我用手抓走。
生3:我可以在旁边放一群七星瓢虫把它们吃掉。
生4:我用雷达把蚜虫杀死。
师:哦,杀虫剂是不是?

点评:

在传统的课堂教学中,孩子的行为往往受到严格的限制,搞得教师像没有感情、不苟言笑的零碎知识传播器。学生未老心先衰,不敢说不敢问,说话一个口吻,思维一个模式。事实上,只要是人,都希望时时生活在一种轻松和谐的环境中,拥有自由,感觉平等,受到尊重,怎么想就怎么说。而对于小孩子来说,就更需要自由表现自己的机会,教师应还他们活泼、纯洁、可爱的真面目。在这里,教师设置的问题是:如果你们看到棉花姑娘这么难过,会替她想什么办法?学生成了课堂的主人,设身处地地为棉花出主意,想办法,畅所欲言,在语言实践的同时进行思维训练,让他们的创造潜能得到了最大的发挥。课堂气氛热烈活跃,处处闪烁着智慧的火花。

师:课文上是谁治好了棉花姑娘的病呢?请你读读第六小节。
生自由读。
师:谁帮棉花治好了病?
生:七星瓢虫。
师:仔细观察,七星瓢虫长什么样?能不能用书上的话来把它介绍一下?(出示七星瓢虫图片以及第六小节)
生1:我们身上有七颗斑点,就像七颗星星,所以叫七星瓢虫。
师:再找找,有没有其他的?
生2:它们是一群圆圆的小虫子。
师:请你用这些话向你的同桌介绍一下七星瓢虫。
生自由向同桌介绍。

点评:

学生要提高自己的语言表达能力,只有通过大量的语言实践活动才能达成。语言学习强调的是习得,习得的过程是个体语言逐渐积累的过程,是积累的语言材料内化为个人语言储备的过程。这个内化的过程是在语言实践中完成的,是丰富语言积累的基本途径。语言的积累不能只停留在背诵上,更重要的是会用。在这里,教师让学生用文中的语言来介绍"七星瓢虫",就将课文中的语言内化为学生自己的语言了。

师:老师想和你们一起来读读这一小节。
师生合作读第六小节。

师:从棉花姑娘和几位医生的对话中你明白了什么?
生:我知道了七星瓢虫吃棉花身上的蚜虫。
师:那燕子、啄木鸟和青蛙呢?
生:燕子吃天上飞的害虫,啄木鸟吃树上的害虫,青蛙吃稻田里的害虫。
师:我们一起来读读这句话。(出示写出动物各自不同本领的一句话)
生齐读。
师:是啊,棉花姑娘在七星瓢虫的帮助下,病给治好了,看她笑得多漂亮啊!请你读一读课文最后一小节。(出示图和课文最后一小节)
生自由读。
师:请你再来读读这一小节,注意读好红色的字。("碧绿碧绿"和"雪白雪白"反红)
生自由读。
师:看,"碧绿碧绿"和"雪白雪白"把叶子和棉花描写得这么美,你能照着样子也来说几个吗?
生1:通红通红。
师:通红通红的什么?
生1:通红通红的太阳,金黄金黄的稻穗。
生2:乌黑乌黑的头发。
生3:瓦蓝瓦蓝的天空。
师:看看老师找了哪几个,请你读一读。(出示几个词组)
师:最后也让我们做一回七星瓢虫,去捉捉蚜虫吧!
生做游戏:捉蚜虫(读词语)

【总评】
　　学生的语言实践是一个活体,只有在动态的学习氛围和动态的学习环境中,学生才能完成语言积累。教师的课堂教学组织从学生语言实践学习思维入手,设计了大量有效的学生活动,这样的课堂不仅激活了学生语言学习的兴趣,也符合学生的学习心理和思维特点,应该说这样的课堂才是充满生机和活力的课堂,在教师和学生的合作中,学生完成了语言积累和语言运用能力的培养。

(点评:张萍)

案例4　中学数学《平面向量的分解定理》评课

执教:上海市浦东教育发展研究院恽敏霞

【案例背景】
　　2007年12月4日,以"加强教学针对性,提高教学有效性"为主题,在首届浦东教学展示周中,有28位中小学幼儿园教研员同时借班上探索实践课。教研员的探索实践教学从教学设计到实践过程的开展都紧紧围绕主题,"在教学中说教学",这使教研员进入课堂实践具有了重要意义。恽敏霞老师执教的内容是教材新增加的内容——高中数学新教材第八章8.3节《平面向量的分解定理》,执教班级是上南中学高二(9)班。课后围绕着如何提高一堂课教学有效性的问题,教师们开展了热烈的评课研讨。

【案例过程】
(1)授课教师说教学设计
　　恽老师:"平面向量分解定理"是上海市二期课改教材新增内容,包含了分解定理和基向量的概念,是研究向量的基本定理,也是前面研究坐标系中向量问题的理论基础,在此基础上一个向量能和一个有序数对建立一一对应关系,从而得出向量坐标具有合理性的结论。本节教学内容中"基"的概念,是数学的一个重要思想,并在这学期的后续教学内容中可以得到进一步的贯彻。

在对本节课内容在整个教材内容体系中的地位作用进行分析后,本节课的教学设计紧紧围绕"分解"展开,让学生通过作图分解、线性组合表示学会分解,通过解决问题体验分解的作用,并设置问题研究加深学生对定理内涵的理解,因此将教材例题1舍去,增加了强化分解的例题和一个有助于加深对定理的理解的研究问题。教学环节建立如下逻辑层次:研究的必要性(引入)、研究的内涵(新授)、研究的应用(应用)、研究的拓展(拓展),力图建立一个"为什么要学、学什么、有什么用"的充分式的教学框架结构。

(2) 听课教师评课研讨

① 评教学内容安排

强调了教学内容的逻辑层次。比如:a. 虽然有正交分解,但物理上还有许多不能正交分解的,有必要研究"非正交"分解。b. 在 $\vec{e_1}$、$\vec{e_2}$ 是平面上任意两个不平行向量的条件下,研究向量 $\vec{a}$ 与 $\vec{e_1}$、$\vec{e_2}$ 都不平行如何分解,与 $\vec{e_1}$、$\vec{e_2}$ 其中之一平行如何分解,如何规定 $\vec{0}$ 的分解,怎么分解 $\vec{i}$、$\vec{j}$,然后突破前提,为什么要规定 $\vec{e_1}$、$\vec{e_2}$ 不平行? c. 得出平面向量分解定理后紧紧围绕定理中的关键词"可以分解"、"唯一分解"作了深入研究,其中"可以分解"设置了几何形式(作平行四边形)与代数形式(表示为线性组合)两个例子进行深化体验;"唯一分解"设置了"三角形重心性质"问题进行了定理运用。教学内容的逻辑性架构使学生体验了完整的知识与方法的生成过程,促进了教学有效性的提高。

建平中学徐程老师的观点是,一堂课对教材内容的再处理非常重要,尤其是教材中比较抽象的一些内容,为了使学生能够更好地理解,经常要铺设思维展开的层次和台阶,就《平面向量的分解定理》而言,他认为可以有如下一些关键:

a. 向量问题变成数量问题——必要性

b. 向量分解的可能性、科学性——非零唯一

c. 抓住方向——向为主、量为辅,几何方式——定位、定向,代数方式——定量,坐标方式——向量本身的分解

d. 操作的有序性——怎么分解

e. 本质:三个向量有关系

本课教学正是在强调逻辑的基础上展开的,学生思维层层深入,能体现对概念的理解和掌握,为有效教学提供了保障。

② 评课堂环节结构

作为概念教学新课,课堂经历了引入——新授——应用——拓展——小结五个环节,是比较传统的演绎式教学课堂结构,流程清晰。在环节与环节之间教师恰当使用过渡性语言,不仅承上启下,而且还起到一定的"点睛"作用。引入用一个模型、几句话点出本节课研究内容的重要性和必要性,起到了"引入"的作用。

进才中学田红老师认为,这样的结构比较适合内容的展开,把一些特殊情形纳入概念学习的过程中,容易获得学生的更多关注。教师对定理层次分明的解析,有利于学生对概念的深层理解。

③ 评问题沟通互动

融洽、宽松的课堂教学气氛是有效教学的基础。上南中学高二(9)班是同一年级教学班中基础好、学生活跃的班级之一,教学过程中体现出师生互动热烈,教学过程流畅的特点,营造了和谐愉快的教学环境。这节课是借班教学,教师在执教之前对学情进行了一定的了解。课前十分钟,教师还通过座位表尽可能地与学生初步认识,课堂提问力图叫学生的姓名,并在问题回答完毕回顾反思的时候,尽量记住回答问题的学生,让师生之间产生一种一见如故的亲切感,大大缩短了彼此之间的距离。

同济二附中白萍老师认为这堂课中教师的问题有效,教师关注了问题引导。在教学过程中关注了问题设置的恰当性和有效性。在定理推导过程中,系列问题环环相扣;在概念深化环节中根据学生的反应有详有略,尽量不做低层次重复。比如,学生在回答例2的解法时思维已经比较明确,教师将他的方法用"搭桥"来说明,并略去具体计算过程,将重点突出在方法的形成上。因学生思维表现而生成的问题形式及详略把握,构成合理的课堂节奏,是提高教学有效性的重要方法之一。

在课堂师生的互动过程中,问题往往是一堂课的灵魂,也是最能体现教师功力的,一堂有效的课必定是"设问合理,评价到位,总结恰当"的。

④ 评教学技术运用

方法多样,特别设置的填空形式的例题,有利于学生形成规范。

设计了直观动态的多媒体课件,整个课堂使用几何画板,使向量的平移、任意向量的构造可以达到动态效果,教学展开灵活而具有生成性,能够直观解释抽象概念,容易突破难点。

恰当地使用现代教学技术,也是提高有效性的重要方法之一。

⑤ 评教学目标达成

教学目标是否明确、恰当、可测,对一堂课的有效性至关重要。听课教师们对这堂课教师的教案进行了热烈讨论。

特级教师胡仲威老师认为本课教学目标阐述合理,表述规范,重点、难点明确。在此基础上对教材的处理适当(先用反证法证明唯一性,后规定零向量),让学生清晰认识到我们的"目标"是"在于用两个向量研究无数多的向量",教师突破了两个难点:一是从认知的角度来讲,难在对定理的理解;二是情感目标的角度,为什么要学?必要性何在?所以,谈"有效性"不是机械的,要因目标和学生而异。这堂课教师对内涵的挖掘非常到位,不仅有助于学生对概念定理的理解,而且容易使学生形成知识结构。不论从知识还是从能力情感来说,目标的达成度都是比较高的。

⑥ 评不足改进

由于追求教学过程的完整性,实际教学时间用了45分钟,超过了一节课规定的时间。虽然在征求了学生同意的基础上完成了课堂小结,但课堂小结必须体现的归纳提升效果不很理想,尤其是对这堂课数学思想方法的揭示还不到位。课堂小结需要表述并使学生理解三层意思:平面上任意两个不平行的向量都可以作为一组基;平面上任意一个向量都可以有无穷多种分解,且对给定的一组基分解唯一;通过分解,平面上的向量可以归纳为两个基向量进行研究。

【案例反思】

评课是教学经验交流、教学方法探讨的重要平台,是促进教学观念更新、教学水平提高的重要途径和主要手段。在教学实践基础上,一次紧紧围绕主题的评课将使参与者的认识得到一次升华。反思《平面向量的分解定理》一课的教学与评课,对提高教学有效性这一问题,授课、评课教师可以达成以下几点共同认识:对教学内容的深层理解是提高教学有效性的前提;教学环节的合理预设是提高教学有效性的保障;教学过程的生成把握是提高教学有效性的关键。

附:教案

课题:平面向量的分解定理

【教学目标】

(1)掌握平面向量分解定理,理解定理的深刻涵义;

(2)体验给定向量在一组基底上唯一分解的过程,体验选择适当的基在解决问题过程中带来的便捷,理解基的作用;

(3)通过化归,感受数学体系与方法的完美严谨。

【教学重点】

平面向量分解定理的推导。

【教学难点】

平面向量分解定理的理解。

【教学过程】

(1) 复习引入

① 向量的正交分解(本章已学知识)。

② 力的分解(高一物理学习内容,见图 4.1)。

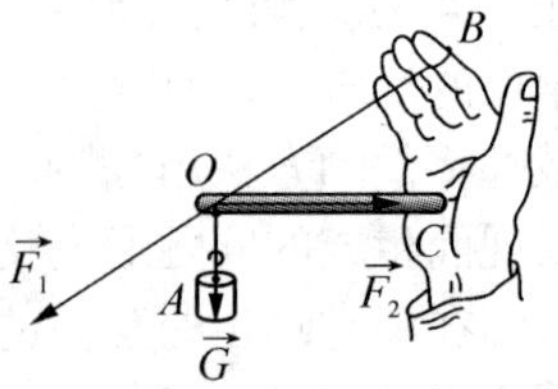

③ 如果任给两个不平行的向量 $\vec{e}_1$、$\vec{e}_2$,向量 $\vec{a}$ 为平面上任意一个向量,试问:$\vec{a}$ 能否表示为 $\vec{e}_1$、$\vec{e}_2$ 的线性组合?若能,如何表示?

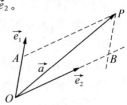

图 4.1

(2) 定理研究

若 $\vec{a}$ 能表示为 $\vec{e}_1$、$\vec{e}_2$ 的线性组合,即存在实数 λ_1、λ_2,使得 $\vec{a} = \lambda_1 \vec{e}_1 + \lambda_2 \vec{e}_2$。

一个向量要为两个向量的和,有什么办法?(平行四边形或三角形)。

因为向量可以平移,不妨将以上三个向量平移使其共有起点 O(见图 4.2)。

$\vec{a} = \overrightarrow{OP} = \overrightarrow{OA} + \overrightarrow{OB}$(平行四边形法则),

记 $\overrightarrow{OA} = \lambda_1 \vec{e}_1$,$\overrightarrow{OB} = \lambda_2 \vec{e}_2$,所以 $\vec{a} = \lambda_1 \vec{e}_1 + \lambda_2 \vec{e}_2$。

图 4.2

将一个向量 $\vec{a}$ 表示成两个向量线性组合的过程称为向量的"分解"。

① $\vec{a} = \lambda_1 \vec{e}_1 + \lambda_2 \vec{e}_2$,是否还有其他分解?(假如 $\vec{a} = \mu_1 \vec{e}_1 + \mu_2 \vec{e}_2$,则一定有:$\lambda_1 = \mu_1$,$\lambda_2 = \mu_2$。分解唯一。)

② 若 $\vec{a}$ 与 $\vec{e}_1$、$\vec{e}_2$ 中的一个平行,如何分解?(假定 $\vec{a} // \vec{e}_1$,$\vec{a} = \lambda \vec{e}_1 + 0 \cdot \vec{e}_2$)

③ 将 $\vec{0}$ 分解为 $\vec{e}_1$、$\vec{e}_2$ 的线性组合。

平面向量分解定理:如果 $\vec{e}_1$、$\vec{e}_2$ 是同一平面内两个不平行的向量,那么对于这一平面内的任意向量 $\vec{a}$,有且只有一对实数 λ_1、λ_2,使 $\vec{a} = \lambda_1 \vec{e}_1 + \lambda_2 \vec{e}_2$。

问题:若 $\vec{e}_1$ 与 $\vec{e}_2$ 平行,如何分解?(平面上与 $\vec{e}_1$、$\vec{e}_2$ 不平行的向量不能分解)

把不平行的两个向量 $\vec{e}_1$、$\vec{e}_2$ 称为这一平面所有向量的一组"基"(base)。(平行的两个向量不能作为一组"基")

试一试:用作图法以 $\vec{e}_1$、$\vec{e}_2$ 为基分解 $\vec{i}$、$\vec{j}$.

(3) 定理应用

例1 $\triangle ABC$ 中,$\overrightarrow{AD} = \dfrac{1}{4} \overrightarrow{AB}$,$DE // BC$,且与边 AC 相交于点 E,$\triangle ABC$ 的中线 AM 与 DE 相交于点 N,设 $\overrightarrow{AB} = \vec{a}$,$\overrightarrow{AC} = \vec{b}$,将向量 $\overrightarrow{AE}$、$\overrightarrow{DE}$、$\overrightarrow{DN}$、$\overrightarrow{AN}$ 表示为 $\vec{a}$、$\vec{b}$ 的线性组合。

说明:确定了基向量 $\vec{a}$、$\vec{b}$ 后,平面上所有的向量均可以用 $\vec{a}$、$\vec{b}$ 的线性组合表示,方便后续进一步研究。

例2 如图 4.3,若 $\overrightarrow{AP} = k \overrightarrow{AB}$,将 $\overrightarrow{OP}$ 表示为 $\overrightarrow{OA}$ 与 $\overrightarrow{OB}$ 的线性组合。

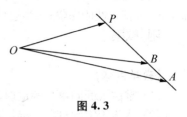

图 4.3

(课本第 67 页)

若 P、A、B 满足 $\overrightarrow{OP} = \lambda \overrightarrow{OA} + \mu \overrightarrow{OB}$ 且 $\lambda + \mu = 1$。

是不是可以得到 P、A、B 三点共线?

(4) 拓展研究

已知:如图 4.4,三角形 ABC 中,G 是重心。请填空并完成解答,推断结论。

解:设 $\dfrac{AG}{AF} = \lambda$,因为 $\overrightarrow{AF} = \dfrac{1}{2}(\vec{c} + \vec{b})$,所以 $\overrightarrow{AG} = $ _____,

又设 $\frac{BG}{BE}=\mu$，因为 $\vec{BE}=\frac{1}{2}\vec{b}-\vec{c}$，所以 $\vec{BG}=$ _____，
而 $\vec{AG}=\vec{BG}+\vec{c}$ _____。
由平面向量的分解定理得：_____

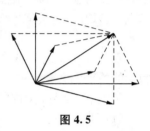

图 4.4

本题的结论是三角形重心的一个重要性质：$\frac{AG}{AF}=\frac{2}{3}$

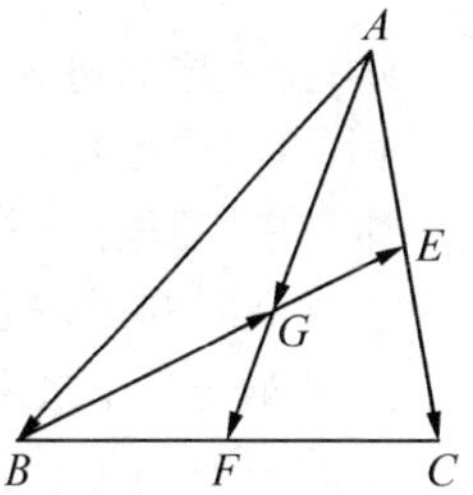

说明：希望学生能知道本题的解题思路是，对向量 $\vec{AG}$ 在基向量 $\vec{b}$、$\vec{c}$ 上进行分解，由不同的参数可得出不同的分解形式。由平面向量分解定理分解的唯一可得出两个方程组，通过解方程便能得出结果。本题的目的是帮助学生理解基底和平面向量分解定理。

（5）课堂小结

① 平面上任意两个不平行的向量都可以作为一组基；
② 平面上任意一个向量都可以有无穷多种分解，且对给定的一组基的分解唯一（如图 4.5）；
③ 通过分解，平面上的向量可以归纳为两个向量进行研究。

（6）作业布置

练习册：A 组/2,3,5； B 组/2

图 4.5

【教学设计说明】

本课教学内容为新教材第八章 8.3 节内容。平面向量分解定理是研究向量的基本定理，在其基础上一个向量能和一个有序数对建立一种对应关系，因此给出向量坐标具有合理性。本节课建立的"基"的概念，是数学学科的一个重要思想。根据对教材和内容的理解，本节课的教学设计紧紧围绕"分解"展开，让学生通过作图分解、线性组合表示学会任意向量的分解，通过解决问题体验分解的作用，设置问题研究加深学生对定理内涵的理解，以达到课堂教学目标。

案例 5　由例题设计谈有效教学
——评"首届浦东教学展示周"数学教研员徐颖探索实践课

上海市建平实验中学　王绍美

2007 年 12 月的第一周，浦东新区教科研室举办了"首届浦东教学展示周"活动。听说在这次活动中几位区级骨干教师大显身手，教研员走近学生进行探索实践，有专家做报告，有特级教师进行精品课展示，同时也不乏青年教师的教学展示。这样全方位地对教学进行研讨，将各方资源有机地组合在一起，对青年教师的成长起到了很好的作用，对提高浦东新区的教学质量也能起到很大的促进作用。耗散结构理论认为，只有开放系统才可能走向有序（进化），封闭系统只可能走向无序（退化）。一个社会系统只有与外界不断交换物质、能量、信息，才能得到进步与发展。新区的教学活动展示周为教师们搭建了一个很好的平台，让学校系统、教师个人系统从封闭走向开放，得到进步与发展。

我得到一个机会去听了数学教研员徐颖老师的课。

教研员平日里不直接与学生接触，现在亲临课堂，借班上课，与学生之间的默契问题是要解决的第一个问题。

师：把长颈鹿放进冰箱要几个步骤？（学生激动起来。）

生：三个，第一……第二……第三……

师：把大象放进冰箱要几个步骤？（学生们笑着喊起来：……四个。）

师：森林里动物开大会，只有大象没有参加，它去哪里了？

生：在冰箱里……

学生此时的兴奋会逐渐被好奇代替，这是他们平常所熟悉的数学课吗？

这是第一个小故事。第二个小故事是关于小鸟的，第三个故事是日常生活当中的井盖为什么做成圆的……这几个小故事看似天马行空，毫无关联，但接着徐老师竟然总结道：大象提醒大家"注意问题的关联性"，小鸟提醒大家"注意问题解决的特殊性"，井盖提醒大家"注意问题解决的有效性"。大家不禁为徐老师的智慧所折服。

徐老师巧妙地用几个学生熟悉的幽默小故事将学生和教师的距离拉近，让学生不知不觉地放松，接受新教师，消除了陌生感带来的负面影响。更妙的是，徐老师能将每个看似与数学无关的小幽默巧妙地用几个与数学有关的思维方式总结出来，为后续的课堂教学作好铺垫。但这只是第一步。

观课结束后我深有感受，这里主要结合自己教学当中的一些体会谈谈课堂中例题设计与有效教学的关系。

首先来看看徐老师的教学设计。

(1) 课堂引入

如图 5.1，在正方形 $ABCD$ 中，$\angle EAF = 45°$，点 E、F 分别在 BC、CD 边上，将 $\triangle ADF$ 绕 A 点顺时针旋转 $90°$，到 $\triangle ABP$ 的位置。

那么：

$\triangle ADF \cong$ _____，

于是 $AF =$ ___，$\angle DAF =$ _____。

所以，$\angle EAB + \angle BAP = \angle EAP =$ _____°，

所以，$\triangle EAF \cong$ _____。

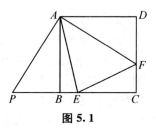

图 5.1

这是平面几何教学当中一道较经典的例题，有一定的难度。因为本节课的主题是"全等变换"中的"旋转"，所以徐老师将旋转直接应用到引入当中，接着又与教材上的"倍长中线法"相结合，起到复习"旋转不变性"的作用；同时也为分析"旋转不变"的条件和结果为学生提供了猜测依据。

(2) 新课讲解

例题 11 已知：如图 5.2，D 是 BC 上的一点，$BD = CD$，$\angle 1 = \angle 2$，

求证：$AB = AC$。

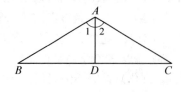

图 5.2

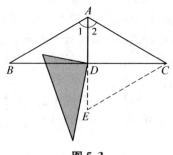

图 5.3

本题证明中运用添加辅助线的方法，是注意到点 D 是 BC 的中点，将中线 AD 延长一倍，联结 CE，实质是将 $\triangle ABD$ 绕点 D 旋转 $180°$如图 5.3。

这道例题是教材上的原题，也是设计这节课的基本依据，徐老师对这道例题加以变式，如下：

变式1 已知:如图5.4，D 是 BC 上的一点，$BD = CD$，$\angle 1 = \angle 2$，求证：$FB = AC$。（图5.5为辅助线添加图）

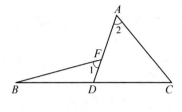

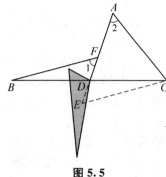

图5.4   图5.5

变式2 已知:如图5.6，D 是 BC 上的一点，$BD = CD$，$\angle 1 = \angle 2$，求证：$FB = AC$。（图5.7为辅助线添加图）

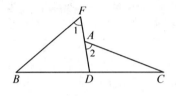

图5.6   图5.7

一切准备工作就绪后，开始进行新课的探究。

(3) 探索新法

问题1：

如图5.8，在正方形 $ABCD$ 中，$\angle EAF = 45°$，点 E、F 分别在 BC、CD 边上，过 A 点作 $AG \perp EF$ 于 G 点，试说明 $AB = AG$ 的理由。

实际上有心的同学会发现，这道例题的图形和热身引入时的题目的图形是有很多相似之处的。

徐老师接着又对这个问题再加以变式，如下：

变式1：巩固

如图5.9，四边形 $ABCD$ 中，$AB = AD$，$BC = CD$，

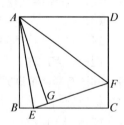

图5.8

$\angle BAD = 120°$，$\angle BCD = 60°$，作 $\angle EAF = 60°$，点 E、F 分别在 BC、CD 边上，联结 EF。

① 你能找出线段 BE、EF、DF 长度之间的关系吗？证明你的结论。

② 过 A 点作 $AG \perp EF$ 于 G 点，试说明线段 AB 与线段 AG 长度之间的关系。

变式2：拓展

完成下列命题的填空，要求：①命题是一个真命题；②画出图形，证明结论。

如果，四边形 $ABCD$ 中，$AB = AD$，$BC = CD$，

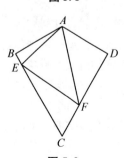

图5.9

_____,作∠EAF = _____,

点 E、F 分别在 BC、CD 边上,联结 EF。

那么,EF = BE + CF。

如果在上述的命题中增加条件 AG⊥EF 于 G 点。能得到 AG = AB 的结论吗?

最后由学生进行小结。

徐老师这节课的教案设计及运用几何画板软件制作的课件,无一不体现着徐老师的创造力和整合能力。例题的变式体现着教师对学生学情的分析,我个人非常欣赏能对教材例题加以变式和创造的教学方式,因此今天借徐老师这节课重点谈谈例题变式对有效课堂教学的贡献。

(1) 例题变式对学生的帮助

教材中的例题是经过编者精心设计的,是具有典型性的范例,极具开采的潜能。如果对它进行深入研究,采用一题多解(证)、一题多变、一题多用的方式,则可以开阔学生的解题思路,培养学生思维的灵活性和深刻性,从这一点上讲,例题具有较好的教学价值。数学教学中的"变式",主要是指对例题、习题进行变通推广,让学生在不同角度、不同层次、不同情形、不同背景下有一个重新认识。在数学教学中,恰当合理的变式能营造一种生动活泼、宽松自由的氛围,能开拓学生的视野,激发学生的思维,有助于培养学生的探索精神与创新意识。同时,学生可以多层次、广视角、全方位地认识数学问题。如:在本节课中对例题 11 的两个变式,让学生在两个变式中体会图形的变化,寻找其中不变的因素——中点和两角相等,体会不变的因素与不变的辅助线、不变的结果之间的联系,同时顿悟:"哦,原来是这样……"于是教师设计的目的就达到了。在探索新知的新例题中,出现了与热身引入的例题相似的图形,也让学生有似曾相识的感觉,只是比原来多了一条垂线,因此从一定程度上来讲新例题实际上又是对引入例题的变式。与例题变式的风格不同,这个变式较引入例题更加深入,将学生刚才的顿悟引入一个待解决的情境当中,使学生开始尝试使用顿悟得到的结论。当然新例题当中也有与例题不同的条件(例题 11 是中点,而新例题是正方形,相同点是都有相等的线段,及一些特殊关系的角),待到新例题的变式当中,开放得更加大胆,在启发中,让学生慢慢感悟并大胆联想,培养学生的直觉能力。几何教学有时是只可意会不可言传的,是玄妙的,通过例题的变式,让学生在自己已有知识的基础上得到发展,不管收获多少,都是进步。

(2) 例题变式使整节课浑然一体,前后连贯,充满艺术的美感

可以看出,这节课的主要内容由一个引入例题、一道教材例题及两个变式、一个新例题及两个变式组成。因此这节课实际上只涉及到了两个新内容——一个是引入例题,一个是新例题,而且两者之间还有紧密的联系,虽说中间有一道教材例题夹入(或者也可以说是徐老师设计了两道例题以对教材例题加以补充),但这道例题也是为了使引入例题和新例题之间更好地衔接而出现的。纵观整节课,似乎可以看出实际只为解决一个知识点,只是在变化当中从多个角度去观察剖析这个知识点的本质。将来学生在回忆起这个知识点时能自然而然地联想到这个图形,进而又联想到这个图形的变式,这样整节课就浓缩为一个图形。学生受益匪浅,而整节课也如行云流水,一气呵成。上过讲台的老师都能体会到这样的一节课给教师自身带来的自豪和幸福感,更不必说带给台下听课教师的巨大的感染力了。

(3) 例题变式对教师的帮助

可能对于这些学生而言,这节课的内容容量过大、难点过多,但我认为这节课更好地符合了首届浦东教学展示周的一个目标——展示——可能这节课更多的是希望能给各位观课的教师一个启发,一点突破。平常的教学当中有太多的常态,以致有些平庸,把数学的灵气消磨殆尽,而一节有数学味道的数学课可能不能兼顾所有的学生,但对于数学的传承是有很大益处的。对于备课的徐老师而言,相信她上完课后也一定有很多遗憾。这节课因为遗憾而显得真实,显得动人,也让我们充满了希望。

案例6　落实"四基"，提升课堂教学的有效性
——从《平行四边形的认识》一课教学谈起

上海市浦东教育发展研究院　黄建平

【教学背景】

小学属于几何概念的引入阶段，国际上公认：对几何概念的引入，应该是让儿童通过操作活动、通过行为来进行的，而这些操作活动和行为必须是能够帮助学生抽象出这一概念的。（摘自 Heinz Schwartze 著《Elementar-mathematik aus didaktischer Sicht》第二册"几何"）

《上海市中小学数学课程标准》明确提出：对于图形与几何的学习，应让学生经历从观察实物的现实背景中抽象出常见图形的过程，通过操作活动，在探究性学习的过程中进行初步的判断、抽象、概括、归纳，认识并初步掌握图形的特征，积累基本的数学活动的经验，体会数学与日常生活的紧密联系，增强应用数学的意识。

"平行四边形"是上海市九年义务教育课本五年级第一学期（试验本）的几何小实践中的教学内容。本课为《平行四边形的认识》的第一课时。

根据二期课改实验教材的安排，在学习平行四边形前，学生已经学习了角、垂线、平行线等知识，了解了正方形、长方形的概念和特征，这为学生认识平行四边形奠定了基础。因此本课的重点是平行四边形的基本特点以及底和高。难点是学生自主发现平行四边形的特点和平行四边形高的概念的理解。

【教学设计意图】

新教材的这一内容呈现的形式与旧教材的不同，更需要教师在教学中以学生为主体，把获取新知的过程交给学生自己。在教学方法上，以数学探究活动为主，采用让学生动手操作、合作交流和自主探究的教学方式，引导学生通过充分的数学实践活动，积极参与，自主探究，自己去发现，自己去推理与概括，从而真正地理解和掌握平行四边形的有关知识，并获得成功的体验。

基于以上的理念，教师制定了本节课的教学目标：(1)通过观察、想象、动手操作等活动认识平行四边形并发现其特点。(2)通过生活实例，认识平行四边形的底和高。(3)感受图形与生活的联系，增强学生的应用意识，培养学生的空间观念，动手实践能力及比较、概括等思维能力。(4)在师生、生生交流过程中，体验探究的愉悦。

教学重点：平行四边形的基本特点以及对应的底和高；教学难点：学生自主发现平行四边形的基本特点和平行四边形高的概念的理解。

为此，教师在设计时力求从以下几个教学环节来紧扣教学重点，努力达到较好的教学效果。

(1) 在游戏活动中，初步认识平行四边形。通过观察两条长方形色带交叠的部分的图形，引导学生自主发现平行四边形的特征（两组对边分别平行，四边形），从而概括出平行四边形的概念。

(2) 在操作活动中，进一步认识平行四边形。得出平行四边形的其他特征：两组对边长度相等、对角相等。并在判断平行四边形是否对称中，引出对角线的概念。

(3) 在解决问题中，认识平行四边形的底和高。

(4) 在综合实践中巩固新知，为后继的学习打好基础。

而在突破教学难点——引导学生理解平行四边形的高上，通过创设问题情境，从学生熟悉的地图着手，请他们在两条平行的马路之间设计一条最短的小道，让学生在具体情境中抽象出平行四边形的高。

【教学点评】

数学课程标准明确指出："数学学习是数学活动的教学，是师生之间、学生之间交往互动与共同发展的过程。"为达到确定的教学目标，本节课本着以学生为主体的理念，把获取新知的过程交给学生自己，努力体现了以学生活动为主线的思路，采用了学生动手操作、小组合作、自主探索的活动形式，引导学生通过充分的数学实践活动，自主探究，积极参与，使学生真正地理解和掌握平行四边形的有关知识，并获得成功的体验。课堂教学取得了一定的成效。

（1）准确把握课程标准，努力落实"四基"

新的课程标准提出，基础教育阶段的数学学习，不单是要求学生掌握适应未来生活和后续学习所必需的数学基本知识，习得基本的数学技能，更加重要的是通过学习积累一些基本的数学活动的经验，掌握一些基本的数学思想方法，从数学的角度，运用数学的思维方式去观察、分析现实生活中的事物，解决简单的实际问题。在整堂课中，教师为学生提供了大量的学习素材，为学生的探究活动提供了充分的时间和空间，全体学生在教师的明确清晰的思维引导下，进行了一系列有效的自主探究活动。自主探索找特征，合作交流说特征，动手操作验特征，变被动地"学数学"为主动地"做数学"，在动手操作实践的基础上，通过观察想象、正误辨别、概括比较、归纳推理等思维活动，逐步完善对于平行四边形的认识，同时进一步丰富了数学学习的活动经验，培养了空间观念，学生的实践能力、思维能力、数学语言的表达能力也得到了锻炼。

（2）动手操作自主探究，改善学习方式

有效的数学学习活动不能单纯地依赖模仿与记忆，动手实践、自主探索、合作交流是小学生学习数学的重要方式，学生已经具有一定的生活经验与知识积累，达到了一定的认知水平，数学教学活动的设计，必须建立在学生的认知发展水平和已有的知识经验基础上。在这节课中教师能从学生已有的知识基础出发，在帮助学生复习回忆长方形对边相等且平行的特征后，采用游戏的形式，请学生任意交叠两张透明的长方形色带，从而产生了一种新的图形，在学生原有的认知结构上形成了新的增长点，引发了学生探究的兴趣。从第一层次游戏活动中的初步感知，到第二层次操作活动中的对对边长度、对角大小、是否是轴对称图形、对角线等特点的探究，学生进一步加深了对于新知的认识，到第三层次在解决问题中认识平行四边形的底和高，直至第四层次的综合实践活动，学生对于平行四边形的认识层层递进，不断地完善、提升。在学生认识平行四边形的整个过程中，教师始终有效地引导学生采用"动手操作、自主探索、合作交流、讨论验证"的学习方式，通过看一看、想一想、量一量、比一比、折一折、画一画、搭一搭等一系列实践操作活动，让每个学生都经历了从对具体形象的操作上升到抽象概括的过程，真正把学生推到了学习的主体地位。实践操作活动的成功不但反映了学生对本课所学知识的掌握情况和合理使用学具的能力，更使学生保持了活跃积极的学习状态，从中体验到了探究的愉悦。

（3）联系生活实践运用，体会数学价值

联系生活感悟数学，从学生的经验和已有知识出发，注重数学与生活的联系，要求学生用所学知识去解答生活中的现象，使学生充分感受到数学源于生活，又服务于生活，激发学生的学习主动性和积极性。在课的导入阶段，教师展示了生活中的常见实例：梯子、瓷砖、门框、风筝、楼梯、玻璃等实物图片，启发学生仔细观察这些物体形状的共同特点，为新知识的学习作好铺垫；同样，在课的结尾部分，在学生举例的基础上，教师又出示了可收放的晾衣架、可升缩的移门等图片，让学生了解平行四边形在生活中的应用，既引导了学生用数学的眼光观察生活，体会数学的价值，又使课堂结构保持了首尾呼应、有始有终的完整性，给听课者一气呵成的感觉。又如：在课的第三环节中，教师巧妙地创设了问题情境：找出城区地图中的平行四边形；如何在两条道路之间修建一条最短的小道？从中自然而然地引出平行四边形的底和高的概念。启发学生在图纸上设计方案解决问题，继而在交流讨论中呈现认知冲突，在正误辨别的思维碰撞中让学生深刻体会平行四边形底和高的对应性,这样的处理方式不但使学生深化了对概念的理解,更重要的是使学生感受到数学知识的价值所在,能用所学知识去解决生活中的现象,将实际问题抽象成数学模型并进行解释,学生在理解数学知识的同时,在思维能力、情感态度与价值观等方面都得到了发展。

(4) 合理运用现代化教学手段,提高教学效率

与学生手中大量的活动素材相对应的是贯穿始终的多媒体课件的使用。本堂课的课件设计科学合理,制作精良,起到了普通教具无法替代的作用,课件生动形象地展示了平行四边形的各类特征,把知识的形成过程直观地、动态地、清晰地展现在学生面前,课件的使用改善了数学内容的处理方式和呈现方式,完善和丰富了学生的学习方式,真正体现了信息技术与教学内容的整合,以及信息技术为课堂教学服务的理念,对提高教学效率起到了极为重要的作用。

纵观整节课,教师很好地贯彻了二期课改的崭新理念,紧紧地把握了新教材的特点,以学生原有的知识经验为切入口,把数学知识与生活实际相联系,为学生提供了丰富的学习素材和充分的探索的时间和空间,引导学生进行积极的、有效的探究体验。学生在活动中经历了对平行四边形的探究、归纳过程,通过操作、观察、猜想、验证等方法,不仅学到了数学知识,解决了实际问题,更重要的是积累了基本的数学学习的活动经验,分析、归纳、概括能力得到了提高,数学思维品质得到了提升。

新课改在给我们带来许多新理念的同时,也引发了我们更多的思考:教师必须从思想上深刻意识到学生自主参与、体验探究、独立思考的重要性,创设尽可能多的条件,引导学生真正地自主参与到学习过程中去,去想,去做,去交流,去发现,从自己的成败体验中积累经验,获取知识,培养能力,这样的学习才是深刻而有效的,也是值得我们为之付出艰苦努力的。

附:教学实录

平行四边形的认识
(第一课时)

(1) 在游戏活动中,初步认识平行四边形

① 出示生活中的实例,让学生找出它们共同的特点:四边形。(媒体演示)

② 游戏导入。

a. 教师出示两条色带,先让学生说说它的特点,再请学生交叠出一个图形。

b. 展示交叠部分的图形。

③ 揭示平行四边形的概念。

在学生的探究与交流中,逐步引导学生概括出平行四边形的概念。并出示课题。(板书:平行四边形 两组对边分别平行的四边形叫做平行四边形)

④ 练习中巩固认识。

出示方格纸上的平行四边形,让学生找一找图中哪些是平行四边形。

判断:下列图形中,是平行四边形的在( )内打"√"。

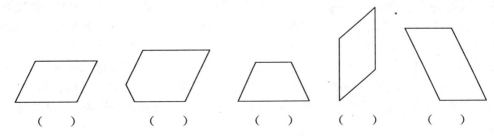

(2) 在操作活动中,进一步认识平行四边形

① 猜一猜:平行四边形除了两组对边分别平行外,还有哪些特征?

② 检验:学生拿出平行四边形与其他的工具,找出这些四边形的其他特点。
③ 学生间进行交流。(教师逐步用媒体演示)
a. 操作发现对边相等、对角相等的特点。
(板书:平行四边形　两组对边长度相等　对角相等)
b. 讨论:平行四边形是不是轴对称图形?
c. 在判断对称中,引出对角线的概念。
(3) 在解决问题中,认识平行四边形的底和高
① 创设问题情境。(媒体演示)
a. 找地图中的平行四边形。
b. 问题思考:如何在百变路和小樱路之间修建一条最短的小道?
c. 学生在图纸上设计解决问题。
d. 学生交流。
② 引出底与高的概念。
a. 引出平行四边形的底与高。
b. 辨别平行四边形的底与高。
c. 讨论平行四边形底与高的对应性。
d. 小结。
(4) 综合实践
① 游戏活动。
a. 在5根小棒中选4根,围一个平行四边形。
b. 学生间交流选材的体会与理由。
c. (投影上展示)仔细观察并思考这些图形的共同特点和不同点。
d. 小结:平行四边形的四条边确定了,但角度不确定,它的形状、大小就还不能完全确定。
e. 平行四边形的实际应用。(首尾呼应)
② 归纳总结:谈谈学习体会和收获。

案例7　中学英语评课案例

【案例分析】

老师们好!

刚才大家观看了进才中学北校施礼老师执教的"牛津英语"9A Chapter 2 Computers 第二课时的新授阅读教学课。施礼老师在这节新授课教学中重视对教材、文本的研读,注重基础知识的落实,以学生的生活经验和兴趣为出发点,通过对可见信息的捕捉,努力培养学生掌握有效的英语阅读策略,通过运用概念图和关键词,使学生初步学会在问题情境中通过阅读上下文猜出词义并获取信息的方法,同时引导大多数学生在理解课文之后根据教师所搭建的概念图框架复述新学课文内容的第一和第二部分。这些由易到难,由浅到深,结合学生实际英语水平的活动设计既面向了全体学生,又尊重了个体差异,为学生进行合作性、自主性学习提供了更多的空间和机会,使学生敢于开口,乐于实践,让学生在获得成就感的同时享受到学习英语的快乐,从而使本节课知识与技能、过程与方法、情感态度与价值观三维教学目标的达成达到了比较理想的程度。本节课主要有以下几个特点。

(1) 尊重认知规律,营造宽松和谐的学习氛围

· 本篇课文的内容"电脑"同学们并不陌生,但用英语阅读并理解科普类的文章,对初三学生来说

仍然有一定的难度。在本节课教学中,施礼老师尊重认知规律,营造宽松和谐的学习氛围,重视营造良好的英语学习环境,她根据本班学生的实际英语水平设计本课的教学目标。首先施礼老师通过对第一课时所有关电脑英语词汇进行以图配词的复习热身活动,让学生对词汇进行回忆,归纳已学的电脑各组成部分的英语单词之后,再在图片的启示下运用这些单词去组成词组和句子。然后教师充分调动学生已有的知识经验,以小组讨论的形式引入话题,使学生们能开放性地在不同的特定情境中(如用电脑帮助学习、进行娱乐活动、与外界沟通、了解信息等)进行头脑风暴,教师针对学生的看法和表现给予及时的反馈,使学生们对已学过的知识内容进行复习、拓展、综合、归类、转化和辨别,挖掘知识的内在联系,做到词不离句,句不离段,温故而知新,激活和唤起学生的阅读兴趣,同时也为后续的课文学习及理解这篇科普类课文内容的第一和第二部分作好铺垫,给学生营造愉快的学习心境。

(2) 准确把握语言训练的重点,有效分解教学难点

教师精心组织和优化英语课程的实施过程,在处理这篇科普类课文内容时能根据学习者的学习特点,新授第一和第二部分课文并且有重点有层次地展开形式多样的机械性操练和意义性操练(如"It is common knowledge that..."的句型操练和"more importantly"的对话操练),以帮助学生强化和巩固所学知识,同时在课堂教学中尽量创设情境,调动学生的积极性,鼓励他们通过各种形式进行操练,在阅读中运用预测、浏览、根据上下文猜测词义等阅读技巧去理解课文。施礼老师遵循语言形成规律,形象、有序、高效地呈现包括识记、理解、应用、综合等环节的教学过程,突出重点,着力于难点,在阅读的每一环节中都有词汇的理解和运用,但并没有把词汇学习与阅读理解割裂开来,从而打断学生对文本的整体性理解。

为了使学生更准确地理解新学词 hardly ever, be unaware of, depend on, common knowledge, more importantly 等的词义,教师采用了近义词的相互解释方法,根据学生已有的英语基础和认知特点,循序渐进地呈现、操练,让学生综合运用语言,分阶段地给学生呈现必要的词汇,让学生在有意义的语境中理解这些新授词汇的意义,增加了学生信息的摄取量,接着再创造机会和条件使学生多次听到、读到这些词汇,运用词汇进行理解和表达;学生通过学、思、练、用的互动学习方式,不但准确朗读和运用了新学词汇,并且通过在不同情境中的灵活准确运用,通过对课文的阅读,获得了有关电脑用途的更多信息。

(3) 巧用概念图,鼓励学生在阅读感悟中主动思维

施礼老师重视对教材、文本的研读,注重基础的落实,通过对教材文本的深层挖掘,精心梳理文章脉络,巧用概念图形式帮助学生概述课文,为学生的能力发展搭好台阶,帮助学生将所学的语言知识转化为语言能力,同时引导和帮助学生不断地整合新旧知识,加速语言的内化过程。

我们都知道复述课文的目的是检验学生是否能通过教师的教授把所学的内容消化吸收,并以自己的语言形式呈现出来。施礼老师在教学过程中通过运用概念图的形式来帮助学生理清课文的框架结构,引导他们首先在有限的时间内抓住课文中的关键信息,了解课文的内容概要,然后,通过捕捉细节信息,对课文内容进行整体的、深入的领会,培养学生的语言分析等逻辑思维能力,使学生获得自信心和成就感。概念图的形式简洁明了,具有可操作性,它的使用为学生最后运用所学语言完成交流搭建了层次递升的阶梯,既帮助了学生使用已学的英语,又对新旧知识进行了有机的串联与整合。学生所需要的语言环境和背景知识则渗透在整个教学过程中,让学生时刻都沉浸在语言氛围中。

如第一部分课文内容的概念图,教师按照课文的框架,列出了关键词句及本文主题和问题(见图 7.1)。

这张概念图语言信息表征重点突出,层次清楚,易学易记,教师通过激活图式来提高学生的阅读能力,为知识的获得搭建一个信息交流的平台,从而提高学生综合使用阅读策略的意识和阅读理

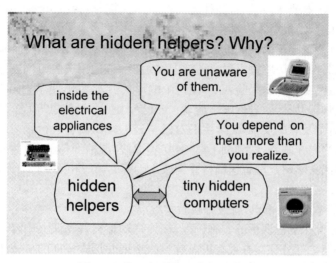

图 7.1　第一部分课文内容概念图

解能力。

当学生借助教师为他们搭建的"脚手架"——概念图初步完成了课文复述任务后,施礼老师又逐渐撤掉整句的"脚手架",在概念图上只留下四个关键词组,让班级里部分学有余力的学生发挥他们语言的创造能力去展示自己的阅读水平和能力。

在本节课中学生语言的习得呈现出一种分层有序、步步推进、潜移默化的过程;而在这样的一个过程中,学生处于相对自然的状态,不断使用所学的英语,学和用始终和谐地交织在同一个过程中。同时教师个人的创造性思维在课堂教学中也得到充分发挥和运用。

正如施礼老师在她的教学反思中所说的:"在教学实践中,我感受到概念图作为一种学习的策略,能促进学生进行有意义的学习,促使他们整合新旧知识,建构知识网络,浓缩知识结构,从而使学生从整体上把握语言知识和课文内容,较大地提高了学生记忆词汇和课文的效率,提高了他们的思维能力和英语的表达能力。"

总之,施礼老师的这节课还有其他值得大家借鉴的地方,比如教师的教态亲切自然,课堂教学反馈和校正都及时妥当等等,都是显而易见的。我不再一一列举。以上是我个人的一些观课体会,欢迎各位老师批评指正。

附:教学设计说明

本节课是牛津英语 9A Chapter 2 的第二课时。本篇课文是介绍电脑的科普文章,它由五个部分组成,篇幅比较长,所以分三课时进行教学。本课时的主要教学目标是帮助学生理解并复述第一、第二部分,同时学习文中的新词汇新句型。在教学过程中,教师让学生学会通过阅读上下文猜出新单词和短语的意思,并在语境中进行操练、使用,还让学生在理解文章内容的基础上,在概念图的帮助下,比较轻松地复述课文内容。

本课一开始,学生先复习第一课时中已学的电脑各组成部分的英语名称及它们的用途,接着教师以小组讨论的形式引入话题,让学生进行头脑风暴,总结一下自己通常用电脑做什么。三个小组讨论不同的方面。第一小组总结学习方面的用途,第二小组总结娱乐方面的用途,第三小组总结信息传递方面的用途,然后进行共享。

在学习第一部分课文内容的过程中,教师先让学生朗读课文,找出新的单词短语。在学习这些新词汇时,教师引导他们通过阅读新词汇所在的句子来猜出它们的意思,并在语境中进行操练、使用。然后再朗读课文,加深印象,并以概念图的形式帮助学生深入理解"hidden helpers"的含义。

这样让学生在关键词汇和概念图的帮助下复述课文就容易多了。

在学习第二部分课文内容时,教师设计了"It is common knowledge that..."的句型操练和"more importantly"的对话操练,针对前面所学到的语言知识让学生全面进行机械操练和语言意义层面的操练,而部分尖子学生还可在这项活动中进一步进行发挥与拓展。

最后,让部分学生总结概括本节课所学的知识,进一步提升他们的口头表达能力和概括能力。

课后反思:

在本节课的实施过程中,我的教学设计能一步步地顺利引导学生学习这篇课文的第一、第二部分,帮助学生掌握课文中的重点词汇和句型,并在概念图的帮助下复述了课文,达成了预设的目标,取得了较好的教学效果。

但在这节录像课的拍摄过程中,由于师生经验不足,出现了一些无法预料的情况:在开拍的一刹那,灯光骤然打亮,摄像机的镜头分别瞄准了教师和学生,导演开拍的指令让学生马上感到一阵紧张,此时,作为教师的我就应该学会调节气氛,引入课题时应该轻松自然,不给学生额外的心理负担,提出的问题最好让全班同学一起回答,避免个别同学答不上来的尴尬。

另外,作为教师,我还应该不断更新理念,改进自己教学过程中的不足:第一,整个过程注重主体参与,教学中互动模式多样,体现了语言的实践性和交际性,但我总是把一些操练的机会给中等以上的学生,个别尖子生获得操练的机会过于频繁,而那些需要帮助的学生得到的机会就相对比较少,显得有些不公平。第二,在分组讨论结束,分享成果时,教师在电脑上打出大家的精彩回答,而学生却没事可做,此时,我就应该引导他们和老师一起在概念图上记录下大家讨论的结果,学会相互学习,资源共享。第三,在操练"more importantly"的拓展部分时,教师没有引导学生去运用前面的讨论结果,让学生的生成资源获得再次使用,而对话拓展部分的操练也未能获得足够的发挥。第四,教师要有"平等、民主"的学生观,组织教学时,我应该多使用商量的口气,如:Let's have a discussion, shall we? Is one minute enough for you to prepare 等,让学生感到老师的亲切,师生间的关系也会更加融洽。

总之,课堂教学的改进是永无止境的,只有用心去投入,才能获取更多的收获。

案例8 小学英语评课案例

执教:上海市福山外国语小学 刘燕

【教案】

LESSON PLAN FOR 1B

UNIT	3	PERIOD	1	TYPE	NP

TASKS:
1. Review and learn the words of colours and some structures within a story.
2. Have some activities to consolidate the words and structures of this lesson.

1. WORDS	brown, purple, black, white
2. STRUCTURES	What is it? What colour is it? Please make me...
3. LANGUAGE FOCUS	

(续表)

UNIT	3	PERIOD	1	TYPE	NP
1) Main Points	① Using adjectives to describe the colours. e.g. brown, purple, white, black ② Using Wh-questions to ask for the particular thing and its colour. e.g. What is it? / What colour is it? ③ Using the imperatives to give simple instructions. e.g. Please make me red/strong.				
2) Difficult Points	① The pronunciation of the words: brown, purple ② The recognition of the colour words. ③ Using the language in the games and activities spontaneously.				
4. AIDS	Courseware for 1B, colour paper, word cards... etc.				

STEPS	CONTENTS	METHODS
Pre-task Preparation	Ⅰ. Warming-up activities	1. Sing some songs and say some rhymes. One little flower; Who stole the cookies from the cookie jar... etc. 2. Daily talk. T asks and the whole class answers. Ss talk to each other in a group.
	Ⅱ. Review the previous lessons Ss have learnt.	1. Dialogue practice. T uses the figure of the story as a clue to ask Ss to make some simple dialogues. Such as, making a new year card, going shopping... etc. 2. Ss give suggestions with the old pattern: I have got a... Let's... together. T: The fish is sad, who can make it happy? Ss: I have got a... Let's... together. 3. Questions and answers about colours. T: Children, children, what do you see? Ss: I can... looking at me. T: The small animals look so nice, because they have different colours. They look so beautiful. Today we will read a story book about colours, let's read a book, OK? Before reading, please tell me the colours you know. 4. T reviews the colours Ss have already known.
While-task Procedure	Ⅰ. Presentation	1. T tells Ss a story about a greedy fish. T reads the story to the Ss page by page. T shows different colours on the board. (white, black, brown, purple) T reads the words and Ss repeat. 2. T puts the word cards on the board. 3. Ss read the words.

(续表)

STEPS	CONTENTS	METHODS
While-task Procedure	Ⅱ. Memorization and recognition	1. Ss play a game to find the missing colours and the missing words. T asks Ss to close their eyes and quickly takes away one of the colour card. Ss guess the missing colour. 2. Ss play the second game: "Word Bingo". T gives each two students a piece of paper with some words of colours on it. T shouts out the words and Ss circle the words they hear and repeat. The first pair to get five all circled wins the game. 3. Activity Three: Match the pictures with the colours. "What is it?" "What colour is it?" T gives out each group a picture. Ss discuss in groups to find what it is. Questions and answers. Ss match the pictures with the relevant colours.
Post-task Activities	Ⅰ. Simple Application	1. A small test of common sense of colours. T shows some colours around us. Ss decide whether it's right or not and stand in the yes/no circle. T shows the answer. 2. Make dialogues with the given situation. T pretends to be the old fish and ask Ss to make a wish with the structure: Please make me...
	Ⅱ. Homework	1. Listen and read the words on P14. 2. Read the story of Greedy Fish on school net.

【评课】

刘燕老师执教的这节课不仅让学生体会到了学习英语的快乐,而且所有的观课教师也都被深深吸引了。刘老师自身纯正优美的语音语调,得体的教学辅助语言,严谨的教学设计,流畅的教学过程,饱满的教学热情让观课教师知道了怎样才算是一堂优秀的英语课。

纵观刘燕老师的课,有以下几个特点。

一是重视确立适切的教学目标。教材提供的内容是固定的,但对学生而言,他们不管是在已有的语言知识、生活常识,还是在学习风格或个性特征等方面都存在着一定的差异。这就要求教师根据学生的具体情况对教材进行第二次开发,从而确立适切的教学目标,这样的教学才有可能是有效的。刘老师执教的内容是牛津英语(上海版本)一年级 B 册第三单元 colours 的第一课时。在词汇学习方面,教材提供了八个关于颜色的单词 red, blue, yellow, green, pink, purple, brown, orange。刘老师在进行教学设计之前,对学生的原有语言知识储备情况先作了细致的分析,了解到学生学过其中的某些单词,比如 red, blue, yellow, green, pink, orange,但部分学生可能有遗忘。在此基础上,教师把教学目标定位为三个层次:学习单词 brown, purple, white, black 的音、形、义(其中 white, black 为拓展内容);期望学生在教师创设的情境中,回顾曾经学过的语言知识,学习用英语 What colour is it 对颜色进行提问并回答,了解生活中有关颜色的知识,理解并学习用 Please make me... 表述自己的请求;同时,在学习的过程中,发展对颜色的辨认能力和良好的观察、思考的习惯。

教师确立的这些目标不仅符合学生的学习需求和学习能力,而且充分体现了三维一体的原则,既注重语言知识的学习,语言技能的培养,又在整个学习过程中,始终把培养学生良好的学习习惯和能力贯穿在每个教学环节中,为了达成目标,教师采用了适合低幼儿童的 activity-based learning 的教学方式,从教学活动的设计中也可以看出教师的用心和精心。整个教学目标的确立和达成教学目标的手段运用体现了教师对课标的正确把握,对教材较强的处理能力和对小学英语教学的深刻理解。

二是教师在教学的过程中,始终注意激发和保持学生的学习热情。学生学习兴趣的激发并不困难,难的是如何持久地保持学生的学习热情。因为低年级学生的有意注意时间很短,所以教师要通过多种手段来变换教学方式,以此来吸引学生,激发和保持他们学习语言的兴趣。刘老师充分注意到了这一点,在教学中,根据不同的教学任务,采用不同的教学策略让学生在学习英语的过程中动嘴动脑,动手动足。比如:上课伊始,教师让学生集体唱歌和吟诵儿歌,优美的旋律,朗朗的节奏立刻让学生进入到英语学习的状态中去,尤其是儿歌"Who stole the cookies from the cookie jar"还带有一定的幽默趣味性,教师在结束这首儿歌后,立刻进入下一个环节 Daily talk,此时,处于兴奋状态中的学生便能积极回应教师的各个问题了。新授过程亦是如此,教师在讲述故事"A Greedy Fish"的过程中,采用抑扬顿挫的语调、丰富的肢体语言和面部表情、故意停顿等讲述技巧百分百地吸引了学生的注意力,这时候,即使想让学生离开课堂,恐怕他们也是不愿意的。

三是教学活动的设计目标明确,趣味性强。在本节课中,教师遵循牛津教材 activity-based learning 的教学理念,通过各种形式的教学活动来落实教学目标。比如,教师是通过讲述故事"The Greedy Fish"的方式呈现了新授内容。但教师并不是为讲故事而讲故事,在其约 15 分钟的故事讲述中,她有诸多的教学目标:(1)把单词和句型整合在一个小故事中,让学生通过有趣的故事来复习,并学习新知识,更重要的是在不经意间让学生进入情境,体验这条小鱼奇特的经历,从而知道 Don't be too greedy in your life 的道理。(2)孩子们能从教师提供的学习内容中学习知识,并能运用到生活中去(学习用"What is it","What colour is it"对不知道的物品和颜色进行询问等)。(3)让学生在听故事的过程中,培养良好的倾听习惯,激发并保持他们强烈持久的学习愿望。

故事讲述了一条贪婪的小鱼和一条大鱼外出游玩,游玩途中看见各种颜色的东西而想要变色的故事。两条鱼之间的主要对话内容如下:

The greedy fish: What is it?

The old fish: It is a banana/an orange...

The greedy fish: What colour is it?

The old fish: It is yellow/orange...

The greedy fish: I like yellow/orange... Please make me yellow/orange...

在此故事中,教师将学生已学过的单词和将要学习的单词巧妙地融合在一起。教师绘声绘色的讲述让孩子们完全沉浸在故事情境中,通过听这条贪婪小鱼不停想要变换颜色的故事非常自然地学习了新单词,并能听懂或模仿说"Please make me red/blue"。教师在讲述的过程中,不断重复"What is it"和"What colour is it"这两个问句,这是学生曾经学过的句型,也是教师在后面的第三个活动中将要用到的主要句型,在教师有意识的极富感情的反复述说中,绝大部分的学生能在故事的后半部分,自觉地随着教师重复这两句问句,这就为后面的活动三"Match the pictures with the colours"做好了充分的准备。

教师通过本故事的讲述,既完成了对 red, yellow, blue, green, pink, orange 这六个单词的复习,又在学生喜爱的故事中慢慢地引出、落实四个新单词 brown, purple, white, black。教师把复习和新授融在一个故事中,不仅完成了语言知识目标,而且该活动也是后两个教学活动能顺利进行的前提和保证。教师在设计本教学活动时,目的极为清晰,既要较好地达成语言知识目标,更要在听故事的过程中,培养学生良好的倾听习惯,并且随着故事情节的发展,激发并保持学生强烈持久的学习愿望。在观课过程中,我们发现,整个班级的学生注意力高度集中,学习新词时兴趣盎然,踊跃参与,效果良好。尤其是随着故事情节的渐渐发展,孩子们随着贪婪小鱼的神奇经历,不时发出"噢"、"噢"的惊讶声。而在故事的后半部分,部分学生轻声和着老师一起讲述故事,其投入程度可见一斑。教师的另一个活动目标"让学生在听故事的过程中,培养良好的倾听习惯,激发并保持他们强烈持久的学习愿望"在不知不觉中,悄然达成,这体现了有效教学的无痕化。

四是教师注重通过创设情境来搭设帮助学生学习英语、运用英语的平台。在英语教学中创设情境实际上就是在复制生活,给学生营造一种生活化的氛围,学生只有在真实的语言情境或模拟的语言情境中才能更好地理解和运用具体语言。所以,学生的语言学习绝不是单靠教师进行知识传授便能完成的,而是应该在教师创设的情境中完成对语言知识的吸收和内化,这样的学习才是比较轻松有效的。在整个教学过程中,无论是在复习已有知识的前期阶段,还是在新授知识的中期阶段,或是语言运用的后期阶段,刘老师都十分注意通过情境的创设来完成设定的教学任务。比如,为了让学生运用"What is it","What colour is it"这两个句子,教师设计了 Match the pictures with the colours 的活动。孩子拿到图片时发现图片不是完整的,必须在对图片的轮廓进行分析后判断得出结论,在自己无法得出结论时就需要求助于人,这时"What is it"和"what colour is it"这两个句型就在孩子之间的交流中起到了桥梁作用,学到的语言便得到了自然的运用。

教学的有效性取决于诸多方面。但毋庸置疑的是,兴趣是学生学习成功的基础,和谐的氛围是学习成功的保障,而有效的教学策略是提升学习效益的关键。在这节课里,刘老师良好的自身素养给观课教师留下了深刻的印象,她自如娴熟的教学策略运用不仅反映了她的课堂教学是从学生实际出发,以学生发展为主的,也充分体现了她对英语教学的热爱和深刻理解。

案例9　中学政治《正确地看待自己》评课

（摘自中小学教育资源网,有删改）

【课堂实录】

新课导入:

我们知道,个人是社会的一员,人们的生活离不开社会。社会对个人有影响,而且影响是复杂的。那么,我们能不能在社会的复杂影响中,正确看待自己,认识自己,摆正自己在社会中的位置,并且积极地为社会作出贡献呢？这对于我们中学生来说,是有现实意义的。

讲授新课:

要成为一名合格的、优秀的社会成员,需要正确认识社会,还要善于认识自己。

板书:1.中学生要正确认识社会,也要善于认识自己

进入中学,随着年龄的增长、知识的增多,我们每个人不仅生理上有了些变化,心理上也有了变化。这时候的你和小学时的你已经不一样了。作为中学生,你对自己的认识应该比以前更全面和深刻。

下面请同学们做一做"自我画像":"我是谁？"

(请几位同学说说,其他同学看一看、评一评,他或她的自画像怎么样)

(学生评论后,教师归纳)

要画得很像是不容易的,自画像的前六项是关于外表或外貌方面的,大家都清楚,填写起来比较容易。后面的几项逐渐难起来了,有的可能很模糊,有的可能根本就不会填。不会填写没有关系,通过以后的学习我们就会知道怎么填写了。如:"情绪",我们将在第三课学到;"意志",将在第四课学到;"耐挫力",将在第五课学习;而"进取心"将在第六课了解。事实上,我们认识自己通常是从外在的表现开始的,如:照镜子,家长、老师、同学等人的评价等等。认识自己,要掌握正确的方法,要真正全面、深刻地认识自己,必须学会科学的方法。

板书:2. 善于认识自己,要有科学的方法

首先,要学会全面地看待自己的方法。

板书:(1) 全面地看待自己

请一位同学读教材第19页第2自然段的内容。

提问:这位中学生对自己的分析全面吗?为什么?

(学生回答后,教师总结)

比较全面,因为他既看到了自己的优点和长处,也看到了自己的缺点和不足。

全面地看待自己,就是既要看到自己的优点、长处,又要看到自己的缺点、短处。俗话说:"金无足赤,人无完人。"每个人都有自己的优点和缺点,长处和短处,十全十美的人是不存在的,要承认现实,面对现实。

在全面地看待自己的问题上要注意反对两种错误的方法:一种是只看到自己的优点,看不到自己的不足。这样就容易怎么样?

(学生回答后,教师总结)

用自己的优点比别人的不足,"看自己一朵花,别人豆腐渣",沾沾自喜、骄傲自满,工作和学习就会停滞不前,甚至倒退。

另一种是只看到自己的缺点和不足,看不到自己的优点、长处。如果这样会怎样?

(学生回答后,教师总结)

请看第20页图片《羊与长颈鹿》。思考:这幅漫画说明了什么道理?

(学生回答后,教师总结)

说明了"尺有所短,寸有所长"。每个人都有优点和缺点,要全面地、实事求是地认识和评价自己和他人,不能只看到其中的某一方面。

善于认识自己不仅要全面地看待自己,而且还要用发展的眼光看待自己。

板书:(2) 发展地看待自己

请同学们自学课文的这一部分内容,思考:发展地看待自己的方法是什么?

(学生回答后,教师总结)

发展地看待自己,就是告诉我们:每个人的成长都是由昨天——今天——明天组成的,人的成长是一个变化、发展的过程。我们要面对、了解自己的昨天,认识、把握自己的今天,比较自己昨天和今天的不同,创造、迎接自己的明天。因此我们不要停留在昨天,要勇敢地、积极地面对今天,抓紧时间弥补昨天的遗憾,为自己的明天奠定好基础,使自己的明天更美好。

善于认识自己,不仅要全面地、发展地看待自己,而且要掌握自我认识的一些具体方法。

板书:3. 善于认识自己,要学会自我认识

自我认识就是自己认识自己和通过别人认识自己,具体方法有:

板书:(1) 自我观察

自我观察就是自己观察自己,那么我们观察自己的哪些方面呢?

(学生谈,教师写,然后总结,并用投影打出来)

① 自身外表和体质状况。如:外貌、风度、健康情况等。

② 自我形象。如:你在班级、年级、学校的位置、作用,你在公共场合的表现和适应能力。

③ 自己的精神世界。如:性格、爱好、特长、道德水平、智力等等。

提问:我们观察自己的目的是什么?

(学生回答后,教师总结)

我们观察自己的目的是要更好地了解自己,明确自己努力的方向,确定自己前进的目标,使自己在各方面更上一层楼。

所以,当我们确定了自己的目标和方向后,就要不怕困难,坚定不移地去做,千万不能虎头蛇尾,更不能因为遇到困难和挫折而灰心丧气,甚至半途而废。课文所介绍的小红同学是值得我们学习的。

请阅读教材第21页最后一段内容。

认识自己除了自我观察外,另外的方法就是通过别人了解自己。大家谈谈:怎样通过别人了解自己?

(学生回答后,教师归纳)

板书:(2)在与他人的接触中认识自己

板书:(3)从他人的态度与评价中认识自己

在通过他人了解自己时,最好是主动一些,态度要虚心和诚恳。

小结:

这一节课我们主要学习认识自己的方法。要认识自己,根本的方法是:要全面地、发展地看待自己。具体的方法是:自我观察,在与他人的接触中、从他人的态度与评价中认识自己。

课堂作业:

看书第22页,想一想:"人贵有自知之明"与"旁观者清"这两句话给我们什么启示?

【教学点评】

前两天听了一首歌,叫做《爱情是一颗幸福的子弹》,于是我想,新课程改革是不是也是一颗幸福的子弹呢?它会给我们带来暂时的迷惘,却更能使我们积极地探索改革发展的道路。

学校提供的这次研讨的机会,不仅是对过去阶段教学工作经验的一次总结和展示,也为以后各科教学的改革指明了方向。这堂课体现了新课程标准的要求,也体现了政治学科课堂教学改革的阶段研究成果。

政治学科应该是学校德育工作的前沿阵地,它对初中学生正确的世界观、人生观、价值观的培养和形成起着至关重要的作用。它不仅需要使学生的情感得到共鸣,心智得到启发,更重要的是使他们真正地把政治课中学到的知识内化为实际的行动,让他们的理论联系实际的能力、分析归纳问题的能力、全面辩证看问题的能力、判断评价的能力得到充分的提高。但是,长期以来,我们也面临着太多的无奈。政治学科理论性很强,涉及到个人成长及社会发展的方方面面。而初中学生在意志、性格、人际交往、观察和分析、处理事物等方面还不够成熟,因此,在日常教学过程中,极易出现枯燥无味的局面,特别是锦州乃至全国有关政治学科的多媒体素材及相关应用资料很少,而新课程标准对七年级删去了纯心理学和概念化的内容及对这些概念的识记或理解要求,淡化学科体系,减轻学生负担,这就对政治教师提出了更高的要求,使得我们必须对目前政治教学的方法、手段进行大胆的改革。今天的这堂课,正是对传统模式的一种挑战与创新。

这堂课的设计从初中生的心理特点和生活实际出发,从对具体事例的分析入手,由浅入深,自然流畅,为学生提供了多组鲜活的材料,如小马过河、小冬、小明等,引导学生自主探究,参与实践活动,激发学生的学习兴趣和积极性,变枯燥乏味的理论说教为学生生动活泼的学习活动,合理地创造了一种良好的学习氛围,另外,教学活动把重点放在怎样正确地认识和评价自己上,由于初一学生知识能力比较有限,教师从小冬的自我评价入手,从学习、性格、战胜挫折的能力、兴趣爱好四个方面,给学生从思想上进行了定位,采用跳跃式的提问方式有效地通过学生自我认识、他人的评价及与参照物的合理对比,使学生在学习过程中,不断矫正自己的位置,进而产生发扬优点、克服缺点的意识。教学过程中的难点在于刻画理想中的"我",教师采用了让学生动手、动脑、动嘴三结合的方式强化了对学生综合素质,特别是创造力和想象力的培养,使难点得到了有效突破。整节课始终贯彻了理论联系实际和启发式的教学原则,运用角色扮演、分组讨论、谈话、情境设置等教学方法,不仅使学生横向地认识了自己,也使学生纵向地通过自身的成长和变化,发展性地展望自己的未来,增强了自尊自信,树立了崇高而远大的奋斗目标。多媒体、实物投影等教学手段的应用结合课程内容,达到了人机互动、师生互动、生生互动的教学效果。特别是用一首小诗作为本课的结尾,不仅贯穿了整堂课的教学内容,也使学生的内心情感得到了巩固与升华。从整体上看,风格严谨,板书凝练,语言规范,方法得当,手段新颖,注重创新,体现了教师扎实的基本功,也体现了政治课德育教育的职能,推进了班级建设,学生受益面较大,不失为一堂好课。

但是,一堂好课,就像一幅凝结着作者心血的艺术作品一样,有时也难免会有一丝不足。由于这堂课的准备很仓促,从头至尾不超过两个星期,在课件中,使用的都是静态的图片,缺乏一些动态的真实素材,如一些名人或我们身边的学生成长进步的历程等,学生在对比评价自己的过程中,缺乏心灵的触动,另外,在使用"小马过河"导入的过程中,进入正题较慢,结构不够紧凑,在认识和评价自己的过程中,应给更多学生发言的机会,使他们能够通过自我剖析,树立发扬优点、克服缺点的信心,这样效果可能会更好。这是这堂课的一点遗憾。但总而言之,这堂课的展示,一定会对我们的教学改革攀升新的台阶,寻找新的发展空间,起到重要的作用。

案例10 中学历史《三国鼎立局面的形成》评课

(摘自中小学教育资源网,有删改)

【教学实录】

导入新课:

师:讲课前我们先看一段反映东汉末年政治、经济、军事状况的录像,然后我们比一比、赛一赛谁的记忆力好,谁的综合分析能力强。(放录像)

讲授新课:

师:通过录像我们可以看出东汉末年政治、经济、军事情况如何呢?

生:政治上,政局混乱,外戚宦官专权,朝政腐败,农民起义;军事上,军阀割据;经济上,生产遭到严重破坏,民不聊生。

师:外戚宦官轮流执政导致东汉后期政局混乱,政治非常腐败,朝政腐败,官逼民反,公元184年爆发了张角等领导的黄巾大起义,朝廷无力扑灭烽烟四起的农民起义,只好号令各地豪绅组织地方武装就地镇压,由此造成地方势力恶性膨胀,中央政权日益衰弱,东汉政权名存实亡,逐渐形成群雄割据,天下大乱的局面,三国鼎立的时代也从此拉开了帷幕。

新课内容一:曹操统一北方

师:我们来看当时主要的军阀割据势力有哪些呢?(识图:了解东汉末年军阀割据混战情况)

生:有曹操、袁绍、袁术、孙权等。

师:在中原的军阀混战中,有一个人越来越突出,他就是历史上著名的政治家和军事家曹操。曹操以数千人起家,他采取了哪些措施使自己的实力逐渐强大起来呢?

师生依据材料分析曹操势力日渐强大的原因。(PPT材料一)

政治上:挟天子以令诸侯;唯才是举,招贤纳士。

经济上:实行屯田,奖励农耕。

师:(小结)196年,曹操把流离失所的汉献帝接到许昌,从此"挟天子以令诸侯",在政治上取得了优势地位。曹操爱才若渴,连下几次唯才是举令,于是一大批贤臣名将聚于麾下。采用屯田政策,招募流亡农民,垦荒屯田,不仅解决了流亡农民的生计问题,而且对北方的生产恢复发展起了积极作用,更关键的是它解决了大部队粮草供应的难题。就这样,曹操敢于向当时的大军阀袁绍挑战,双方在官渡展开了一场生死决战。

讲述官渡之战。

flash 动画:官渡之战。

出示《三国志》材料:"毛玠语太祖曰:'……宜奉天子以令不臣,修耕织,蓄军资,如此则霸王之业可成也。'太祖敬纳其言。"

师:我们分析一下曹操以少胜多的原因。我们看到在官渡之战中,曹操明显处于劣势,然而兵力并不能决定战争的胜负,胜负还取决于其他很多因素,曹操之所以能够以少胜多打败不可一世的袁绍是因为他占有许多优势。回忆一下我们所讲的内容,想一想,曹操拥有哪些有利条件?

生:政治上,挟天子以令诸侯,招贤纳士。经济上,实行屯田,奖励农耕。挟天子以令诸侯,拥有政治上的优势。招贤纳士,谋士如云,勇将如雨。

师:实行屯田政策,解决了大部队粮草供应问题。

师:而袁绍这一方面我们也可以看一则材料。

出示《三国志》材料:"沮授说绍云:'……宜迎大驾,安宫邺都,挟天子而令诸侯,蓄士马以讨不庭,谁能御之!'……绍弗能用。"

师:袁绍自恃祖上根基深厚,地大,兵多,粮足,听不进正确意见。在官渡之战中,袁绍傲慢,不采纳下属的建议,曹操虚心,接受降曹的袁绍谋士许攸的意见,这也是曹军取胜的重要原因。

师:(强调官渡之战的作用)官渡之战,曹操以少胜多,打败了袁绍,为统一北方奠定了基础。

新课内容二:赤壁之战

师:曹操有远大的志向。官渡之战后,曹操继续对袁绍的残余势力作战,又陆续消灭了一些军阀,207 年基本上统一了北方,当他得胜还朝途经渤海边时,留下了豪情满怀的诗句:"老骥伏枥,志在千里。烈士暮年,壮心不已。"当时曹操 53 岁了,他的壮心是什么呢?(南下统一全国)那他将遇到的对手是何许人也?

师:(简述刘备、孙权情况后重点介绍三顾茅庐、《隆中对》)这时孙策遇刺身亡,他的弟弟孙权继承父兄的基业并大有发展,控制长江下游的江南一带。刘表没有什么大志,反倒是依附于他的刘备不甘寄人篱下,思贤若渴,三顾茅庐请出了在隆中隐居的诸葛亮,接受了这位年仅 26 岁的卧龙先生为他设计的战略思想,也就是著名的《隆中对》。

师:在《隆中对》中,诸葛亮为刘备设计了一幅怎样的战略蓝图呢?

学生看书 102 页,然后回答上述问题。

师:从此《隆中对》成为刘备集团的战略方针,按照这个战略方针,诸葛亮出山的第一件事就是联吴抗曹,孙刘联军同曹操展开了著名的赤壁之战。

师生分析赤壁之战交战双方的优劣势。

师:208 年曹操率领 20 多万大军南下,而孙刘联军当时只有不足 5 万兵力。这一次曹操在兵力上是占有绝对的优势的,然而我们都知道他却惨败而回,我们不妨来分析一下原因。我们先来看一看这一战对曹操有哪些不利因素?

生:多北方士兵,不习水战。

生:铁锁连船。

生:北方士兵水土不服,疾病流行。

生:曹操被表面的强大冲昏头脑,骄傲轻敌。

师:再看孙刘联军。对孙刘联军来说可谓天时、地利、人和。他们利用曹军的弱点,制定了火攻的计划,运用诈降计,在一天夜里,东南风起,黄盖诈降,火烧赤壁,曹操惨败,仓皇逃回北方。

师(归纳)：曹操 20 多万人马，占有绝对优势；士兵多为北方人，不习水战，只得用铁链将战船连在一起；骄傲轻敌，中了黄盖的诈降计。孙刘联军不足 5 万，处于劣势；采用火攻，大败曹军。(放映 flash 动画：赤壁之战)

师生分析三国鼎立局面的形成。

师：赤壁之战后，曹操率残部仓皇逃回北方，无力南下，孙权在长江中下游的地位得到巩固，并向岭南地区发展。刘备占据了湖南湖北大部分地区，攻占四川，也得到了休养生息的立足之地。所以赤壁之战形成了天下三分的格局。公元 220 年曹操病死，他的儿子曹丕废汉献帝，自称皇帝，国号魏，建都洛阳。221 年刘备在成都称帝，国号汉，史称蜀汉，222 年孙权也称王，国号吴，定都建业。至此，三国鼎立局面形成。(简单分析孙权称王而不是称帝的原因)

师：三国是中国历史发展过程中的分裂时期，但在中国历史发展过程中，分裂只是暂时的，统一是历史发展的趋势，三国鼎立局面最终结束于西晋的统一。

学生阅读 105 页小字，了解三家归晋。

师：(引导学生了解《三国志》与《三国演义》的区别)三国鼎立从酝酿到结束，将近百年，一时涌现多少豪杰，他们的故事，以其特有的魅力，代代相传，经过民间艺人的加工，最后由文学家罗贯中写成了一部长篇历史小说《三国演义》，它来源于历史，却又有别于历史，《三国演义》中有许多虚构的内容，我们学习历史要注意辨别小说与史书的不同。

师：通过这节课的学习我们了解了三国鼎立局面形成的历史背景和经过。在这个过程中，我们重点学习了两次战役：官渡之战和赤壁之战(我国历史上以少胜多的著名战役)。不知同学们注意到没有，这两次战役都和一个人物有关(曹操)，但结果却不同：官渡之战曹操以少胜多，赤壁之战曹操却在拥有绝对优势兵力的情况下惨败而回，这是为什么呢？(学生展开讨论，重点评价曹操)

师生归纳(略)。

【教学点评】

这节课从大的方向上改变了教师的教学方式和学生的学习方式，是一节比较成功的课改课。

本节课根据学生认知能力的发展水平和历史学科特点制定教学目标，让学生了解了历史上著名的战役官渡之战和赤壁之战，三国鼎立局面的形成以及它对历史产生的影响，教学目标制定得明确、具体、恰当。

本节课的教学设计突出体现了教师引导、学生探讨的探究式的教学理念。首先，教师通过展示反映东汉末年政治、经济、军事状况的录像，要求学生分析和归纳东汉末年的社会状况，使学生获得了直观的历史感受，又提高了学生分析材料的能力。其次，教师通过补充大量的文字、图片、动画等材料引导学生分析了官渡、赤壁两次战争的胜败决定因素，既提高了学生分析历史事件的能力，又加深了学生对这段历史的理解。第三，教师特别重视区分文学作品中的人物和历史中的人物的区别，引导学生对此进行了专门的探讨，有助于学生重新审视三国历史，学会区分文学和史学。第四，教师重视历史地图的运用，有意识地培养学生理解历史地图的能力。总之，本课的教学设计坚持以教师为主导，以学生为主体，充分发挥了学生的能动性，提高了学生的学习效果，发展了学生的其他能力，是一堂素质教育的好课。

本节课教材处理比较科学，内容正确、准确，重视知识的形成、巩固、深化和应用。教学编排合理，符合学生的知识基础和能力水平。教师在教学设计上没有照本宣科，把课本上的答案搬下来让学生答，而是精心设计了三个有深度的问题：(1)官渡之战曹操获胜的条件；(2)赤壁之战曹操失败的原因；(3)在学习了有关曹操的史实后，你对曹操的认识。让学生分小组讨论学习，使学生在合作学习中发展和提高创新能力，改变了学生接受学习、死记硬背、机械训练的现状，培养了学生分析和解决历史问题的能力。

教师的基本功扎实。板书设计巧妙、合理，能成为学生获得知识的思路图，教师在整节课中的解释和指导均清楚并有系统,语言规范、简练、抑扬顿挫,教态自然大方。

这节课运用多媒体辅助教学,让学生能从直观上了解三国鼎立局面形成的有关史实,增强了学生的学习兴趣。

案例 11　中学地理《陆地水与水循环》评课

（摘自中小学教育资源网,有删改）

【课堂实录】

师:同学们,我们先来欣赏一首歌曲。(播放《长江之歌》)

师:一曲《长江之歌》让我们感受了她那磅礴的气势,正如歌中所唱的,她从雪山走来,向东海奔去。那么这滚滚东流的江水是从哪儿来的呢？有人说来自雪山,有人说来自天上,那么长江之水到底从何而来呢？下面,让我们沿长江做一次旅行,共同来探寻长江的身世之谜。

(打开长江水系图)

(1) 陆地水体的相互关系

师:我们从源头沱沱河出发,踏上雪域高原,来到唐古拉山(打开链接),沱沱河便以婀娜的身姿展现在眼前,雪山冰峰、蓝天白云倒映河中,真的是太美了。同学们,作为长江源头的沱沱河的河水到底来自何方呢？

生:来自冰川融化的水。

师:对,是冰川融水。

板书:① 冰川融水补给为主的河流

师:老师从沱沱河上的水文站获取了一些资料,把它绘制成了图,从中你们能不能发现什么规律呢？(幻灯片)

师:从图中看,河流流量和气温有没有关系？存在什么关系？

学生七嘴八舌发言。大体意思:河流流量变化与气温变化相一致。

师:对,是流量变化与气温变化相一致。因此,以冰川融水补给为主的河流其径流量与气温成正相关的关系。

师:(承转)告别沱沱河,我们继续前行(链接返回水系图),顺江而下,走过湍急的金沙江,经过风景秀丽的三峡,河道逐渐变宽,水流也没那么湍急了,只感觉江串湖,湖连河,江河相依。我们到达洞庭湖边的岳阳楼(链接),面对洞庭湖,我们不禁会想,湖泊对长江水量的变化又起到了什么作用呢？

板书:② 湖泊与河流间的水源补给关系

(打开河流与湖泊补给关系图)

师:由图例可看出,颜色由浅到深代表水位由低到高。

师:第一幅图,从河流颜色上判断应该是河流的丰水期还是枯水期？第二幅呢？

学生回答。

师:水会怎样流动呢？

学生回答。

师:很好,那我们可以得出什么结论？(学生回答)对,丰水期,河水补给湖泊水。枯水期,湖泊水补给河水,他们之间是互补的。

师:在此过程中,湖泊起到了什么作用呢？

学生七嘴八舌回答。

师:意思对了,我们可以归纳为:调蓄作用。

师:我们一直反对围湖造田,谁能根据我们学到的知识给大家解释一下原因?

学生发言。

师:分析得很到位。所以我们不应继续围湖造田,而应退耕还湖,从而更好地发挥湖泊对径流的调蓄作用。

师:(承转)离开洞庭湖,我们继续前行(返回水系图),听当地人说庐山小天池很奇特,我们拐个弯,到庐山小天池歇息(链接)。原来这里不仅池水清澈,而且久旱不涸,久雨不溢,这是怎么回事?让我们一起探个究竟。

板书:③ 地下水与湖泊、地下水与河流间的水源补给关系

师:大家每两列一组,结合图片讨论,我们看哪一组能最先找到答案。

学生七嘴八舌发言。

师:大家的发言都很精彩,原来是地下水的作用。丰水期,天池水位高于地下水位,水从天池补给给地下水,因而,久雨不溢,而在枯水期,地下水位高于天池水位,水又从地下补给给天池,因而久旱不涸。真应了水往低处流这句话。可见,湖泊与地下水之间是相互补给的关系。那河流与地下水之间呢?谁能分析一下?

学生七嘴八舌发言。

师:很显然:丰水期,河流水补给地下水,枯水期,地下水补给河流水。他们之间是互补的关系。看来,地下水也是河流的重要补给来源。

(返回水系图)

师:(承转)返回长江时已是梅子黄熟的六月,赶上了梅雨时节,我们刚好到古城南京去避避雨。好幸运,在南京水文站我们找到了此河段的径流量与降水量关系图,如获至宝,让我们探个究竟吧!

板书:④ 以降水补给为主的河流

师:(打开图)这幅图怎么看呢?通过对比,流量和降雨量之间存在什么关系?

学生发言。

师:对,其流量和降水量变化相一致。因此,以降水补给为主的河流,其流量与降水量呈正相关关系。大气降水是很多河流的主要补给来源。

师:长江之旅即将结束,我们既欣赏了美景,又学到了知识,我们认识到一条河流会有多种补给水源,只不过通常以其中某一种补给为主,如长江就是由降水、湖泊水、冰川融水和地下水汇集而成的,降水是它最主要的补给形式,那我国其他河流呢?让我们学以致用,来认识我国其他河流的补给形式。

(打开中国河流补给类型图)

师:我国雨水补给为主的河流分布在哪里?有哪些典型的河流?冰川融水补给为主的呢?

学生讨论。

师:雨水补给的河流主要集中在东部季风区,因此河流流量有明显的季节变化和年际变化,如黄河、淮河、珠江等,而冰川融水补给为主的河流主要分布在西北西南地区,如雅鲁藏布江、塔里木河上游等。

师:但我国有几条补给形式很特殊的河流。比如东北地区的松花江。(链接松花江流量变化图)

师:图中河流可能会涉及哪几种补给水体?为什么有两个汛期?

学生发言。

师:春汛是由于季节性积雪补给,而夏汛则是由于降水补给。

师:另一条是被誉为地上悬河的黄河下游河段(链接),此河段和地下水之间存在怎样的补给关

系呢?

　　学生讨论,教师归纳:不同补给形式有不同的特点。

　　师:(承转)来到最后一站上海,我们的旅行结束了,看到江水不断流入大海,我们不禁有一丝遗憾,"百川归大海,何时复西归",陆地上的水会越来越少么?当然不会,为什么?

　　学生讨论。

　　师:对,因为自然界的水在周而复始的运动过程之中。怎样运动的呢?请同学们听录音片段"小水滴的旅行",让它来告诉我们。

　　(2) 水循环

　　(水循环示意图)

　　师:好,请同学们根据自己的理解,同桌两人合作,把我们手中的图(提前发给学生)补充完整,画出水循环的环节。

　　(教师巡视,指导学生画图)

　　师:大家画得很认真,谁来展示一下自己的作品。

　　学生活动:由个别组的学生上台展示自己画的图,同学们一起纠错、改错、评论。

　　师:根据发生位置的不同,我们可以把水循环分为三个类型。

　　(边讲解边在黑板上写:海上内循环,海陆间循环,陆地循环)

　　师:长江黄河奔流入海参与了哪个循环?塔里木河呢?

　　学生讨论。

　　师:水循环规律在我们身边时刻都能体现出来,你认为它对我们的生活有什么指导意义?

　　学生自由发言。

　　师:大家说了很多方面,我们能不能用更简练的语言概括出来?

　　(幻灯片总结)主要表现在四个方面:

　　① 维护全球水量平衡,使陆地淡水资源不断更新。

　　② 促使陆地和海洋之间物质迁移和能量交换。

　　③ 不断塑造地表形态。

　　④ 影响全球的气候和生态。

　　(3) 拓展延伸

　　师:虽然水资源在不停地更新,但地球上很多地方却在闹水荒,请看图片(展示图片)。看来水资源是有限的,那我们应该怎么办呢?

　　学生自由发言。

　　师:影响水循环的某些环节,按刚才的分组,请大家结合示意图讨论人类可以改变哪些环节呢?怎样改变?

　　学生讨论。

　　师:大家讨论出了很多种结果,有的说我们可以人工降雨,有的说可以多植树造林,有的结合了我国实际,为解决我国降水时间分配不均的问题,我们可以修建水库,为解决降水空间分配不均的问题,我们可以跨流域调水,比如南水北调等等。

　　而对我们在座的同学们来说我们可以做些什么呢?要节约用水,水是生命之源,保护水资源是我们每个人的职责,因此,我们应从小事做起,从身边做起,保护生态环境,让长江继续奔流,让"长江之歌"再次唱响世界。(背景音乐《长江之歌》)

　　【教学点评】

　　《陆地水与水循环》是高中地理必修教材一第三单元第五课的内容。这节课我们可以从以下几方面分析:

(1) 从教学目标看

教学目标的制定:能从知识、能力、思想情感等几个方面来把握,对知识目标、能力目标和思想情感目标有所要求,体现了地理学科的特点;能以新课程的大纲为指导,体现年级、单元教材特点,符合学生年龄实际和认识规律,难易适度。关注学生分析综合能力和知识迁移能力的培养,和新课程要求的教学目的相符。

教学目标的达成:教学目标能体现在每一教学环节中,教学手段紧紧围绕目标,为实现目标服务。课堂上能较快地接触重点内容,重点内容的教学时间得到保证,重点知识和技能得到巩固和强化。注重学生主体性的发挥,从提问到练习,都能把"以学生为本"的教学思想贯穿课堂始终。

(2) 从教材处理看

这节课知识内容的传授准确,在教材处理和教法选择方面突出了"地下水的分布"和"水循环"两个重点内容,充分利用多媒体突破了地下水埋藏特点这一难点,抓住了问题关键。

(3) 从教学程序看

教学思路设计:能根据教学内容和学生水平两个方面的实际情况设计教学思路,教学思路设计符合教学内容实际,符合学生实际,教学思路的层次、脉络清晰。课堂导入以学生的实际生活为切入点,激发学生学习的兴趣,使学生很快融入到学习当中。在教学过程中注重知识网络的形成过程,不是简单地给出结论,而是通过学生讨论分析总结得出。利用多媒体教学,加强直观性教学,充分体现了地理学科的特点。

课堂结构安排:课堂结构较严谨、环环相扣,严格按照教材的顺序进行教学,过渡自然,讲解和学生活动时间分配合理,密度适中,效率较高。

(4) 从教学方法和手段看

教师讲解和学生活动有效结合:在课堂上教师起到很好的引导作用,同时发挥学生的主体作用,实现培养学生自主学习能力的目标。

传统教学手段和现代化教学手段相互补充:"一支粉笔一本书,一块黑板一张嘴"的陈旧单一教学手段应该成为历史。现代化教学手段充分弥补了传统教学手段的不足,为学生形象直观地展示知识内容。特别是把教材中的地下水埋藏分布示意图和水循环分布示意图变成活图,充分调动和激发了学生的学习兴趣。

(5) 从教师教学基本功看

板书:幻灯片中的讲授提纲设计较合理,依纲扣本,言简意赅,条理性强。

教态:教师在课堂上的教态活泼,仪表端庄,举止从容,态度热情,具有很强的亲和力,对于男教师而言实属不易。

语言:生动形象,对地理事物的描述准确清楚,有启发性。语速快慢适度,抑扬顿挫,富于变化。

案例 12　中学地理《日本》、《寒潮》评课

(1) 评教学片段的案例

【案例简介】

2007 年 11 月 22 日下午,川沙中学华夏西校张美君老师在上《日本》一课介绍日本文化时,大屏幕展现了张老师事先收集的日本某书法家的书法作品,龙飞凤舞,遒劲有力。

张老师身体侧转向大屏幕,正欲介绍该书法的"金木水火土"几个字,眼角瞄到墙壁上挂的一幅学生书法:朱熹诗词一首,落款为雨霏。

张老师眼睛一亮。

师:墙上有一幅书法。雨霏书,雨霏,是蔡雨霏吗?(学生回应:是蔡雨霏)

师：蔡雨霏，这墙上的书法是你写的？
蔡雨霏站起来回答道：是的。
师：你是学书法的，你看大屏幕上的书法好吗？
生：好的。
师：你看得出这是日本人写的吗？
生：看不出。
师：你认得出这几个字吗？第一行，最上面的字。
生：认得出。
蔡雨霏和班级的同学一起随着张老师教棒的移动念道：月，火，水，木，金，火，日。
师：日本和我国关系很深啊，很近啊，所以我们经常用一衣……（教师停顿，学生呼应：带水）"一衣带水"这个词来形容两国的距离。

【教研员点评】
短短的一两分钟，蔡雨霏的神态是多样的：惊愕、羞涩、自然、兴奋、高兴。
蔡雨霏的同学们的表情也是多彩的，从一般性的回应（是蔡雨霏）到众口一词的呼应（齐念：月，火，水，木，金，火，日）。
课后，我将蔡雨霏同学叫来，将她和她的书法拍了下来。
课后，我将这一细节回味良久。
人们常说，教师是教书匠，教师的工作是熟能生巧的工作。
人们常说，教师是园丁，教师的工作是培养祖国树木花朵的工作。
人们常说，教师是蜡烛，教师的工作是照亮孩子前进道路的工作。
人们常说，教师的工作是富有爱心的工作，是使自己成为班内所有孩子的良师益友的工作。
人们常说，教师的工作是富有耐心的工作，是将人类文化传授给孩子的工作。
人们常说，教师的工作是富有创意的工作，是教给学生走向未来本领的工作。
赞美的词语很多，说明人们对教师工作的要求很高、很多。
真的，要做一个好教师，要求很高、很多。需要有知识、能力、爱心，等等，等等。
但是，不做中小学教师工作的人是体会不到中小学教师的另一种特点的：发现课堂即时情况，迅速判断或决断，合理利用使之成为可用的教学资源。这就是教学智慧，这就是教学机智，这需要功底、经验、灵敏、胸有成竹，有时还需要有天赋。

【对点评的点评】
以上评课为教研员听课以后所写，题目叫《教师的智慧》。从中我们可以看到评课人是如何抓住教学中的一个令人印象深刻的片段的，对从教师发现墙上的书法到全班读日本诗句这一过程予以详细记录，不但有对话，还有场景和神态的记录，读来如同身在课堂里一样。但是，评课人不是简单地做个课堂记录，就事论事，而是将这个教学片段提升到如何利用生成资源和发挥教学智慧的高度，使执教者、听课者在如何做一个好教师方面有所思索。

（2）**评课堂教学特点的案例**

一堂真课、一堂好课

2007年12月6日上午，陆行中学李侠老师在浦东新区"教学展示周"期间上了一堂公开课，课题是新教材《高中地理》专题十一中的"寒潮"，采用了学生小组汇报的教学方式。

第一，李侠老师的课中的小组汇报不是为这堂公开课专设的，而是为所有班级的教学设置的。李侠老师在上"寒潮"这一课题时，事先在所有的班级中都布置了预习作业，要求所有的学生提出自己对"寒潮"这一课题所欲探究的问题。然后李侠老师对学生的提问进行了分析，将学生的提问集中起来加以归类，挑选出"中国的寒潮标准"、"中国的寒潮源地"、"中国的寒潮路径"、"为什么云贵高原西南部和青藏高原没有寒潮"、"南半球有没有寒潮"等问题再反馈给各班各小组,让学生进行资料收集、举证分析。这样的预习、提问、归纳、反馈是教师精心备课,对所有班级全体学生公平对待的反映。

第二,学生是真研究、真汇报的。在这堂公开课上学生小组汇报的深度广度是我们听课者没有想到的,有些问题我们自己也没有注意过,比如"南半球有没有寒潮"。据李侠老师课后讨论时告诉我们,原来她自己对这个问题也没有把握,但是觉得学生这个问题提得好,不但视角延伸到了南半球,还拓展思维提出了新问题。教师在网络上搜索"南半球,寒潮"几乎没有答案。后来换了个思路,学生从南半球最南的国家查起,查"南非,寒潮"、"智利,寒潮"等,最后查到了依据,证实了"南半球有寒潮"这个事实。对于"为什么云贵高原西南部和青藏高原没有寒潮"这个问题,一般只知道青藏高原高寒潮不易入侵,而研究小组的同学查到了主要原因是冷空气的厚度一般在3500米以下,冷空气的厚度低于青藏高原的平均高度。这些问题来自学生,没有现成答案,学生在学习中找到答案,是学生的快乐,也是教师的快乐!师生在地理学习上获得共鸣,是难得的!据班主任和其他教师说,学生对完成地理课研究任务是很积极的,觉得很开心。

第三,李侠老师是在"上课"而不是"报幕"。"寒潮"这一课题既然是新课,教师就要给学生以新知识。李侠老师在上课伊始进行了高气压、低气压、气旋、反气旋的复习与新知识的传授。在学习台风是强烈的热带气旋时,还用《解放军报》的一段关于黄海12级大风的文字报道补充了"温带气旋"也会造成自然灾害的事实,使学生感到紧张,为后面学生汇报冬季反气旋造成寒潮作了铺垫。在学生小组汇报后,李侠老师进行了质疑:南半球的寒潮发源地在哪里?寒潮难道一无是处吗?寒冷的天气,对培养男子汉的体格、气质有没有影响?对学生语焉不详的表述,李侠老师也进行了补充。

参加课后评课的教师都说,这堂课真是一堂好课、一堂没有排练过的真课。

【对点评的点评】

看得出来,这段评课文字是在评课会议后写的,而且结尾用参加课后评课的教师的话来说这堂课是一堂好课、一堂真课,既概括了大家的意见,又用大家的意见印证了自己的看法,体现了这个评课意见的民主性。这个评课意见还写了自己原来对小组汇报形式的看法,有三条(此处未录)。听完课后,又写了三条,而且后三条有理有据,使人感到评课者也在讲真话。从旧三条到新三条,评课者通过对课堂教学实践的观察转变了一些态度,获得了一些新见解。这样的教学点评,更加突出了执教者这堂课的教学特点,同时把自己原来的"不以为然"写出来,也可以使执教者、其他听课者有所思索,不要滥用小组汇报的形式。

案例13 中学物理《滑动变阻器》评课

【课例介绍】

本节课是上海市洋恒初级中学黄敏霞老师,参加2007年浦东新区青年教师教学评优决赛并获一等奖的一堂课。上课的内容是上科版初中物理教材第十六章第三节《滑动变阻器》。

【教学设计介绍】

(1) 教学任务分析

从知识体系上看,本节课的内容是电阻知识的延续,是学生今后学习电学知识的基础,是初中电学部分的重点内容之一。

在学习本节课的内容前,学生已经知道了电流的概念、电阻的概念和决定电阻大小的因素,并具备了连接电路和使用电流表的能力。

本节课以学生合作进行实验探究为主,运用猜测、比较、归纳、推理等科学方法概括得出滑动变阻器的使用方法,让学生亲身感受科学探究精神,同时提高学生"透过现象,看清实质"的认识能力。

(2) 教学目标

① 知识与技能

a. 知道滑动变阻器的作用、原理和结构。

b. 理解滑动变阻器的使用方法。

c. 记住滑动变阻器的结构示意图和元件符号。

d. 能初步判断滑动变阻器如何滑动可以增减电阻。

② 过程与方法

a. 通过实验探究滑动变阻器的正确使用方法,运用猜测、比较、归纳、推理、概括等科学方法,感受科学研究过程。

b. 通过实验,提高动手能力和"透过现象,看清实质"的认识能力。

③ 情感态度与价值观

通过小组共同实验探究(构思设计实验、记录实验现象、分析实验结果),激发学生主动探索物理规律的精神,体验合作的愉悦,形成群体协作的氛围。

(3) 教学重点与难点

重点:滑动变阻器的工作原理。

难点:根据要求把滑动变阻器接入电路。

(4) 教学资源

略

(5) 教学设计思路

立足于生活,创设情境,增强学生在学习过程中的体验和感悟;通过小组探究实验和同学间的合作交流,推动学生学习方式的转变;为了减少探究活动的盲目性和无序性,教师准备了一些带有提示和指引的问题。

为了突破重点,本节课通过创设情境——舞台灯光效应,引出如何改变简单电路中的小灯泡的亮度的问题,对学生的各种方案进行比较,得出改变导体的长度来改变电阻的大小从而改变电路中的电流是最方便和最合理的方法的结论,继而又提出怎样让小灯泡亮度变化大一些的问题,将直线型变阻器转化为线圈型变阻器,构成了实验室常用的滑动变阻器。

为了突破难点,本节课让学生在观察滑动变阻器的基础上,通过不同接线组合的实验探究,归纳滑动变阻器的正确连接方法。

【教学过程】

教师用 PPT 展示舞台灯光变亮变暗的效果。提问:如何让如图 13.1 所示的小灯泡的亮度发生变化?

学生回答。

教师根据学生的回答,进行演示实验。

教师:在这些方案中,改变导体的长度来改变电阻的大小是最方便和最合理的方法,今天我们一起来学习变阻器。

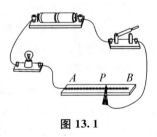

图 13.1

教师:要使小灯泡的亮度变化范围大一些,图中 *APB* 的电阻值变化范围大一些,该怎么办?

学生回答。

教师:(演示:与一位同学拉 10 米长的电阻丝)电阻丝太长了,不方便携带,怎么办?

学生各抒己见。

教师:(演示:将电阻丝绕成线圈)为了起到变阻的作用,必须有一端能进行移动,因此我们加入了滑片,将这些主要元件结合起来就构成了滑动变阻器,请同学仔细观察滑动变阻器的构造,并将其结构填在活动卡上。

学生与教师一起填写活动卡。

教师:我们发现在滑动变阻器上有三个接线柱,而接入电路只需两个接线柱,三个接线柱有几种组合呢?究竟接其中的哪两个才能让滑动变阻器起到"变阻"的作用呢?我们要用实验来进行验证。为了较为精确地反映电流大小的变化,我们在刚才的电路中加入了电流表。在实验中我们应观察和记录哪些数据呢?

学生各抒己见。

学生实验:两人小组合作,对不同的接线组合进行实验,并将观察到的现象和数据记录下来。汇报实验结果。

教师:(PPT 演示说明)当滑动变阻器有四个接线柱时(如图13.2),接入电路的接法又多了哪几种?请同学猜测,按这几种接法接入时,会出现哪些现象?

学生各抒己见。

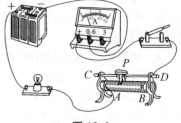

图13.2

教师通过演示实验验证。(PPT 演示说明)

教师:请同学们观察、分析、比较,哪些接法不能够改变电阻?哪些接法能够改变电阻?为了让滑动变阻器起到改变电阻的作用,应该遵循什么样的原则?而最终决定滑动变阻器的电阻大小的是哪一段电阻线?

学生讨论,得出结论。学生进行应用。

教师:滑动变阻器能够逐渐改变连入电路的电阻,但却不能表示出连入的电阻值,电阻箱是一种能够表示出电阻值的变阻器。(PPT 演示说明)

教师:(出示台灯)我们知道了台灯亮度会发生变化是因为电路内部接入了一种变阻器,其实在生活中还有许多地方用到了变阻器,你们还能想到哪些吗?

学生各抒己见。

教师:在家用电器中使用的变阻器叫电位器,我们也常常把它用到汽车和摩托车上的可以自动测量油箱里的油量的装置上。(flash 演示)

教师小结。布置作业。

【教学点评】

教师在本节课中的表现有以下几个突出的优点。

(1) 优化课堂教学设计,体现单元设计思想

本节课的教学设计立足单元学习内容,从整体把握教材的角度分析了学习内容,从而确立了以探究为这节课的主线的思想;同时,对所教学生的特点进行了分析,从而确定适合学生实际的教学目标,使得各个教学结构要素的描述变得更加清晰明确、一目了然。

(2) 关注探究学习过程,渗透科学教育方法

本节课通过"舞台灯光调控"等情境引入新课,在学生已有的知识基础之上引发学生的进一步思考,激发了学生的探究愿望。通过"情境——问题——体验——探究——归纳"的教学过程,使学生感受了实验探究的过程,再经学生自己动手实践获得所需答案,真正实现了以学生为主体的自主探究,符合初中学生的认知规律。

在教师精心创设的学习情境中,学生通过"探讨、交流、实践、展示"的合作学习过程,增强了探究的意识,提高了探究能力,有较深的课堂参与度,认知水平从简单的识记层次递进到更高级的思维水平之上。

(3) 设计具有冲击力的演示实验,为学生提供有效的学习支架

本课最精彩的部分在于教师精心设计演示的实验仪器——滑动变阻器的结构,学生把长长的电阻丝在教室中拉开这一举动,对学生形成了强烈的视觉冲击,教师再通过几个简单明了的问题和简易演示,将滑动变阻器的结构、原理介绍得一清二楚,为下一环节的探究作了非常好的铺垫。

(4) 捕捉课堂生成信息,展示优秀教学技能

黄老师的课堂教学语言流畅而有激情,具有较强的亲和力,能感染学生,教态自然大方,提问有效,教学的逻辑性较强。在教学过程中,以任务驱动的方式,通过三个教学任务环节和相应的活动设计,使学生的知识水平逐步提高,认知程度不断加深。在活动中,给学生充分的探究滑动变阻器连接方法的时间和空间,师生围绕着教学目标进行了密切的交流,课堂气氛和谐。

(点评:吴耀忠)

案例14 中学化学《空气中氧气体积分数的测定》评课

【课例介绍】

《空气中氧气体积分数的测定》是上海市建平中学西校陆翠玉老师2006年为上海市教育资源库拍摄的二期课改实践课。

【课堂实录】

师:在200多年前,有一位科学家在前人研究的基础上设计了一个划时代的钟罩实验,精密地测定出空气是由氧气和氮气组成的,同时氧气的体积分数为21%。

这位科学家就是被我们称为近代化学之父的法国科学家拉瓦锡。

师:下面我们来看拉瓦锡设计的这个实验,然后请同学来描述整个实验的现象。

生:汞在里面慢慢地变红了。它与氧气反应。

生:玻璃钟罩内汞的高度上升了。

师:拉瓦锡为什么可以用这个装置来测出氧气的体积分数呢?或者说,这个实验装置的实验原理是什么呢?

生:曲颈甑内的汞和氧气发生反应,消耗掉了曲颈甑内的氧气,使装置内的气压减小,外面的大气压就把汞压进汞罩内。

师:今天我们这节课,就是要在了解拉瓦锡实验原理的基础上,自己来设计实验方案,确定实验的步骤并且动手操作,来测定空气中氧气的体积分数到底是多少。我们要设计一个简单的实验,可以选择怎样的反应物来和氧气发生反应呢?

生:(略)

师:因为红磷燃烧生成的是五氧化二磷固体,可以耗尽里面的氧气。要注意的是红磷的着火点比较高,所以实验时必须在外面点燃了再伸入集气瓶。我们今天如果选择红磷可行吗?

生:可行。

师:很好,我们现在确定了红磷作为反应物。有了反应物还要有装置,下面请你根据拉瓦锡实验装置的原理设计一个比较简单的实验装置。可以从老师提供的实验器材中去考虑,也可以发挥自己的想象力按照我们刚才描述的实验原理来进行设计。

师:好,把你们的实验装置或者说你们的实验原理给同学们介绍一下,也可以把你们小组的实验装置给大家展示一下。

师:很好,通过刚才的讨论,确定用这样的装置:燃烧匙、导管、烧杯中放水,来测定空气中氧气的体积分数。

师:实验方案要付诸实践还有很长一段路要走,我们在实验之前就必须想好应该怎么做或者说我们的实验步骤是怎么样的,你认为在这个过程当中有哪些具体的步骤必须要认真地操作才能保证我们这个实验的成功?

师:好,刚才基本上把我们整个实验步骤都讲完整了,我发现你们思维都非常有条理,刚才你们讲的正好符合我们整个实验操作的流程。整个实验操作一共分六个步骤,刚才这六个步骤大家都讲到了。下面大家听一下实验要求,然后开始实验。

师:现在来交流汇报一下实验结果,汇报主要分两个方面:一是数据,压入水的体积是多少?集气瓶的体积是多少?氧气的体积分数是多少?二是对实验数据的分析,也包括两个方面,可以从装置方面来分析,也可以从操作方面来分析。

师:通过刚才的分析,我们可以看到影响整个实验的因素有很多,所以数据的差异并不是太重要,关键是这样一个探究的过程,在这个过程当中我们学到很多。

师:好,通过本课的学习,你有什么收获或体会?请同学们谈一谈。

【教学点评】

这节课的设计非常精巧,三维目标确立恰当,符合教材内容和学生实际。教学过程层层递进,由浅入深,整个教学过程清晰流畅,一气呵成。在整堂课的过程中,我们能充分感受到教师良好的教育教学素养以及对学生独立思考的尊重;能充分感受到学生强烈的求知欲和较好的实验方案设计实施能力;能明显地看到学生分析问题能力的提高以及对所学知识的快速掌握及应用能力。

在课的引入阶段,教师善于启发学生的思维,问题的设计和引导都符合学生的特点,有助于学生对实验现象进行仔细观察,并用准确的语言表达出来,教师的有效引导和分析也为学生的设计、探究作了很好的铺垫。而实际操作下来学生的回答确实都很到位,效果良好。

然后,在教师的引导下,学生依据拉瓦锡空气中氧气体积分数测定的实验原理,从实验原理的要点入手,根据物质在氧气中燃烧的特点,进行反应物的筛选,选择合适的药品,设计简单可行的方案,并对实验装置进行创新设计,针对实验提出自己的设想。教师和学生之间的相互讨论和质疑,使得探究活动的层次得到了提高,做、想、讲与探究性学习的主导思想得以充分体现。然后教师要求学生确定实验的步骤,使化学实验不仅仅停留在设计装置、画出草图的层面上。在此环节中,同学们七嘴八舌,逐一讲出实验的整个步骤,学生的表现可以用完美无缺来评价,学生因即将开始的实验而兴趣倍增,跃跃欲试。

在设计出较完整的探究方案、步骤后,教师创造机会,让学生将想象变为现实,通过动手实验来验证实验设计的可行性。通过实验探究,学生的实验操作能力得以加强,学生很好地掌握了实验中各环节的操作,如装置气密性的检查,量筒的正确使用,实验数据的汇总和分析,实验现象的准确描述等等。

在学生小组实验的基础上,教师要求学生对实验结果进行汇报,并且指导学生针对实验误差进行认真分析。由于学生对实验原理有清晰的认识,对实验步骤有完整的把握,绝大多数学习小组对实验误差的分析都有理有据。不管成功或失败,这都是一次奇妙的探究之旅,在旅程中有收获就行。所以在学生的汇报中,就是实验做失败了也不自卑,能正确分析失败的原因。

教师本人的表现干练、有激情,表情丰富自然,具有亲和力,课堂气氛活跃,师生关系融洽。教师通过引导及指导学生设计实验,使得学生不仅体会到了科学探究的具体过程,还培养了他们合作解决问题的精神,更重要的是让学生通过亲身体验,理解了科学探究的失败有时比成功更重要,培养了他们自我反思的能力。从整体上来看,教师未能对学生在实验过程中由于主观误差而造成的实验失败给予适当的指导和教育,同时对学生的鼓励和表扬不多,这些都是该堂课需要改进的地方。

(点评:周玉枝)

案例15 中学生物《神经系统中信息的传递和调节》评课

【课例介绍】

本节课是上海市高行中学陆耀青老师在2008年浦东教学展示周上的展示课,课题名称为"神经系统中信息的传递和调节"。

【教学实录】

师:今天先来做个"看谁反应快"的游戏。

师:哪一位反应更快?

生:第一位。一位在0.16米处握住尺,另一位在0.23米处握住尺。

师:那么他们的反应时是多少?如何计算?

生:第一位0.12秒,第二位0.18秒。

师:这个游戏不到0.2秒,直尺下落的信息由光感受器经传入神经到大脑神经中枢,中枢对信息进行整合,并发出信息通过传出神经到达效应器。说明信息在神经系统中传递非常快。为什么能快速传递呢?这就与传递兴奋组成反射弧的每一个神经元有关,神经元的结构是怎样的呢?

生:细胞体、树突、轴突。

师:它们有什么功能呢?

生:细胞体是神经元的营养和代谢中心;树突接受信息并将信息传向细胞体;轴突将信息传离细胞体。

师:信息在神经元上是怎样传导的呢?神经元是否有生物电呢?

师:当 A、B 电极都位于神经细胞膜外,无电位改变。这个实验能证明什么?

生:证明神经元膜外无电位差。

师:当 A、B 电极都位于神经细胞膜内,无电位改变。这个实验能证明什么?

生:证明膜内无电位差。

师:当 A 电极位于神经细胞膜外,B 电极插入膜内时,有电位改变。这个实验能证明什么?

生:证明膜内外存在电位差。

师:电位差是多少?

生:70毫伏。

师:为什么在静息状态时神经纤维的膜内外会有电位差呢?请大家观察神经元细胞膜内外离子分布情况。

生:膜内外离子浓度存在着较大差异。膜内 K^+ 离子浓度远高于膜外,膜外 Na^+ 离子浓度远高于膜内。

师:膜内外离子的分布是由什么决定的?

生:与细胞膜的选择透过性有关。

师:细胞膜的选择透过性主要与什么有关?

生:载体和能量等。

师:在细胞未受刺激时,也就是静息状态时,K^+ 外流数量大于 Na^+ 内流数量,使得膜内负离子多,膜外正离子多。

师:静息状态下时,膜内和膜外呈现何种电位?

生:膜内负电位,膜外正电位。

师:这种电位称为静息电位。

师:当神经细胞受到刺激时,膜电位有什么变化呢?

生:膜内由负变正,膜外由正变为负。

师:导致此时膜电位变化的原因是什么呢?

生:大量 Na^+ 离子内流,使膜两侧电位差倒转。

师:当神经纤维某一部位受到刺激时,细胞膜的通透性改变,膜上的离子通道纷纷打开,此时 Na^+ 内流数量大于膜内 K^+ 外流数量,使膜内正离子多,膜外负离子多,这种电位称为动作电位。

师:当神经细胞未受刺激时,膜内外呈现什么电位?

生:静息电位,即膜内负电位,膜外正电位。

师:受刺激时膜电位有什么变化?

生:产生动作电位,即内正外负。

师:临近部位的电位怎样?

生:内负外正。

师:在刺激部位形成动作电位,未刺激部位仍为静息电位,两者之间就有了电位差,就有了电荷移动,形成局部电流。那么,膜内外的电流方向怎样呢?

生:膜外电流从未兴奋部位流向兴奋部位,膜内电流由兴奋部位流向未兴奋部位。

师:那么兴奋是怎样传导的?

生:局部电流又刺激相邻的未兴奋部位。

师:神经冲动过后,兴奋部位的电位如何变化?

生:兴奋部位又恢复到静息电位。

师:传导的方向如何呢?

生:向两侧同时传导。

师:当在蛙坐骨神经左侧给予刺激后,电压表的指针立即偏左,后又偏右,最后指针恢复到中间。为什么会出现以上情况呢?

生:在蛙坐骨神经左侧给予刺激后,当兴奋传到 A 点时,膜电位为动作电位,即内正外负,而 B 点仍为静息电位,即内负外正,所以电压表的指针立即偏左。而当兴奋传到 B 点时,膜电位为动作电位,A 点恢复为静息电位,所以指针会偏右。最后 A、B 两处都恢复为静息电位,所以指针回到中间位置。

师:当兴奋以电信号的形式传导到神经纤维轴突的末梢时,又是怎样传递给下一个神经元的呢?会不会仍以电信号的形式传递给另一神经元?

生:不会。

师:为什么呢?

生:因为神经元之间的细胞膜是不连的,有空隙。

师:对!我们一起来认识神经元之间的结构——突触。

生:突触前膜、突触间隙、突触后膜。

师:当兴奋以电信号的形式传导到神经纤维轴突的末梢时,又是怎样通过突触间隙传递给下一个神经元的呢?

师:兴奋通过突触传递的方向是怎样的?

生:突触前膜传到突触后膜。

师:神经元之间兴奋传递的信号变化如何?

生:神经元之间兴奋传递的信号变化是电信号——化学信号——电信号。

师:神经元之间兴奋传递的关键物质是什么?它是怎样传递兴奋的?

生:兴奋传递的关键物质是神经递质。当神经冲动传到突触前膜时,突触小泡内神经递质通过突触前膜释放到突触间隙,与突触后膜上的受体结合,改变后膜的通透性,从而产生电信号。

师:递质发生效应后就被酶破坏而失活,一次神经冲动只能引起一次递质释放,产生一次突触后膜电位变化,之后很快又恢复为静息状态。

师:如果神经递质一直起作用,会有什么结果?

生:持续兴奋。

师:冰毒和摇头丸等毒品在药理作用上属兴奋药,会毁坏人的神经系统。我们青少年一定要远离毒品,珍爱生命。

师:今天我们学习了信息在神经系统中的传递过程。请结合反射弧的图来总结信息传递的过程。

生:信息在神经系统中是以电信号和化学信号的方式传递的,信息从感受器沿传入神经到神经中枢,再经传出神经到效应器。

【教学点评】

(1) 情境创设生动有趣

教师以"看谁反应快"的游戏引入,很好地激发了学生的兴趣,同时也让学生感受到了神经系统信息传导的速度之快,并适时地引出本节课的核心探究问题:信息在神经系统中为什么能快速传递呢? 自然而又贴切,效果好。

(2) 探究活动到位,学生思维活跃

本节课的重点和难点是静息电位、动作电位的产生和传递,教师通过多媒体,围绕典型资料,设计了一系列引发思考的问题,问题指向明确,内在逻辑性强,通过引导学生围绕教师所给的资料进行现象分析,使学生积极主动获取知识,并促进了学生知识水平和思维水平的共同发展。

(3) 教学线索安排合理,符合学生认知规律

本节课内容相对比较抽象、难懂,教师在课前比较充分地考虑到了学生已有的知识基础和在探究过程中可能遇到的困难以及学生理解上的"关节点",因此,教师在设置教学线索时,就利用环环相扣的问题,沿着符合学生思维规律的"路线"层层推进,因此,学生能顺利地沿着教师精心铺设的学习台阶积极思考,学生反应热烈,教学效果好。

(4) 不足与建议

本节课的情感态度目标达成度不高。教师预设通过让学生了解吸毒的危害,使学生树立远离毒品、珍爱生命的信念。但想仅仅通过吸毒者的图片来引起学生关注就显得比较肤浅,难以达到情感目标,如果教师能从毒品影响神经信息传导的角度阐明毒品损害神经系统的机理,加深学生对毒品的认识,学生远离毒品的意识也就会自然得到强化。同时,教师要是能让学生在感叹生命传递信息的神奇的同时体会到"迅速传递"对生命的意义则本节课效果会更好。

(点评:胡向武)

案例16 中学信息科技《用数据分析上海人民生活变化》评课

执教:上海市清流中学 苏华萍

【教学设计思路】

本单元采用项目教学法。组织学生真实地参加项目设计、履行和管理的全过程,在项目实施过程中完成教学任务。项目教学法旨在把学生引入有意义的任务完成的情境中,让学生积极地学习,

自主地进行知识的建构,以培养学生建构知识的能力为最高成就目标。项目学习可以成为教学赖以存在的中心环节,而不仅仅是在学习过程之后进行的一种辅助性的充实。项目教学可以丰富学生的学习生活,能够巧妙地将语言、艺术、逻辑推理、运动等多种技能的培养和项目学习联系起来,把学习和现实生活联系起来。让学生获得直接的经验和知识,通过自己的亲身经历来掌握科学和社会知识,并从中体会到学习的乐趣和重要性。

整个项目说明:制作一份通过数据分析上海人民生活的变化的网络新闻稿。数据源来自上海统计局网站人民生活篇中的有关上海家庭收入、支出等的历年统计数据。先让学生学习一些常用的统计常识,阅读理解原始统计数据,再参考一些网络上的统计新闻,然后利用电子表格工具对数据进行筛选、加工、处理,分析得出相应的结论。可以从数据表的纵向、横向比较或是对某一现象的分析中提炼出新闻主题,然后把数据结果和图表结果用自己的语言阐述出来,还要再找一些具体的信息来巩固自己的结论。

本节课的教学流程:展示解说作品→交流学习→讨论提高→互评完善。

信息素养是现代人必需具备的基本素养。最新《上海市中小学信息科技课程标准》中指出中小学信息科技课程是培养青少年具备能适应信息社会需要的信息素养的主渠道,它主要包括三方面的要求:第一,必要的信息科技知识和技能;第二,使用信息科技解决问题的能力;第三,必要的道德规范。本单元就是参照这个新课程标准中的要求进行设计的。

整个项目设计是为了让学生通过小组协作学习培养对信息的收集筛选、加工处理、分析表达的能力等。

本节课的设计:

展示解说环节侧重于加强学生对信息的分析和表达能力;

交流讨论环节培养学生的观察能力和发现问题、提出问题的能力,即通过观察用正确的思维方式去判别性和创造性地思考,发现、提出并分析问题的能力;

互评环节,通过自评、小组互评和教师评价相结合,达到激励和引导学生学习的目的。

【教学过程简述】

(1) 情境引入,提出要求

通过作品示范演示,激发了学生的兴趣。评价指导让学生知道了"认真看、仔细听"也是一种能力。并明确提出:看——是要看作品的色彩搭配是否合理,布局是否美观,图表制作是否恰当,还要看作品中的亮点和值得借鉴的地方;听——是要听解说,听分析结论是否和数据一致,解说是否全面准确,数据是否有多余或缺少。在看和听的同时,要思考,对展示作品提出有价值的修改参考建议。

(2) 分组展示,合作交流

各小组展示本组作品,同时说明对原始数据作了哪些加工处理,以及是如何从数据中分析出结论来的。解说员们都对各自的作品作了详尽的解说,充分发挥了他们对信息的分析和表达能力。

有一组学生对家庭耐用品中的家电作了分析,选取 2003 年这个年份,得出拥有量最多的依次是空调、彩电、移动电话的结论,并且结合前两年的数据制成折线图表,显示出这三件家电的拥有量都呈上升趋势,其中移动电话的斜率最大,说明上升得最快,还从图表中看出,录放像机呈下降趋势,说明它正在被人们淘汰。他们从数据和图表当中得出了现今流行的家电是空调、彩电、移动电话,并且录放像机正在被淘汰的结论,值得一提的是,他们还找出了各个时期的代表性家电,还预测了今后高科技、超薄、小型的家电将更受青睐。娓娓道来,让同学们感叹于家电发展速度之快。

(3) 网上投票,教师点评

学生通过网络投票,评选出自己认为最好的作品,由于全班同时投票,造成服务器负荷过大,评选结果不能及时显示出来,约五分钟后系统恢复正常。教师利用这段时间作点评指导和总结。

【评课】

（1）"和谐、自主"使学生真正成为学习的主人

这节课的主体就是学生活动：展示小组解说本组的研究结果→全班同学交流、研讨→提出不同看法或建议→对展示作品进行评价。在整个活动中，教师以一个学生学习的指导者和学习伙伴的角色参与讨论，在课堂中形成了一个有利于学生自主学习的环境，学生的情绪自然、放松，教师不用自己的观点去约束学生，不追求唯一正确的标准答案，教师只是在必要的时机作少许引导，让学生们自己去理解、思考和辩论，学生的思维得到了充分的发散，个性得到了发展，真正成为了学习的主人。需要注意的是，在这一个环节上，教师的主导地位略显弱化。所以，如何正确处理好全新的师生关系，是一个值得研究、亟待解决的课题。

（2）注重了学生学习能力的培养

我们知道，现代心理学认为在能力与知识、技能，与熟练技巧之间是不能划等号的，但能力又是在掌握知识、技能的过程中形成和发展起来的，且一定的能力又是进一步接受知识和技能的必需条件，所以，培养和提高学生"从学习中获得的能力"比直接灌输给他们科学知识要重要得多。在这个案例中，教师以作品展示为形式，以交流讨论为载体，引导学生用正确的思维方式去批判性和创造性地思考，努力发现并提出问题，再通过讨论、分析，设计出较理想的解决方案，在培养学生的倾听能力、读图表能力、分析能力、决策能力和表达能力等方面作了较成功的尝试。

（3）作品评价有利于促进学生发展

作品评价只用了三分钟左右，但它对学生情感及能力的发展有着很好的促进作用。学生通过比较不同作品之间的差异，评价它们的优劣，可以对一个好作品应该达到的水准有一定的感知，在将来自己制作作品时也可加以借鉴，评价活动促进了学生批判性思维和创造性思考问题的能力的发展；另一方面，教师通过学生的评价过程和评价结论，能了解他在课堂中的学习态度和学习效果，进而就可以有针对性地进行及时的指导、帮助，有利于学生的个性发展。

案例17 小学信息科技《中国文字》评课

执教：上海市浦东教育发展研究院 陈久华

【教学设计思路】

《中国文字》是根据上海市华东师大出版社《小学信息技术》第一册第二单元第四课《输入一段文字》的内容设计的。希望学生通过查阅资料，了解中国文字的起源、演变、类型等历史文化知识，感受中华民族的传统文化；通过制作电脑小报标题，学会中文输入，掌握字体和字号的设置方法。因此，教师设计了主题式活动的教学过程，以学生主动探究、合作学习为主，让学生在学习知识的同时培养能力，形成积极向上的价值观。

这个主题活动意在使学生体验信息的收集、处理、传输和表达的过程，提高学生信息收集的有效性、信息判断的准确性。为了更好地落实上述教学目标，达到预期的教学效果，教学设计中先通过情境创设提出引导性问题，逐步由汉字联系到Word软件中的字体和字号，并指导学生根据电脑小报中的主题内容，设计制作标题。

课堂教学中设计采用小组合作形式组织教学，让学生在信息化环境下查阅"中国文字"资料，学习收集、展示信息，了解汉字的起源、演变等，感受中国文字的魅力，感受汉字的有趣和神奇，接受民族传统文化的熏陶。教师在学生小组学习的过程中，引导学生形成良好的信息化环境中的小组合作学习习惯，规范学生的学习行为，强化学生在小组中的角色意识和责任感。

课堂教学评价是促进学生发展的一个重要教学环节，所以设计了学生自评、互评这一环节。本

堂课教师在学生制作作品时,让学生自己提出制作电子小报的评价标准("标题醒目,布局合理,整体协调,富有创意"),并把这一标准作为学习过程中的共同目标,成为展示交流的评价依据,让学生对作品充分评价,分享同学的好创意,让每个学生都得到启发,并不断完善自己的作品,在评价中得到提高,以评价促进学生发展,激励学生创新。

【教学过程简述】

(1) 设问引导,主题教学

教师让学生多途径地收集资料,回答四个有关"中国文字"的问题。由于为学生提供了"文本资料"、"主题网站"、"搜索引擎"三种不同的信息来源,学生就能根据各自原有的知识基础,自主选择不同的查找信息的方法,开展主动学习,并在小组中相互交流,共同合作找到答案,最后,以小组为单位向全班介绍找到的信息。这个主题活动让学生体验了信息的收集、处理、传输和表达的过程,提高了学生信息收集的有效性、信息判断的准确性。

教师逐步由汉字巧妙过渡到计算机 Word 软件中的字体和字号,并引导学生根据电脑小报中的主题内容,设计制作标题。教师引导学生在生活和学习中应用信息技术,让学生逐步形成了对信息技术的认识、理解、联想和兴趣,让学生能根据需要选择合适的信息技术工具,让学生逐步养成使用信息技术提高学习效率的习惯。

(2) 合作学习,渗透两纲

教师在课堂教学中多次采用了小组合作的方法组织教学,如:让学生在信息化环境下查阅"中国文字"的资料,收集、展示信息,通过师生互动、生生互动,了解中国文字的魅力等,同时也很自然地在课堂教学中渗透了民族精神教育。教师在学生小组学习的过程中,引导学生形成良好的信息化环境中的小组合作学习习惯,规范学生的学习行为,强化学生在小组中的角色意识和责任感,为学生将来融入信息化的学习型社会、为学生的终身学习作了必要的训练。

(3) 教师主导,关注效率

教师设计的问题是学生进行积极深入思维的原动力,本堂课是从问题质疑引入的(你知道这几个是什么字),是用问题巧妙过渡的(我们知道中国文字可以用笔来书写,谁知道如何用计算机输入中国文字呢),最后是用问题来总结本堂课的(你在今天学习中最大的收获或最深的感受是什么)。课堂中教师对学生的疑惑及时解释,对学生的回答适时地进行追问,使学生的思维更深、更广、更活。引导学生主动思考,积极尝试。另外,及时精确的归纳、表扬、点评,对学生学会反思、提炼经验、掌握规律有一定的帮助。

在教师指导下学生开展的自评、互评活动,让每个学生都得到了启发。

【评课】

《上海市学生民族精神教育指导纲要》中指出:引导学生了解语言文字是民族意识、文化传统和道德观念的载体,关系到国家的统一、民族的团结、社会的进步和国际的交往;热爱祖国的语言文字,自觉维护母语在日常学习、生活和交往中的主导地位;正确使用祖国的语言文字,规范用语、礼貌用语、大力推广、使用普通话;在正确主动地学习、使用语言文字中,感受祖国语言文字丰富的文化内涵和审美价值,提升自己的文化品位,深化热爱祖国语言文字的感情。

《中国文字》一课中,巧妙地把教材内容(输入文字)和"民族"精神教育(中国传统文化)融于一体。让学生通过查阅资料,了解中国文字的起源、演变、类型等历史文化知识,体会了中华民族的传统文化,通过制作电脑小报标题的过程,学会中文输入,掌握字体和字号的设置方法,培养了学生对祖国文字的热爱。

在教学开始环节中,从让学生猜中国古代文字,到认识中国古代各阶段的文字,学生的眼球被牢牢地抓住了。教学过程中运用了情境式教学,通过学生喜闻乐见的故事、绚丽多彩的画面、悦耳的音乐、活泼可爱的角色等形式,充分调动了学生的求知兴趣。"民族精神"教育作用不言而喻。

在主题学习活动过程中,教师积极引导学生。如学习中文输入和字体设置、独立完成电子小报中的标题制作等教学环节。学生通过主动的探究,逐步形成知识间的关联,实现技能和能力的迁移,逐步加深对信息科技的理解和兴趣,内化知识和能力,并学会正确判断各种信息来源。

教师深层次地挖掘了教材,把教材知识点与"民族精神"教育有机整合,学生在课堂上,欣赏着祖国美丽的文字,感受着中国文字的深厚底蕴。这堂课,让我们听课的教师也沉浸在其中,深感时间太快。《中国文字》是一堂渗透"民族精神"教育的优秀的信息科技课。

(浦兴中学　杨伟俊)

案例 18　中学美术《中国民间美术》评课

(摘自中小学教育资源网,有删改)

【教学简介】

(1) 设疑。在课前,教师根据教学的主要目标和关键内容,以及学生现有的知识,设计一系列具有启发性的问题,如:什么是中国民间美术(寻找身边的实例)？中国民间美术的特征是什么？中国民间美术作品的实用性体现在哪里？中国民间美术的表现形式有哪些？中国民间美术的寓意有哪些？将这些问题通过网络发给学生思考。

(2) 搜索。学生为了分析、思考这些问题,要收集有关书面材料,进行社会调查,教师提供相关的网络资源和主题网站(中国民间美术),并指导学生通过校园网查阅相关内容,培养学生探究学习的能力。

(3) 讨论。在课堂上,学生们带来了中国结、玩具布老虎、年画、绣球、泥娃、风筝等中国民间工艺品。有的同学还组成了小组,利用信息技术和信息资源,把本组预习后的体会,制作成网页在网络上和同学们共享,并提出了更深一层的问题在网络上交流,如:这么多的中国民间美术品的共同特征是什么？中国民间美术作品和其他美术作品有什么不同？中国民间美术能否融入现代高速发展的社会？这些问题提出后马上得到了同学们的反馈,在 BBS 上同学们纷纷发表了各自的见解。

(4) 引导。当有同学带来的不是民间美术品时,通过网络资源的可视性,让他马上上网查询;又如有个同学带来了玩具布老虎,她只认为这件玩具很好看、很好玩,但对布老虎这一民间工艺品的寓意并不清楚,教师这时就可介绍民间美术作品的寓意,如运用多媒体课件展示"百事大吉"(图案:百合花、柿子、大橘子。寓意大吉大利、事事如意)、"龙凤呈祥"(图案:龙凤呈祥。象征高贵、华丽、祥瑞、喜庆)等图案,介绍某些有象征意义的具体图案,如用谐音的鱼来表示对生殖繁盛和生活富裕的祝福,用具有象征意义的牡丹来祈求富贵平安,用莲蓬来寄托多子的愿望,用蝙蝠、鹿、鹤来表示福、禄、寿。中国民间美术可以说是中国民俗文化最形象、最生动的一种载体,而图文并茂、丰富多彩的人机交互的方式对于教学过程也具有重要意义,它拉近了欣赏者与美术作品的距离,使学生在这种情境的感发下获得思想的启迪,感悟到一件小小的民间美术品意义是那么深远。

(5) 应用。课堂讨论题:逢年过节你会挑选哪一件中国民间美术品送给你的亲友？谈谈你的理由。要求学生以所找到的资料为基础发表自己的观点,并在 BBS 讨论区上发表,没过几分钟,学生送出的礼物纷纷在讨论区上发表出来了,教师适时选取部分学生的文章进行交流和点评。

课后讨论题:APEC 会议中领导人穿着的唐装是最富有中国情调的服装,图案的设计来源于民间美术"团花"的启发,纽扣的设计来源于民间的"结节"艺术,但在设计中还借鉴了西服的做法,显得古朴风韵、洒脱自如;在申奥宣传片中,导演接着音乐、舞蹈、建筑、服装等带有东西方文化特征的元素有意识地糅合了起来,使整个申奥宣传片具有极强的艺术震撼力和感染力。请结合以上事例,谈谈中国民间美术如何能更好地融入现代社会,并在世界舞台上展现她的艺术魅力。通过 BBS 在校园网上发表。(一周后,校园网上有了同学们发表的文章,有的同学建议开办一个中国民间美术的网站,让更多的人了解中国,了解这一民间艺术,还有同学建议在世界各地开办连锁民间工艺品店,来传承我国这一民间艺术……教师从每篇文章中都能感受到莘莘学子的爱国之心,为传承这一民间艺术,大家出谋划策,令人感动。)

【教学点评】
(1) 本课的教学,改变了以往教师讲、学生记的灌输式教学模式

首先,学生对单元计划的概念并不清楚,教师通过校园网,事先布置了单元计划,利用网络给学生提供了大量的信息资源,拓宽了学生的知识面,开拓了他们的视野,节省了时间。

其次,教师由以前的主导者变为组织者、指导者和鼓励者。教师积极参与到学生对民间美术的调查活动中去,关心活动的过程并及时提供帮助和指导,学生在这一过程中表现得比以前更有积极性,教学效果好,学生有些想法、见解很有创意,教学活动有利于对学生分析、探索、理解能力的培养。

再次,图文声像并茂,多角度调动学生的情绪、注意力和兴趣,让学生直接与美术作品进行交流。

最后,课后在BBS上的讨论——如何把传统艺术融入现代社会,能充分发挥学生的创造性思维,对探讨中国民间美术如何才能被当今青少年接受这一问题具有深远意义。计算机提供了讨论的平台。

(2) 网络拉近了学生与艺术品的距离

美术是视觉艺术,欣赏民间美术的过程离不开视觉的参与,用一般性的语言转译民间美术作品的信息,是难以具体而详尽地表达人对作品的感觉。可见如果在这堂美术欣赏课中,以传统的授课式模式来进行教学的话,那是很难让同学们感受到民间美术的"乡土味"也是一种美的,而如果在欣赏过程中能够利用现代教育技术和网络资源,全面、形象、直观地呈现信息,那就可以优化这堂欣赏课的教学过程,训练学生欣赏民间美术作品的能力,指导学生直接与民间美术作品交流。为此,执教者尝试将信息科技与美术欣赏课程整合。

首先,问题设计。以前美术欣赏课只要求教师完成规定的教学任务,只要求学生掌握课堂传授的知识,留给教师和学生发挥的空间较小,而现在要求教师从学生的特点和实际出发,把主题延伸到课堂之外,结合学生的生活经验和认识水平,引导学生在课堂之外去学习体会,激发他们对民间艺术品的兴趣,于是基本问题的设计和单元问题的设计就很重要。本课问题的设计具有开放性,答案具有非唯一性,甚至是不确定的,教师只是通过主题网站给学生提供广泛的背景素材和知识,提供解决问题的种种途径,这样做是为了促进学生的个性化思考。

其次,关于搜索。其实教师设计这些问题的目的不在于得到何种既定答案。学生为了分析、思考这些问题要收集有关书面材料,进行社会调查,教师提供相关的网络资源和主题网站,鼓励学生去探索、去思考、去发现。可能一百个学生会有一百种发现,有的对有的错,有的有道理有的无道理,但没有什么可大惊小怪的,如果学生养成了独立思考、善于探索的习惯,能够自己去发现问题解决问题,那么这种学习态度将使他终身受益。

再次,关于讨论。在课堂上,学生们带来了各种中国民间工艺品。这种形式比以前用图片、录像等方式展示更具直观性、参与性,信息量更大了,学生也更有兴趣,课堂气氛活跃,学生可以直接面对美术作品进行交流讨论。学习中还有同学提出了更深一层的问题在网络上交流,如:这么多的中国民间美术品的共同特征是什么?中国民间美术作品和其他美术作品有什么不同?中国民间美术能否融入现代高速发展的社会?这些问题提出后马上得到了同学们的反馈,在BBS上同学们纷纷发表了各自的见解,网络不仅为学生提供了自主性和个性化表现的机会,还在校园中形成了浓厚的学习氛围。网上的这些讨论说明学生能主动地探求有关中国民间美术的知识,自己发现问题,自

已解决问题,逐步养成独立获取知识和创造性地运用知识的习惯,而在这个过程中学生也逐渐喜欢上了民间美术。

最后,关于引导。在教学过程中,教师耐心地聆听学生的发言,如有个同学带来了玩具布老虎,但对布老虎这一民间工艺品的寓意并不清楚,教师这时就运用多媒体课件展示"百事大吉"、"龙凤呈祥"等图案,介绍常见的具有象征意义的图案,由此让她领悟到布老虎是以大胆夸张的造型、明亮鲜艳的色彩表现了作者的童心和奋发向上的精神。这种交互方式对于教学过程具有重要意义,拉近了欣赏者与美术作品的距离,使学生在这种情境的感发下获得思想的启迪,感悟到一件小小的民间美术品意义是那么深远。

总体来看,这堂课有如下优点:在"教育以人为本,知识实践创新"的宗旨下,尊重学生的想法和作品,利用现代网络在教学上的优势,大胆地让学生自由发挥,挖掘其潜在的创造因子,改革课堂结构,优化教学设计,让学生的创造思维与个性得到发展,让美术教育成为沟通艺术作品与学生的桥梁,促使学生的审美观向着正确的方向发展。

案例19　小学美术《动物面具》评课

（摘自中小学教育资源网,有删改）

【课堂实录】

教学过程一:欣赏导入

小朋友们瞧,今天教室里挂满了各种各样的动物玩具,可爱吗?都有哪些动物?你从哪里看出它是老虎?小熊?因为这些玩具抓住了动物的特点,所以特别像。动物是人类的好朋友,我们一定要保护它们,爱护他们。

教学过程二:新授

(1) 你们知道吗?今天是小怪兽鹿鹿的生日,它可开心了,因为已经有几个小动物来向鹿鹿祝贺生日了。想不想瞧一瞧?让我们唱起生日歌,欢迎它们的到来。(音乐响起,师生合唱生日歌,几个小朋友戴着动物面具走进教室)

(2) 这些动物和那些绒毛玩具动物有什么不一样呢?(生:是戴在头上的动物面具。)

这一课我们就为鹿鹿举办一个动物面具生日会。(出示课题)

(3) 那这些动物面具是用什么材料做成的?你觉得哪个部位做得最有创意?

请小动物走到小朋友中间去,让小朋友仔细地观察观察。(小组讨论面具制作方法)

(4) 请小动物到前面来。各小组来谈一谈你们觉得最有创意的地方。

师生共同讨论,解决重点、难点:

① 狐狸的制作是用一张纸裹成圆锥体。(师示范)

② 老虎的耳朵是怎么制作的?纸片上剪一刀,朝里裹一点。(学生示范)

③ 胡子卷起来了,有谁知道怎么制作?(学生说)

④ 猴子的耳朵是插接上去的。

⑤ 老虎的头本来是圆形,夸张成长方形,更威武了。

(5) 还有很多小动物也想来参加生日会,请把书翻到第九课。有哪些小动物?

(6) 面具的由来。

书上这幅图是非洲黑人戴着动物面具庆祝他们的节日。其实在很早很早的时候就已经产生了面具,那个时候人们还不懂科学,比较迷信,以为戴上面具就可以驱赶妖魔鬼怪,或者把动物当作一个家族的象征,戴上动物面具来庆祝节日。

(7)今天小朋友们带了很多材料,你们准备做什么动物呢?小组讨论讨论。
小组汇报。
教学过程三:学生制作
我们可以小组合作制作几个动物面具,最后来表演一些节目,好不好?
下面就抓紧时间动手吧!
教学过程四:作品展评
分组进行表演。(安排几名学生负责敲鼓吹哨,渲染气氛)
请小演员都聚到前面来,请小朋友们评一评你觉得哪个动物面具做得最好最有创意。
再过几天就要到我们中国的节日——国庆节了,让我们唱起节日歌,庆祝祖国妈妈的节日。

【教学点评】
《动物面具》是人美版教材第五册中的第九课,本课属于"造型·表现"的学习领域,内容和形式贴近儿童生活,符合学生心理。今天这堂课的教学,优点是很明显的。

(1)营造开放自由的课堂氛围

美术教学是一个预设和开放并存的系统,很多时候我们的教学都属于"封闭教学",按部就班,缺少开拓精神,随着新课标的落实,由"封闭教学"走向"开放教学"已是一种必然。教师打破了常规的课堂教学形式,以为动物做代言人这样的导入来激发学生活动的兴趣,营造了一个和谐、互动、探究、创新的良好学习环境和氛围,并做到静中有动、动而有序、活而不乱。在情境中,通过多媒体图片的欣赏,教师的提问和引导,学生选择喜欢的材料制作喜爱的动物,并发表动物演讲参加竞选,在这样一个轻松、活泼的情境中,学生乐于尝试,在不知不觉中学到了美术的知识和技能,并获得了丰富多彩的体验,品尝到了美术活动的乐趣,身心得到舒展,情感得到释放,同时,他们的个性化创意得到了展示,尽管他们的作品还不够成熟,但是每件作品都蕴含着极其丰富的情感和创造性。

(2)采用"互助互动"的学习方式

"互助互动"的学习可以增进学生之间的信息交流,培养学生之间的团结合作、互相帮助的精神,调动学生自主学习的积极性。教师在本节课的教学过程中,充分采用了这一方式。首先,根据课型"互助互动",本课《动物面具》是一节活动性很强的课,每一个环节无不突出互助互动。其次,根据重难点"互助互动",在抓住制作中的难点展开教学时,提出问题,通过互助互动,由学生上前演示,解决了难点。第三,结合作业"互助互动",美术作业与其他作业不同,每个学生的想象力和表现能力不同,对同一题材的表现也不同,因此,作业的完成应从封闭走向开放,由个体走向合作,共同完成作品可以促进学生之间的交流,提高作品的质量。第四,结合评价"互助互动",评价时,同伴之间进行借鉴学习,有利于培养他们宽容的合作精神和敏锐的审美鉴赏力。

(3)树立学生主体理念,坚持"授之以渔"

课改非常强调学生在学习过程中的主体地位。教,关键在于"授之以渔",教师给予学生的不应是"鱼",而应该是捉鱼的方法。教师在指导学生制作方法时让学生欣赏范图,并让学生自己分析思考,获得制作方法,了解所需的材料。

我认为本节课的教学有一些缺憾,例如,作为一门动手性极强的学科,美术课的示范教学是指导学生理解制作方法、掌握技能的重要环节,示范教学贵在"活",活而得法,往往事半功倍。教师在此环节上有些疏忽,我认为教师可以在学生制作前展示一个自己制作的动物面具,教师的作品给予学生的视觉冲击往往是最大的,影响也是最大的。

案例20 弹唱技能对于音乐教师的重要性

随着二期课改的全面实施,出现了很多新歌曲,很多教师"倒"在了弹唱技能上,同时,在一些大型活动中也同样发现了弹唱技能给教师们带来的困惑。弹唱技能从键盘角度来说也可称为：钢琴即兴伴奏。

钢琴即兴伴奏是在只有旋律谱而没有伴奏谱的情况下，为歌曲（或乐曲）所弹的伴奏，起到对歌曲的补充和衬托作用。当然，在条件允许的情况下也可以事先做一些准备，如：通读乐谱，感受一下歌曲的基本情绪与音乐形象，初步分析一下歌曲的调式、和声，并标记功能记号，设计一下各段的伴奏音型与奏法，与演唱者合伴奏等等。这样可使即兴伴奏减少盲目性，加强规范性，对于初学者来说尤其重要。可见，即兴伴奏并不是杂乱无章的，当然，也不像伴奏谱那样精心设计，严格规范。因此，即兴伴奏既要有章法，又要根据具体作品灵活运用，这样才是即兴伴奏。

案例：

小陈老师刚毕业于师范大学，琴弹得很好。今天第一次听她的课，却给了我一个意外。今天上的这节课是歌唱教学，歌曲是简单的《小树快快长》。

师："小朋友们，跟着老师的钢琴一起用 lu 唱一唱好吗？"

琴声起，伴奏华丽而精彩，可孩子们就是找不着调，我注意到几个小朋友一脸的茫然。

师："让我们再来唱一唱。"很显然，小陈注意到了刚才的问题。可这一次，虽然带上了旋律，由于左手的音型过于复杂，学生们依然无法唱准。

课后和小陈交流了一下弹伴奏的问题，她也意识到自己伴奏的复杂性，同时我又发现了一件有趣的事情，在五线谱的下面标着不同调式的简谱，显然，不会即兴转调。

以上的案例，只是表现出了众多即兴伴奏问题中的一个，教师们经常出现这些即兴伴奏的问题，但有相当一部分教师是不重视的。那么即兴伴奏问题具体有哪些呢？

（1）对教师而言目前存在的问题

① 转调：最大的困惑

一个音乐教师要面对不同的班级甚至不同的年级，在小学阶段，不同班级、不同年级是有很大差异的。特别是在一些歌曲的教学过程中，伴奏通常是会起到关键性作用的。最大的一个问题在于教师必须熟悉学生的声音特点，相同的歌曲由不同班级的学生演唱就可能需要采用不同的调式，对于相当一部分教师来说这是很难做到的，而在教学过程中根据学生的演唱特点及时调整，那就需要更高的即兴伴奏的技巧了。

如：在一次公开课中，当学生第一次演唱时，就明显感觉到调性过低，学生演唱有困难，这时一直期盼教师能调整调式，提高音调，不仅能更适合学生演唱，更重要的是能使学生找到演唱感觉，积极地调动学生的演唱积极性。可直到下课教师都没有更换调式，一问才知道，不敢改调，怕弹不好。

② 和声的配置

和声效果是歌曲的音色，能让歌曲展现不同的风采，但我们还是常常发现很多教师缺乏键盘和声及曲式等理论知识，在和弦序进方面没有规范的设计，甚至调性都不准确，在键盘上每个大小调最基本的 Ⅰ Ⅳ Ⅴ 级还不熟，在伴奏中左手只是跟着旋律弹八度或单音，没有用和声来衬托丰富旋律的效果。

③ 音型的准确把握

不同歌曲、不同年龄段的教学对象都会直接影响到伴奏音型的选择，但有相当一部分教师对伴奏音型掌握得少，或不能恰当地应用，对于不同体裁、风格的歌曲所应使用的音型分辨和使用的能力差，伴奏时千篇一律。如：都用分解和弦或柱式和弦等，不能分辨是抒情歌曲还是进行曲。对比段落之间音型的变化太少或不恰当，甚至不成音型，节奏不准确。特别是在一些合唱比赛中，如果没有伴奏乐谱，要求即兴伴奏，那对钢琴伴奏教师的要求更是可想而知，而往往我们会发现，唱与弹处于两个不同的境界。

④ 民族调式无法准确配伴奏

民族调式是最难把握的,在公开教学和平时教学中教师更多地依赖音响,而很少自己伴奏,因为民族调式的特殊性,它自身对和声的要求就与众不同。

如:在《紫竹调》一课中有演唱,通常教师会按照常规采用音响伴奏,但若仔细研究就会发现,将歌曲移至升C调就自然而然成为了民族调式,不过这通常需要很好的演奏技能。

(2) 解决的方法和提高教师能力的迫切性

① 培训

培训是很有必要的,培训的方式可以是理论和实践双管齐下,集体的培训可以协助教师更快地提高即兴伴奏水平,更重要的是可以让教师认清即兴伴奏的重要性。

② 规范课堂教学中的伴奏

课堂教学中的伴奏需要更多的规范性,而教师自身对此需要先有深刻的认识,同时,设立一定的评价制度是规范课堂教学中伴奏的重点。

③ 能有相关的考核制度

考核教师是否掌握一定的音乐理论基础知识:

即兴伴奏属于多声部音乐的范畴,当然需要和声基础,而教师和声理论水平的高低直接关系到伴奏的音响效果和表现力。应用和声知识的同时,我们还需要对歌曲的体裁形式、调式、曲式、内容进行分析,这就需要教师拥有一定的作品分析能力。

对于一首完整的作品,教师是否能恰当地选择和声、织体、伴奏音型,主要是看教师对作品的分析是否明确、深刻,如调式是怎样的,歌曲所表达的内容是什么,节奏怎样,速度怎样,有什么样的风格特点等等。判断和弦结构、和声效果、风格是否和作品内容统一,也需要通过对作品的分析来确定。

因此,从伴奏的角度出发,对作品进行分析是非常必要的,所以教师要具备一定的作品分析能力。

考核教师是否具备一定的键盘弹奏能力:

钢琴演奏技能是即兴伴奏的基础,作为音乐教师钢琴演奏水平至少要达到299演奏的水准,而通常情况下我们最多是849的演奏能力,当然教师如果能基本达到849的演奏水准,那么在一般的即兴伴奏情况下是完全足够了。

伴奏音型就是应用到具体作品中有规律的陈述形式,这个形式是否恰当,怎样才能恰当,应当有一定的根据。如钢琴的性能,伴奏音型的特点与表现力,演奏方法以及伴奏者现有的钢琴技巧水平、应用能力水平等等。

案例 21　口风琴教学案例

执教:上海市福山外国语小学　方颖

【案例描述】

教学设计

本课为口风琴课堂教学课《巡逻兵进行曲》第一主题口风琴吹奏,旋律只有四句,但运用了键盘乐器和吹管乐器的不同演奏技巧,设计时根据不同学生的能力教授了不同的演奏技巧,同时发挥器乐特长生的作用培养学生做小老师,最后的小组活动,发挥了每个学生自身的特长和能力,教师在教学活动中根据学生的不同表现给予鼓励和评价,以增加学生对口风琴器乐学习的兴趣。同时,设计教学活动时也考虑到了不同班级学生之间的音乐能力的差异性,因此,对于不同教学对象,教学内容和要求有一定的差别。

教学片段一
（针对音乐基础较好，特别是学习各类乐器的学生较多的部分班级）
教学环节一：新授《巡逻兵进行曲》第一主题的第一乐句
师：两首练习曲小袋鼠听不过瘾，那就再来两首。
师：听老师弹奏，要求找找两句的不同点。
教师单手演奏乐句。
学生分小组单独讨论。
生：节奏有点不同。
师：节奏不同，好的。
生：最后不同。
师：嗯，不错，基本对了。
生：乐句最后一个音是不同的。
师：很好，现在让我们来唱一唱最后一小节。
师：注意，乐句后两小节升记号、附点节奏，最后一个音在弱拍上，因此演唱时要轻轻的。
学生轻声演唱最后一小节。
师：现在以小组（每组5人）为单位将最后一小节演奏一下，请小组长做小指挥和小指导。
教师巡视，并进行指导。
学生集体吹奏。
师：现在以小组（每组5人）为单位用我们已经学过的演奏方法，如穿指、跨指、扩指、缩指等，为A乐句编排指法并演奏。
学生自由活动，将编排的指法写于乐谱上，并出示。
教师聆听并指导。
学生展示小组接龙。要求：一个小组在吹奏的同时，其他小组按照他们编排的指法弹一弹。
师：你们觉得哪一组的指法更为合理？为什么？
生：我觉得我们一组的很合理，因为，不复杂。
生：我觉得第二组很合理，因为，弹奏的时候不觉得很难。
生：我也认为第二组很合理，因为，没有很多穿指、跨指，一会儿就找到了。
师：说得都不错，老师觉得我们第一次编指法、演奏，大家的表现都很好。而且，有些小组的指法与老师编排的都很接近甚至更好。希望我们今后能再努力。
师：那第二乐句只差最后一个音，指法又如何安排呢？
学生：不变。
师：对了，可以不变，让我们一起吹一吹B句。
注意：学生吹奏时指导最后附点节奏的吹奏。
最后将AB连起来吹奏。
要求：用连音的演奏方法，注意老师要求的速度变化。
这就是今天学吹的《巡逻兵进行曲》第一主题。
说说不同速度的演奏情绪如何？
慢速：优美抒情　　中速：雄壮有力　　快速：欢快活泼
请学生选择自己熟练的乐句进行有选择的练习。
师：看到同学们吹得那么好，大家一起合作完整演奏《巡逻兵进行曲》第一主题吧。选择自己吹奏的乐句站在两边（将整个主题根据难易程度分为两部分，分别以蓝色与红色标记不同难度的乐句）。

教学环节二：小组合作表演
师：好听的音乐需要更多的配合，想想口风琴还可以同什么乐器合奏呢？
生：手风琴。
生：小的打击乐器。
生：长笛、圆号。
生：电子琴。
师：说得对，那么我们又可以用什么形式来表演今天学习的乐曲呢？
生：我们可以配上很多乐器进行表演。
生：可以配上动作表演。
生：老师我们可以配唱。
师：最后请每个小组设计适合自己小组的表演方式。
教师分组指导。
学生展示。有的小组选择和各种乐器配合；有的小组部分学生演奏口风琴，部分学生演奏打击乐器；有的小组配上动作和演唱。每个小组都发挥了自己的特点，每个学生都积极地参与其中。
拓展作业。
师：请大家今天回去完整地欣赏铜管乐合奏的《巡逻兵进行曲》，下节课请大家介绍作者和乐曲的背景资料。

教学片段二
（针对音乐基础较为薄弱的部分班级，设计环节进行了变化）
教学环节一：演奏基础训练，跳音和连音的不同演奏方法
（1）跳音练习曲
师：请问你们在吹奏相同音高时用了什么弹奏方法？
生：键盘乐器演奏方法。
生：吹管乐器演奏方法。
师：很好。
师：请大家各自选用一种方法为它伴奏，吹吹跳音练习曲。注意跳音演奏练习，声音感觉要有弹性，犹如袋鼠跳，吐音短促有力。
学生根据自己的能力选择一种演奏技巧进行音阶练习。
集体演奏练习。
（2）连音练习曲
师：听！一段优美的旋律！让我们再来吹吹连音练习曲。注意气息连贯，吐气均匀。
学生进行连音的练习，教师巡视并进行有针对性的指导。
集体演奏练习，以熟悉键盘。
教学环节二：欣赏《巡逻兵进行曲》
师：今天先请大家欣赏一段乐曲。请说说这首乐曲的情绪如何？
教师播放管弦乐合奏《巡逻兵进行曲》第一主题。
生：快速、活泼。
师：这就是我们今天要学吹的美国作曲家弗兰克·米查姆的管弦乐合奏《巡逻兵进行曲》第一主题。
师：再次欣赏乐曲，请大家轻轻地哼唱主题旋律。
学生跟着音乐轻声哼唱。
教学环节三：新授《巡逻兵进行曲》第一主题。

师:听老师弹奏,判断是乐曲的哪一段旋律。
教师口风琴演奏第一主题。
生:是第一段。
师:很好,是第一段的第一主题旋律,请大家找找这四句中的相同点与不同点。
生:节奏有点不同。
师:前面三小节相同。
生:最后不同。
师:嗯,不错,基本对了。今天我们先来学习第一和第三乐句。
(之后的教学基本与教学片段一相同,但完整演奏和合奏表演为第二教时教学内容)

【点评】

　　人人都知道音乐教师需要上多个教学班,而班级与班级之间,学生与学生之间都存在着差异,差异教学的产生是必然的。因此,对于音乐教师来说,教学设计时要能考虑到班级的不同特点、学生的不同特点,设计不同的教学环节来完成相同的内容。这样既能让音乐能力较强的学生得以发挥,也能让音乐能力较弱的学生寻找到自己在音乐课中的地位。在口风琴课中,差异性尤为明显。

　　本节课,教师在组织课堂教学的过程中,能充分考虑到几个班级的不同特点,根据不同班级的学生在钢琴、管乐等多种乐器学习上的差异,以及不同班级的学生在音乐感悟能力、口风琴演奏能力上的差异,有针对性地设计不同的教学环节。

　　教学片段一的设计,从口风琴演奏的技能技巧导入,并让学生通过自主活动和探索,小组合作设计演奏指法、合奏配乐和最后的合作表演,使在口风琴演奏上有优势的学生得到了发展,同时,让学生担任"小老师"不仅让学生有了自我发挥的舞台,更协助教师帮助了一批在口风琴演奏上有困难的学生,使班级整体的演奏能力都有所提高,最后环节,小组合作的合奏表演,让每个学生都发挥了自己的特长,有的为口风琴配上了其他乐器,有的配上了动作,而擅长口风琴的同学也充分发挥了自己的才艺。当然,要完整地表现一音乐曲并不是光有演奏技巧就可以的,因此,最后的拓展环节,让学生自己搜集相关的资料,使学生养成自己寻找资料和聆听音乐的习惯,同时提高学生对乐曲的理解力,使他们的演奏更能表现出乐曲本身的韵味。

　　而另一则教学片段,在教学设计上则截然不同,虽说是同样的教学内容,但在设计上是从口风琴的基础训练、乐曲欣赏入手的,从基础训练开始复习,能让大部分学生巩固口风琴的演奏基本技能,而从欣赏入手,是为了让学生由音乐的感知过渡到之后较难的技能技巧的练习,也是为之后的乐曲演奏作好铺垫。设计了两个教时完成教学任务,这样能让学生更好地巩固所学的乐曲,让基础能力较弱的学生能有更多的时间来进行练习以达到最终的教学目的。

　　在口风琴教学中强调键盘乐和吹奏等相结合的综合训练,培养了学生体验音乐的能力,要求班级学生人人参与其中,通过齐奏、合奏、领奏等形式培养了学生的团队精神,唤起了他们的集体荣誉感。

　　在评价这个环节上,教师也能紧扣课程标准的要求。《九年义务教育全日制小学音乐教学大纲》明确指出,小学音乐教学中的评价应有利于增强学生学习音乐的信心,提高学生学习音乐的兴趣。这一变化,突出了当前教学评价的新理念,鲜明地体现了素质教育以人为本的精神,更加符合音乐教育以审美体验为核心,以学生发展为目标的特点。因此,我们要尊重学生的能力差异、性格差异,建立多元交互的评价标准,从而促进学生音乐素养的提高与个性的不断发展。

　　本节课,教师在学生评价这个环节,能根据学生的能力差异和乐感差异,以鼓励为原则,对不同学生应用不同的评价标准:对口风琴演奏水平高、音乐感受能力很强的学生,标准是能准确、流畅地吹奏全曲,达到优美、动听的程度;其余大部分具有一定音乐基础的学生,也能获得优秀,而其标准是能准确地吹奏全曲,允许偶尔出现一些小失误;部分口风琴演奏能力一般的学生,如能完整、正确地吹奏主歌乐句,也可给予良好的等级和表扬;对于极个别音乐基础较弱、口风琴演奏能力不足的学生,如能较完整地吹奏第一句,也给予表扬并给予合格。通过这些不同的评价,让学生学得轻松、愉快,部分学生自觉利用课余的时间来发展自己吹口风琴的特长,还有部分能力较弱的学生由于达标相对容易了,同样获得了成功,增强了信心。

总之,教师在教学过程中要尊重学生的个体差异,尊重班级与班级之间的差异性,特别是口风琴课堂器乐教学,更要考虑到学生在音乐技能和表现力上的差异,认真细致地设计教学环节,组织教学,合理设置教学难度,使学生能够最有效地运用科学的学习方法学习口风琴,这样才能真正做到"让每个学生得到适切的发展"。

(点评:陆志毅)

案例22 奇妙的万花筒(大班)

执教:东方幼儿园 诸君

【案例描述】

活动名称:
奇妙的万花筒
设计思路:
皮亚杰理论认为,儿童最初具有的行为是反射性行为,本身并不具有智慧性质。所以孩子们在玩区角游戏万花筒的时候,我发现他们只对万花筒里所看到的不同成像感兴趣。那么,如何去引导他们对万花筒成像原因进行思考以及初步理解成像原理中所蕴涵的一系列抽象概念呢?对于尚处于具体形象思维阶段的大班幼儿来说,这并非易事。

于是,我试图通过活动让幼儿在自行装配万花筒的过程中,探索了解万花筒的装配方法,初步感受塑料彩片在三面镜片之间反复成像的现象。

由于装配万花筒操作性强、探索性高、富有挑战性,同时结果又易于验证,不失为一个很好的"做中学"项目素材,所以,该活动是一例以万花筒为主题的"做中学"科学教育活动。

活动目标:
(1)探索了解万花筒的装配方法,初步感受塑料彩片在三面镜子之间反复成像的现象。
(2)学习对照记录,寻求解决问题的方法。

活动准备:
万花筒若干 大镜子(三面) 教师照片 摄像机 电视机 记录表

活动过程:
欣赏万花筒
(1)观察万花筒里的图案(万花筒的镜像通过摄像机投放在电视机上)。
(2)分析万花筒的名字。
师:万花筒里的图案很漂亮,像花儿一样,而且会转出许多不一样的图案,所以把这个玩具叫万花筒。

第一次装配万花筒(幼儿记录内容填在表22.1中的"1"列中)
(1)介绍万花筒材料。
圆筒 彩片 塑料盒 镜片
(2)分组。
幼儿分为四组,每组三人。
(3)介绍实验记录内容(记录表见表22.1,每组一份记录表)。

记录要点:装配万花筒的方法;装配万花筒过程中遇到的问题

(4) 幼儿以小组形式装配万花筒并进行实验记录。

(5) 讨论:你们是怎么装配万花筒的? 遇到了什么问题?

(教师把每组幼儿的装配方法记录在表 22.2 中的"第一次"列中)

(6) 幼儿观察万花筒内部结构。

万花筒的基本装配(教师把万花筒的基本装配方法记录在表 22.2 中的"假设 1"列中):

① 小彩片:万花筒前有小盒子,里面装着小彩片 7—8 片。

② 镜片:筒里有三面镜片,三面镜片要摆成三角形。

利用大镜子做三面镜成像实验。教师引导幼儿观察三面镜的成像,教师做模特。

实验一:三面镜子直线放置——镜子里看到一个教师。

实验二:三面镜子并排放置——镜子里看到一个教师。

第二次装配万花筒(幼儿记录内容填在表 22.1 中的"2"列中)

(1) 幼儿观察万花筒内部结构后,以小组形式再次装配万花筒并进行实验记录。

(2) 讨论:万花筒中的三面镜。

实验三:三面镜子摆成三角形,但镜面并不相对。

结论:三面镜子要摆成三角形,并且三面镜子要彼此相对。

(3) 继续装配万花筒。

延续活动

展示贴有教师头像的万花筒。

师:原来万花筒不摆彩片也能看到许多有趣的图案,万花筒真是个奇妙的玩具,我们试着去做做四面镜、五面镜的万花筒,看看它会出现怎样的图案。

表 22.1 幼儿实验记录表

	1	2	3
彩片			
镜片			

表 22.2 教师记录表

		第一次	假设 1	假设 2	结果
彩片					
镜片					

【教学感想】

　　一次教学活动的开展不单单是教学现场这一环节，及时分析教学现场、设置更加适合幼儿认知的教案流程、结合自身情况消化总结反思中的得失，才能体现出教师专业发展在教学活动中的存在价值，对于教学经验尚浅的青年教师来说，作好教学反思就显得更为重要。

　　但是，无论你有多丰富的教学经验和多强的反思能力，"用心对待幼儿"才是做好幼儿园教师的前提，这句话也是我的论文导师胡惠闵副教授在我们工作之前赠予的最后一句话。

　　所以，在日常教学活动中，我始终坚持扮演孩子们朋友的角色，尽管不是我自己班级的孩子，但在活动中我与他们的谈话是宽松平等的，幼儿有什么想法都能大胆地表述出来。比如说在分组的环节中，我问道：我们一共有12个小朋友，我希望分成四组，每组人数都要一样多，那每组应该有几个人？有两三个小朋友说是四个人，我并没有否定他们，而是鼓励他们按照自己的想法去分组，看看是不是真如他们所说，每组是四个人。在活动中，我很注意幼儿的想法，并且尊重他们的想法，根据实际情况鼓励他们按照自己的想法去做，当他们发现问题的时候，也就是他们经验提升的时候，而且，这时候获得的经验才是真正属于他们自己的。

　　此次活动，我选择了一个"做中学"活动的案例——《奇妙的万花筒》。"做中学"科学教育活动是在美国Handson以及法国Lamap科学教育改革的基础上形成的一种新型的教育方法。通过培训和学习，我认为学前教育领域内的"做中学"科学教育活动主要针对的是一个生活中的具体问题，即让幼儿通过各种感官体验以及实验小品，探索解决问题所需要的科学知识，并在反复的自我否定与假设中，逐步构建起对该科学知识点的认知结构，从而得到一个正确的认知结果。"做中学"科学教育活动的内容可以来源于物理科学知识体系，如物体的"沉与浮"、光的反射、声音的传播、物体的三态转换等；也可以来源于生活中的自然科学现象，如水的流动、计时、空气的阻力等。

　　在《奇妙的万花筒》活动中，幼儿在发现了万花筒组装过程中的问题后，通过不断的讨论与假设，最终组装万花筒成功，并借助于三面镜实验，探索出了三面镜的不同摆放对于成像的影响的规律。从活动中，我们可以看到幼儿在不断的"假设——验证"过程中，对装配万花筒的方法以及万花筒成像的基本原理有了一个过程式的了解，这样的了解过程具有明显的建构性特征，从而大大提升了幼儿的认知效果。

　　尽管如此，活动还是存在着一些问题值得我去进一步思考。

　　就活动设计而言，首先，孩子们对万花筒的修理是很感兴趣的，但是在活动中，往往会碰到这样的情况：当教师要求幼儿坐下来进行集体讨论的时候，有些幼儿还是不肯放下手中的万花筒，依然饶有兴趣地在一旁摆弄着它。我很明白，在没有活动常规约束的情况下，孩子们的探索过程是很难同步的，这在很大程度上是由幼儿个体差异造成的，既然这样，该活动还有没有必要成为一次集体活动呢？修理万花筒放在区角活动中岂不是能满足更多孩子的探索需求吗？

　　其次，如果说《奇妙的万花筒》能成为一次集体活动的价值在于镜子实验能够解决幼儿修理万花筒时所遇到的全部问题，那么，在镜子实验之前是否有必要设置让孩子装配万花筒这一环节呢？之所以这样认为，是因为对于幼儿来说，装配万花筒是否成功，镜子实验是关键，实验之前让幼儿在毫无经验的情况下装配一次万花筒，对整个装配结果是没有任何帮助的。

　　如果把第一次装配万花筒这一环节去掉，那么在活动之前幼儿所具备的相关经验要达到何种程度？同时，镜子实验又该如何更加形象地让幼儿感受镜子的数量、摆放位置与物体成像的关系？

　　《奇妙的万花筒》系列活动主要探索的是"光"这个科学概念，然而，"光"、"电"这类科学概念学龄前儿童是无法理解的。所以，我觉得这些疑惑产生的根本原因就在于此。在科学活动中，怎样去选材、探索的可行性等都是在设计活动时首当其冲需要解决的问题。

　　就活动效果而言，同样存在着两点疑问。

　　第一，不具有"做中学"经历的幼儿是否适合进行"做中学"公开活动？

此次公开活动我选择了我园非"做中学"试点班的幼儿,在活动中,我发现很多幼儿的记录都不能反映出实验操作的真实性,同时,我还发现了幼儿在诸如实验分工明确、记录方法统一、实验材料整理等方面能力上的欠缺,这给活动的整个流程造成了影响。

第二,实验记录表能对幼儿起到多大的引导作用?

预设的幼儿实验记录表以及教师记录表是想对幼儿的实验过程进行一次梳理,但是幼儿的兴趣点明显是在装配万花筒这一操作过程上。试想,如果在活动中没有记录这一环节,幼儿的实验结果也许也不会有什么偏差,同时,也能大大缩短活动的时间。所以本次活动的第二个目标的达成度是值得商榷的。

【点评】

由浦东新区东方幼儿园诸君老师执教的《奇妙的万花筒》(大班)是一次非常成功的教学活动,他那干练、简洁、爽快的教学风格,具有男性教师独树一帜的个性特点,玩伴式的教学深受孩子们的喜欢。本次活动的主要亮点是:

(1) 活动内容具有挑战性。《奇妙的万花筒》是一个科学教育活动。诸君老师在幼儿玩区角游戏万花筒的时候,发现幼儿对万花筒里所看到的不同成像感兴趣。那么,如何去引导他们对万花筒成像原因进行思考以及初步理解成像原理中所蕴涵的一系列抽象概念呢?对于尚处于具体形象思维阶段的大班幼儿来说,这并非易事。于是,诸老师试图通过活动让幼儿在自行装配万花筒的过程中,探索了解万花筒的装配方法,初步感受塑料彩片在三面镜片之间反复成像的现象。装配万花筒操作性比较强、探索性要求高,对幼儿来说富有挑战性,这恰好符合大班幼儿敢于挑战的特点。

(2) 活动过程富有探索性。整个活动分为这样四个环节:欣赏万花筒(通过欣赏,激发幼儿装配万花筒的兴趣)——第一次装配万花筒(让幼儿分小组尝试装配三面镜的万花筒,人人参与,积极探索,尝试成功或失败)——第二次装配万花筒(再次探索,装配三面镜的万花筒)——活动延伸(激起幼儿继续探索装配四面镜、五面镜万花筒的愿望和兴趣),整个活动,激发幼儿探索兴趣,幼儿的自主探索贯穿始终。在探索中让幼儿尝试失败,在探索中让幼儿寻求解决问题的办法,在探索中让幼儿体验成功。

(3) 活动要求体现适切性。从目标看,本次活动的目标主要有两条,其一,探索了解万花筒的装配方法,初步感受塑料彩片在三面镜子之间反复成像的现象,其二,学习对照记录,寻求解决问题的方法。这是符合大班幼儿的发展要求,可以被幼儿接受的。从组织形式看,诸君老师采用分组的形式,有利于培养幼儿的合作能力。同时在活动中教师引导幼儿积极探索,学习记录,寻求解决问题的方法,这些要求对于大班孩子来说都是十分适切的。

主要建议:在组织幼儿进行探索实验后,教师要通过观察幼儿的行为、幼儿的记录表将幼儿探索出的三面镜不同摆放方式对于成像影响的规律的相关经验进行及时的梳理、总结与提升,将个体的经验提升为集体的经验,让幼儿共享,以更好地体现教师的指导作用,更好地体现集体教学活动的价值。

(点评:张卫萍)

后　　记

本书的创意是华东师大网络教育学院闫寒冰老师提出来的,到现在终于写成书已经过去一年了。一年以前,闫寒冰老师对我说,华东师大出版社出了一本《如何说课》,很受广大中小学教师欢迎。因为在中小学教育从事业发展转向内涵发展的今天,关注课堂、关注教学成了许多教师提高自身专业素养的最重要方面,所以围绕着备课、说课、听课、评课方面的教研交流或展示活动特别多。但怎样才能有效参与、提高这些教研活动的质量,有关方面的指导书却不是很多。所以大家对《如何说课》这本书就特别偏爱。由此,闫老师萌发了一个想法,组织编写《如何备课》、《如何评课》,与《如何说课》组成一套三本的小丛书。希望通过这三本书,把现有的这些方面最好的经验提炼出来,成为能够对广大中小学教师有所帮助的教研指导书。一旦三本书出齐后,还可以做成网上教研培训课程,让更多的中小学教师知道如何备课、说课和评课。这个说法很快就说动了我,我答应参加编写。

接受任务以后,我找了我院教研部的唐水明主任,请他推荐几位可以参与编写的教研员。唐主任给我推荐了语文教研员夏智、数学教研员徐颖和化学教研员周玉枝。说句实在话,我从来没有与这些同志合作过,所以对能否顺利完成还是抱着试试看的心态。以至于当华东师大出版社的周志凤编辑拿着出版合同,要我签约的时候,我竟然压了好几个月不敢签。

时间很快就在忙忙碌碌中滑过去了,每当开会我总是放心不下地要关照一下这几位教研员,别忘了书稿的写作。每次大家总是嘻嘻哈哈地笑着说,没问题！暑假过后,当我再一次问大家书稿完成得如何时,出乎我意料之外的是,几位都不约而同地回答完成了,这让我大大地吃了一惊。看来我是完全不了解这几位教研员,总以为他们平时嘻嘻哈哈的样子,写书也一定是拖拖拉拉的,不会按时完成。没想到他们居然都已经完成,我倒反而落后了。于是只好急起直追,终于在十月份交掉了全部书稿。

通过这次合作,我的最大收获是发现了身边的人才。在我们教研员队伍中,也有一批能愉快工作、健康生活、和谐发展的优秀教师。他们工作得很轻松,但却是十分尽责的。我为有这样的同事而感到骄傲。其中,夏智承担了关于评课,语文、政治、体育部分分论的撰稿工作；周玉枝承担了评课内容,物理、化学、生命科学、地理部分分论的撰稿工作；徐颖承担了评课类型,数学、英语、信息科技、音乐部分分论的撰稿工作；唐水明承担了评课技巧,历史、美术、幼儿教育部分分论的撰稿工作；我承担了观课评课与教师的教研和科研,观课评课与教师的专业发展的撰稿工作。同时要感谢华东师大网络教育学院的闫寒冰老师和出版社的周志凤编辑,没有她们多次催促,赶鸭子上架,鸭子恐怕到现在还在四处溜达,无所事事。

当然,由于这是被赶上架的鸭子,且这方面也较少有现成的文献资料可以参考,因此所写的大多数都是我们自己在长期教学活动中积累下来的经验与体会,拿出来与大家分享,只能是一种参考,有所疏漏是难免的,敬请各位谅解。

上海市浦东教育发展研究院　顾志跃

2009 年 2 月 10 日

参考文献

1. 顾志跃主编：《转型中的教育评价》，上海科技教育出版社，2005年版。
2. [美]Garol Simon. Weinstein 著，田庆轩译：《中学课堂管理》，华东师范大学出版社，2006年版。
3. [美]Gary R. Morrison、Steven M. Ross、Jerrold E. Kemp 著，严玉萍译：《设计有效教学》，中国轻工业出版社，2007年版。
4. [美]James D. Klein、J. Michael Spector、Barbara Grabowski、Ileana de la Teja 著，顾小清译：《教师能力标准——面对面、在线及混合情境》，华东师范大学出版社，2007年版。
5. 沈毅、崔允漷主编：《课堂观察——走向专业的听评课》，华东师范大学出版社，2008年版。
6. 孙亚玲著：《课堂教学有效性标准研究》，教育科学出版社，2008年版。
7. 姜美玲著：《教师实践性知识研究》，华东师范大学出版社，2008年版。